걱정이 되는 아이에 대한 접근

ADHD와 경도발달장애

미야오 마스도모 엮음 | 안동현, 이재욱 옮김

ADHD와 경도발달장애 걱정이 되는 아이에 대한 접근

발행일 | 2014년 2월 10일 1쇄 발행

편저자 | 미야오 마스도모
역자 | 안동현, 이재욱
발행인 | 강학경
발행처 | (주)시그마프레스
편집 | 김보라
교정·교열 | 김성남

등록번호 | 제10-2642호
주소 | 서울특별시 영등포구 양평로 22길 21 선유도코오롱디지털타워 A401~403호
전자우편 | sigma@spress.co.kr
홈페이지 | http://www.sigmapress.co.kr
전화 | (02)323-4845, (02)2062-5184~8
팩스 | (02)323-4197

ISBN | 978-89-6866-141-9

이 도서의 국립중앙도서관 출판시도서목록(CIP)은 서지정보유통지원시스템 홈페이지 (http://seoji.nl.go.kr)와 국가자료공동목록시스템(http://www.nl.go.kr/kolisnet)에서 이용하실 수 있습니다.(CIP제어번호: CIP2014003478)

역자 서문

이 책에서 소개하고 있는 경도발달장애의 개념은 국내에서는 다소 생소하다. 이 개념은 일본에서 아스퍼거장애를 포함한 고기능자폐(HFPDD), 주의력결핍과잉행동장애(ADHD), 학습장애(LD)를 포괄하여 지칭하고 있는 용어이다. 이 개념에 대해서는 일본 내에서도 찬반양론이 있음은 물론이다. 부록에 수록한 일본 '발달장애인지원법'에서 '발달장애'를 이같이 정의하면서 일반적인 발달장애와 많은 혼란을 일으킬 소지가 있다. 국내의 학계, 특히 의료계는 일본보다는 주로 미국, 유럽의 학문적 영향이 크다. 하지만 법률을 비롯한 일부 특수교육, 사회복지 분야에서는 일본의 영향이 적지 않다. 이런 의미에서 경도발달장애라는 일본의 개념을 이해하는 것은 매우 현실적인 필요에 의함이다.

공역자인 이재욱 교수와는 십수 년 전 본인이 자폐학회 회장 재임 시 함께 학회 일을 하면서 교분을 쌓게 되었다. 몇 해 전 이 교수께서 안식년을 맞이하면서 본인을 찾아와 함께 ADHD에 관한 연구를 제안하면서 다시 만나게 되었다. 거의 매주 연구소에서 만나 공동연구를 논의하던 중 함께 책을 번역하는 것을 합의하기에 이르렀고, 마침 본인이 일본에 잠시 머무르는 동안 구입한 이 책을 채택하게 되었다. 이 책은 일본 국립아동병원 정신과 발달심리과 과장으로 있는 미야오 마스도모를 대표저자로 하여 여러 분야의 전문가가 참여한 그야말로 다학제적 접근을 시도하였다. 본인이 일본 게이오대학을 방문하면서 머물던 시절, 매주 한 번씩 국립 아동병원 세미나에 참석하면서 이들의 진료 현장을 목격하였는데 매우 인상적이었다.

이 책을 번역한 목적은 세 가지로 요약할 수 있다. 첫째, 소위 '경도발달장애'라는 일본식 개념을 분명하게 소개하고자 함이다. 일부 국내에서 발달장애라는 것과 함께 이 용어 혹은 개념을 혼동하면서 마구 사용하는 것을 명확하게 하고자 하였다. 둘째, 소아정신의학 진료현장에서 다학제적 접근에 대해 논의는 하고 있지만, 실제 그것을 구체적으로 제시하는 것은 매우 미흡한 형편이다. 이 책은 매우 잘 조직된 유기적인 다학제적 접근을 기술하고 있다. 셋째, 일본은 매우 가까운 선진국임에도 불구하고 소아정신의학 영역에서 교류가 매우 적은 기현상을 보이고 있다. 일본은 우리와 매우 유사한 배경을 가지고 있어서 상호협력할 점이 많기 때문에 이들을 소개할 필요성을 느끼고 있고, 이 책이 소아정신의학 분야에서 일본을 소개하는 최초가 될 것이다.

이 책의 번역에 거의 2년이란 세월이 흘렀다. 이재욱 교수께서 초벌 번역을 하고, 본인이 역주를 달고, 용어와 개념 등을 다듬고, 표와 그림까지 꼼꼼이 정리하다 보니 그렇게 긴 시간이 흐르게 되었다. 많은 노력이 들어간 만큼 독자 여러분께 도움이 될 것으로 기대하고 앞의 세 가지 목적이 달성되기를 기대하면서 이 책이 나오도록 도와주신 한양대학교 정신건강연구소 및 출판사 관계자들에게 감사드린다.

2014년 1월

안동현, 이재욱

저자 서문

'발달장애'라는 용어는 본래 지적장애에 대한 사회적 지원의 관점에서 생각된 행정용어로, 의학적 관점의 '질환으로서의 장애'와는 다르다.

발달장애는 여러 가지 관점에서 대응이 생각되어 왔다. 정해진 유기적인 관련도 없고, 각 분야 또는 각각의 시설에 맡겨져 왔다고도 할 수 있다. 그런데 일본에서는 2005년 4월 1일에 발달장애인지원법이 시행되고 나서, 사회 전체에서 영·유아부터 성인기까지의 여러 가지 문제점을 '장애=사회적 지원 필요'로서 생각하는 '왜곡된 인지' 또는 '조금 남다른 아동들'로 생각되어 왔다. 그러나 지적장애가 분명하지 않은 학습장애, 고기능전반적발달장애(고기능 PDD : 자폐스펙트럼), 주의력결핍과잉행동장애(ADHD)는 지적장애가 가볍다는 이유로, 가지고 있는 행동 등의 문제가 가볍다고 말할 수 없는데도 '경도발달장애'의 개념으로 말해져서, 마치 장애가 가볍다는 인상을 주어 사회 인식상 매우 위험하게 되었다. 문부과학성[1]에서는 이용어를 사용하지 않는 방향도 제시하고 있다. 한편, '발달장애'를 가지고 있다는 말을 사용해서 전부를 알고 있는 듯이 말하는 것도 듣게 된다. 각 발달장애는 소아기, 즉 발달기에 나타나는 장애라는 것은 공통적이어도, 진단에 따라 결정되는 구체적

---

1) 한국의 '교육부'에 해당하는 일본의 중앙 부처

대응은 다르다.

이러한 아이들을 어떻게 생각하면 좋은가, 어떻게 대응하면 좋은가를 생각하고, 그 후 건강한 성인으로서 사회로 내보내는 것이 우리에게 주어진 사명이라고 생각한다.

이 분야를 다루는 책은 많이 출판되어 왔다. 그러나 이 책은 같은 종류의 다른 책과는 다르게, 발달장애를 가진 아이에서부터 성인까지의 분야를 볼 수 있는 각 전문가가 각각 일관된 관점에서 썼다. 여러 가지 분야에서 성장을 생각한 책이다. 일관해서 쓰였기 때문에, 조금 길어지거나 읽기 어려운 점도 있을 수 있다. 알기 어려운 표현도 있을 수 있다. 우선, 어디에서부터라도 좋으니 읽어 주기를 바란다. 각 전문가의 문장을 조금씩 읽어 나가는 사이에 발달장애를 가진 사람들이 이해되고, 친근한 기분을 가지고 이러한 아이들의 마음을 생각하면서 대응할 수 있게 될 것이다.

우리에게 훌륭한 많은 아이디어를 주신 발달장애를 가진 아이와 성인, 그리고 보호자 분들에게 감사드린다.

그리고 이 책은 이러한 사람들과 함께 살아가는 치료현장, 교육현장, 의료분야의 분들이 많이 읽어 주셨으면 좋겠다.

마지막으로, 이 책의 아이디어에 찬성해 주시고, 글 쓰는 것이 느린 우리를 오래 참으며 기다리시고 격려해 주신 의학서원의 관계자 분들에게도 깊이 감사드린다.

발달장애 진단의 어려움과 보람을 생각하면서
대표편저자 미야오 마스도모

차례

이 책의 각주는 특별한 언급이 없는 경우 모두 역자 주이다.

제 1 장

들어가는 글

Ⓐ 지금 발달장애가 주목 받는 이유

1. 지금까지의 흐름

발달장애란 '정신 또는 신체의 기능장애(impairment), 또는 그 둘이 합쳐진 데서 기인하는 것으로, 22세까지 장애가 나타나고, 주된 일상생활 중에 기능적 제약(신변자립, 수용·표현 언어, 학습, 과잉행동, 자기통제, 생활자립, 경제적 자립)이 3가지 이상 있고, 그로 인해 특별하고 광범위한 또는 포괄적인 돌봄·치료 또는 다른 서비스를 연계 또는 지속할 필요가 있고, 그것이 생애에 걸쳐 계속되고 또한 각각의 요구를 반영하는 것'으로 정의되고 있다(미국공법 PL-95-602).

그 규정은 (1) 뇌성마비나 정신지체와 같은 질환 규정은 제외하고 있고, (2) 일상생활에서의 기능저하를 규정하고 있고, (3) 특별 서비스를 제공할 필요가 있는 점이 특징이다. 즉 발달장애(developmental disabilities)를 질환이나 증후군으로 규정하지 않고, 기능장애·능력저하·불리함의 정도 등 '장애 모델'로 분명하게 규정하고 있다. 이 장애 모델의 관점은 이후에 미국정신의학회(American Psychiatric Association, APA)의 정신지체의 정의에 크게 영향을 주었다.

최근에는 아동 행동이나 학습 문제와 관련시켜, 학급 붕괴, 등교거부, 은둔형 외톨이 등의 현상 면의 임상 양상(病態)으로서, 일반학급에서 수업하는 지적장애가 분명하지 않은 발달장애가 부각되어 왔다. 지적장애가 경도인 '경도발달장애'의 문제로서, 마치 '경도'인 것이 문제의 본질인 것처럼 여겨졌다. 눈에 보이지 않는 탓에 장애가 있는 것을 알아낼 수 없다. 단순한 부모의 교육 문제, 성격 문제로 받아들이는 경우도 있다. 경도라고 해도 발달장애를 가진 사람은 학교생활에 적응하기 어렵고, 집단 괴롭힘이나 주변의 이해 부족에서 오는 심한 질책을 받고, 그 결과 자존심이 낮아져 이차성 장애(우울증 등의 기분장애, 은둔형 외톨이 등)가 나타나기 쉽다. 때문에 조기 발견·조기 치료가 특히 중요하다.

초등학교 시기 아동의 6%에 달하는 이러한 아동에 대해 문부과학성은 대책 마련의 필요성을 인정하고, 조사를 시작하고, 여러 가지 노력을 시작했다. 2005년 4월 1일 시행된 '발달장애인지원법'은 사회적으로 큰 관심을 불러일으키고, 아동

그림 1.1 발달장애

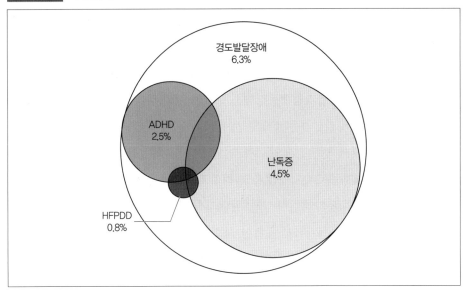

ADHD : 주의력결핍과잉행동장애, HFPDD : 고기능자폐증
출처 : 학습장애, ADHD 등의 전국실태조사, 문부과학성, 2002.

의 마음의 문제로서 '경도발달장애'라는 글자가 신문 등에 자주 보이게 되었다(그림 1.1).

2. 발달장애인지원법

발달장애인지원법[1] 제1장 총칙 제1조 목적에는 '발달장애인 심리기능의 적절한 발달과 원활한 사회생활의 촉진을 위해 발달장애 증상 발현 후에 될 수 있는 한 조기에 발달지원을 실시하는 것이 매우 중요하다고 보고, 발달장애를 조기에 발견하고, 발달지원을 행하는 것에 관한 국가 및 지방공공단체의 책무를 분명히 함과 동시에, 학교교육에 있어 발달장애인에 대한 지원, 발달장애인의 취업 지원, 발달장애인지

---

1) 국내에서 관련한 법률로는 2012년 5월 19대 국회 제1호 법안으로 김정록 의원이 발의한 법률안으로 '발달장애인 지원 및 권리보장에 관한 법률'(이하 발달장애인지원법)이 발의되었다. 하지만 이 법률안에 대한 국회의 비용추계서에 따르면, 발달장애인위원회 및 공단 등 각종 사업 추진에 따른 재정소요액이 매년 2조 1천억~3조 2천억 원 수준으로, 향후 5년간 재정소요 총액은 약 13조 2천억 원으로 내다보고 있다는 지적으로 인해 논의 과정에서 2013년 11월 현재까지 국회를 통과하지 못하고 있다.

원센터 지정 등에 대해 규정함으로써, 발달장애인의 자립 및 사회 참가에 합당하도록 그 생활 전체에 걸쳐 지원을 도모하고, 그리하여 그 행복의 증진에 기여하는 것을 목적으로 한다'고 되어 있다.

이 법에 있어 '발달장애'라는 것은, '자폐증, 아스퍼거장애 그 외 전반적 발달장애, 학습장애, 주의력결핍과잉행동장애, 그 외 이것과 유사한 뇌기능장애로 그 증상이 보통 저학년에서 발현하는 것으로 시행령(政令)에 규정(제2조 정의)하는 것'이다. 또, 같은 조항에서 '발달장애인'이란 '발달장애를 가지고 있기 때문에 일상생활 또는 사회생활에 제한을 받는 사람'을 가리키고, '발달장애아'란 '발달장애인 중에서 18세 미만의 사람'을 가리킨다. 또, '발달지원'이란 '발달장애인에 대해 그 심리 기능의 적정한 발달을 지원하고, 원활한 사회생활을 촉진하기 위해 실시하는 발달장애 특성에 대응한 의료적·복지적 그리고 교육적 지원'이라고 정의한다.

3. 의학 영역에 있어 발달장애

의학 분야에서 발달장애는 미국정신의학회의 진단기준인 DSM-III에서 1980년대에 정의한 개념이다. 존 에프 케네디 대통령 때에 처음 만들어진 개념이다(표 1.1, 1.2). 현재 사용되는 DSM-IV-TR과 ICD-10²⁾(국제질병분류, 유엔 세계보건기구 분류)에는 발달장애라는 틀이 존재하지 않는다.

4. 발달장애에 대한 대응 — 소아과적 대응과 정신과적 대응

지적으로 표준 아니면 그 이상인 학습장애, 주의력결핍과잉행동장애, 전반적발달장애에는 초등학교 고학년 정도 되면 질환 자체에 의한 일차장애에 더해서 이차성 장애(우울상태, 반항적도전성장애, 품행장애)를 함께 가지는 경우가 많다. 이차성 장애가 없는 경우와 이차성 장애를 가져 보다 복잡하고 심한 양상을 띠게 되는 경우는 치

----

2) DSM-IV-TR은 미국정신의학회에서 제정한 정신질환의 분류로서 DSM-IV(1994)의 text-revision(본문수정판)의 보충판으로 1997년 출간되었다. ICD-10은 유엔산하 세계보건기구(WHO)에서 전 세계적으로 통용하기 위한 국제질병분류의 10차 개정판으로 1992년 출간되었다. ICD는 DSM과 달리 정신질환을 포함한 모든 질병이 분류되어 있다. DSM-5는 2013년 5월 발간되었고, ICD-11의 개정작업은 2015년에 발표되는 것으로 알려져 있다.

표 1.1   유아기, 소아기 또는 청년기에 발병하는 장애(DSM - Ⅲ)

Developmental Disorders	발달장애
Note : These are coded on Axis II.	주 : 이들은 Axis II에 코드되어 있음
Mental Retardation	정신지체(47)
317.00 Mild mental retardation	경도정신지체
318.00 Moderate mental retardation	중등도정신지체
318.10 Severe mental retardation	중도정신지체
318.20 Profound mental retardation	최중도정신지체
319.00 Unspecified mental retardation	특정불능의 정신지체
Pervasive Developmental Disorders	전반적 발달장애(48)
299.00 Autistic Disorders	자폐성장애
Specified if childhood onset	소아기에 발병했다면 구체적으로 밝힐 것
299.80 Pervasive Developmental Disorder NOS	특정불능의 전반적 발달장애
Specific Developmental Disorders	특이적 발달장애(51)
Academic skills disorders	[학습능력장애]
315.10 Developmental arithmetic disorders	발달성수학장애
315.80 Developmental expressive writing disorder	발달성표현성쓰기장애
315.00 Developmental reading disorder	발달성읽기장애
Language and speech disorders	[언어와 회화장애(52)]
315.39 Developmental disorder	발달성구어장애
315.31* Developmental receptive language	발달성수용성언어장애
Motor skill disorder	[운동능력장애(53)]
315.40 Developmental coordination disorder	발달성운동조절장애
315.90* Specific developmental disorder NOS	특정불능의 특이적 발달장애
Other Developmental Disorders	그 외 발달장애(53)
315.90* Developmental disorder NOS	특정불능의 발달장애

주 : 숫자는 장애 코드를 나타냄

표 1.2   발달장애의 정의

- 18세 미만의 시기, 즉 발달기에 나타나는 장애
① 의학적 개념
    정신지체, 심리적 발달의 장애, 행동 및 정서의 장애로 나뉘어 발병(發症)이 18세 이전인 사람
② 사회복지적 개념
    정신지체, 뇌성마비, 간질, 자폐증 등 정신지체와 같은 일반적 지적지체, 적응행동의 장애를 초래하고 치료하지 않으면 사회적 서비스를 필요로 함

료 방침이 다르다. 그 때문에 아동이 보이는 문제 증상이 원래의 질환에 의한 것인가, 아니면 이차성에 의한 것인가를 꼭 살펴볼 필요가 있다. 이차성 장애가 분명한 경우, 치료는 원래의 질환 자체가 아니고 아동의 마음의 상처를 돌보는 것에서 시작

표 1.3 발달장애를 구성하는 DSM – IV – TR과 ICD – 10의 발달장애에 포함되는 장애 분류

DSM-IV-TR	ICD-10
정신지체	**F7 정신지체**
317 경도정신지체	F70 경도정신지체
318.0 중등도정신지체	F71 중등도정신지체
318.1 중도정신지체	F72 중도정신지체
318.2 최중도정신지체	F73 최중도정신지체
319 정신지체, 중증도의 특정불능	F78 그 외 정신지체
	F79 특정불능의 정신지체
학습장애	**F8 심리적 발달장애**
315.0 읽기장애	F81 학습능력의 특이적 발달장애
315.1 수학장애	F81.0 특이적 읽기장애
315.2 쓰기표현장애	F81.2 특이적 수학능력장애
315.9 특정불능의 학습장애	F81.1 특이적 쓰기장애
	F81.3 학습능력의 혼합성장애
운동능력장애	F81.8 그 외 학습능력의 발달장애
315.4 발달성협조운동장애	F81.9 특정불능의 학습능력의 발달장애
	F82 운동기능의 특이적 발달장애
의사소통장애	F80 회화 및 언어의 특이적 발달장애
315.31 표현성언어장애	F80.1 표현성언어장애
315.32 수용-표현성혼합언어장애	F80.2 수용성언어장애
315.39 음운장애	F80.0 특이성회화구음장애
307.0 말더듬장애	F80.3 간질성후천성실어증(란다우클래프너 증후군)[3]
307.9 특정불능의 의사소통장애	F80.9 특정불능의 회화·언어의 발달장애
	F83 혼합성 특이적 발달장애
전반적 발달장애	F84 전반적 발달장애
299.00 자폐성장애	F84.0 소아자폐증
299.80 레트장애	F84.2 레트증후군
299.10 소아기붕괴성장애	F84.3 다른 소아기붕괴성장애
299.80 아스퍼거장애	F84.5 아스퍼거장애
299.80 특정불능의 전반적 발달장애(비정형	F84.1 비정형자폐증
자폐증 포함)	.10 발병(發症)연령 및 증후 양자의 비정형성
	.11 증후상의 비정형성
	.12 발병연령 및 증후 양자의 비정형성
	F84.4 정신지체와 상동행동에 관련한 가동성(可動性)장애
	F84.8 다른 전반적 발달장애
	F84.9 특정불능의 전반적 발달장애
	F88 그 외 심리적 발달장애
	F89 특정불능의 심리적 발달장애

주 : 숫자와 알파벳은 각 체계에서의 장애 코드를 나타냄

한다. 즉 자기효능감을 가지게 하는 것, 조금씩 살아가는 마음이나 사회 속에서 살아가는 마음을 키워 가는 것, 가족 기능의 재구성을 도모하는 것이 치료방침이 된다.

그림 1.2 발달장애아동의 지역지원 모식도

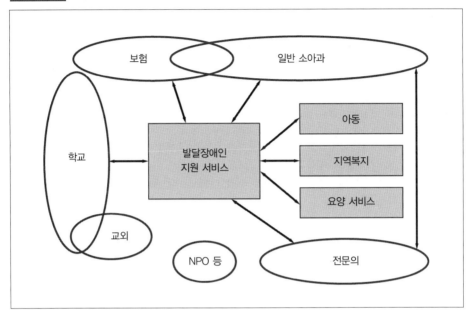

발달장애 치료에서 이차성 장애가 생겨 중증화(重症化)된 후, 정신과적 대응이 필요해지는 때가 기본적으로 많다. 바꾸어 말하면, 소아과 의사[4]의 역할은 이차성 장애가 생기기 전에 적절한 대응을 하는 것이다. 이차성 장애에 대한 대응과 중증화(重症化)된 사춘기 이후의 대응이 정신과적 대응이 된다.

Ⓑ 발달장애의 진단을 어떻게 생각하는가?

일본어에서는 '장해(障害)'[5]라는 용어로 표현하나, 발달장애를 이해하기 위해서는 아래의 3가지 관점에서 생각해 볼 필요가 있다.[6]

----

3) Landau-Kleffner syndrome은 드문 후천성 간질장애로 과거에 정상적인 언어발달을 가졌떤 아동에게서 갑작스런 수용언어장애가 나타난다. 일명 acquired verbal agnosia라고도 부른다. 뇌영상검사에서는 뚜렷한 이상이 없고, 뇌파검사에서는 다양한 소견을 보이지만 흔히 수면 중에 지속적인 간질파를 보인다. 간질을 대개 호전되지만, 인지 및 언어는 다양한 경과를 보인다.
4) 한국에서 최근 소아과는 '소아청소년과'로, 정신과는 '정신건강의학과'로 과 명칭이 변경되었다.
5) 일본어로 장해(障害)는 한글로 장애(障碍), 영어로 disorder에 해당한다. 즉 질병/병/질환과 유사한 개념이다.

- impairment(기능장애) : 심리적, 생리적, 해부학적 기능의 무언가를 상실한 이상
- disabilities(능력장애) : 사람들이 정상이라고 생각하는 방식 또는 범위에서 행하는 능력의 (기능장애의 결과로 발생한) 무언가의 제한 또는 결여
- handicap(사회적 불리) : 기능장애 또는 능력저하의 결과로 그 개인에게 발생

----
6) 장애(disorder), 기능장애(혹은 장해, impairment), 능력장애(혹은 능력상실, disability), 사회적 불리 (handicapped)를 구별해 보면, 국내에서 장애(障碍)와 장해(障害)의 2가지가 혼용되어 사용되고 있는데, 일본 식 표현인 장해를 그대로 베껴 사용하는 법률 용어를 굳이 따라갈 이유가 없으므로 장애로 사용하자고 주장하 고 있어, 최근 배상의학 등에서 기능장애를 흔히 장애로 사용하고 있다. 그러다 보니 정신장애의 장애와 배상/ 보상에서 사용하는 장애가 혼돈을 일으키고 있다. 또 다른 용어인 사회적 불리는 장해 혹은 장애인을 일컫는 법률 및 정치적인 개념으로 사용되어 왔는데, 현재는 점차 능력장애(혹은 능력상실)로 대체되고 있다. 먼저 기 능장애의 정의를 보면 '의학적인 방법으로 평가된 건강 상태의 변질'(손지열, 1992), '신체 일부의 소실, 기능 상실, 기능 이상(a loss, loss of use, or derangement of any body part, organ system, or organ function)'으 로 규정하고 미국의학협회 지침 1판에서 이 용어를 사용하였는데, 현재는 조금 수정하여 '최대한의 의학적 호 전(maximal medical improvement, MMI)에 도달하여 더 이상의 호전이나 변화를 기대할 수 없을 정도로 고 정된 경우', 즉 영구장해(permanent impairment)의 개념으로 사용하고 있다(AMA Guides, 2001). 이에 비해 능력장애는 '법적, 경제적, 사회적인 문맥에서 이해되어야 할 개념으로서 비의학적인 방법으로 평가된 개인적, 사회적, 직업적 요구를 충족시킬 능력의 변질'(손지열, 1992), '장애로 인해 개인적, 사회적, 직업적 필요, 혹은 법적 요구를 충족하는 개인의 능력 변화(an alteration of an individual's capacity to meet personal, social, or occupational demands or statutory or regulatory requirements because of an impairment)'로 규정한 다. 한편 세계보건기구(WHO)는 1980년도 국제장해분류(1980 International Classification of Impairments, Disabilities and Handicaps)를 최근 국제 기능장애·활동·참여분류(The International Classification of Impairments, Activities and Participation, ICIDH-2, 1999)로 개정하면서 능력장애(disability)를 대신 중립 적인 용어인 활동(activity)으로 고치고, 활동의 제한이라는 의미에서 활동제한(activity limitation)으로 대체하 였고, 이는 한시장해, 혹은 능력장애의 개념으로 사용되기도 한다. 즉 어떤 개인이 특정 영역의 활동에서 능력 장애를 가질 수 있지만, 다른 영역에서는 능력장애를 가지지 않을 수가 있다. 따라서 기능장애(혹은 장해) 평 가는 능력 평가의 한 일부이고, 능력 평가를 위해서는 개인의 기술(skill), 교육, 직업 적응, 적응력, 연령, 주변 환경적 요인을 모두 고려하여야 한다고 기술하고 있다. 국내에서는 대개 노동능력상실이라는 용어를 사용하는 데, 능력상실로 인한 여러 가지 개개인의 능력의 제한 또는 결함 가운데, 특히 재화를 만드는 노동능력의 곤란 에 대해 노동능력상실이라 한다(이경석, 2001). 하나의 예로, 왼쪽 검지손가락이 잘려나갔을 경우를 가정해 보 자. 손가락의 일부가 절단된 기능장애는 동일하지만, 이로 인한 능력장애는 50세의 일반적인 사무원의 경우와 20세의 세계적인 바이올린 연주자의 경우는 직업, 연령 등에서 엄청난 차이를 갖는다. 만일 이로 인해 연주자 로 직업도 잃고, 불우한 처지에 빠진다면 사회적 불리상태라고 할 수 있다.

기능장애(혹은 장해)와 능력장애(혹은 상실), 불리의 관계

한 불이익으로, (연령, 성, 사회, 문화적 여러 요인으로 보아) 정상적인 역할
이 제한 또는 방해 받는 것

참고로 '장해(障害)'라는 용어는 병과 동일한 상태라고 생각하는 경우가 많으나,
'장해(障害)가 있다'라는 것은, 사회생활에서 지원이 필요하다는 의미이며, 의학
적·사회적 의미가 있다. 첨가하면 '장해(障害)'는 '개성'과는 의미가 다르다. 개성
의 의미 내에 있다면 공적 기관이 지원할 필요가 없고, 여러 사람들과 같이 양육해
나가면 된다. 사회생활에서 지원이 필요한지 여부를 객관적으로 판단하는 것이 중
요하다.

의학이 질환만을 진료하는 시대는 끝나고, 지금부터는 보다 좋은 사회생활을 영
유하기 위해 의학이 무엇을 할 수 있는가 하는 질문을 받는 시대가 왔다.

■ 宮尾益知

제2장

아이의 마음 발달 — 발달장애와 관련하여

Ⓐ 아이 마음 발달의 각 단계

1. 연령 시기별 인지기능발달

유·소아(幼小兒)기의 각 단계에는 통과해야만 하는 발달과제가 있고, 각 단계에서의 경험이 그 후의 인생에서 난국을 이겨 내는 능력에 영향을 준다.

인지발달에서 본 생애는 영아기, 유아기 초기(2~3세), 유아기 후기(4~5세), 초등학교기(6~11세), 청소년기(12~18세), 성인 초기, 중년기, 노년기로 나눌 수 있다(표 2.1, 그림 2.1).

각 연령 시기에서는 각각 과제와 위기가 있고, 그것을 잘 이겨 냈을 때 다음 시기를 살아갈 능력을 갖출 수 있다(Erickson). 각 연령 시기의 과제와 과제를 해결할 경우와 그렇지 못할 경우의 과정을 표 2.2에 나타냈다.

2. 인지발달 단계(표 2.3, 2.4)

현재까지의 발달 개념은 운동발달에 관한 것이 주된 것이고, 인지, 의사소통(언어, 비언어), 마음 발달처럼 개인 간 차가 크고 판정 기준이 애매모호한 것은 별로 주목받지 못했다.

말의 발생을 보면, 1세 정도에서 의미 있는 말(有意語)이 나오기 전에는 옹아리, 반복 옹아리, 비언어, 포인팅 등이 발달항목이고, 거의 백지상태이다. 그러나 아이는 갑자기 말을 하게 되는 것은 아니다. 말로서 평가할 수 없는 부분의 발달(비언어성 발달)이 있고, 말의 발달로서 눈에 보이는(귀에 들리는) 형태가 나타난다. 나아가 비언어성 기능의 발달과 언어적 기능의 발달은 같이 균형을 맞추어 가며 발달해 갈 때 '마음이론[1]'이 존재하게 된다(19쪽의 '마음이론' 참조).

건강하게 발달하는 아이(정상 발달)는, 취학 무렵까지는 상대의 입장을 이해하고 표정과 숨어 있는 기분을 살피고, 사회성(집단생활기능)을 키우고, 학습하기 위한 능력을 갖추어 가게 된다. 바꾸어 말하면, 심리, 행동, 정서의 도달 목표는 기본적

---

1) 마음이론(Theory of Mind, ToM)이란 '다른 사람의 마음 상태를 추론할 수 있는 능력'을 말한다.

| 표 2.1 | 발달장애 진단과 대응 |

연령	증상	기능성 있는 진단	대응
영아기	수고가 전혀 들지 않는다	PDD	양육 상담(보육사[2], 소아과)
	과민	ADHD	
유아기 초기	눈을 맞추지 않는다, 손으로 가리키지 않는다	PDD	2차 검진, 소아과
	동일성 고집, 과민	ADHD	보건센터, 지역치료센터
	과잉행동	PDD, ADHD	
	말하기(첫 단어) 지연	PDD, ADHD	
유아기 후기	친구들과 놀 수 없음, 말의 지연	PDD, ADHD	지역치료센터
	2단어 문장(二語文) 지연, 과민, 집착, 집단에 들어가지 못함	HFPDD	지역치료센터, 소아신경 · 아동정신과
	과잉행동, 충동(성)	HFPDD	소아신경 · 아동정신과
	책을 잘 읽지 못함, 그림이나 도감을 좋아함	LD, PDD	소아신경 · 아동정신과
학령 전기	과잉행동, 규칙을 지키지 못함, 집단행동을 할 수 없음, 집단괴롭힘	ADHD PDD	소아신경 · 아동정신과
	히라가나 · 한자를 외울 수 없음, 잘 못 들음	LD	소아정신과, 교육상담, 특수학급 (언어를 배우는 특수학급)
	한자를 외울 수 없음, 잘 못 들음	ADHD	소아신경 · 아동정신과
	히라가나 · 한자를 외울 수 없음, 국어를 잘 못함	PDD	소아신경, 교육상담
학령기	화를 잘 냄, 도전성반항장애	PDD, ADHD	소아신경 · 아동정신과, MSW[2]
	우울상태	ADHD	소아신경 · 아동정신과
청년기~ 성인기	등교거부, 은둔형 외톨이	PDD, ADD	소아신경 · 아동정신과, MSW, 교육상담, 프리스쿨[2]
	니드, 프리터[3]	PDD, ADD	정신과, MSW, 할로워크[2]
	품행장애	ADHD	아동정신과, 아동상담소, 경찰
	인격장애	PDD	아동정신과, 정신과

발달장애는 연령에 따라 변하며 보다 복잡한 양상을 띤다. 일차성 장애보다 오히려 이차성 장애, 환경 요인 등의 영향이 크다. 여러 가지 요인을 조정하고, 적절한 네트워크를 이용해서 아이에 대한 대응을 적절히 실시하기 위한 지식이 필요하다.

PDD : pervasive developmental disorder(전반적 발달장애), ADHD : attention deficit/hyperactivity disorder(주의력결핍과잉행동장애), ADD : attention deficit disorder(주의력결핍장애), HFPDD : high-functioning PDD(고기능 전반적 발달장애), LD : learning disorder(학습장애)

---

2) 보육사는 국내에는 별도로 있지 않다. MSW는 medical social worker의 약자로 의료사회복지사를 말하며 주로 의료기관에 종사하는 사회복지사를 말한다. 프리스쿨(free school)은 '자유학교'로 번역할 수 있는데 우리의 대안학교와 비슷한다. 할로워크(hallowork)는 공공직업안정소(公共職業安定所)로 번역하고 있기도 한데 국내에서 노동부 산하 고용센터와 유사한 기능을 담당한다.
3) 프리터(free+arbeiter의 일본식 합성어)는 '구속을 싫어해서 정해진 직업을 가지지 않고 아르바이트로만 생활해 가는 젊은 사람'을 일컫는 신조어이다.

그림 2.1 발달장애의 연령에 따른 변화 및 대응

| 연령 |
| 신생아기　1세 6개월　3세 반　취학시기　10세　청년기　성인기 |

| 발달과제 |
| 양육곤란　언어발달　사회성　학습능력　자아형성　부모를 떠남　가정인, 사회인 |
| 발달장애 관련 질환 |
| 학대 · ADHD　ADHO · PDD　DD · LD　CD · BD |
| 시설 |
| 산과 · 소아과 · 보건 서비스　치료양육시설　아동정신과　정신과 |

CD : conduct disorder(품행장애), BD : borderline disorder(경계선인격장애)

표 2.2 달성과제와 그 해결의 결과

단계	긍정적 해결	부정적 해결
영아기	기본적 신뢰 : 타인과의 신뢰가 생기고 자신에게 가치가 있다	기본적 불신 : 이 세계에 있는 느낌이 좋지 않다
유아기 초기	자율성 : 배설을 중심으로 얻게 됨, 요구 증대	의혹 : 타인의 눈에 신경이 쓰인다
유아기 후기	적극성 : 부모처럼 되고 싶다, 세계를 알고 싶다, 성취의 즐거움을 안다	죄책감 : 호기심을 갖는 것은 좋지 않다
학령기	생산성 : 사물(物)을 생산하는 것이 보인다	열등감 : 인정받지 못하고 집단에서 열등감이 발달
청년기	정체성 : 재통합에 의한 자아정체성의 획득	분산 : 자신을 파악하지 못하고 없어진 것 같은 상태

으로 아이가 가진 또는 가져야만 하는, 자신을 억제하는 힘(자율), 사회에서 살아가는 능력(사회생활기능), 학습하는 능력(학습능력) 등이라 할 수 있다. 이런 것들의 일부분이 뒤떨어지거나 발달불균형이 있으면 아이는 '발달장애'가 된다.

　발달장애를 이해하기 위해서는 어느 부분이 뒤떨어졌는지, 불균형이 있는지를 이해하는 것이 중요하다. 아이의 각 영역의 상태가 건강한 발달의 몇 세 수준인지, 문제증상은 정체인지 왜곡인지를 병의 원인, 증상, 그리고 임상 양상 측면에서 진단하고, 동시에 그 아이에 맞는 단기적 · 장기적 습득 목표를 제시하고, 인지심리학, 재활, 교육, 또는 약물 등을 이용해서 개선하도록 종합적인 지도를 해 가는 것

표 2.3	기능에 의한 마음의 발달

- 어머니와의 동조 행동
- 자기인식
- 공동주의 : 손가락으로 가리키기
- 정위 조작
- 소꿉놀이
- 자기조절
- 사회적 기술
- 마음이론
- 학습준비도

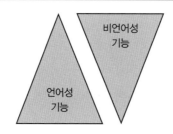

표 2.4	마음의 발달 평가

- 신체감각 : 자세, 운동
- 타인에 대한 정서반응
- 감정 체험 · 표현
- 상상력
- 인지 특성
- 기억 형태
- 수행기능
- 의사소통
- 언어발달

이 발달장애를 진단하는 의사에게 요구된다. 한편 어느 연령에서부터는 그 아이의 약한 부분을 피하고, 우위에 있는 능력의 부분을 이용하는 관계로 바꾸지 않으면 안 된다.

3. 비언어성 행동의 발달

1) 시선과 주고받기 행동

우선 다른 사람이 보는 것, 즉 시선을 느낌으로써 자신을 인식하게 되고, 시선을 준 상대를 같은 편이라고 느끼고 눈과 눈을 맞추게 되고 어머니의 시선 방향 쪽으로 보게 된다. 시선의 범위 내에서 사물을 움직이면, 손을 움직이고, 신체를 흔드는 등의 행위가 보인다. 4개월에서는 90도, 6개월에서는 180도의 범위 내에서 주의를 줄 수 있다. 이러한 서로 간의 반응을 '주고받기 행동'이라고 한다. 이 행동은 '애착행동'과 밀접하게 연결되어 있다.

2) 동조행동(리듬과 흔들림)

영·유아기까지는 모자간에 여러 가지 동조행동이 나타난다. 신생아기에는 모유를 먹고, 안기고, 달래지고, 수면 리듬 등, 서로가 일체화되어, 같이 있는 것이 즐거운 상태가 동조행동이다. 아이의 문제인지, 어머니의 문제인지, 아니면 둘 다의 문제인지 간에 이 시기의 동조행동이 잘 이루어지지 않으면(말하자면 키우기 힘든 아이), 애착관계는 자라지 않는다. 어머니가 자녀를 귀엽다고 생각하는 마음도 자라지 않는다. 현 병력을 주목해서 보면, 이 시기에서부터 자폐증을 가진 아이에게서 문제가 나타나는 경우가 많다.

3) 협조성과 상호성

발달장애 아이는 유아기에 오락으로서의 놀이, 리듬체조, 줄넘기, 종이접기 등에서 운동의 정교함이 떨어지는 것이 많이 지적된다. 처음은 출생 후 4개월 무렵, 눈과 손의 협응이 서투름(눈으로 보며 물건을 만진다, 조작한다) 등에서 나타난다. 또, 아기가 기는 등의 상호운동이 10개월이 되어도 나타나지 않고, 개구리 뛰기와 같은 자세로 기어가든가, 갑자기 일어나는 경우도 있다. 협조성과 상호성에 문제가 나타나는 경우에 발달장애일 가능성이 크고, 발달장애의 진단 항목으로 운동 요소를 사용하는 것이 중요하다.

4) 기본적 신뢰감

정상적 발달의 경우, 6개월이 되면 자신의 신체 존재(자아의 시작)를 시각적으로 알게 되고, 자신의 신체를 거울로 보고 움직이며 확인하게 된다. 그다음에 자신과 동일한 존재로서 어머니를 인식하게 되고, 어머니는 탐색행동의 기지, 의존 대상, 체험을 공유하는 존재가 된다. 즉 어머니의 존재를 기반으로 해서 확인 동작을 하게 된다. '자신을 잘 보고 있는가?'라는 비언어적 행동(어머니가 있는 쪽으로 돌아보며 확인함)으로 확인할 수 있다. 이것을 이해할 수 있게 되는 시기가 늦어지는 경우, 단지 혼자서 고독한 자신만으로 살아간다는 정신적으로 불안정한 상태가 오래 계속되고, 정신적으로 불안정하고 과민한 아이로 보이게 된다.

5) 중요한 10개월

운동발달에 대해 보면, 생후 4개월에 중뇌(中腦) 수준의 발달이 이루어진다. 자폐증을 가진 아이에게서는 이 시기부터 문제가 나타난다. 그러나 타인이 알게 되는 경우는 적고, 빨라도 10개월의 대뇌피질 수준의 발달시기에 알게 된다.

정상적 발달에서는 어머니가 아이에게 손으로 가리키면 아이는 그 가리킨 방향을 보는 것에서, 10개월 무렵에는 손을 내밀어 손가락으로 가리키는 것으로 변화하고, 스스로 완결하고, 좋아하는 것을 손가락으로 가리키는 '흥미의 포인팅', 아이 자신이 주체가 되어 주변 사람을 인식하고 자신의 요구를 전하는 '요구의 포인팅', 상대의 의도에 반응해서 상대를 의식함, 사물의 이름과 용도를 말하는 '응답의 포인팅', 신뢰하는 사람과 같은 것을 공유하는 '삼항관계(triadic relationship)' 등의 공동주의(joint attention, 표 2.5)에 더해서, 주위 사람이 자신과 같은 존재라는 것을 나타내는 '모방동작'이 나타나고, 의사소통의 수단으로 말을 하고, 손가락 끝으로 물건을 잡을 수가 있고, 걸을 수 있게 된다. 정상적인 발달을 하는 아이들이 쉽게 넘어가는 장애물을 자폐아가 넘어가기 위해서는 많은 노력이 필요하다.

표 2.5 공동주의의 발달[4]

공동주의	눈을 맞춤	가리키기
없음	맞추지 않는다	하지 않는다
일항관계[5] (一項關係)	외부세계에서 볼 뿐, 전일방통행단계(前一方通行段階)	발견, 흥미의 포인팅, 자신의 세계
이항관계[5] (二項關係)	탐색에서 일방적 요구로 시선을 맞추기 시작함	요구의 포인팅, 상대의 출현
삼항관계[6] (三項關係)	일방통행에서 상호교류로 공동주의 발달	감정 교류, 응답의 포인팅, 공감
자폐증	외부세계에서 볼 뿐, 전일방통행단계?	크레인 현상[6]

---

4) 더 나은 이해를 위해 제6장 4. 공동주의의 발달(그림 6.2 포함)을 참조.

6) '소꿉놀이'와 재접근

1세 반에서 2세 무렵에는 장난감이 가지는 기능이나 역할 등에 의한 놀이에서, 생활의 재현이나 상징으로서 '소꿉놀이'를 할 수 있게 된다. 소꿉놀이가 가능하다는 것은, 주변 상황(사회)을 이해하고, 시각적 이미지를 상상적으로 사용해 표현하는 능력이 나타난 것을 의미하고, 창조성과 연결된다. 이것은 자폐증을 가진 아이가 가장 획득하기 힘든 능력이다.

이 무렵 어머니에 대한 기본적 신뢰감의 확인으로서, 한 번 떨어져서 다시 한 번 재확인하는 행위가 나타난다. 이것은 어머니가 일하기 시작하거나, 보육원에 맡기게 되거나, 형제가 태어나는 등의 시기와 겹칠 수 있다. 이 시기의 대응도 양육에 있어 중요한 포인트이다.

7) 자립에서 자율(자기억제)로

3세 무렵이 되면 자신의 발로 어디든지 나갈 수 있고, 말로 자신의 의사를 전달할 수 있는 '자립'한 상태가 된다.

즉 자아를 확인하고, 자아를 만들어 내는 것이 이 시기의 과제이고, 넘어서려고 열심히 노력해서 자신을 객관적으로 볼 수 있게 된다. 4세에서는 상대의 표정을 읽는 것과 언어적 기억이 어느 정도 가능하고, '자율'을 이룬 상태로서 자아를 누르고 집단 속에서 자신이 어떻게 행동하면 좋을지를 어느 정도 알게 된다.

ADHD는 이러한 4세 수준의 비언어성 능력이 획득되어 있지 않고, 자신을 억누를 수 없다. 즉 3세 수준의 자립상태이고, 자율상태에 도달해 있지 않다. 그 때문에

---

5) 일항(monoadic)관계는 영·유아가 아직 부모와 분화가 일어나지 않은 상태, 이항(dyadic)관계는 부모-영·유아의 분화가 일어나면서 상대방을 인식하면서 일어나는 두 개체의 관계, 삼항(triadic)관계는 부모-자녀-사물로 어떤 사물에 대해 영·유아가 부모와 공동주의가 일어나면서 나타나는 관계이다.

6) 흔히 언어(word) 대신 가리키기 혹은 제스처를 사용하는 현상으로 non-verbal instrumental gestures와 유사한 개념이다. 일본의 Masataka Ohta가 자폐아동들의 인지발달 단계를 Stage I Non-symbolic representation: Stage I-1 Non active requesting behaviors, Stage I-2 'Crane phenomenon' most frequent behavior, Stage I-3 Various request behaviors including speech, gesture and/or pointing; Stage II Emergence of symbolic functioning; Stage III Explicit existence of symbolic functioning, Stage III-1 Understanding 'object names', Stage III-2 Understanding 'concepts of relationship'; Stage IV End of the preoperational period와 같이 제안하였다.

ADHD인지 아닌지를 판단하는 것은 4세 이후에 실시해야만 하며, 치료 시작도 보통 5세 이후가 된다. 예외로서, 매우 침착하지 않은 아이를 가진 어머니가 우울 증세나 학대에 이를 가능성이 있는 경우에는 재활, 심리, 지역 등에 의한 여러 가지 지원을 시행하면서 약물치료 등을 실시할 수도 있다.

8) 사회성 획득(사회 기술)

사회 기술(social skill)이란 사회에서 살아가는 데 가장 중요한 능력으로, 사회성을 가지기 위해 체득해야 할 기술이다. 타인의 존재를 인정하고 주변 사람에 대해 자신을 바꾸는, 타인의 태도나 표정에서 기분을 읽어 내는, 우정을 확립하는, 우정 관계를 유지하는, 타인이 나를 곤란하게 하는 행동에 대응하는 것과 같은 능력이다. 현재 사람들에게 있어 가장 빠져 있는 것이 이 능력인지 모른다.

전반적 발달장애와 ADHD에서는 이 기술에 문제가 있는 경우가 많다. 아이에게, 소집단으로 사회기술훈련(social skill training, SST)을 최근에는 자주 실시하고 있다.

9) 마음이론(상대의 입장에서 생각하기)

'마음이론'은 자폐증의 본질적인 것으로, 비언어성 기능과 언어성 기능 발달이 균형을 잘 맞추어 이루어질 때 성립되는 것으로 생각된다. '마음이론'에서는 '샐리 · 앤 과제'와, '스마티 과제'가 대표적이다.

① 샐리 · 앤 과제 : 마음이론의 제1단계(그림 2.4)

"샐리와 앤, 두 사람이 있다. 샐리가 자신의 바구니에 공을 넣었다. 그리고 어디론가 놀러 나갔다. 샐리가 놀러 나간 사이에 샐리의 바구니에 있는 공을 앤이 자신의 바구니에 넣었다. 그 후 샐리가 돌아왔을 때, 어느 바구니에서 공을 찾을 것인가?" 라고 질문하는 과제이다. 물론, 정답은 자신(샐리)의 바구니이다. 그러나 그 답은 샐리의 입장에서 생각하지 않으면 이끌어 낼 수 없다. 즉 객관적으로 무대에서 보는 관객의 입장에서, 샐리 입장이 되어 생각해 볼 필요가 있다.

이 과제는 빠른 아이라면 3세 정도, 보통 4~5세, 늦어도 6세까지는 이해할 수 있

그림 2.4 마음이론 : 샐리 · 앤 과제

4세부터 5세면 가능

상대의 입장에서 생각해 보기

다. 거꾸로 말하면, 이러한 것을 잘 모르는 아이에게 "네가 그런 행동을 하면, 저 아이가 아주 힘들어할 것인지, 슬퍼할 것인지, 알겠어?"라고 말해도, 상대의 입장에서 생각하는 시점이 없는 아이가 알 턱이 없다.

② 스마티[7] 과제 : 마음이론의 제2단계

'스마티 상자 속에 붉은색 연필이 들어 있다. 이 상자를 건네주면 아이는 초콜릿을 받았다고 기뻐하면서 상자를 열지만, 초콜릿이 들어 있지 않아 놀란다. 그다음, 그 장소에 있지 않았던 사람(예를 들면, 아버지)을 지정하고, "아빠에게 상자를 넘겨주면 아빠는 속에 무엇이 들어 있다고 말할까?"라고 묻는' 과제이다.

물론, 외부에서만 보면 초콜릿 상자이니 '초콜릿이 들어 있다고 말한다'라고 대답하는 것이 맞다. 이 과제를 해결할 수 없다는 것은, 같은 장소에 있지 않은 상대의 입장에서 생각하고, 상대의 마음을 읽지 못한다는 것이다.

일반 아이들은 샐리 · 앤 과제를 4세 무렵 통과하고, 그 1년 후에 스마티 과제를 통과한다고 한다. 아스퍼거장애는 샐리 · 앤 과제를 6~8세에, 고기능자폐는 대개 10세 정도에 통과하는데, 고기능자폐/아스퍼거는 지적 수준이 연령에 상응할 만큼 발달한다고 본다면, 고기능자폐/아스퍼거장애를 가진 아이들이 마음이론 과제를 일반 아이들보다 늦게 통과한다는 것은 고기능자폐/아스퍼거장애의 본질을 보여주는 것이라 볼 수 있다. 또, 이러한 과제의 통과에는 청각적 · 시각적인 기억이 필요하다. 스마티 과제는 기억하는 시각적 요소가 2개의 화면밖에 없고, 아스퍼거장애는 시각 기억이 좋은 경우 샐리 · 앤 과제는 할 수 없어도, 스마티 과제는 가능할 수도 있다는 것을 기억해 둘 필요가 있다.

10) 학습 준비도

학습한다는 것은 어떤 것일까? 취학하면 수학이나 국어를 공부하게 된다. 즉 '읽기 · 쓰기 · 계산(수학)'을 배운다. 이런 것들을 학습하기 위한 기초적인 능력이 학습 준비도이다.

학습 준비도에는 언어성 · 비언어성의 2가지 기능이 있는데, 배울 내용에 대해 방향성을 가지고 일정 시간 주의를 지속할 수 있다(전정과 배경 관계), 들은 내용을 이해할 수 있다, 쓰여진 내용을 읽을 수 있고 옮겨 쓸 수 있다, 머릿속에서만 생각

---

7) 스마티는 네슬레에서 판매되는 해외판 마블 초콜릿이다. 미국의 아이들은 이 상자를 보면 속에 초콜릿이 있다는 것을 금방 안다.

하는 즉 추상적인 사고가 어느 정도 가능하다 등이 있다. 반대로 말하면, 학습 준비도를 갖추지 않으면 학습할 수 없게 되고, 학습장애로 진단을 받는다. 실제 의학적 대응에서는 인지심리학적으로 분류하고, 학습장애의 개념을 정리하는 것, 인지교육적 입장에서의 교육 방침 또는 전략(할 수 있다, 할 수 없다, 이 아이가 어떻게 배우면 좋을까)을 가르치는 것이 앞으로의 과제이다.

11) 몸과 마음이 충분히 발달하고, 생리적 변동이나 정서적 불안정에서 해방되는 잠복기

초등학교 3, 4학년이 되면 몸과 마음이 충분히 발달하고, 생리적 변동이나 정서적 불안정에서 해방되나, 그 시기는 암시(暗示)에 걸리기 쉬운 시기여서 틱, 탈모 등의 증상이 나타나기 쉽다. 또, 자화상이 만들어지는 시기이기도 해서 이상적인 미래상이 근처에 존재할 필요가 있다. 이를 위해서는, 잘되거나 또는 칭찬을 받는 것과 같은 성공 경험을 많이 가지고, 잘되지 않거나 누군가가 자신에게 화를 내는 실패 경험은 적게 하는 것이 중요하다.

이 무렵이 되면 추상화 능력, 작업기억('칼럼' 참조)은 성인과 같은 수준이 되기 때문에 이 무렵 극복해 내지 않으면 안 되는, 성인이 되기 위한 높은 벽이라는 의미에서 교육계에서는 '9세 벽'이라고도 한다.

> **칼럼**　신경심리학적 관점에서의 발달장애
>
> **1. 청각인지, 시각인지란?**
> 청각입력계에 의해 얻어진 청각정보는, 정보의 이해로서 음운음변별(변화하는 청각적 자극의 처리), 의미, 통어(문법), 실용론(언어사용), 정보를 조작한다. 한편 시력, 양안시 기능, 안구 운동으로 구성되는 시각운동계로 얻어지는 정보는 인지, 기억, 조작, 공간 인식이 이루어지고, 출력 기능으로서 신체 협응에 의해 '글쓰기'가 행해지는데, 그 후의 문장의 형성에는 청각인지 시스템이 필요하다.
>
> **2. 문자란?**
> 문자란 표기되는 내용에 따라 글(文)이나 물건이나 사물의 상징으로서의 그림 문자, 개념에 대응하는 표의(表意)문자, 구어를 충실히 기록하는 표어(表語)문자로 나누어

진다. 표어문자는 구어의 어(語)를 표기하고, 일본어 한자에 해당하는 형태소 문자, 표현 언어의 어음(語音)을 표기하는 표음(表音)문자[음절 수준에 대응해서 일본어의 가나 문자에 해당하는 음절(音節)문자, 음소 수준에 대응하는 알파벳]로 나누어진다.

3. 작업기억(그림 2.5)[8]

학습장애, ADHD를 작업 기억의 이상으로 생각하는 움직임이 있다. 작업 기억이란, '인지활동에 있어 액티브하게 정보를 유지하고, 과제의 효율적 달성을 가능하게 하는 시스템'이다. 즉 여러 가지 일상의 인지활동(회화, 문장의 이해, 계획수립, 판단, 사유나 사고 등)을 효율적으로 행하기 위한 필요불가결한 시스템으로, 자기모니터링의 작용도 포함되며, 용량에 한계가 있고, 소거(reset)하여 처리하는 것이 특징이다. 이 시스템은, (1) 중앙실행부(central executuve) : 목적하는 작업이나 활동이 자연스럽게 행해지도록 전체를 전망하고, 음운루프(phonological loop)와 시공간 스케치패드(visuo-spatial sketch pad)에 일을 나누어 주거나, 이것의 활동에 필요한 장소(기억용량)를 확보하는 일종의 제어기구, (2) 시공간 스케치패드 : 언어화할 수 없는 정보를 시각 이미지로서 유지한다. (3) 음운루프 : 내적 언어의 반복에 의해 정보를 유지하는 메커니즘(언어기억)의 부분으로 구성되고, 인지작업을 실시할 때는 이러한 부분이 긴밀하게 서로 영향을 준다.

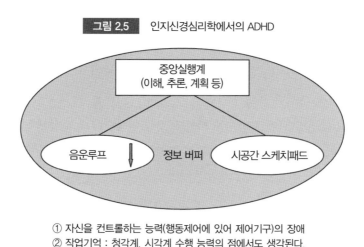

그림 2.5 인지신경심리학에서의 ADHD

① 자신을 컨트롤하는 능력(행동제어에 있어 제어기구)의 장애
② 작업기억 : 청각계, 시각계 수행 능력의 점에서도 생각된다.

---

8) 제4장 그림 4.3 '작업기억의 모델'과 설명을 참조.

12) 사춘기 과제

초등학교 고학년에서부터 성인기까지의 제2차 성징을 맞이해서 신체의 에너지나 성적 에너지가 증대하는 시기이고, 자아정체성(아이덴티티)의 획득, 자기정체성(자아), 역할정체성(사회), 친구 관계 확립, 부모로부터의 정신적 분리(세대간 경계)와 자립, 신체상의 변화, 성정체성(남, 여) 등의 문제에서 커다란 변화(metamorphosis)가 요구된다.

⑧ 발달장애 조기 발견을 위한 진료법(1세 6개월 무렵)

초진 때(아이가 의사와 친밀하지 않을 때), 의사가 아이를 안고 어머니로부터 1.5미터 정도 떨어진 곳으로 데리고 간다. 그러면 아이는 '모르는 아저씨가 데리고 갔다'라고 생각하여, 어머니 쪽을 보고 '엄마 도와줘'라고 생각하고 어머니 쪽으로 달려간다. 달릴 때 아이는 어머니의 얼굴을 보며 호소한다. 뛰어가서 안긴다. 이것은 아이와 어머니 사이에 기본적인 신뢰감을 형성했음을 의미한다. 이것을 할 수 없는 아이는, 아직 어머니에 대해 무슨 일이 있어도 도와주는 사람이라는 생각이 자라지 않았다. 이러한 것을 설명하면, 아이의 문제점이 무엇인지를 어머니는 이해할 수 있다.

필자의 외래 진료실에는 '보보짱'이라는 우유를 먹는 인형이 있다. 이 인형의 우유병을 아이에게 건네면, 1세 전이면 자기가 마셔 버리는 아이도 있다. 1세에서 1세 6개월 무렵에는 인형에게 마시게 하는데, 2세 이상인데도 자신이 먼저 우유병을 입에 가져가 마시는 아이도 있다. 자신이 마시는 행동을 한 뒤 인형에게 마시게 하는 데는 이유가 있다. 물론, 우유병이 모형의 장난감이라는 것을 알고 있다는 이야기다. 구강 감각의 이상(타인이 입을 댄 것을 기분 나쁘다고 생각하지 않는다)인지, 인형을 의식하면서도 역시 자신이 중심이 되어 자기가 마신다. 그 후, 놀이로서 문자 그대로 인형에게 마시게 하는지 모른다(아스퍼거장애나 HFPDD).

ⓒ 의사소통과 말의 문제

1. 의사소통 분류

경도 발달장애를 가진 사람을 접하면 사람들은 의사소통을 하기 어렵고, 사람과 관계하는 방법이 나쁘고, 또는 다른 아이와 놀지 않고, 친구가 없다는 말을 많이 한다. 경도 발달장애는 발달의 왜곡, 즉 의사소통 능력, 운동 능력, 인지 능력, 그리고 사회 능력의 불균형이 있다. 의사소통 능력의 발달은, (1) 다른 사람이 나에게 말한 것을 듣고, (2) 자신이 무엇이 필요한지 말하고, ㅇㅇ을 해 달라고 전하고, (3) 상대와 자신 사이에서 대화(회화)가 성립하는 단계를 밟아 진행된다.

경도 발달장애의 평가는, 아이의 '발달수준의 왜곡'을 보는 것이다. 이를 위해 아이의 의사소통 능력이 어떤 단계에 있는지 평가하고, 다른 분야의 발달 수준과의 균형을 생각한다. 또, 의사소통 수단에 대해서 평가한다. 의사소통은 말로만 행해지는 것이 아니고, 제스처, 손가락으로 가리키기, 음성이나 발성, 그림, 문자 등도 포함한다. 나아가 의사소통은, 자신이 타인에 대해 요구하는 전달계와, 마음과 마음을 통하게 하는 등의 공감계로 나뉜다. 또한 다른 방향에서 말을 하는 경우, 의사소통 방법이 음성을 포함한 청각적 수단에 의한 것인지, 제스처 등의 시각적 수단에 의한 것인지를 생각한다. 의사소통으로서 이용할 수 있을지 어떨지를 분석적으로 생각한다. 의사소통 행동이 아니고 말만으로 항상 자신의 세계에 있게 된다(자폐증).

2. 전달수단과 인지 · 적응 능력의 평가

이것은 아이의 놀이와 의사소통 발달에 따른 나이와 수준과의 평가이다. 진료실에서는 우선 아이와 관계를 맺고, 아이의 발달 수준을 예상하고, 최소한 어떤 진료를 하면 좋을지를 알기 위해 아이가 장난감을 가지고 자기가 좋아하는 대로 놀게 한다. 놀이를 봄으로써 아이가 가진 비언어적 능력의 정도를 알게 된다. 인형, 소꿉놀이 세트, 자동차나 기차, 그림책, 만화, 도감 등을 사용할 수 있는데, 자폐증 아이는 기차를 좋아하는 경우가 많다. '마음이론'을 통과하지 못한 아이에게 어떤 놀이를 하면 마음이론을 통과시킬 수 있을까, 어떤 장난감으로 어떻게 놀면 좋을까를 분석적으로 생각하면서, 부모에 대한 구체적인 지도와 연관시킬 필요가 있다.

3. 언어발달

맨 처음 하는 말(初語)은 보통 어머니가 사용하는 '맘마'(＝먹어도 좋은 것, 개념), '왕왕'(＝네발로 걷는 동물)이다. 아스퍼거장애에서는, 눈으로 본 구체적인 것(명사) 으로서 '신칸센'을 말하거나, 특정 동작과 관계있는 동사를 말하거나 하면서도 '맘 마', '왕왕'같이 어떤 성질을 가진 개념을 나타내는 말을 사용하지 않는 경우가 많 다. 즉 본 것 그대로 문자 그대로의 단어(명사 또는 동사)를 사용한다. 어떤 아이는 아버지가 귀중하게 여기는 어떤 금붕어 종류의 어려운 영어 이름을 말한 것이 첫 번째 말이었다. 이같이 '몇 살 때 단어를 말했습니까?'가 아니라, '무엇을 말했습니 까?'라는 질문이 필요하다.

언어이전시기는 손을 내밀어 가리키는 요구의 가리킴(포인팅)으로, 옹아리에서 전언어(jargon, 뭔가 영문을 알 수 없는 말은 하지만 발음은 일본어적인 것)로 발달 한다. 이 시기는 지적 기능이 1세 수준이다. 의사소통 수단으로서 말은 상대를 자 신과 같은 종류인 동료로서 이해하는 것이다. 그러나 자폐증과 아스퍼거장애를 가 진 아이는 타인에게 별로 관심이 없다. 예를 들면, 전철을 타면 타고 있는 다른 승 객에 대해서는 관심이 없고 전철 그 자체에만 관심이 있다. "다른 승객은 없었어?" 라고 물으면, 한참 생각하고 나서 "그 말 듣고 보니 있었네."라고 말하는 식이다. 본 그대로 말하기 때문에 실제로 본 많은 사람들을 뭉뚱그려 '적당히'말할 수 없어 서, "전철을 탄 승객은 전철을 계속 타고 있었다, 전철의 부품처럼."이라고 말한다. 전철을 타고 있는 개개인에 관심이 없으면, 그 사람에 대해 말하지 않는다, 그 사람 의 눈도 안 본다, 흥미가 없는 것에 대해 보려고도 하지 않는다, 눈도 맞추지 않는 다, 말도 걸지 않는다. 이렇게 생각하면 자폐증의 기묘한 언어와 행동도 어느 정도 설명된다.

4. 언어발달 평가

언어발달 평가는, 어휘 수 증가, 어휘 의미 확대, 대화를 추진하는 능력, 문법 사용 능력 등을 본다. '말이 나오지 않는다' 이외의 증세로서, '말은 하는데 대화가 되지 않는다'가 많다. 그 밖에 어휘의 확대도 중요하고, 정상적인 발달을 하는 경우 먼저 '한 가지 사물을 한 가지 단어로 아는 것'에서 시작하다. 예를 들면, 가늘고 길며, 빨리 달리고, 신칸센 홈에 서 있는 것을 '신칸센'이라고 한다는 식이다. 또는 처음 새를 보았을 때, 날개만 가지고 새라고 생각하지 않고, 주둥이만 가지고 새라고 생각하지 않고, 전체를 '새'로 인식한다. 전반적 발달장애를 가진 아이는 그 부분만을 인식하고, 부분의 총합 전체를 인식할 수 없다. 사물의 카테고리(개념)란, 예를 들면, 모양이 어떻든 물을 넣는 것은 '컵'이 되고, 장화 모양을 한 모자라도, 머리에 쓰는 것이라면 그것은 모자이지 장화가 아니다. 그러나 전반적 발달장애를 가진 아이들에게 이것은 어렵다. 그 사물의 역할, 기능을 이해하지 않으면 모자라고 말할 수 없기 때문이다.

문맥을 생각하면서 이야기하는 것도 중요하다. 예를 들어, 자신의 시계(視界)에 케이크가 있어도, 말하는 사람이 '안경'이라고 하면 안경 이야기를 해야 한다고 인식한다. 일상생활의 대화에서 어디를 보고 있는가, 무엇을 생각하는가, 어떤 이야기를 하는가 하는 것을 설명하지 않고 말해 버리는 경우가 많다. 이러한 이해가 나쁘면 대화가 되지 않는다. 임상 현장 수준에서 대화가 되지 않는 경우에는, 대개 2세 반~3세 반 정도의 수준이 많다. 즉 어휘의 확장이 충분하지 않은 시기 수준이다.

■ 宮尾益知

제3장

의학적 관점에서의 발달장애

1 발달장애의 역사적 변천과 오늘날의 의미

Ⓐ 미세뇌기능장애(스틸씨병)에서 주의력결핍과잉행동장애로

미세뇌기능장애증후군(minimal brain dysfunction syndrome, MBD)은 1947년 스트라우스(Strauss)가 '과잉행동, 서툼, 행동학습의 장애'로 특징지어지는 아이의 뇌장애를 처음으로 '뇌손상아(brain injured child)'로 제안했다. 그 후, 1959년 파사마닉(Pasamanick)이 이러한 아이의 뇌손상을 '임신 중 또는 출산 전후에 발생하는 뇌의 미세손상에 의한 장애로, 지능은 정상인 것, 미세뇌손상(minimal brain damage)'이라고 정의하고,[1] 1962~1963년, 분명한 기질적 장애가 증명되지 않는 경우 미세뇌기능장애(minimal brain dysfunction)라는 표현을 사용하게 되었다.

1980년, 미국의 진단기준(DSM-III)에서 소아 정신장애는 다음의 5가지, 즉 지적장애, 발달장애, 행동장애, 정서장애, 신체적 장애로 분류했다. 학습장애와 미세뇌기능장애의 행동 측면에 대해서는 DSM-III에서 주의력결핍장애(attention deficit disorder, ADD)로, DSM-III-R(1987년, 개정판)에서는 주의력결핍과잉행동장애(attention-deficit/hyperactivity disorder : ADHD)로 분류되었다. 또, 학습장애와 미세뇌기능장애의 일부는 DSM-III, DSM-III-R에서 특이적 발달장애(발달성표현성언어장애, 발달성수용성언어장애)로 분류되었다. 또, 1977년 WHO의 국제질병분류-제9판(ICD-9), 1989년 제10판에서는, 미세뇌기능장애, 주의력결핍과잉행동장애에 해당하는 개념으로 '과잉행동증후군'이 정의되었다(표 3.1).

이 정의에서는, 주의지속의 짧음과 산만해지기 쉬움을 기본적인 특성으로 하는 장애로 언급되었다. 유아기에 가장 현저한 증상은 탈억제, 통합과 제어의 불량, 지나치게 심한 과잉행동성이며, 청년기에는 이것이 작은 움직임으로 대체되기도 한

---

1) Pasamanick B, Knobloch H. Syndrome of minimal cerebral damage in infancy. Journal of American Medical Association. 1959, 170:1384-1387

표 3.1	과잉행동의 요인

- 정상범위(기질의 범위)
- 발달 미숙(경도 정신지체)
- 환경요인(가정환경, 대인관계)
- 전반적 발달장애(자폐증)
- 비언어성 학습장애
- 주의력결핍/과잉행동장애
- 성인 아이(ACoA)[2]
- 외상(PTSD)

다. 충동성, 현저한 기분 변화와 공격성도 자주 보이는 증상이다. 특정 기능 발달의 지체가 자주 있으며, 대인관계의 결핍이 자주 보인다(ICD-9). 다만, 전반적 발달 장애, 조증, 우울증, 또는 불안장애의 진단 기준에 적합하지 않다. 6세 미만에 발병 하고, 적어도 6개월 이상 지속되며, IQ가 50 이상이다.

일본에서는 미세뇌기능장애(minimal brain dysfunction, MBD)라고 번역하며, 지능은 거의 정상범위에 있고, 또한 시력·청력·운동 기능에 장애를 가진다. 구체적 인 행동 증상으로는 과잉행동, 충동성, 부주의가 있다. 즉 현재의 ADHD를 가르킨 다. 또 학습 증상으로는, 읽기, 쓰기, 수학 및 발달성의 언어장애 등이 있다.[3]

B 학습장애

학습장애란 기본적으로는 전반적인 지적발달에는 지체가 없으나 듣기, 말하기, 읽기, 쓰기, 계산하기, 또는 추론하기 능력 중 특정 능력의 습득과 사용에 현저한 곤란을 나타내는 여 러 가지 상태를 지칭하는 것이다. 학습장애는 그 원인으로서 중추신경계에 어떠한 기능장 애가 있다고 추정되나, 시각장애, 청각장애, 지적장애, 정서장애 등의 장애나 환경적인 요 인이 직접적인 원인은 아니다(문부과학성, 1999).

----

2) Adult Children of Alcoholics(알코올중독환자의 성인 자녀)의 약자이다.
3) 여기서 제시한 정의는 현재는 많이 변화하였다. 특히 최근 DSM-5(미국정신의학회, 2013)에서는 여기 제 시한 정의와는 많은 차이를 보인다. 또한 ICD-10(WHO, 1994)도 위에 언급한 것과는 많은 차이를 보이고 있다.

학습장애(learning disorders, LD)는 의학 영역에서의 진단명이고, 이전부터 교육 영역에서는 보다 넓은 장애를 지칭해 왔다. 한편 학습장애의 가장 초기 개념이자 가장 대표적이며 단일 개념으로 생각되었던 읽기장애는, 유럽에서는 계층제도와 개인의 특성과의 문제라고 생각하여 문맹-읽기장애(specific learning disabilities, SLD)라고 칭하였다. 미국에서는 국어(통일언어)로서 영어가 존재하고, 난독증은 학습보다도 사회에서 법률 등을 이해하지 못하면 생길 수 있는 문제로 생각되어 왔다.

1963년, 커크(Kirk)가 '치료교육에 방향성을 주는 용어'로서 제시하였고, 1968 년 마이클버스트(Myklebust)는 '행동상에 문제가 있고, 기본적으로는 신경학적 원인에 의한 학습능력의 장애'라고 정의하면서, (1) 정신지체는 아니다, (2) 감각기관의 장애는 아니다, (3) 정서장애는 아니다, (4) 운동장애는 아니다라고 제안하였다. 1973년, 피터스(Peters)는 순수과잉행동형의 증상을 (1) 과잉행동, 주의집중곤란, 주의전도성 증가, 충동성, 서투름, 공동운동장애(共同運動障碍), (2) 혼합형으로 구분하고, 순수학습장애형은 좌우(左右)장애, 쓰기장애, 읽기장애, 수학장애로 유형을 나누었다.

그리고 세계신경과학연합회(World Federation of Neurology)에서는, 일반적인 교육을 받고, 충분한 지능을 가지고, 사회문화적 기회가 주어져도 발생하는 읽기학습곤란의 형태로 표현되는 하나의 장애라고 보았다. 또한 아이젠버그(Eisenberg, 1976)에 의하면, 임상적으로 특이적 읽기쓰기장애는 일반적인 교육, 문화적으로 충분한 가정환경, 적절한 동기, 정상적인 감각기관, 정상적인 지능을 가지고, 현저한 신경학적 장애를 가지지 않았음에도 불구하고, 일반적인 학습으로는 읽기를 할 수 없다.

이처럼 학습장애는 주의력결핍장애, 과잉행동장애, 발달성협응운동장애 등도 포함하는 개념으로 이해할 수 있다. 이러한 각 장애와의 관련을 어떻게 진단명으로 관련지을 것인가가 앞으로의 과제이다.

ⓒ 자폐증에서 전반적 발달장애로

1943년 미국 정신과 의사 레오 캐너(Leo Kanner)는 '조기 영 · 유아 자폐증(early intantile autism)'을 발표했다. (1) 타인과의 정서적 접촉의 심각한 결여, (2) 사물을 언제나 그 상태로 두려는 요구, (3) 말이 없든가, 말이 있다 해도 반향어나 타인에게 통하지 않는 독특한 말을 만들어 낸다 등, 의사소통에 도움이 되지 않는 말과 지적인 용모, (4) 달력 계산 등 특수한 영역에서의 우수한 능력을 특징으로 한다. 그 후, 캐너와 아이젠버그(1956)는 3세 정도까지에서 나타나는, 타인과의 사회적 관계 형성의 곤란, 말의 발달 지체, 흥미나 관심이 좁고 특정 대상에 집착하는 것을 특징으로 하는 자폐증 중 지적 발달의 지체를 동반하지 않는 것을 '고기능자폐증'이라고 이름 붙이고, 중추신경계에 어떤 요인에 의해 기능부전이 있다고 추정했다. 이 진단기준이 현재의 의학적 진단기준의 기본이 되었다. 즉 '자폐적인 아이'로서 아주 넓고 막연하게 사용되어 왔던 용어이다. 자폐증은 행동으로 정의되는 증후군이어서 당연히 경계선의 증상을 가지는 아이가 있고, 그러한 경우 ICD-10에서는 '비정형 자폐증'이라고 한다.

아스퍼거장애는, 오스트리아 소아과 의사 한스 아스퍼거(Hans Asperger)가 1944년 '소아기의 자폐적 정신병질'로 발표했다. 그러나 전년에 캐너가 발표한 '조기 영 · 유아 자폐증'이 그 후 오랫동안 영어권에 영향을 미쳐 아스퍼거 논문은 음지에 숨겨지는 존재가 되었다. 1981년, 영국의 아동정신과 의사였던 로나 윙(Lorna Wing)이 아스퍼거의 업적을 소개하고, 재평가했다. 윙은 수많은 연구에서, 자폐증이라고 진단되지는 않으나 사회성, 의사소통, 상상력의 3가지 장애를 가진 아이들을 주목했다. 당시 자폐증은, 언어에 의한 의사소통이 제한되어 있고, 대인관계도 매우 결여된 아이들에게만 적용되고, 말에 의한 의사소통이 가능하거나 일방적일지라도 대인관계에 관심이 있는 경우에는 자폐증이라고 생각하지 않았다. 윙은 위의 3가지 장애를 가지고 있으면서 자폐증이라고 진단되지 않는 아이들의 일부는 아스퍼거가 보고한 사례와 닮아 있다는 점에서 아스퍼거 증후군이라는 진단이 적절하다고 보았다. 그 후 이 장애는 점점 주목 받게 되었다. ICD-10이나 DSM-IV에서도 이 장애의 개념이 사용되어 현재에 이르고 있다(표 3.2). 현재는 처음에 제

| 표 3.2 | 아스퍼거장애 진단기준(DSM-IV-TR) |

A. 아래의 항목 중에서 적어도 2가지 이상을 보이는 대인적 상호반응의 질적인 장애
   (1) 눈과 눈을 서로 응시하기, 얼굴 표정, 몸의 자세, 몸짓 등 대인의 상호반응을 조절하는 다양한 비언어적 행동의 현저한 장애
   (2) 발달수준에 상응한 동료관계를 만드는 것의 실패
   (3) 즐거움, 흥미, 성취감을 타인과 나누는 것을 자발적으로 추구하는 것의 결여(예 : 타인에게 흥미 있는 물건을 보여 준다, 가지고 간다, 손가락으로 가리키기 등을 하지 않는다)
   (4) 대인적 또는 정서적 상호성의 결여

B. 행동, 흥미 및 활동의 한정적, 반복적, 상동적인 양식이 아래의 항목 중 적어도 1가지 이상에서 분명하다.
   (1) 강도 또는 대상에 있어 이상할 정도로 상동적이고 제한된 방식으로 1가지 또는 그 이상의 흥밋거리에만 열중함
   (2) 특정의, 기능을 하지 않는 습관이나 의식에 융통성 없이 집착하는 것이 분명함
   (3) 상동적이고 반복적인 기묘한 운동(예 : 손이나 손가락을 위아래로 흔들거나, 비틀기, 또는 복잡한 전체적인 신체운동)
   (4) 물건의 일부에 지속적으로 열중함

C. 이 장애는 사회적, 직업적, 또는 다른 중요한 영역에 있어 기능에 임상적으로 현저한 장애를 일으킨다.
D. 임상적으로 현저한 언어의 지체가 없다(예 : 2세까지는 단어를 사용하고, 3세까지는 의사소통적 문구를 사용함).
E. 인지발달, 연령에 상응한 자기관리능력, (대인관계 이외의)적응행동, 그리고 아동기에 있어 환경에 대한 호기심에 임상적으로 현저한 지연은 없다.
F. 다른 특정 전반적 발달장애 또는 조현병(정신분열병)의 기준을 충족하지 않는다.

출처 : 高橋三郎 외 역, DSM-IV-TR 정신질환의 분류와 진단 안내서 신개정판. 의학서원, 2003

안한 사람과 연관시켜 아스퍼거장애라고 부르고, 인지능력이 높은 자폐증의 경증형(輕症型)으로 생각하고, ICD-10에서는 전반적 발달장애의 하위군으로 분류되어 있으나 자폐증과 같은지 다른지에 대해서는 논란이 있다.

아스퍼거장애와 고기능자폐증, 그리고 자폐증과의 연관[4]

고기능 자폐(high-functioning autism, HFA), 고기능 전반적 발달장애(high-

---

4) 2013년 미국정신의학회는 DSM-5 개정판을 발간하였는데, 자폐장애를 포함한 전반적 발달장애를 대폭 수정하였다. 주요한 수정사항을 보면 (1) 전반적 발달장애(pervasive developmental disorders, PDDs)라는 용어 대신 자폐스펙트럼장애(혹은 자폐성장애, autism spectrum disorder, ASD)로 명칭을 변경하였다. (2) 두 번째 큰 변화는 PDDs 카테고리 안에 5개의 하위 아형을 구분하지 않고 모두 단일한 진단 속에 포함시켜 자폐증, 아스퍼거장애 등의 구분을 없애 버렸다. 또한 그동안 논란이 있던 레트장애는 자폐스펙트럼장애에서 제외시켰다. (3) ASD 진단기준 가운데 의사소통의 질적 결함을 별도로 두지 않고 사회성 결함 속에 한 항목으로 포함시켰다. 따라서 ASD 진단기준에는 사회성 결함과 동일성의 고집이라고 하는 커다란 2가지 항목을 핵심적인 증상으로 간주하고 있다. (4) 그 외에 ADHD 등과 함께 진단할 수 없는 배제기준을 제외한 것, 동일성 고집 항목에 감각이상(과민반응 혹은 둔감반응)을 포함시킨 것 등이 변경된 점이다.

표 3.3　자폐성장애의 진단기준(DSM-IV-TR)

A. (1), (2), (3)에서 합계 6가지 항목(또는 그 이상), 적어도 (1)에서 2개 항목, (2)와 (3)에서 1개씩의 항목을 포함한다.

　(1) 대인적 상호반응에 있어 질적인 장애가 아래의 항목에서 적어도 2가지 이상에서 분명하다.

　　(a) 눈과 눈을 서로 응시하기, 얼굴 표정, 몸의 자세, 몸짓 등 대인적 상호반응을 조절하는 다양한 비언어적 행동의 현저한 장애

　　(b) 발달수준에 상응한 동료관계를 만드는 것의 실패

　　(c) 즐거움, 흥미, 성취감을 타인과 나누는 것을 자발적으로 추구하는 것의 실패(예 : 흥미 있는 물건을 보여 준다, 가지고 간다, 손가락으로 가리키는 것의 결여)

　　(d) 대인적 또는 정서적 상호성의 결여

　(2) 아래의 항목 중 적어도 1가지 이상에서 보이는 의사소통의 질적인 장애

　　(a) 구어의 발달 지체 또는 완전한 결여(몸짓이나 흉내와 같은 의사소통의 대체 유형을 통해 보완하려는 노력을 하지 않는다)

　　(b) 대화를 하는 사람이라도, 타인과 대화를 개시하거나 지속하는 능력의 현저한 장애

　　(c) 상동적이고 반복적인 언어의 사용 또는 독특한 언어

　　(d) 발달수준에 상응한, 변화가 많은 자발적인 소꿉놀이나 사회성을 지닌 흉내 놀이의 결여

　(3) 행동, 흥미 및 활동의 제한되고 반복적인 상동적인 양식이 아래의 항목에서 적어도 1가지 이상 분명하다.

　　(a) 강도 또는 대상에 있어 이상할 정도로 상동적이고 제한된 형태의 1가지 또는 몇몇 흥미에만 열중하는 것

　　(b) 특정의, 기능적이지 않은 습관이나 의식에 경직되게 집착하는 것이 분명함

　　(c) 상동적이고 반복적인 기묘한 운동(예 : 손이나 손가락을 위아래로 흔들거나, 비틀기, 또는 복잡한 전체적인 신체운동)

　　(d) 물건의 일부에 지속적으로 열중함

B. 3세 이전에 시작된다. 아래의 영역에서 적어도 1가지에 있어 기능의 지체 또는 이상

　(1) 대인적 상호반응

　(2) 대인적 의사소통에 사용되는 언어

　(3) 상징적 또는 상상적 놀이

C. 이 장애는 레트장애 또는 소아기붕괴성장애로는 잘 설명되지 않는다.

출처 : 高橋三郎 외 역, DSM-IV-TR 정신질환의 분류와 진단 안내서 신개정판. 의학서원, 2003

functioning pervasive developmental disorders, HFPDD) 등은 아스퍼거장애와 거의 같은 의미로 사용되나, 고기능자폐증은 지적 발달이 정상 범위에 있는 자폐증에 사용된다. 고기능자폐증과 아스퍼거장애와의 같은 점과 다른 점에 대해서는 논란이 있으나, 유럽에서는 적어도 임상적으로 구분할 필요는 없다고 여겨진다. 전반적 발달장애는 ICD-10이나 DSM-IV에서 사용되는 개념이고, 넓은 의미에서 자폐증과 같은 의미이다.

또, 타인에 대한 관심이 극단적으로 결여되어 있고, 집착이 강하고, 말하자면 전형적인 자폐증을 '캐너형 자폐증'(자폐성장애 : 표 3.3), 자폐증 증상이 전형적으로는 나타나지 않지만 자폐증 증상의 일부가 분명히 존재하는 경우 '비정형 자폐증',

'특정불능의 전반적 발달장애'라고 한다. 윙이 제안한 개념인 '자폐스펙트럼장애'는 사회성, 의사소통, 상상력의 3가지 장애가 발달기에 나타나는 아이들을 총칭하고, 전반적 발달장애와는 거의 같지만 보다 넓은 의미이다.

즉 자폐증과 아스퍼거장애는 스펙트럼이고, 유아기에는 전형적인 자폐증의 특징을 가진 채로 사춘기가 되면 아스퍼거장애의 특징을 보이는 경우도 있다. 아스퍼거장애는 언뜻 보면 장애가 있는 것처럼 보이지 않고, 말을 할 수 있고 공부 등도 보

표 3.4 레트장애의 진단기준(DSM-IV-TR)

A. 아래의 모든 항목
  (1) 분명한 정상적인 태생기 및 주산기(周産期) 발달
  (2) 분명한 정상적인 생후 5개월간의 정신운동발달
  (3) 출생 시의 정상적인 머리 둘레
B. 정상적인 발달 기간 후 아래의 모든 항목이 발병함
  (1) 생후 5~48개월 사이에 머리 성장의 감속
  (2) 생후 5~30개월 사이에 그때까지 획득했던 목적적인 손 기능을 상실하고, 그 후 상동적인 손의 운동(예 : 손을 비틈, 또는 손을 씻는 듯한 운동)이 발현함
  (3) 경과 초기에는 대인관계의 상실(후에는, 자주 대인적 상호반응이 발달하지만)
  (4) 협응 불량의 보행과 체간(體幹) 운동이 보임
  (5) 중도의 정신운동억제를 동반함, 심각한 표현성과 수용성 언어발달장애

출처 : 高橋三郎 외 역, DSM-IV-TR 정신질환의 분류와 진단 안내서 신개정판. 의학서원, 2003

표 3.5 소아기붕괴성장애의 진단기준(DSM-IV-TR)

A. 출생 후 적어도 2년간 분명한 정상 발달이 있고, 그것이 연령에 상응한 언어적 그리고 비언어적 의사소통, 대인관계, 놀이, 적응행동으로 나타난다.
B. 아래에서 적어도 2개의 영역에서 이미 획득한 기능을 임상적으로 현저히 상실한다(10세 이전에).
  (1) 표현성 및 수용성 언어
  (2) 대인적 기능 또는 적응행동
  (3) 배변 또는 배뇨 기능
  (4) 놀이
  (5) 운동능력
C. 아래에서 적어도 2개의 영역에서 기능 이상
  (1) 대인적 상호작용에 있어 질적인 장애(예 : 비언어적인 행동장애, 동료관계의 발달 실패, 대인적 또는 정서적 상호성의 결여)
  (2) 의사소통의 질적인 장애(예 : 구어의 지체 또는 결여, 대화의 개시 또는 지속이 불가능, 상동적이고 반복적인 언어 사용, 변화가 많은 소꿉놀이의 결여)
  (3) 운동성 상동증이나 기이한 행동을 포함, 제한적이고, 반복적이고, 상동적인 행동 · 흥미 · 활동의 형태
D. 이 장애는 다른 특정 전반적 발달장애 또는 정신분열병으로는 잘 설명되지 않는다.

출처 : 高橋三郎 외 역, DSM-IV-TR 정신질환의 분류와 진단 안내서 신개정판. 의학서원, 2003

통 사람 이상 할 수 있는 경우가 많고, 조금 독특하고, 행동이나 대화가 맞지 않고, 사귀기 힘들고, 집단 괴롭힘의 타깃이 되기 쉽다는 특징 외에 눈에 띄지 않는 경우도 많다.

공생유아정신병(共生幼兒精神病, symbiotic infantile psychosis)은 말러(Mahler)가 제시한 것으로, 어머니와의 강한 공생관계를 나타내는 것이 특징이다. 현재로는 자폐증의 경과형(經過型)의 하나이다.

레트 증후군(Rett's disorder, 표 3.4)은 여아에게만 일어나는 진행성 질환이다. 2세경에 손의 목적적 사용의 상실이나 손 비비기 모양의 상동행동, 지적 기능의 퇴행이 시작되고, 운동장애도 현저하게 나타난다. 발병 초기에는 거의 80%가 자폐증 또는 자폐적 경향을 보인다.

꺾임선형 자폐증[헬러증후군(Heller's syndrome), 소아기붕괴성장애(childhood disintegrative disorder), 표 3.5]은 자폐증 중 비교적 빠른 시기에 발달에 퇴행이 나타나는 경우이다. 현 단계에서는 비꺾임 선형의 자폐증과 굳이 나눌 필연성은 없다는 의견도 있으나, 퇴행이 나타나는 시기에 어떤 사건이 관계하고 있고, 본래 자폐 경향이 있는 취약한 영 · 유아가 PTSD로서 현저한 퇴행이 나타난다고 생각된다. 그러나 어떤 기질성장애(변성질환)일 수도 있어 의학적 검사를 충분히 실시해야 한다.

⑩ 정신지체

일본에서는 정신박약에서 정신지체, 그리고 지적장애로 용어가 조금씩 변해 왔다. 그러나 국제적으로는, 지적장애와 정신지체의 병기(倂記) 형태로 intellectual disabilities와 mental retardation이 사용된다. '지적'과 '정신'의 차이를 고려한 것이다.

정신지체란, 분명한 평균 이하의 전반적 지적 기능(개별검사 지능검사에서 70 미만의 IQ)이 있고, (1) 유아에게서는 기존의 지능검사에서 지능지수가 얻어지지 않기 때문에 분명히 평균 이하의 지능이라는 임상적 판단, (2) 적응기능의 결핍 또는 부전이 동시에 존재, 즉 사회적 기능과 책임, 의사전달, 일상생활 기능, 개인적 독립, 자급자족 등의 면에서, 속해 있는 문화권에서 그 연령에 대해 기대하는 기준을 충족시키지 못하는 것으로 진단된다. 지적장애의 정도를 반영해서 경도, 중등도, 중도, 최중도의 4가지가 있다. 지표로 사용되는 IQ 수준은, 경도정신지체는 50~55 부터 70, 중등도정신지체는 35~40부터 50~55까지, 중도정신지체는 20~25부터 35~40, 최중도정신지체는 20~25 이하로 분류된다.

경도정신지체는 경도발달장애로 다루어지기도 한다. 즉 전에는 교육가능으로 구분되었고, 정신지체의 거의 85%를 차지한다. 학령기 이전에는 사회적 기능이나 의사전달기능의 발달이 보이고, 지각운동기능에 있어 조금 결핍을 보이고, 흔히 나이가 들 때까지 정상아와 구분할 수 없다. 10대 끝 무렵에는 거의 초등학교 6학년 수준에 달한다. 성인기에는 최소한의 자립에 충분한 사회적ㆍ언어기능을 획득하나, 비일상적인 사회적ㆍ경제적 스트레스를 받는 상황에서는 지도와 지원을 필요로 한다. 일반사회에서 독립해서, 또는 그룹 홈 등에서 문제없이 생활하는 경우가 많다.

2 발달장애와 연령 : 진단, 대응과 치료

발달장애는 조기 발견이 중요하다. 그러나 조기 발견을 하면 그것으로 좋은 것은 아니고, 구체적 조기 대응이 필요하다. 조기 발견을 한 의사는 그 아이에게 (일반적인 것이 아닌) 적절한 조언을 해야 한다. 경우에 따라서는 가정생활, 가족 기능 등의 자세한 부분에까지 필요한 경우도 있다.

지금까지는 발달장애를 가진 아이에게 의료현장에서는 진단명을 알려 줄 뿐이고 구체적인 대응, 지도는 실시하지 않았다. 의사는 "당신의 아이는 ㅇㅇ장애가 있을지도 모릅니다. 그러나 큰일은 아니며 보통 아이처럼 키워 주세요. 당분간 상황을 지켜봅시다."라고 말했다. 그러나 '상황을 지켜봅시다'라는 말을 부모가 들어도 부모는 이 아이를 어떻게 대하면 좋을지, 오히려 혼란스럽다. 부모에게 있어 '보통 아이처럼 키우세요'라는 것은 어떤 것인지 당황스럽다. 특히 첫아이의 경우, 가족은 어떻게 키우는 것이 보통 아이처럼 키우는 것인지 이해가 되지 않고, 점점 혼란스러워진다. 알기 쉽게 자세하게 설명을 할 필요가 있고, 그때의 발달과정에 따라 구체적으로 무엇을 해야 하는지 전달하지 않으면 안 된다. 때때로

의료인 측의 의도가 이해가 되지 않는다. 추상적인 설명이 아닌 구체적인, 또한 장기 목표가 아닌, 지금 무엇을 해야만 하는가라는 단기 목표를 설정하고 설명할 필요가 있다.

ⓐ 영 · 유아 건강진단에 있어 발달의 관점과 대응

1. 조기 발견 · 조기 진단의 의의와 문제점

경도발달장애(고기능 전반적 발달장애, 학습장애, ADHD)를 조기 진단하는 의의는, 보호자나 주변 사람의 마음의 준비가 갖추어지고 문제 행동을 이해함으로써 대응을 개선할 수 있는 데 있다. 문제가 장기화 · 복잡화하기 전에 환경 정리 등으로 대응을 하면, 아이의 상황이 안정되고 또는 문제행동이 격감하는 효과를 기대할 수 있다. 그렇게 되어 보호자의 불안이 감소하고, 정신적인 안정을 얻을 수 있다. 진단을 받음으로써 '다른 아이와 어딘가 다르다'라는 막연한 불안에서, '병이니 배려하자'라는 마음의 변화가 생긴다. 또, 진단 후에는 그룹 치료를 통해 같은 질환을 가진 동료와 만나는 것도 보호자를 정신적 안정으로 이끌어 준다.

한편, 건강진단에서 경도발달장애가 조기 발견되어도 보호자에게 병에 대한 인식이 없는 경우에는, 경과 관찰이나 치료를 소개하는 방법에 아이디어를 짜내야 한다. 문제를 지적함으로써 진단을 한 상대에 대한 분노, 문제 부인, 아이에 대한 부적절한 부담이 초래되는 경우도 있다. 또, 발견 · 진단을 받아도 충분한 지원체계를 갖추지 않으면, 보호자는 초조나 불안을 느끼기 시작한다. 조기 진단 후에는 확실한 상담 · 치료 체제가 불가결하다.

2. 조기 진단의 어려움

경도발달장애의 조기 진단은 경도이기 때문에 어렵다. 예를 들면, 학습장애의 진단

은 학습상의 문제가 분명하지 않은 유아기에는 확정 진단을 할 수 없다. 유아기에는 언어발달지체, 과잉행동 등을 증상으로 해서 학습장애의 위험성을 가진 아이로서 진단이나 차료를 받는다.

진단의 또 하나의 어려움은 연령이 높아지면서 발달의 모습이 변화되는 것이다. 예를 들어, 초진에서 장애진단을 받은 아이를 초등학교시기에 진단하고 아이의 병력을 물으면, 2~3세 무렵에는 전반적 발달장애 같았으나 초등학교 시기에는 고집성이나 대인관계의 문제, 말의 문제도 거의 없고, 과잉행동과 사람 사귀는 것의 어려움이 문제로서 남아 있는 사례가 있다. 치료의 성과인지 모르나, 초등학교시기에 진단한 시점에는 전반적 발달장애 잔존증상으로밖에 진단할 수 없을 정도로 증세가 가볍게 되는 경우가 있다.

발달 과정에서 10개월 건강진단, 1세 6개월 건강진단, 3세 건강진단에서 경도발달장애(고기능 전반적 발달장애, ADHD, 학습장애)로 의심 받는 수가 있으나, 확정 진단은 할 수 없다. 확정 진단은 할 수 없어도 운동발달지체, 언어발달지체, 과잉행동 등을 잠정 진단이나 주된 증상으로 해서 필요한 치료나 육아상의 조언을 하면서 경과 관찰을 하고, 확정할 수 있는 시점에서 다시 한 번 진단하는 방법이 좋을 것으로 생각한다. 또한 그 시점에서 진단해도, 연령이 높아지고 치료를 실시하는 사이에 진단명이 변하는 일도 있을 수 있다.

3. 선별에서 경과 관찰로(그림 3.1)

경도발달장애의 조기 발견이나 추적은 영 · 유아 건강진단에서 선별(screening)을 반복하는 것과, 의심스러운 사례를 경과 관찰하는 것으로 이루어진다. 선별은 영 · 유아 건강진단의 문진(問診) 항목이나 진단 소견을 정확하게 체크하면 매우 효과적이다. 문진 항목의 모두가 아니고 한두 항목에서 이상 소견이 확인된 사례가 경과 관찰의 대상이다. 수많은 문진 항목에서 체크를 받으면, 뇌성마비, 정신지체, 자폐성장애 등인 경우가 많다.

1세 6개월 건강진단에서 3세 건강진단까지는 간격이 길다. ADHD나 고기능 전반적 발달장애는 1세 6개월 건강진단에서 유의미어를 말해도 그 후에 어휘의 증가

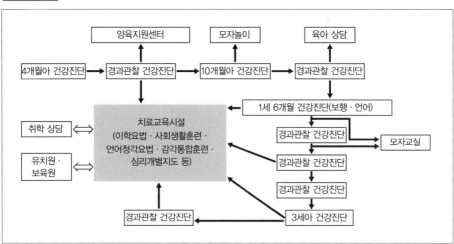

그림 3.1 경도발달장애에 대한 영 · 유아 건강진단과 경과관찰 건강진단

가 보이지 않는 경우가 많아서, 2세 무렵에 어휘의 증가나 두 단어 문장(two-word sentence)을 확인하면 좋다. 시 · 읍 · 면에 따라서는 2세 무렵에 앙케이트를 보내 선별을 실시하고, 앙케이트에서 체크된 아이에게 경과관찰 건강진단을 실시하는데, 이것이 경도발달장애의 선별로 유용하다. 1세 6개월 건강진단 항목을 정확하게 평가하고(예를 들면, 명사를 4개 단어 이상 말하고 있는가 등), 1~3항목에서 이상 소견이 확인된 사례를 경과관찰의 대상으로 하면 좋을지도 모르나, 이것에 대해서는 분명한 에피소드가 없다.

예를 들어, 손가락으로 가리키는 것이 발현되지 않은 아이가 2개월 늦게 손가락으로 가리키기를 시작하거나, 1세 6개월에는 유의미어를 말하지 않았으나 1세 9개월에 유의미어를 말하면, 보호자는 계속해서 의료기관에서 진찰 받을 필요성을 느끼지 않아 진단이 끊어지는 경우도 있다. 의료기관에서 진찰 받는 것만으로는 완전히 추적 관찰할 수 없기 때문에 보건사(保健師)[5]가 추적을 실시하고, 주된 증상이나 요구(needs)가 나온 시점에서 다시 진찰을 권하면 좋다.

---

5) 국내에는 보건사라는 명칭으로는 없고, 유사한 직종으로 의료법에 규정하는 의료인으로 '보건교육사'가 있으며 이는 '개인, 집단, 산업체 및 지역사회가 체계적이고 효율적인 보건교육을 통하여 건강상 바람직한 행동을 자발적으로 할 수 있도록 교육하고 환경을 조성하며 사전 예방적 건강관리사업을 수행함으로써 국민의 질병을 예방하고 건강을 증진하는 전문직업인이다'라고 규정하고 있다.

물론 아직 전문 치료가 필요하지 않은 아이는 경과관찰 진단의 형태로 전문 의사의 추적 진료를 받는 것이 가장 바람직하나, 경도발달장애의 빈도가 높은 현황을 생각하면 모든 사례를 경과관찰 건강진단으로 추적하는 것은 어렵다. 보건사를 건강진단에 보내는 기준이 되는 증상을 분명히 하는 것이 필요하다. 이 기준이 되는 증상에 대해서는 뒤에 언급하겠다.

4. 경과관찰의 방법

경과관찰 건강진단에서는 경도발달장애를 의심하게 하는 증상의 유무를 듣고, 나아가 운동·생활습관·언어·사회성에 대해 월령(月齡)[6]에 도달했는지를 확인한다. 언어의 지체가 분명하면 치료를 권한다. 또한 치료를 실시할 필요는 없으나, 키우기 힘든 아이, 행동상의 문제가 많은 아이에 대해서는 그 행동을 파악하는 방법·대처 방안을 보호자에게 조언하고, 필요에 따라 지원 장소를 제공한다. 추적하면서 의심되는 병명을 말해 주고 치료 시설을 소개한다.

5. 영·유아 건강진단에서의 체크포인트

경도발달장애의 아주 이른 조기 진단에 대한 보고는 있으나 아직 확립되어 있지 않았다. 치료 방법에 대해서도, 근거기반의료(evidence-based medicine, EMB)[7]로서

---

6) 월령이란 영어로 chronological age, 즉 출생연령(흔히 만 나이)을 말한다. 특히 미숙아, 발달장애 아동들에게서는 현재 아이의 발달상 연령수준과 월령이 차이가 많이 있을 수 있기 때문에 월령이 중요하다.

7) 근거기반의료를 설명하는 데 한 가지 예를 들어 본다. 한 신문기사(한의신문, 근거중심의학이란 무엇인가? ① 한방진료 과학적·체계적 근거 확보해야: 장인수 교수, 우석대학교 한의과대학 한방내과학)에 게재된 에피소드로 한 한의원 원장이 자신이 진료한 자폐증 아이들을 살펴보니 맞벌이 부모가 많았고, 그것이 자폐증의 중요한 원인이라고 이야기하고 있었다. 이것은 '경험적 사실'일 뿐으로 '객관적 진실'과는 거리가 멀다. 자폐증의 원인으로 수십 년 전 이미 '부모의 잘못된 양육에 의해 자폐증이 생긴다'고 하는 원인가설들이 있었지만, 1970년대 이후 많은 연구결과들에 의해 그것은 잘못된 것이라는 것이 이미 밝혀져 왔다. 그럼에도 불구하고 한의원 원장은 이러한 여러 연구결과에 의한 '객관적 사실', 즉 근거에 기반한 진료행위가 아닌 자신의 '경험적 사실'에 근거하여 진료를 할 경우 매우 커다란 오류를 범하게 될 수 있다. 아직 의료에서 밝혀지지 않은 영역이 많기 때문에 모든 의료가 근거기반의료를 시행할 수는 없지만, 이같이 자신의 '경험적 사실'에만 근거하여 의료행위를 할 경우 많은 문제가 일어날 수 있다. 특히 발달장애 아동들의 경우, 근거기반의료의 관점에서 볼 때 이러한 위험이 매우 높다.

확립되어 있지 않고, 앞으로 연구가 필요하다. 여기에서는 필자가 하고 있는 방법을 소개한다.

1) 4개월 건강진단

표 3.6, 3.7에는, 4개월 건강진단에서 경도발달장애아가 문제를 발생시키기 쉬운 항목을 제시했다. 이 모든 항목을 체크하는 것이 아니고, 한두 항목밖에 체크가 되지 않는 것이 경도발달장애를 의심하는 포인트이다. 몸을 뒤로 젖히는 것이 강하여 목을 똑바로 세우지 못하는 것처럼 보인다. 근 긴장이 항진(亢進)되어 팔이나 다리를 땅겨서 경직된 상태라고 표현된다. 배로 기면서 머리를 들지 못하는 아이도 있다. 이러한 증상은 없어도 일으키기 반응에서 머리가 따라오지 못하거나 근 긴장도(muscle tone)가 항진되는 경우도 있다. 그러나 뇌성마비와는 다르게, 관절을 움직이는 데 제한은 거의 나타나지 않는다. 전반적 발달장애인 영아에서 안면의 비대칭이 보이면 소아신경전문의를 소개하든가, 운동발달지체의 진단으로 물리치료를 시작한다.

표 3.6	4개월 영아 건강진단 – 문진에 있어 경도발달장애 조기 발견을 위한 주의점
문진 항목	경도발달장애 조기 발견을 위한 주의점
① 안으면 머리를 바로 세울 수 있습니까?	몸이 뒤로 젖혀지기 쉬워 목이 안정되지 않았다고 생각하는 경우가 있다.
② 배로 기고 목을 들 수 있습니까?	엎드려 눕는 것(복와위)을 싫어하고, 머리를 들지 않는 경우가 있다.
③ 팔이나 다리가 당겨져 있어, 경직된 느낌이 있습니까?	근 긴장의 항진이 보인다.
④ 달래면 자주 웃습니까?	웃지 않는다, 표정이 적은 경우가 있다.
⑤ 보이지 않는 방향에서 말을 걸면 그쪽으로 얼굴을 돌립니까?	타인이 말을 걸어도 반응하지 않는다.
⑥ 눈으로 사물을 추적합니까?	눈으로 추적하지 않는 경우가 있다.
⑦ 아-아-, 와-와- 등의 소리를 냅니까?	옹알이가 적다.
⑧ 다른 사람보다 어머니에 친숙해 있다고 생각합니까?	어머니에 대한 인식이 약하다.

| 표 3.7 | 4개월 영아 건강진단 − 진단에 있어 경도발달장애 조기 발견을 위한 주의점 |

문진 항목	경도발달장애 조기 발견을 위한 주의점
① 등을 대고 눕는 자세(앙와위) 상지, 하지는 정상을 유지한다. 양손을 가슴 앞에서 모은다(손가락 빨기).	비대칭성 긴장성 경반사(ATNR)[8]가 잔존해 있어 비대칭이 있다.
② 엎드려 눕는 자세(복와위) 머리를 바닥보다 높게 든다 (가슴을 바닥보다 높게 든다).	몸이 뒤로 젖혀져서 머리가 따라오지 않는 경우가 있다.
⑥ 시신경 응시(시선을 맞춘다, 계속 바라본다) 좌우 충분히 따라 본다. 보이지 않는 방향에서 소리가 들리면 그쪽으로 머리를 돌린다.	시선을 맞추기 어렵다. 따라 보지 않는다. 소리에 대한 반응이 나쁘다.
⑦ 근 긴장도 정상 · 항진 · 저하	근 긴장이 항진되어 있으나 관절가동역은 정상이다.
⑧ 원시 반사 ATNR(비대칭성 긴장성 경반사)	잔존해 있는 경우가 있다.

2) 10개월 아이 건강검진

표 3.8, 3.9에는 10개월 영아 건강검진에서 경도발달장애아에게 문제가 생기기 쉬운 항목을 제시했다. 많은 문진 항목에서 이상소견이 나타났다면 뇌성마비, 정신지체, 자폐성장애일 경우가 많다. 한두 항목에서 이상소견이 나타났다면 경도발달장애의 위험성이 있다. 진찰 소견에서는 앉는 자세 불안정(앉는 자세를 할 마음이 없는 모습, 과잉행동이어서 가만히 앉아 있지 않음), 서는 자세를 취할 마음이 없는 것이 자주 나타나지만, 이것만으로 경도발달장애라고 진단할 수는 없다. 정신발달

----

8) 비대칭성 긴장성 경반사(asymmetrical tonic neck reflex, ATNR)의 약어로 '비대칭적인 강직성 목반사'라고도 한다. 이때의 '비대칭'은 신체의 한쪽 면이 반대쪽과 다르게 보이는 것을 말한다. 체간에 대한 머리의 위치가 변화하여 생기는 반사이며 목근육 속의 고유수용기의 자극에 의한다. 정상에서는 생후 4개월쯤까지 존재하지만 그 이후 이 반사가 계속되는 경우는 중추신경계의 발달지연을 의심하게 된다. 긴장성 경반사는 대칭성과 비대칭성이 구별되는데, 대칭성 긴장성 경반사는 목을 젖힘으로써 유발되는 것으로, 머리의 젖힘은 상지의 젖힘과 하지의 굴곡을, 머리의 굴곡은 상지의 굴곡과 하지의 젖힘을 발생시킨다. 비대칭성 긴장성 경반사는 머리의 회전에 의하여 안면측의 상지의 신근긴장의 상승과 반대측 상지의 굴근긴장의 상승을 발생시키는 것을 말한다. 머리를 한쪽으로 돌렸을 때, 반대쪽 팔과 다리는 구부리고, 머리를 돌린 쪽의 팔과 다리는 편다. 신생아의 경우 이 원시반사가 나타나는 시기(생후 4개월~6개월) 후에 이 반사가 계속 유지되면 기기, 구르기 및 모든 형태의 2점지지 행동 등의 운동발달을 방해하며 중추신경계의 발달지연을 의심할 수 있다.

표 3.8   10개월 영아 건강진단 — 진단에 있어 경도발달장애 조기 발견을 위한 주의점

문진 항목	경도발달장애 조기 발견을 위한 주의점
① 손을 놓으면 앉아 있을 수 있습니까?	앉는 자세를 취할 마음이 없거나, 앉는 자세를 취할 수 없다, 가만히 앉아 있을 수 없다.
② 기기(배를 바닥에 대고 기기, 배를 바닥에 대지 않고 기기)를 할 수 있습니까?	길 마음이 없다.
③ 잡고 설 수 있습니까?	잡고 설 마음이 없다.
④ 장롱 · 벽 따위를 잡고 걷습니까?	잡고 설 마음이 없고 주위의 물체를 잡고 걷는 경우가 없다.
⑤ 싫어싫어 · 손뼉치기 · 바이바이 등의 동작을 흉내 냅니까?	모방은 2~3개월 지연된 경우가 있다.
⑥ 낯가림을 합니까?	낯가림을 하지 않는다, 또는 2~3개월 지연된 경우가 있다.
⑦ 기분 좋게 혼자서 놀이를 합니까?	혼자서 놀이를 하는 경우가 많다.
⑧ 열심히 수다스럽게 말을 합니까?	음성이 작고 묵묵하게 노는 아이가 있다.
⑨ 귀에 소리가 들린다고 생각합니까?	흥미가 없으면 소리나 음성에 대한 반응을 보이지 않는다.
⑩ 육아를 하면서 아슬아슬한 경우가 많았습니까?	반응이 약해 어머니가 육아의 만족감을 느끼지 못한 경우가 있다.

표 3.9   10개월 영아 건강진단 — 진단에 있어 경도발달장애 조기발견을 위한 주의점

문진 항목	경도발달장애 조기 발견을 위한 주의점
① 앉는 자세 : 안정 · 불안정 · 불가능	앉을 마음이 없다, 몸을 뒤로 젖힌다, 가만히 앉아 있을 수 없다.
② 서는 자세 : 정상 · 이상	서는 자세를 취할 마음이 없고, 발이 지면에 닿지 않는 경우가 있다.
③ 근 긴장도 : 정상 · 항진 · 저하	근 긴장의 항진이 두드러지나 4개월과 같이 강하다.
④ 패러슈트 반응(+ · ± · -)[9]	패러슈트 반응이 수 개월 지체되어 나타난 경우가 있다.

---

9) 패러슈트 반응(parachute reaction, 신전 보호반사)은 인체에서 나타나는 반사의 하나로, 검사 시 엎드린 자세에서 환자의 양팔이 머리 위에 오도록 하고, 환자의 골반을 붙잡고 갑자기 환자의 상체를 앞으로 떨어지게 한다. 환자의 골반을 붙잡고 갑자기 상체를 떨어뜨릴 때 머리를 보호하려 하지 않는다(음성반응). 반대로 환자가 머리를 보호하려고 양손가락을 벌리면서 양팔을 반사적으로 쭉 편다(양성반응). 생후 6개월에서부터 양성반응이 나타나 일평생 지속되는 것이 정상인데, 생후 6개월이 지나도록 음성반응이 나타난다면 반사 성숙의 지연을 의미한다.

지체도 같은 소견이 나타난다. 단지, 정신발달지체에서는 장난감에 대한 흥미 등이 약한 경우는 많지만, 전반적 발달장애 위험성을 가진 아이에서는 사람보다도 물건(장난감)에 흥미를 보이는 때가 많다. 경도발달장애에서는 이러한 소견이 나타나지 않는다. 대근육 운동의 지체는 있으나 장난감에 대한 흥미가 강하고, 손을 뻗어 능숙하게 조작할 수 있는 등의 발달의 균형이 보인다. ANTR가 계속 남아 있고, 침대에서의 몸 뒤척임이 이상 패턴으로 나타나고, 몸 가누기 반응에서 몸 가누기의 출현이 지체되는 경우가 있다.

표 3.10에 전반적 발달장애 위험성을 가진 영아에 자주 나타나는 증상을 제시했다. 이러한 증상이 하나만 보인다고 해서 전반적 발달장애라고 진단할 수는 없으나, 이러한 증상이 보이는 경우는 전반적 발달장애도 염두에 두고 대응하도록 한다.

본래 '키우기 쉽다'는 이유로 영·유아상담을 하러 기관을 방문하지 않는다. 하루 종일 울고 있다, 조금도 자지 않는다 등의 '키우기 어려움', 달래도 표정이 부족하다, 시선을 마주치기 어렵다 등의 증상으로, 육아 불안을 호소해서 영·유아상담을 하러 기관을 방문한다. 우선, 보호자의 이야기를 듣고 공감하고, 육아지원센터 등에서의 놀이법 지도나 보육원에서 일시적으로 보육을 하고, 보호자 부담을 줄여 준다. 또, 앞에서 기술한 선별(스크리닝) 항목에 많이 해당하거나, 운동 등의 발달에 염려가 있을 경우는 정밀건강검진이나 소아신경전문의의 진찰을 권한다. 보호자가 주된 증상을 느끼지 않고 있을 경우에는 즉시 의심되는 병명을 전하지는 않지만, '대인관계가 약한 아기', '키우기 어려운 아기'라고 보호자의 고생에 공감하는 한편, 불면에 대하여 약물치료를 시행하여 보호자의 부담을 경감한다. 또, 운동발달의 지체가 있으면 물리치료를 지시한다.

전반적 발달장애를 의심할 경우는 2~3개월마다 경과관찰을 하고, 분명히 발달의 기준으로부터 벗어나고 있을 때에는 치료를 지시한다. 앉을 마음이 전혀 없고 앉을 수 없는 아이에게는 운동발달 촉진을 위한 운동을 지도한다. 마이 페이스(my pace)[10], 사람에 대한 낯가림이 없는 경우, 보호자에게 주의점(비디오나 텔레비전

---

10) 마이 페이스는 '자신에게 맞는 방법, 진도'를 가리키는 일본식 영어이다. 여기에서 파생되어 다른 사람에 좌우되지 않고 자신의 방법과 진도를 무너뜨리지 않는 성격의 인간을 가리킬 때 사용된다. (출처 : ja.wikipedia.org/wiki/마이 페이스)

표 3.10	전반적 발달장애 위험성을 가진 영아에게서 나타나는 증상

키우기 쉬움
- 누워만 있음
- 어른스럽다
- 부모를 방해하지 않고 혼자서 논다

키우기 어려움
- 하루 종일 운다
- 밤에 심하게 운다
- 조금도 자지 않는다

비언어적 의사소통
- 표정이 풍부하지 않다
- 시선을 맞추기 어렵다

대인관계 하는 법
- 손으로 하는 놀이에 관심을 보이지 않는다
- 어머니보다 장난감을 자주 본다
- 사람에 대한 낯가림을 하지 않는다

고집성
- 텔레비전의 특정 광고에만 잘 반응한다

운동발달 이상
- 앉는 자세를 취하려고 하지 않는다
- 엎드리는 것을 싫어한다
- 세워도 발을 바닥에 닿으려고 하지 않는다

을 혼자 보는 것을 피하는 등)이나 대응 방법[모자(母子) 놀이 등]을 알린다.

3) 1세 6개월 아이 건강검진

표 3.11의 문진 항목 중에서 ③ 공 주고받기를 하면서 놀 수 있습니까, ⑤ 의미가 있는 말을 할 수 있습니까, ⑥ '~을 가지고 와' 등의 구어 지시에 응할 수 있습니까, ⑦ 그림책을 보고 알고 있는 물건을 가리킵니까, ⑧ 말하는 것 같은 억양으로 말을 합니까, ⑨ 울지 않고 원하는 물건을 가리킵니까, ⑩ '응', '싫어'를 분명히 표현합니까, ⑪ 부모와 확실히 시선을 맞춥니까, ⑫ 다른 아이에게 관심을 가집니까, ⑭ 다른 사람의 흉내를 냅니까의 항목을 여러 개 통과할 수 없는 소아는 경도발달 장애라고 하기보다 오히려 자폐성장애를 의심한다. 또한 ⑮ 눈매나 눈의 움직임이 이상하다고 생각한 경우가 있습니까 항목에서 체크를 받는 아이 중에는, 시력이나 사시의 문제가 아니고 전반적 발달장애의 시선의 부자연스러움으로 인해 체크를 받는 아이도 있다.

표 3.11 1세 6개월 건강진단 – 문진에 있어 경도발달장애 조기 발견을 위한 주의점

문진 항목	경도발달장애 조기 발견을 위한 주의점	PDD	ADHD	LD
운동기능				
① 손을 가볍게 잡으면 계단을 오를 수 있습니까	운동발달의 지체를 보이는 경우는 통과하지 못한다.	±	±	±
② 연필, 크레용으로 끄적거림을 할 수 있습니까	모방이 나오지 않으면 할 수 없다.	±	±	±
③ 공 주고받기를 하면서 놀 수 있습니까	고기능 전반적 발달장애에서는 주고받기 놀이가 안 되는 경우가 있다.	+	–	–
④ 적목을 2단 이상 쌓을 수 있습니까	서툴러서 쌓지 못한다.	±	±	±
정신언어발달				
⑤ 마마, 부부 등과 같은 의미 있는 말을 합니까	고기능 전반적 발달장애에서는 말이 나오지 않는다.	+	±	±
⑥ '~을 가지고 와' 등의 구어 지시에 응할 수 있습니까	고기능 전반적 발달장애에서는 통과하지 못한다.	+	–	–
⑦ 그림책을 보고 알고 있는 물건을 가리킵니까	알고 있는 사물을 가리키지만 물으면 대답하지 못하는 경우가 있다.	+	–	–
⑧ 말하는 것 같은 억양으로 말을 합니까	말끝의 음조가 올라가거나 단조로운 음성이 있다.	+	–	–
⑨ 울지 않고 원하는 물건을 가리킵니까	고기능 전반적 발달장애에서는 포인팅이 나오지 않는 경우가 있다.	+	–	–
⑩ '응', '싫어'를 분명히 표현합니까	고기능 전반적 발달장애에서는 통과하지 못하기도 한다.	+	–	–
⑪ 부모와 확실히 시선을 맞춥니까	필요한 때에만 시선을 맞추는 경우가 많다.	+	–	–
사회성				
⑫ 다른 아이에게 관심을 가집니까	고기능 전반적 발달장애에서는 아이보다 가지고 있는 장난감에 관심을 보인다.	+	–	–
⑬ 말이나 소리로 누군가를 부릅니까	고기능 전반적 발달장애에서는 크레인 반응(2장, 각주 6 참조)이 보인다.	+	–	–
⑭ 다른 사람의 흉내를 냅니까	흥미가 있는 말은 모방하나, 가까이 있는 사람에 대한 모방은 적다.	±	–	–
시청각				
⑮ 눈매나 눈의 움직임이 이상하다고 생각한 경우가 있습니까	곁눈질로 보는 등 시선의 부자연스러움이 나타나는 경우가 있다.	+	–	+
⑯ 귀로 잘 듣는 것 같습니까	호명에 반응이 나쁜 경우가 있으나, 필요할 때는 스스로 반응한다.	+	–	–

표 3.11 (계속)

문진 항목	경도발달장애 조기 발견을 위한 주의점	PDD	ADHD	LD
⑰ 뒤에서 이름을 부르면 돌아봅니까	호명에 반응이 나쁜 경우가 있으나, 필요할 때는 스스로 반응한다.	+	–	–
⑱ 컵으로 물을 마십니까	손의 민감이나 모방 불가로 인해 신변 자립이 되지 않는 경우가 있다.	+	+	+
⑲ 혼자 힘으로 숟가락, 포크 등을 사용해서 먹으려고 합니까	손의 민감이나 모방 불가로 인해 신변 자립이 되지 않는 경우가 있다.	+	+	+

＋ : 체크되는 경우가 많다　±: 체크되는 경우가 있다　－: 체크되는 경우가 거의 없다

이러한 항목에 해당하는 유아에 대하여 보호자가 불안이 있으면, 즉시 부모-자녀 교실에서 놀이법을 지도하고, 2~3개월 후의 변화를 보고 개선이 없으면, 치료기관을 소개한다. 보호자에게 병에 대한 인식이 없으면 대인 의식이 약한 아이인 것을 전하고, 지역(어린이집 등)의 집단놀이에의 참가, 자택에서의 관계법의 조언(숨바꼭질, 아이가 일상생활동작을 할 때 도움을 주어서 지시 이해를 발달시키는 것 등)을 한다. 그리고 2~3개월 후에 경과를 볼 필요가 있음을 전한다. 1세 6개월에서 자폐성장애를 의심해도 치료 시작 후, 3세 정도까지 급속히 발달하고, 고기능 전반적 발달장애가 되는 아이도 있다.

고기능 전반적 발달장애, ADHD, 학습장애에서는 앞에서 기술한 문진 항목의 대부분은 1세 6개월에서 통과한 경우가 많다. 그러나 한두 항목이 통과하지 못하는 경우가 있는데, 그때는 3개월 후에 경과관찰을 하고, 어휘 증가의 확인이나 전반적 발달장애의 선별(스크리닝)을 한다. 육아 불안이 있는, 보호자의 자녀에 대한 관계법이 양호하지 않은, 혹은 육아 환경이 충분하지 않다고 생각되는 경우에는 부모-자녀 교실의 참가를 권한다. 고기능 전반적 발달장애, ADHD, 학습장애에서는, 각각의 건강진단에서 통과해야 할 항목을 몇 개월 늦어서 통과하는 경우가 많으므로, 통과했다고 해서 안심할 것은 아니고 문진 항목에서 마음에 걸리는 항목이 있을 경우 계속해서 경과관찰을 한다. 다음 진찰까지 불안이 생기는 경우는 언제든지 보건사에게 상담할 수 있고, 건강진단을 받을 수 있음을 보호자에게 설명한다.

1세 6개월 건강진단에서 언어발달 평가는 '싫어싫어', '바이바이' 등과 같은 '누군

가에게 건네는 소리의 말'뿐만 아니라, 물건과 명칭이 일치하고 있는 말의 양을 본다. 경도발달장애에서는 발어의 내용이 캐릭터(호빵맨이나 토마스 등)나 차의 차종 등에 한정되고 있는 등의 치우침이 있다. 또, 최소한으로밖에 말하지 않는 것으로 보이는 등의 경우는 경과관찰이 필요하다.

전반적 발달장애에서는 이름이 불려도 반응하지 않는, 기분에 따라 반응하거나 하지 않거나 하는, 비언어적 의사소통에서는 가리키기의 출현이 지연되고(1세가 지나서 겨우 가리키기가 나온다), 또는 가리키기는 있지만 요구 장면에 한정되거나, 일방적으로 가리키기만 하기도 한다(표 3.12). 멀리 있는 물건을 가리켜도 가리킨 물건 쪽을 보지 않는다[삼항(三項)관계(제2장, 각주 5 참조)를 모른다]. 시선을 마주치지만 일방적이거나 부자연스럽다. 사회성에서는 낯가림이 없는, 또는 모르는 사람에 대하여도 친밀해지는, 모르는 사람과 간단히 손을 잡는 등의 특징이 있거나, 반대로 낯가림이 지나치게 강한, 어머니 이외의 가족에 대하여 낯가림이 있는 경우도 있다. 또, 집에서는 어머니에게 딱 붙어 있어도 밖에 나가면 태연하게 떨어진다. 새로운 장소에 가면 대단히 불안하다. 모르는 장소에서도 태연하게 어머니에게서 떨어지고, 텔레비전이나 비디오의 모방을 하지만, 사람의 모방은 하지 않는 등의 증상이 보인다. 이러한 증상이 있으면, 모자(母子) 놀이를 실시할 수 있도록 지역의 부모–자녀 교실을 소개하고, 3개월 후에 경과관찰을 한다.

2~3세 사이에서의 전반적 발달장애를 의심하게 하는 증상을 표 3.13에 제시했다.

표 3.12 전반적 발달장애 1~2세 사이의 증상

애착행동의 결여
- 낯가림이 전혀 없다
- 밖에서 미아가 된다
- 혼자서 태연하게 있다

애착행동의 이상
- 낯가림이 심하다
- 어머니에 딱 붙어 있으나 아버지와는 친밀하지 않다

언어 이해의 지체
- 불러도 모르는 듯한 얼굴을 한다. 귀가 들리지 않는지의 염려
- 말의 이해가 없다
- 구어 발달이 지체되었다(어휘가 늘지 않는다)

비언어적 의사소통
- 포인팅의 시기가 지연되었다
- 시선을 맞추기는 하나 일방적이거나 부자연스럽다

표 3.13　전반적 발달장애 2~3세 사이에서 보이는 증상

불안
- 특정 사물을 매우 무서워한다
- 병원이나 미장원을 무서워해서 들어가려고 하지 않는다
- 처음 가는 장소나 처음 보는 물건을 무서워한다

마이 페이스(각주 10 참조)
- 생각대로 되지 않으면 금방 화를 낸다
- 말해 주어도 모른다
- 타인이 말하는 것을 듣지 않는다
- 혼자 놀이에 몰두한다

집착
- 묘한 신경질

신변자립의 지체
- 화장실 가기를 거부한다
- 심한 편식이 있다
- 스스로 먹으려고 하지 않는다
- 버릇이 없다

4) 3세 건강진단

전반적 발달장애, ADHD, 언어성 학습장애에서는 말의 지체가 일어나므로 표 3.14의 문진 항목 중의 ④~⑦에서 체크를 받는 경우가 많다. 또, 지시에 대한 이해가 떨어지므로 ⑱ 시력검사, ⑳ 청력검사를 할 수 없게 된다. 전반적 발달장애에서는 시선의 부자연스러움 때문에 ⑰을 지적하기도 한다. ⑩ 침착성 없음은 ADHD에서도 학습장애에서도 전반적 발달장애에서도 보이는 증상이다.

　1차 건강진단에서의 대응에서는 말의 지체가 치료의 대상이 될 수 있으므로 정밀진단을 권유한다. 또, 생활 면에서의 불안이나 문제가 있으면 정밀진단을 권유한다. 보호자의 병에 대한 인식이나 요구(need)가 없을 경우에는 경과관찰을 한다.

　3~4세 사이에서의 전반적 발달장애를 의심하게 하는 증상을 표 3.15에, 유아기 전반적 발달장애의 진찰 시에 자주 보이는 상황·소견을 표 3.16에 제시했다. 정밀건강진단을 할 때 체크포인트는, ① 두 단어 문장(2어문)을 패턴적으로 말하는 방식 또는 반향어 같은 발화로 하거나, ② 지시의 이해는 가능하나 기분에 따라 하거나 하지 않거나 하는지의 유무와 발달이 도달해야 할 기준에 도달하고 있는지 아닌지이다.

| 표 3.14 | 3세 건강진단 문진에 있어 경도발달장애 조기 발견을 위한 주의점 |

문진 항목	경도발달장애 조기 발견을 위한 주의점	PDD	ADHD	LD
운동기능				
① 단추를 채울 수 있습니까	PDD나 ADHD에서 서툴러서 통과가 되지 않는다.	+	+	+
② 크레용 등으로 원을 그릴 수 있습니까	협응운동장애에서는 능숙하게 그릴 수 없다.	+	+	+
③ 손을 집지 않고, 양 다리를 교대로 움직여 계단을 4~5보 걸을 수 있습니까		+	−	+
정신언어기능				
④ 자신의 이름을 말할 수 있습니까	PDD에서는 질문 받아도 대답하지 않는 경우가 있다.	+	+	+
⑤ 단어를 연결시켜 말할 수 있습니까	PDD, 언어성 학습장애, ADHD에서 통과되지 않는 경우가 있다.	+	+	+
⑥ 말이 지체되었다는 염려가 있습니까(단어만 말함, 거의 말하지 않음)	PDD에서 통과되지 않는 경우가 있다.	+	+	+
⑦ 무엇·누구·어디를 사용한 질문을 열심히, 자주 합니까	PDD, 언어성 학습장애, ADHD에서 통과되지 않는 경우가 있다.	+	+	+
사회성				
⑧ 같이 놀 친구가 있습니까	마이 페이스가 되기 위해 같은 연령의 아이와 놀 수 없는 경우가 있다.	+	−	−
⑨ 어머니가 근처에 있다는 것을 알면 떨어져 놀 수 있습니까	PDD에서는 어머니에 대한 애착이 고집성으로 되거나, 가능한 경우가 있다.	±	−	−
⑩ 심하게 침착하지 않고 주의집중을 할 수 없어 곤란한 경우가 있습니까	PDD, ADHD에서는 체크되는 경우가 많다.	+	+	+
⑪ 잘 되지 않을 때 도와주어도 화를 내는 등, 무엇이든 혼자서 하고 싶어 합니까	PDD에서는 집착으로 인해 체크된 경우가 있다.	±	±	±
⑫ 기차 놀이나 소꿉놀이 등을 합니까	PDD에서는 소꿉놀이가 지체된 경우가 있다.	+	−	−
⑬ 손가락 물기, 손톱 깨물기, 심한 낯가림으로 곤란한 경우가 있습니까	고집성으로 인해 낯가림이 길어진 경우가 있다.	+	−	−
생활습관				
⑭ 낮에 배뇨를 미리 가르칩니까	생활습관의 확립이 지체된 경우가 있다.	+	+	+
⑮ 배변을 미리 가르칩니까	생활습관의 확립이 지체된 경우가 있다.	+	+	+
⑯ 대체로 흘리지 않고 혼자서 먹습니까	부주의나 서툼으로 인해 흘리는 경우가 많다.	+	+	+

표 3.14	(계속)			

문진 항목	경도발달장애 조기 발견을 위한 주의점	PDD	ADHD	LD
시청각				
⑰ 머리를 기울이거나 곁눈질로 봅니까	시선의 부자연스러움을 보호자가 알 아차리는 경우가 있다.	+	-	-
⑱ 시력검사 방법을 이해해서 검사할 수 있습니까	지시 이해가 나쁘고, 검사를 할 수 없 게 된 경우가 있다.	+	+	+
⑲ 구어가 지체되어 있고, 발음이 이 상하다고 걱정한 경우가 있습니까	언어성 학습장애, ADHD, PDD에 서는 말의 지체; PDD에서는 운율 (prosody)의 장애	+	+	+
⑳ 청력검사 방법을 이해해서 검사할 수 있습니까	지시에 대한 이해가 떨어지고, 검사를 할 수 없게 된 경우가 있다.	+	+	+

＋ : 체크되는 경우가 많다   ± : 체크되는 경우가 있다   － : 체크되는 경우가 거의 없다

표 3.15	전반적 발달장애 3~4세 사이에 보이는 증상

대인관계의 장애
- 친구에게 흥미가 없다
- 아이를 무서워한다
- 혼자서 놀고 있다
- 집단에서 활동하는 것을 싫어한다

생활습관에서의 고집
- 같은 옷만 입는다
- 양말을 신겨도 벗어 버린다
- 팬티를 입은 채로 대변을 본다
- 편식이 개선되지 않는다

표 3.16	유아기 전반적 발달장애의 진단 시에 자주 보이는 증상 · 소견

- 방에 들어가기 전까지는 크게 울지만, 장난감이 보이자마자 기분이 좋아진다.
- 하고 싶지 않다, 이제 그만둔다는 의미로 '바이바이'를 한다.
- 자기 마음대로 그림을 가리키며 사물의 명칭을 말할 수 있어도, '○○은 어디에 있지'라고 물으면 대답하지
  않는다.
- 질문하는 방법을 바꾸면 대답할 수 없다. 질문을 하면 반향어가 나온다.

5) 3세아 건강진단 이후

선별(스크링) 문진 항목에서의 체크포인트를 표 3.17에 제시했다. 말의 지체, 집단
행동을 취하지 못함, 대인관계의 문제, 고집성에 관련된 항목이 많다. 최근에는 유

치원·보육원에서 '조금 걱정이 되는 아이'라고 해서 진료를 권하고 상담을 받는 사례도 많아지고 있다.

경과관찰 건강진단이나 정밀건강진단 등에서 사전에 병력 정보 등을 입수할 수 있으면 진찰 시에는 우선 아이와 대면 검사를 한다(보호자와의 문진을 길게 하고 있으면 아이가 기다리다 못해 지쳐서 대면 검사를 할 수 없어지는 경우가 있다). 필자는 우선 이름, 연령 등을 대답할 수 있는가를 확인한 후(중도·중등도의 정신지체가 아님을 확인), 일본판 미러 유아발달 스크리닝 검사(JMAP)[11]의 하위항목 26항목 가운데, 비교적 선별성이 높은 항목을 각 영역마다 한 항목씩 추출하고, 추출한 5항목을 간이검사로서 사용하고 있다(소요 시간 약 10분). 시각-시공간인지능력(전경-배경 판별), 눈과 손의 협응능력(선긋기), 지시의 이해, 조음, 운동능력(한쪽 발로 서기)에 대해서 평가한다(표 3.18). JMAP의 이러한 항목들은 1980년대 후반에 일본의 나이 든 유아를 대상으로 해서 표준화하였다. 이 검사에서 위험·주의영역에 들어가는 항목이 있는 경우, 지시의 이해나 조음에 관계되는 항목의 경우는언어·지능 평가를 한다. 눈과 손의 협응운동이나 대근육운동의 문제를 의심할 경우에는 작업치료사가 JMAP 검사를 한다. 이러한 결과에 따라 언어치료, 작업치료(감각통합치료)의 적용을 검토한다.

| 표 3.17 | 전반적 발달장애 3세 이후에 보이는 증상 |

집단행동을 할 수 없다
- 교실에 있지 않고 밖으로 나간다
- 행사에 참가하지 않는다
- 좋아하는 것만 한다
- 급식을 먹을 수 없다
- 낮잠을 잘 수 없다
- 마음대로 행동한다
- 위험한 행동을 태연하게 한다
대인관계의 장애
- 주의를 주어도 듣지 않는다
- 언제나 혼자서 논다
- 이유 없이 친구를 물거나 때리거나 한다
- 다른 아이가 사용하는 물건이라도, 사용하고 있는 상대를 잘 보지 않고 사용하고 싶은 물건만을 보고 뺏는다

---

11) Japanese version of Miller Assessment for Preschooler, 제5장 그림 5.3 참조

이름, 연령 등을 대답할 수 없는 경우에는 명확히 발달의 지체 가능성이 높으므로 발달검사·지능검사를 한다. 병행해서, 문진에서 DSM-IV-TR의 ADHD, 전반적 발달장애의 진단기준에 해당하는지 여부를 확인하고, 나아가 신변자립 확인을 한다. 각각의 능력을 상세하게 검토하기 위해서 웩슬러 지능검사, 시각-시공간 인지검사(프로스티그 시지각 발달검사)[12], ITPA 언어능력검사[13]를 한다.

문진이나 병력, 신경심리학적 검사의 결과로 발달 진단을 한다. 그리고 병의 원인에 관한 진단을 하지만 영상진단·혈액검사(대사계의 검사나 염색체 분석)는 병력이나 임상소견보다 의심스러운 항목을 줄여 가게 한다. 또, 발달 문제가 경도이기 때문에, 보호자는 치료를 희망해도 병의 원인에 대한 진단을 희망하지 않을 경우도 있다. 그 경우에도 무리하지 않고 우선 치료를 시작한다. 장애가 밝혀진 시점으로, 다시 원인 진단을 위해서 의학적 검사를 할 것인가 여부를 보호자와 상의한다. 뇌파는 원인 진단이라기보다 간질 등의 합병증 검색을 위해서 실시한다. 열성경련·과거에 있었던 무열성 경련·짜증이나 두통이 잦음 등의 경우에는 적극적으로 뇌파검사를 권한다.

6. 질환별 증상의 체크포인트

경도발달장애를 의심하면 추적 관찰을 하고, 중재가 필요하면 중재를 한다. 중재가

---

12) 시지각 발달검사(Developmental Test of Visual Perception, DTVP)는 Marianne Frostig(1966)에 의해 개발되었고, 국내에서는 여광응에 의해 1989년 편역되었다. 비언어성검사로 문화에 큰 영향을 받지 않으며, 정신지체, 뇌성마비, 학습장애 등 다양한 대상 및 일반 유아들의 시지각발달에 나타나는 장애진단에 적용된다. 검사 항목은 ① 시각운동협응(16개 문항-VM : visual-motor coordination), ② 도형-배경지각(8개 문항-FG : figure-ground perception), ③ 형의 항상성(17개-PC : perceptual constancy), ④ 공간 위치 지각(8개 PS : perception of position in space), ⑤ 공간관계지각(8개-SR : perception of spatial relationships)으로 구성된다.

13) 일리노이 심리언어검사(Illinois Test Of Psycholinguistic Abilities)로 대상은 2세 4개월~10세 2개월 사이의 아동으로, 목적은 구어(verbal language)와 비구어(nonverbal language)의 이해, 과정, 산출능력을 측정하는 것이다. 구성은 10개의 정식검사+2개의 선택검사로, 하위검사 내용은 ① 언어이해(auditory reception), ② 그림이해(visual reception), ③ 언어유추(associative process), ④ 언어표현(expressive process), ⑤ 동작표현(manual expression), ⑥ 문장구성(grammatic closure), ⑦ 그림찾기(visual closure), ⑧ 숫자기억(auditory sequential memory), ⑨ 형태기억(visual sequential memory), ⑩ 그림유추(visual association)의 10개로 구성된다.

| **표 3.18** | 경도발달장애의 선별(스크링)에 유용한 항목 |

① 전정-배경 구별(비언어적 지표)
    별 도감(圖鑑)을 사용하여 60초 이내에 어떤 별을 찾아내게 한다.
② 선 긋기(운동협응지표)
    20초 이내에 정해진 틀 안에서 가로선을 정확하게 많이 긋게 한다.
③ 지시 이해(언어적 지표)
    연령군별마다 다른 문장으로 지시에 따르게 한다(과제 내용 예 : IV군 4세 3개월~4세 8개월).*
    1. 자동차 앞에 돈을 놓아 주세요.
    2. 서서 손을 두드리고 나서, 그 손을 위로 올려 주세요.
    3. 자동차 위에 돈을 놓은 채로 그 자동차를 선생님에게 주세요.
④ 조음(언어적 지표와 구강운동능력)
    말을 따라 하게 해서 잘못된 발음, 왜곡된 발음 등을 체크한다.
⑤ 한 발 서기(기초적 운동능력)
    맨발로 한 발로 서게 하고, 서 있는 최대 시간을 기록한다.

* JMAP와 연령에 따라 7개의 군(I~VII)으로 나뉘어 있다. 연령군마다 과제가 다르기 때문에 여기에서는 한 가지 예를 제시했다.

필요할 경우는, ① 명확한 운동 · 언어에 발달 지체가 있을 때, ② 보호자의 육아 불안이 심할 때, ③ 육아 포기 · 아동학대의 위험성이 있을 때, ④ 유치원 · 보육원에서 집단생활에 지장이 있을 때이다.

1) ADHD

ADHD의 영아기 · 유아기에 볼 수 있는 증상은 전반적 발달장애와 상당히 중복된다. 10개월 영아 건강진단에서 앉는 자세를 취할 수 없고, 기기를 하지 않는 등의 운동지체가 지적되는 경우가 있다. 반대로 운동발달이 빨라, 10개월경부터 방안에서 열심히 기어다니고, 여러 가지 물건에 흥미를 보이나, 오래 지속하지 않고 움직이며 이것저것 물건을 만지는 아이가 있다(과잉행동 · 주의산만 · 충동성).

  1세 6개월 건강진단에서는 보호자에게서 벗어나서 '점점' 가 버려, 이름을 불러도 뒤돌아보지 않고, 보호자의 위치도 확인하지 않는 행동을 나타내는 경우가 많다. '점점'에 더해, 말의 지체를 수반하고 있을 경우에는 정밀건강진단이 필요하다. 말의 지체를 수반하지 않는 경우에는 3개월 후에 언어발달에 관한 경과관찰을 한다.

  2세 때, 두 단어를 사용한 문장이 나오고 있는지 여부를 확인하는 것은 중요하다. '점점'에 더해 보호자가 키우기 어려움을 느끼고 있는 경우, 보호자에게 육아

지원을 한다. 또, '주세요'라고 말할 때 물건을 던지는 행동을 보이는 것은 충동성을 나타내는 행동의 하나로 생각된다.

3세 건강진단에서는, 말의 지체나 침착성의 없음에서 체크를 받는 경우가 있다 (표 3.14 참조). 언어에서는 통과해도(이름·연령은 말할 수 있다), 지시에 대한 이해를 할 수 없기 때문에 시력검사를 실시할 수 없고, 재검사나 정밀건강진단을 하게 된다.

ADHD를 가진 아이의 문제점이 진찰실에서 보이는 경우는 의사도 보호자의 어려움에 공감할 수 있다. 그러나 진찰실의 일대일 상황에서는 침착하게 있어 진료실에서만으로는 ADHD로 진단할 수 없는 경우가 있다. 그런 경우 보육원이나 유치원에서의 상황, 외출 장소에서의 상황을 부모나 교사·보육교사에게 듣지 않으면 진단을 그르칠 수 있다.

2) 학습장애

학습장애의 영·유아기에 보이는 증상은 말의 지체·마이 페이스(my pace)·과잉행동·집단행동을 할 수 없음·서투름·대근육운동의 지체 등이며, 고기능 전반적 발달장애·ADHD와 중복된다. 1세 6개월 건강진단이나 3세 건강진단으로 말의 지체나 과잉행동에서 체크를 받는 경우가 많다. 확정 진단은 5~6세, 혹은 취학 후가 아니면 곤란하다.

3) HFPDD(고기능자폐증과 아스퍼거장애)

4개월 건강진단·10개월 건강진단의 문진 항목에서는, 목 세움(경정, 頸定)이 늦다, 머리를 세우지 않는다, 자다가 몸을 뒤척이지 않는다, 엎드리기를 싫어한다, 기기를 하지 않는다, 서려고 하지 않는다 등 운동발달의 문제로 체크될 수 있다(표 3.6~3.9 참조). 그리고 운동발달에는 문제가 없지만, 10개월 영아 건강진단에서 '낯가림을 하지 않는다'의 문진 항목에 체크되어 진찰 중에 장난감에 흥미를 내보이지만 사람에 대한 흥미가 적고, 보호자의 뒤를 쫓음이 없음 등도 보인다. 그러나 이것들은 HFPDD의 특징적인 소견이 아니다. 정신지체나 ADHD에서도 일견 같은 것이 일어나고, 환경요인(보호자의 관계 방식)에 의하기도 한다. 이 시기에 필요한 것은, 병명을 확정 진단하는 것이 아니고, 그 아이에게 경과관찰이 필요한가, 치료가 필요한가, 육아 지원이 필요한가를 판단하는 것이다.

HFPDD에 있어서는 '말이 나오고 있다', '눈을 마주친다'만으로는 문제가 없다고 말할 수 없다. 어떤 말이 나오고 있는가, 어떻게 눈을 마주치는가 등 '질적인 발달 차이'의 유무를 보는 것이 중요하다. 발달의 차이를 보는 포인트는, ① 할 수 있게 되지만 시기가 늦다, ② 정상발달로 보이는 행동이지만 정도가 심하다, ③ 정상발달로 보이지 않는 기묘한 행동이 있다의 3가지이다. 아스퍼거장애에서는 일대일에서는 지시가 부드럽게 들어가므로, 진찰실에서의 응답은 비교적 잘할 수 있는 경우가 많다. 같은 연령의 아이와의 관계의 질을 체크하는 것이 필요하다.

집단 활동에서는, 선생님이 내린 지시를 듣지 않으면 안 되는 대상에 자기 자신이 들어가 있다는 것을 인식하지 못하거나, '선생님의 지시에 따르지 않으면 안 된다'라는 인식이 없어 문제가 생긴다. 이것들은 '집단 활동의 규칙을 파악할 수 없다'라고 하는 사회성 장애로 인해 생긴 것이다. 대인관계의 문제에서는 대화의 문제가 유아기에 자주 보인다.

> **증례 HFPDD의 치료 예**
>
> 1세 6개월 건강진단에서 유의미어가 없어 진료를 받음. 원성사(遠城寺)발달검사에서 생활연령 19개월에, 손 운동 14개월, 사회성 11개월, 언어표현 9개월, 언어이해 10개월로 보아 언어·사회성에 지체가 있고. 대인관계장애·의사소통장애·고집성보다 PDD, 정신발달 지체가 의심되어, 모자(母子)의사소통·대인관계 개선을 목적으로 부모-자녀교실에 3개월간, 모자(母子)놀이에 3개월간 참가했다. 2세 1개월에는 유의미어가 나왔지만 반향어가 많았고, 요구는 크레인 반응으로 하였고. 신판K식 DQ(발달지표)에서 P-M(자세-운동) 74, C-A(인지-적응) 76, L-S(언어-사회) 51 소견을 보임. 심리개별지도를 실시하여 발달에 있어 2세 4개월 의사소통 행동이 나타났다. 그 후 소집단지도를 하고, 개별지도로 일상생활수행(Activity of Daily Living, ADL) 자립 지원을 했다. 3세에 유치원에 입원, 입원 당초는 착석 곤란이 있었으나, 6개월 후에 착석 문제가 사라지고, 동료관계의 구축이나 감정을 읽어 내는 데 어려움은 있으나, 6세 때 WPPSI에서는 언어성지능(VIQ) = 80, 동작성지능(PIQ) = 92, 전

체지능(FSIQ) = 90의 인지능력으로 중의 상까지 발달함. JMAP에서 종합점수 = 17, 기초능력 = 12, 협응성 = 27, 언어 = 54, 비언어 = 30, 복합능력 = 34이며, 협응운동장애에 대해 감각통합치료를 1년간 실시하고, 총점 = 53, 기초능력 = 30, 협응성 = 62, 언어 = 99, 비언어 = 65, 복합능력 = 66까지 개선되었다. 의사소통능력의 발달 촉진을 목적으로 언어훈련을 하고, 일반초등학교에 입학했다.

■ 森 優子

B 치료의 관점에서 본 발달장애의 취학 전 대응

1. 아동에 대한 지원

1) 영 · 유아기

운동발달의 지체를 주된 증상으로 할 경우, 개별 물리치료로 단계적 운동발달을 촉진한다(표 3.19).

2) 유아기 초기(1~3세)

마이 페이스인 아이(각주 11 참조)에 대해서는, 모자(母子)놀이를 통해서 대인관계 · 의사소통 행동의 개선 · 촉각 과민의 경감을 도모한다(표 3.20 참조. 표 3.21에 모자놀이의 프로그램 예를 제시했다). 유치원에 다니기 전에 집단행동이 서투른 아

표 3.19　경도발달장애를 가진 아이에 대한 치료시설에서의 대응(영 · 유아기)

- 운동의 지체 : 물리치료
- 육아 불안 : 육아 상담 · 부모–자녀교실(모자놀이)

표 3.20　경도발달장애를 가진 아이에 대한 치료시설에서의 대응(유아기 초기)

- 대인관계 : 의사소통 행동이 약하다. 부모–자녀교실(모자놀이)
- 집단생활의 어려움 : 소집단지도(사회생활훈련)
- 말의 지체 : 언어청각치료
- 부적응행동 : 놀이치료 · 행동치료

표 3.21 부모-자녀교실의 목적

① 어머니와 아이가 여러 가지 놀이를 경험한다.
② 아이가 물건이나 사람에 관심을 가지고, 많은 경험을 하도록 촉진한다.
③ 어머니가 아이에 대해, 즐겁게 노는 것이나 안심하고 양육하도록 지원한다.

프로그램의 예
   I   자유놀이
   II   체조 · 리드믹(리듬체조)
   III 모임(그룹 노래 · 이름 부르기)
   IV 모자(母子)놀이
   V   설정 놀이
   VI 그림 연극 · 노트 돌려주기
   VII 끝날 때 부르는 노래

이에게는 소집단지도(사회생활훈련)를 한다. 부적응행동이 있는 아이에게는 놀이치료를 하고, 의욕이나 성인에 대한 신뢰감을 재구축한다.

3) 유치원 입원 후 취학 전까지(4~6세)

유치원에서의 적응행동이 서툰 아이에게는 소집단지도(사회생활훈련)를 한다(표 3.22). 상대의 기분 등을 이해하지 못하는 아이나 충동성이 강해 자신의 행동을 조절하는 것이 어려운 어린이에게는 사회기술훈련(social skill training), 역할놀이(role play)를 한다. 말의 이해나 말의 표현이 서툰 아이에게는 언어치료를 한다. 서툰 아이, 필압(筆壓)이 약함, 6세에 젓가락을 사용할 수 없음, 6세에 줄넘기를 할 수 없음 등에는 작업치료사가 일상생활동작 훈련이나 감각통합치료를 실시한다. 시각-시공간인지가 약한 아이에게는 작업치료로 시지각 훈련을 한다. 부적응행동이 있는 아이에게는 놀이치료 · 행동치료를 실시한다. 이러한 치료나 환경조정을 해도 충동성

표 3.22 경도발달장애 아이에 대한 치료시설에서의 대응(유치원 입원 후 취학 전까지)

- 집단행동에서 일탈함 : 소집단지도(사회생활훈련)
- 타인의 기분 등을 이해 못함 : 사회생활훈련, 역할놀이
- 말의 지체 : 언어청각치료
- 서툼(필압이 약하다, 젓가락을 사용하지 못한다, 줄넘기를 못한다 등) : 일상생활동작 훈련, 감각통합치료
- 시각-시공간인지장애 : 시지각 훈련
- 교과학습의 준비 : 읽기 · 쓰기 등(민간 학원에서 배려가 있으면 가능)
- 부적응행동 : 놀이치료 · 행동치료
- 환경조정만으로 대응할 수 없는 과잉행동 · 충동성 · 고집성 : 약물치료(5세)

이나 과잉행동·고집성 때문에 문제행동이 줄지 않는 경우에는 약물치료를 고려한다. 경도발달장애에서는, 민간의 유아교실이나 수영교실 등에서도 조금의 배려가 있으면, 책상 위에서 하는 학습이나 집단행동훈련과 동등한 효과를 얻을 수 있다.

2. 보호자에 대한 지원(표 3.23)

1) 영·유아기

운동발달의 지체를 주된 증상으로 할 경우, 개별물리치료로 단계적 운동발달의 촉진 방법을 보호자에게 알리고, 가정에서 매일 실시하도록 한다. 시선을 맞추기 어려운 아이에게는, 일상생활 중에 아이를 돌볼 때에 확실히 눈을 마주치는 것을 보호자가 의식하도록 한다. 갓난아기 체조 등으로 스킨십을 도모하고, 아이가 기뻐하는 놀이를 찾게 한다(갓난아기 교실, 심리지도). 보호자의 육아 불안이 강하면 임상심리사가 카운슬링을 한다.

2) 유아기 초기(1∼3세)

마이 페이스(my pace)인 아이에 대해서는 대인관계·의사소통 행동의 개선을 도모하기 위해서 보호자에게 놀이법, 관계 방법에 대해 조언이나 지도를 한다[부모−자녀 교실의 모자(母子)놀이]. 아이의 발달상태를 설명하고, 양육의 어려움 등에 대처하는 방법을 조언한다. 앞으로의 전망(각각의 연령에서 필요해지는 대응 방법이나 육아상의 주의점 등)을 이야기한다. 발달 확인을 하고, 보호자에게 자신감이나 안심을 준다. ADHD가 곤란한 행동을 많이 하는 경우에, 곤란한 행동에 대한 대처 방법을 논의한다(임상심리사·의사).

표 3.23 경도발달장애를 가진 아이에 대한 치료시설에서의 대응(보호자에 대한 지원)

- 발달의 현황·문제점·증상 출현의 의미를 설명하고, 아이의 행동을 이해시킴
- 육아 불안에 대해 의사·임상심리사·사례관리자에 의한 육아 상담·카운슬링
- 부모훈련
- 유치원이나 보육원에서의 대응 방법에 대해 조언이나 협력
- 취학을 위해 교육상담 소개
- 보호자에게 ADHD, 정신질환 등의 합병이 있으면 정신과 소개

부모훈련(parent training)은, 발달장애아의 치료 프로그램의 효과를 높이기 위해서 부모를 보조 치료자로서 훈련시키는 것을 목적으로 해서 발전한 방법이다. 심리지도 중에 아이와의 관계법이나 행동 변화와 관련된 과제에 대해서 심리사와 부모가 의논하고, 문제를 정리하고, 우선 대응해야 할 과제를 분명히 하고, 아이의 가정 내에서의 문제행동을 줄일 목적으로 실시한다.

아이가 ADHD로 진단된 후에, 그 아이가 실마리가 되어 보호자나 형제자매에게도 '같은 증상'이 있다고 보호자가 호소하는 경우가 있다. ADHD는 가족력이 강할 수 있다. 성인 ADHD에도 약물치료나 생활상의 아이디어 등이 효과적이다. ADHD를 가진 아이에 대한 대응은, 같은 상태를 가지는 성인에게도 유용하다고 조언한다. 보호자의 구체적 대응으로, '아이의 어느 행동을 칭찬하고, 어느 행동을 무시할지 결정하고, 알기 쉬운 곳에 붙여 두어 확인하도록 한다', '아이를 칭찬해서 키우는 기술을 자신에게도 응용한다(예를 들면, 자신의 노력에 대하여 보수를 제공한다)', 그리고 '충동성을 억제하기 위해서 10을 세고 나서 꾸짖기 같은 아이디어는 쓸데없이 아이를 꾸짖는 것을 줄이는 방법이 된다' 등의 조언을 한다.

3) 유치원 입원 후 취학 전까지(4~6세)

가정의 익숙해진 장소나 환경에서 자유롭게 보내던 아이가 유치원에 입원하면, 집단행동으로부터의 일탈이 분명히 나타난다. 처음에는, 보호자가 일탈 행동에 당황하기에 유치원 교사와의 연계가 중요해진다. '다른 부모는 어떻게 보고 있는가', '선생님이 잘 대응해 주지 않는다' 등 여러 가지 고민에 대해 상담을 한다. 취학 후에 불안이 있을 경우에는, 취학할 곳의 결정에 있어 교육상담실이나 교육연구소와 연계하는 방법도 있다는 것을 제안하고 소개한다. 치료로부터 교육으로의 연계는 매우 중요하다.

3. 유치원 · 보육원[14]에 대한 지원(표 3.24)

환경적 지원을 중심으로 한 예방적 접근과 현재 생기고 있는 문제(과제로부터의 일

---

14) 보육원은 국내의 '어린이집'으로, 보모(保母)는 '보육교사'에 해당함.

표 3.24	경도발달장애를 가진 아이에 대한 치료시설에서의 대응(유치원 · 보육원에 대한 지원)

① 환경적 지원(예방적 접근) : 아이의 행동 특성에서 생길 수 있는 문제를 예측하고, 정보 제공 · 예방을 위한 환경 정비(장소 · 사람 · 과제 등)
② 현재 발생하고 있는 문제(집단으로부터 일탈, 자리이탈, 폭력)에 대응하기 위한 조언
③ 교사나 보육교사를 전속으로 배치할 수 있도록 진단서 작성(광역시도 · 시군구에 따라 대응은 다름)
④ 교사 · 보육교사 연수나 순회 상담

탈, 이석, 폭력)에 대응하기 위한 접근으로 나눌 수 있다.

치료시설의 전문 스태프에 의한 순회 상담이나, 직접 치료 스태프와 유치원 · 보육원 스태프가 연계를 취하는 등 대상아의 요구나 유치원 · 보육원 사정에 맞추어서 여러 가지 방법이 있을 수 있다. 또, 진단서나 소견서(判定書)를 작성함으로써, 교사 · 보육교사(保母)를 전속으로 배치할 수 있는 광역시도(도도부현, 都道府縣) · 시군구(시정촌, 市町村)[15]도 있다. 전속 배치로 인해 유치원 · 보육원에 인력이 제공될 수 있다. 신변자립은 되어 있어도, 교사의 지시에 따라서 행동하는 것이 서툰 아이에게 교사가 꼼꼼하게 관여함으로써 생활이나 과제를 자연스럽게 할 수 있다. 상황판단이 서툰 아이나 친구와의 다툼이 많은 아이에게 교사가 꼼꼼하게 관여함으로써 실제 유치원 · 보육원 생활 속에서 사회성 기술을 익혀 갈 수도 있다. 각각의 대응뿐만 아니라 경도발달장애의 이해를 위한 교사 · 보육교사 연수도 치료시설이 할 수 있는 역할이다.

4. 형제자매에 대한 지원

형제자매는 가족 안에서도 장애가 있는 본인과 긴 시간 마주할 가능성이 있는 존재다. 형제자매에 대한 지원은 형제자매 자신에게 유용함과 동시에, 환아(患兒)에게도 유용하다. 보호자와의 상담에서도, 형제자매에 대해서 '형제에게 손을 댈 수 없다', '형(동생) 쪽만 꾸짖는 경우가 많아진다', '형제끼리의 다툼', '형제에게 장애에 대해서 어떻게 이해시키면 좋을까' 등의 고민이 나온다. 즐거운 분위기 속에서 같

---

15) 일본의 도도부현(都道府縣)은 국내의 특별시/광역시 및 도(道)에 해당하고, 시정촌(市町村)은 시군구에 해당하는 행정구역 단위이다.

은 입장의 형제자매를 만남, 같은 입장의 형제자매와 공통의 기쁨이나 고민에 대해서 말함, 형제자매가 흔히 경험하는 상황에서 다른 형제자매는 어떻게 대처하고 있을지 아는 것 등을 목적으로 하여 또래 지원(peer support)의 장을 마련하는 것도 필요하다.

■ 森 優子

ⓒ 유아·초등학교 시기를 중심으로

1. ADHD

1) ADHD란?

1940년 이후, 심하게 자주 움직이고, 심하게 부주의하고, 충동적인 아이들은 '미세뇌손상증후군', '미소뇌기능부전', '소아기과잉행동반응', '과활동아동증후군' 등으로 불려 왔지만, DSM-IV, ICD-10에서는 주의를 집중 혹은 지속하는 것이 곤란하기 때문에 과잉행동, 충동적으로 된다는 점에서 'ADHD(주의력결핍과잉행동장애)'로 정의하였다.

최근, 증상이나 원인이 서서히 밝혀지고 있고, 유전적 요인의 가능성도 지적되고 있다. 이 질환의 병태에 대해서는, 단순히 주의 그 자체의 장애가 아니고, 다양한 부위와의 입력이나 출력의 억제나 제어에 관여하는 전전두엽(prefrontal cortex)의 장애에 의한다고 생각하게 되었다.

ADHD 증상은, 부주의와 과잉행동 그리고 충동적인 행동으로 양분된다. 발달의 관점에서 보면, ADHD를 가진 아이는 활동적이고, 산만해지기 쉽고, 충동적이고, 주위의 환경에 크게 영향을 받는 경향이 있다. 유아기 초기에는 자기중심적인 상태이며, 다른 사람을 배려한 행동, 즉 자아를 제어할 수 있게 되는 것은 통상 4세 전후에서 7세 무렵까지 걸린다. 이러한 기능발달은 여아 쪽이 더 빠르고, 남아 쪽이 늦다. 어떻든, 이러한 행동이 4세 이후에도 다른 아이들보다도 현저할 경우에는 ADHD일 가능성이 있지만, ADHD의 전형적인 패턴은 3~5세 사이에 나타난다.

표 3.25 ICD-10에서 HKD의 진단기준

주 : 과잉행동성장애의 연구용 진단에서는, 여러 가지 상황에서 광범위하게, 또한 어느 시점에서도 지속될 수 있는, 이상(異常) 수준의 부주의나 과잉행동, 그리고 침착하지 않음을 분명히 확인하는 것이 필요하다. 그리고 이것은 자폐증이나 정서장애 등과 같은 다른 장애로 인해 기인하는 것은 아니다.

G1. 부주의 : 다음의 증상 중 적어도 6개 항목이, 6개월 이상 지속되고, 그 정도가 부적응을 일으킬 만큼, 그 아동의 발달단계와 어울리지 않을 것
    (1) 학교에서의 공부 · 일 · 그 외 활동에 있어, 자세하게 주의를 기울이지 못하는 경우가 많고, 무심코 실수를 저지른다.
    (2) 작업이나 놀이 활동에서 주의집중을 유지할 수 없는 경우가 많다.
    (3) 다른 사람이 말한 것을 듣고 있지 않는 것처럼 보이는 경우가 많다.
    (4) 자주 지시에 따르지 못하고, 또는 학업 · 잡무 · 작업장에서 일을 완수하지 못한다(반항할 의도라든가 지시를 이해하지 못하기 때문이 아니다).
    (5) 과제나 작업의 정리가 서툰 경우가 많다.
    (6) 숙제처럼 정신적 노력을 필요로 하는 과제를 피하고, 매우 싫어한다.
    (7) 학교의 숙제 · 연필 · 책 · 장난감 · 도구 등, 공부나 활동에 필요한 특정 물건을 분실하는 경우가 많다.
    (8) 외부 자극에 쉽게 주의를 딴 곳으로 기울이는 경우가 많다.
    (9) 일상 활동에서 쉽게 물건을 분실한다.

G2. 과잉활동 : 다음의 증상 중 적어도 3개 항목이, 6개월 이상 지속되고, 그 정도가 부적응을 일으킬 만큼, 그 아동의 발달단계와 어울리지 않을 것
    (1) 앉아 있어도 손발을 조금씩 움직이거나, 신체를 꿈틀거리는 것이 자주 있다.
    (2) 교실 내에서, 또는 마땅히 착석해야 하는 다른 상황에서 자리를 이탈한다.
    (3) 얌전하게 있어야 할 상황에서, 심하게 뛰어다니거나 기어오르거나 한다(청년기의 사람 또는 성인이라면, 침착하지 못하는 기분을 나타내는 것뿐이지만).
    (4) 놀고 있을 때에 과도하게 떠들거나, 레저 활동에 참여하지 못하는 경우가 많다.
    (5) 과잉의 심한 동작 패턴이 특징적이고, 사회적 상황이나 요청에 의해 실제적으로 변한 경우가 없다.

G3. 충동성 : 다음의 증상 중 적어도 1개 항목이, 6개월 이상 지속되고, 그 정도가 부적응을 일으킬 만큼, 그 아동의 발달단계와 어울리지 않을 것
    (1) 질문이 끝나기도 전에, 불쑥 대답해 버리는 경우가 자주 있다.
    (2) 줄 서서 기다리거나, 게임이나 집단의 장소에서 순서를 기다리지 못하는 경우가 자주 있다.
    (3) 타인을 저지하거나 방해하는 경우가 자주 있다(예 : 타인의 대화나 게임에 끼어듦).
    (4) 사회적으로 언행을 삼가야만 하는 상황에서, 부적절한 정도로 과도하게 말한다.

G4. 발병은 7세 이전일 것

G5. 전반성 : 이 기준은 복수의 장면에서 충족될 것. 예를 들어, 부주의나 과잉활동의 조합이 가정과 학교 양쪽에서, 또는 학교와 그 이외 장면(진료실 등)에서 관찰된다. (몇몇 장면에서 보이는 증거로, 통상 복수의 정보원이 필요하다. 예를 들면, 교실 행동에 대해서는 부모의 정보만으로는 충분하지 않다.)

G6. G1~G3의 증상은, 임상적으로 분명한 고통을 일으키거나, 또는 사회적 · 학업상 · 일에서 기능장애를 일으킬 정도일 것

G7. 이 장애는 전반적 발달장애(F84-), 조증(病) 에피소드(F30-), 우울증(F32-), 또는 불안장애(F41-)의 진단 기준을 충족하지 않을 것

출처 : 中根允文 외 역, ICD-10 정신 및 행동 장애 — DRC연구용진단기준, 의학서원, 1994

표 3.26 ADHD의 진단기준(DSM – IV – TR)[16]

A. (1) 아래의 부주의 증상 중 6개(또는 그 이상)가 적어도 6개월 이상 지속된 경우가 있고, 그 정도가 부적응적이고, 발달수준에 상응하지 못한다.

(부주의)
(a) 학업, 일, 또는 다른 활동에서 세밀한 주의를 기울이지 못 한다, 또는 부주의한 실수를 한다.
(b) 과제 또는 놀이 활동에서 주의를 계속 집중하는 것이 자주 곤란하다.
(c) 타인이 말을 걸면 듣지 않는 것처럼 보인다.
(d) 자주 지시에 따르지 못 하고, 또는 학업, 용무, 또는 직장에서의 의무를 수행하지 못 한다(반항적인 행동, 또는 지시를 이해하지 못 하기 때문이 아니고).
(e) 과제나 활동을 순서를 세워 하는 것이 자주 곤란하다.
(f) (학업이나 과제 같은) 지속적인 정신적 노력을 필요로 하는 과제에 종사하는 것을 자주 피한다. 싫어한다. 또는 싫어하며 한다.
(g) 과제나 활동에 필요한 것(예 : 장난감, 학교 숙제, 연필, 책, 또는 도구)을 자주 분실한다.
(h) 자주 외부 자극에 의해 산만해진다.
(i) 자주 일상생활의 활동을 잊는다.

(2) 아래의 과잉행동성-충동성 증상 중 6개(또는 그 이상)가 적어도 6개월 이상 지속된 경우가 있고, 그 정도가 부적응적이고, 발달수준에 상응하지 못한다.

(과잉행동성)
(a) 자주 손발을 안절부절못한 듯이 움직이고, 또는 의자에서 움직인다.
(b) 교실이나, 그 외 앉아 있는 것이 요구되는 상황에서 자주 자리를 이탈한다.
(c) 불안정한 상황에서 자주 필요 없이 뛰어다니거나 높은 곳을 오른다(청년 또는 성인에서는 침착하지 않는 느낌의 자각만으로 제한될 수도 있다).
(d) 자주 조용히 놀거나 여가 활동에 임할 수 없다.
(e) 자주 '가만히 있지 않는다' 또는 마치 '모터가 달린 것처럼' 행동한다.
(f) 자주 지나치게 말을 너무 많이 한다.

(충동성)
(g) 자주 질문이 끝나기도 전에 불쑥 대답한다.
(h) 자주 순서를 지키는 것이 곤란하다.
(i) 자주 타인을 방해하고, 끼어든다(예 : 대화나 놀이에 간섭한다).

B. 과잉행동성-충동성 또는 부주의 증상의 몇몇은 7세 전에 존재하고, 장애를 일으키고 있다.

C. 이러한 증상에 의한 장애가 2가지 이상의 상황[예 : 학교(또는 직장)과 가정]에서 존재한다.

D. 사회적, 학업적, 또는 직업적 기능에 있어 임상적으로 심각한 장애가 존재한다는 분명한 증거가 존재해야만 한다.

E. 이 증상은 전반적 발달장애, 정신분열병, 또는 다른 정신병성 장애의 경과 중에만 일어나는 것이 아니고, 다른 정신질환(예 : 기분장애, 불안장애, 해리성장애, 또는 인격장애)으로 잘 설명되지 않는다.

출처 : 高橋三郎 외 역, DSM-IV-TR 정신질환의 분류와 진단 안내, 신개정판, 의학서원, 2003

---

16) 2013년 개정된 DSM-5에서는 근본적으로는 차이가 없지만 다음과 같은 몇 가지 진단기준에 변화가 있다. 즉, 1) 성인에서도 진단이 가능하도록 진단기준에 성인에서의 예를 제시하였다, 2) 여러 세팅에서 적용가능한 상황에 대한 것을 강화하였다, 3) 증상 발현이 7세 이전이어야 한다는 단서조항이 12세 이전으로 변경되었다, 4) 3개의 아형구분을 없애도 대신 구체화(specifiers)하여 명시하도록 하였다, 5) 자폐증을 공존질병으로 함께 진단할 수 있도록 하였다, 6) 성인에서 진단기준이 5개를 만족하더라도 진단할 수 있도록 완화하였다, 7) 아동기정신장애를 없애고, 대신 신경발달장애(neurodevelopmental disorders) 카테고리를 신설하여 ADHD를 그 안에 포함시켰다. 물론 진단기준의 표현에 약간의 수정이 더해진다.

영·유아기, 때로는 신생아기부터 알 수 있는 것도 있다. 그러나 여아에게 많은 과
잉행동이 없는 유형(주의력결핍장애, attention deficit disorder, ADD)은 사춘기가
될 때까지 알려지지 않는 경우도 있다.

합병하기 쉬운 증상과 질환으로는, 행동상의 문제, 야뇨, 언어발달지연, 서투름,
수면장애 등이 빈도가 높은 증상이며, 품행장애, 반항장애, 학습장애, 우울증이 빈
도가 높은 질환이다. 발병률은 2~9.5%이며, 남아의 발병률은 여아의 약 3배라고
말해진다.

ADHD는 부주의와 과잉행동/충동성이 7세 미만에서부터 존재하고, 사회적·학
업적·직업적 기능에 현저한 장애를 일으키며, 전반적 발달장애, 정신분열병, 우울
장애 등을 제외한다고 규정되어 있다(표 3.25, 3.26).[17]

2) 증상

하나에 집중하는 것이 어렵다, 주의를 기울이는 것이 어렵다, 행동하기 전에 생각
하는 것이 어렵다, 가만히 있는 것이 어렵다, 순서를 지켜 가며 일을 진행시키는 것
이 어렵다, 학교에서 학습하는 것이 어렵다 등을 들 수 있다.

3) 원인이라고 여겨지는 것

병의 원인으로는, 태생기의 신경발달의 이상으로 유전설(유전자)이 가장 유력하지
만, 기타의 요인도 관계되어 있다고 생각된다.

원인과 고려되고 있는 유전자와 관계가 있다고 여겨지는 증상을 아래에 제시했다.

- DRD4, 7 : 새로운 물건에 대한 호기심
- DAT1 : 도파민에 대한에 대한 감수성의 저하
- D2 : 충동, 보상(rewards)

---

17) ICD-10과 DSM-IV(이제는 DSM-5)에서 이 질환을 보는 관점이 다소 상이하다. 우선 병명부터 다르다.
ICD-10은 과잉행동성장애(Hyperkinetic Disorder, HKD)로 부르고, DSM-IV(DSM-5)에서는 주의력결
핍과잉행동장애(Attention Deficit Hyperactive Disorder, ADHD)로 불러 inattention을 주 증상으로 보느
냐, hyperactivity를 주 증상으로 보는가 하는 점에서 차이를 보이고 있다. 따라서 ICD-10에서는 DSM-
IV(DSM-5)에서 규정하는 주의산만형이라는 아형을 인정하고 있지 않다.

기타 원인으로서 여겨지고 있는 것은, 임신, 분만 시의 장애나 미숙아, 저체중아 (출혈), 임신 중의 담배와 알코올에 의한 발병 위험성이 2.5~5배가 된다. 그리고 3세까지의 납 섭취 등이 말해지고 있다.

4) 병의 기전(病態)

생화학적으로는, 도파민(DA)과 노르아드레날린(NE)계의 기능 저하, 해부학적으로 는 전두엽(frontal lobe) · 선조체(striatum) · 소뇌(cerebellum)의 기능 저하가 생각 되고 있다.

인지신경심리학적으로는, ① 실행기능(자신을 조절하는 능력의 장애, executive function, EF), 장기적으로 보면 자신에게 도움이 되는 행동을 하는 능력의 장 애 : 사고 실험은 건강한 발달에서는 9~14세에 성숙한다. ② 작업기억(working memory, WM)의 장애, 즉 눈앞에서 본 것, 들은 것을 과거의 경험에 비추어 대조 하는 단기기억과, 그것들의 사건과 관계가 있다고 생각되는 과거의 기억을 동시에 생각하는 공간장애. 시각계 작업기억은 시각 이미지로 2~4세에 완성, 청각계 작업 기억은 내적언어로 9~11세에 성숙한다고 생각된다. ③ 감정을 안에 숨기는 8~11 세에 성숙하는 능력의 장애, ④ 시간감각(순간 · 순간과 시간의 예측) 등의 장애가 생각된다.

5) ADHD에 대한 대응

(1) 훈련

ADHD를 가진 아이에게는, 사회생활훈련이나 '화내지 않고' 기다리는 것, 이완 (relaxation), 자기유능감의 형성 훈련도 필요하다. ADHD를 가진 아이는 타인에게 서 칭찬 받고 싶다는 마음은 많이 가지지만, 실제로는 잘 칭찬 받지 못하고, 결국 타인이 칭찬하기는커녕 화를 내는 경우가 많다. 그 결과 의욕을 상실한다. 우선 하 고자 하는 마음을 칭찬하고, 실패한 결과를 엄하게 추궁하지 않고 칭찬하는 것에서 시작한다. 평소에 아이에게 어떻게 말을 걸면 아이가 기뻐할지 말 거는 법을 찾고, 혹은 칭찬 말 10개 정도는 준비해 둔다. 일본어에서는 칭찬 말이 적기 때문에, '굉 장하다', '훌륭하다', '대단한 사람이다', '어머니는 생각해 낼 수 없었다' 등을 사용한다. 또, 일반적인 칭찬 방식보다도 그 아이의 근본적인 부분에 초점을 맞추는 쪽이 효과적인 경우가 많다. 또, 아이가 충동적이고 서투르므로 실패하는 것도 많지만, 몸으로 배우는, 다시 말해 패턴화함으로써 막을 수 있는 것도 많다. 예를 들면 우리가 차를 운전할 때에, 처음에는 음악을 들으면서 운전할 수 없지만, 시간이 지나 익숙해지면 일일이 순서를 생각하지 않고도 운전할 수 있게 된다. 이것과 동일하게, 작업기억이 부족한 ADHD를 가진 아이는 패턴화로 부담이 줄어들고, 잘할 수 있게 된다.

(2) ADHD의 심리·행동치료

영·유아기에 과잉행동 혹은 부주의를 주된 증상으로 진료를 받을 경우에 ADHD는 그렇게 많지 않다. 오히려 전반적 발달장애인 경우가 많다. 초등학교 시기 등에서 금방 화낼 경우에는 가정환경, 가족관계에 문제가 있는 경우도 많다. 예를 들면, 부모에게서 계속해서 구타당하며 계속 참기를 한 아이에게 자주 보인다. 계속해서 참고 있어서 수많은 참기가 쌓여(밖에서는 이해되지 않았던 참기의 축적) 한계가 될 때, 충동적으로 폭력적인 행동을 해 버린다. 이러한 경우에는 '3초 룰'을 이용한다. '잠시 기다려!'라는 식으로 말하여 틈을 둔다. 미리 어느 정도 기다릴 수 있을지를 정해 두어서 카드에 쓰고, 화낼 것 같아졌을 때에 카드를 보여 줘서 그 시간까지 기다리게 한다. 그 후 짜증을 해소하는 수단을 정해 두는 것도 유용하다.

ADHD는 작업기억의 장애라고 말해지는 것처럼, ADHD를 가진 아이는 무의미한 것을 잘 기억하지 못한다. 보통, 아이들이 연호 등을 기억할 때라도 청각적 암기법으로서 'い/い/く/に/つくろう鎌倉幕府'(1192년)('い'→일본어의 하나를 의미하는 〈いち〉에서 〈ち〉를 빼고 1의 의미로 사용하고 있음. 'く'는 일본어에서 9를 나타냄, 'に'는 일본어에서 2를 나타냄. 따라서 いいくには 1192라는 뜻이 됨), $\sqrt{2}=1.41421356$을 'ひと/よ/ひと/よ/に/ひと/み/ご/ろ'('ひと'→일본어의 1을 의미하는 〈ひとつ〉에서 〈ち〉를 빼고 〈ひと〉만으로 1의 의미로 사용하고 있음. 'よ'→일본어의 4를 의미하는 〈よっつ〉에서 〈っつ〉를 빼고 〈よ〉만으로 4의 의미로 사용하고 있음. 'に'→일본어의 2를 의미함. 'み'→일본어의 3을 의미하는 〈みっつ〉에서 〈っつ〉를 빼고 〈み〉만으로 3의 의미로 사용하고 있음. 'ご'→일본어의 5를 의미하는 〈こ〉를 〈ご〉로 모양을 바꾸어 5의 의미로 사용하고 있음. 'ろ'→일본어의 6을 의미하는 〈ろく〉에서 〈く〉를 빼고 〈ろ〉만으로 6의 의미로 사용하고 있음), 지금의 초등학생에서는 시각적 요소도 받아들여서 '信長, はいていたイチゴパンツ' (혼노지의 변, 1582년)['イチ/ゴ/パンツ'는 우리말로 번역하면 딸기(イチゴ) 팬티(パンツ)라는 뜻이 되나, 'イチ'→일본어의 1을 의미함. 'ゴ'→일본어의 5를 의미하는 〈コ〉를 〈ゴ〉로 모양을 바꾸어 5의 의미로 사용하고 있음. 'パンツ'는 일본어 8을 의미하는 〈ハチ〉를 발음을 비슷하게 해서 〈パンツ〉를 8의 의미로 사용하고 있음]로 사용하기도 한다. 그 결과, 단기기억으로부터 장기기억으로 직접 입력된다. ADHD를 가진 아이들이 응용을 할 수 없고, 의미 부여를 못 해도 기억은 할 수 있다. 학습 현장은 지식을 많이 늘리는 것이 주요하고, 지식의 배경까지 가르치거나 이론까지 설명할 수는 없다. 이 때문에 기억하지 않으면 안 되는 내용은 기본적으로는 필연성도 없고, 무의미한 것이 된다. ADHD를 가진 아이는 이러한 방법을 사용하여 기억할 수 없다. 그래서 ADHD를 가진 아이들에게는 기억하지 않으면 안 되는 내용에 관련된 책을 많이 읽게 하는 것이 효과적이다. 같은 내용이 여러 가지 쓰기 방식·수준으로 쓰여 있어 서서히 그 의미를 알게 된다. 그렇게 되면 다른 지식과 링크시켜 기억할 수 있게 된다. 이 외에도, 미리 텔레비전을 보거나, 풍요로운 체험을 통해, 혹은 주변의 성인이 들려주어 지식을 미리 머리에 넣고, 조금씩 흥미를 넓혀 두는 것도 효과적이다.

(3) 부모훈련의 실제

위에서 기술한 ADHD를 가진 아이의 상태는, 어머니에게 있어서 가장 받아들이기 어려운 것일지도 모른다. 가장 눈에 띄는 행동 면에서 제멋대로여서 집단행동을 할 수 없고, 그 때문에 친구도 없는, 서툰, 성인의 질서 있는 생활을 휘저어 어지럽히는, 몇 번 말해도 알지 못해서 같은 틀림을 되풀이하는, 완전히 반성이 없는, 말만 잘하는 사람이다. 게다가 이것들은 집 밖에서 용납되지 않는 상황에서 발생하는 경우가 자주 있다. 또 이것들을 정확히 잘 하지 않으면 용서하지 않는 어머니, 성인으로서의 생활이 길고 아이와의 접촉이 적은 어머니, 착한 아이에 대한 특정 이미지를 가지고 있는 어머니 등의 경우에는 특히 현저하게 대립(부정)적인 생각이 나타난다. 게다가 남편이 철이 덜 든 사람일 경우 비록 자신이 좋아하는 혹은 잘하는 분야에서 성공하고 있어도, 아이를 남편과 겹쳐 보게 된다. 집 밖에서 존경 받고, 일도 독창적이고 일류이지만, 사람에 대한 다정함이나 배려가 빠져 있는, 가정에서 일만 생각하고 일 이야기만 하는, 완전히 자신을 되돌아보지 않는, 두 사람의 중요한 약속이나 중요한 것을 조금도 지키지 않고 금방 잊어버리는 남편인 것 같을 경우, 남편에 대한 생각이 겹쳐 더욱더 아이에 대한 미움이 되고, 귀엽다고 생각하지 않고, 때로는 양육 포기 혹은 학대에 이르기도 한다. 특히 남편이 알코올 의존이거나 가정 내 폭력이 있거나 해서 금전적으로도 궁지에 몰리게 되거나 하는 상태에서는, 어머니는 우울상태가 되어 양육 곤란이 되는 경우도 자주 있다. 이러한 경우가 많이 나타나므로 아이에 대한 훈련에 더해서 잘 만들어진 부모훈련 코스를 만드는 것이 필요하다.

보호자에 대해서는, 우선 아이의 상태를 객관적 · 인지적인 측면에서 이해시키는 것부터 시작한다. 인지 문제로서 이러한 것들을 어떻게 생각할 것인가, 혹은 무엇이 늦고 있을 것인가 등이다. 그다음에 응용행동분석 혹은 인지행동치료 접근을 가르친다. 아이의 어떤 행동에 대한 부모의 행동이 아이의 나쁜 행동을 발생시키는 것은 아닌가, 올바른 혹은 해 주었으면 하는 아이의 행동을 자신이 구체적으로 이미지화할 수 있는가 아닌가를 보호자가 생각하게 한다. 또, 행동이나 인격을 부정하는 것 같은 것을 들은 아이의 기분을 아이의 입장에 서서 생각하는 훈련도 한다. 부부관계, 가족관계의 재구축도 포함시키고, 구체적인 방법에 대해서 함께 생각해 간다. 이러한 세션은, 5~10회를 기준으로 생각해서 실시한다. 효과를 그다지 얻지 못한 것 같다면 한 번 더 진단하고, 배경이 되는 문제점의 파악부터 다시 생각하지 않으면 안 된다. 배경에 가족 혹은 가족 간의 문제가 원인인 경우도 많기 때문에 의료사회복지사(medical social worker, MSW) 혹은 아동상담소의 힘을 빌리기도 한다.

6) 기타 정신질환과의 합병 가능성과 감별

발달장애라고 생각되어도, 다른 정신질환 혹은 신체질환 등으로 인해 발달장애와 같은 상태가 생기는 경우 혹은 합병하는 경우도 있다. 치료 방침이 다르기 때문에 진단은 신중하지 않으면 안 된다. 감별해야 할 대표적인 질환에 대해서 살펴보자.

(1) 피학대아증후군

영・유아기에 부모에게서 신체적・성적・정신적인 학대가 의도적으로 되풀이되고, 장기간에 걸쳐 받았을 때에, ADHD 혹은 전반적 발달장애와 동일하게 과잉행동, 충동성, 부주의, 대인관계・의사소통장애, 인지기능의 불균형 등이 생기기도 한다. 조기발견으로 학대 요인을 없애고, 심리치료 등의 조기 치료가 원칙이다. 대인관계・의사소통장애는 비교적 좋은 또는 빠른 시기에 개선되는 경우가 많지만, 인지기능의 불균형은 잔존하는 경우가 많다. ADHD 혹은 전반적 발달장애는 '키우기 어려운' 아이이며, 주위의 압력(pressure)으로 인해 어머니가 우울상태 혹은 학대에 이르는 경우도 있어 진단이 곤란한 사례도 많다.

(2) 기분장애, 양극성장애 등

ADHD의 절반 정도는 많은 질환을 합병하고 있다. 특히 양극성장애(조울증)는 주의해야 할 필요가 있다. 양극성장애의 절반 이상에서 ADHD가 나타난다. 품행장애가 있는 경우 기분장애 혹은 불안장애를 동반한다.

우울 증상이란, 의욕이나 사교성의 저하, 취미 등의 변화, 식사나 수면 패턴의 변화, 즉 활력의 저하가 일어난다. 자기 무가치감, 죽음에의 불안, 불면 등으로 능력을 발휘할 수 없다. 또 양극성장애의 경우, 부주의, 산만해지기 쉬움, 침착성이 없음, 기분이 바뀌기 쉬움, 충동적인 행동, 말이 빨라서 절박한 투로 말하는 방식, 짜증이나 기분의 바뀜 등이 나타나고, ADHD나 품행장애가 동시에 보이는 경우가 많다. 소아(小兒)에서는 불쾌함이나 화를 잘 냄이 강하고, 조증과 우울증의 반복 경향은, 성인과 달리 분명하지 않은 경우가 많다. 다시 말해, 소아의 양극성장애는 조증상태인 에너지 넘쳐 흐름, 매우 화를 잘 냄, 정신병적인 상태와 동시에 우울상태가 되기도 한다. 이러한 경우 가족의 기능을 완전히 파괴할 수도 있으며 모르고 약물중독으로 연결될 가능성도 지극히 높다.

(3) 강박신경증

소아(小兒)의 강박신경증(obsessive compulsive disorder, OCD)은, 조현병과 매우 닮아 있고, 조현병을 보이는 경우 OCD가 있고, 감별 진단을 신중하게 할 필요가 있다.

(4) 불안장애

ADHD의 증상인 과잉행동이나 부주의는 없는 경우가 많지만, 침착성이 없고, 긴장이 높고, 가슴 두근거림, 땀이 많이 남(발한) 등의 자율신경증상도 나타난다. 충동적이고 부적절한 언동(言動)으로 인해 동료로부터 멀어지는 경우도 많기 때문에, 그 후 사회성 공포가 되어 집단에 속하는 것을 무서워하고, 등교거부나 은둔형 외톨이 등의 상태가 되는 수도 많다.

(5) 신체질환

갑상선 기능항진 혹은 저하증 등의 내분비질환으로, 부주의, 충동 등의 증상이 나타나는 수가 있다.

> **칼럼**
>
> ### 메틸페니데이트(리탈린)[18]
>
> 중추신경자극제인 메틸페니데이트는 ADHD의 75%에게 효과가 있다고 하는데, 사춘기 이후는 50%로 감소한다. 청각성 작업기억(음운 파트; 제2장 칼럼, 그림 2.5 혹은 제4장 그림 4.3 참조)이 감소하는 사례를 사용하면 매우 효과 있는 약물이다. 적응 연령은 5~9세 무렵까지가 가장 바람직하다. 그 후의 9~12세 무렵은 복용으로 자신의 장애를 인정하는 것을 느껴서 자기부정으로 연관될 수 있어 복용하고 싶어 하지 않는 경우가 많다. 12세 이후에 스스로 약물 효과를 인식할 수 있는 경우에는 복용하도록 한다. 구체적 효과로는 글자를 잘 쓸 수 있음, 영어 철자를 외울 수 있음 등이 있다. 그 때문에 영어를 전혀 할 수 없었던 아이가 영어시험 1급에 합격하는 등의 개선

---

18) 메틸페니데이트의 처방 지침에서 최근에 권고되는 사항과 일부 다르게 기술된 것들에 대해 논의한다. 첫째, 약물휴일(drug holiday)을 두는 문제는 찬반양론이 있지만, 최근 두지 않는 것을 대부분 권고한다. 둘째, 심전도(EKG), 뇌파검사(EEG)는 일반적으로 사전에 실시하지 않는 것을 권고한다. 셋째, 최근 많은 국가에서 서방제(약을 복용한 후 8 · 12시간 약효가 지속하는 형태의 제형)를 1차 선택제로 권고한다. 여기에 국내에서 사용되는 것으로 메타데이트-시디(CD), 메디키넷-리타드, 컨서타의 3종이 있다. 속방형(빠르게 흡수되어 빠르게 배출되는 제형으로 약효가 4시간 정도 지속한다)으로 페니드의 1종이 발매된다. 넷째, 1일 투여량에서 최대 54mg을 제시하였지만 일반적으로 최대허용량은 1일 80mg으로 되어 있다.

이 나타난다.

그리고 효과를 실감하고 스스로 약물을 복용하게 되는 사춘기 이후는 투여량이 너무 많지 않도록 약물 관리를 잘할 수 있는 가족이 옆에 있고, 적어도 월 1회의 내원이 필요하다. 부작용으로는 식욕부진, 성장장애, 불면, 틱, 심전도 이상, 경련 유발 등이 있기 때문에, 주 1회 이상 약물 휴일(drug holiday)을 둘 것, 오후 4시 이후에 복용하지 않을 것, 성장곡선(曲線)의 기입, 채혈, 심전도, 뇌파검사 등을 미리 실시하는 것이 필요하다. 유효 시간은 약 4시간이나, 장시간의 유효시간을 가지기 위해서는 서방제도 사용한다. 1일 투여량은, 초등학생은 최대 18~28mg까지, 성인은 27~36mg 사이에서 유효한 경우가 많다. 54mg을 넘지 않도록 해야 한다. 성인이 과량투여를 한 경우에는 환각 등의 부작용이 나타나므로 투여에는 신중해야 한다.

성인에게 투여 시에 느낌을 물으면, 머릿속에서 말이 넘쳐 흐른다, 말이 많이 모아둘 수 있다, 상대의 기분을 잘 알게 된다, 길을 헤매지 않게 된다, 일이 잘된다 등의 느낌이 있다. 이러한 것들은 사무계열의 일에서 효과적일 수 있으나, 어느 분야의 전문가에게는 마이너스일지도 모른다. 그리고 리탈린 복용으로 자기중심적으로 되지 않고, 돌이킬 수 없는 과거의 일들을 생각해 내고 우울하게 되는 경우도 있다.

2. 학습장애(읽기 · 쓰기장애 : 난독증)

1) 진단기준과 질환개념

'학습장애'의 개념은 1960년대 초반에, 그때까지 '미세뇌기능장애(MBD)', '난독증(dyslexia)'의 용어를 중심으로 통일해서 만들어졌다. 이러한 아이들의 발생률은, 서구(西歐)의 여러 나라에서는 약 3~6%라고 하며, 남녀 비는 4~7:1 범위로 남아가 많다. 원인은, 어떠한 중추신경계에 원인이 있는 기능장애로 생각되고 있다. 일본에서는, 1999년의 '학습 곤란 및 이것에 유사한 학습상의 곤란을 가지는 아동/학생의 지도법에 관한 연구협력자 회의'가 문부성에 보고한 최종보고의 정의에서, '학습장애는, 기본적으로는, 전반적인 지적 발달에 지체는 없지만 듣기, 말하기, 읽기, 쓰기, 계산하기 또는 추론하기 능력 중에서 특정 능력의 습득과 사용에 현저한 곤란을 보이는 다양한 장애를 가리킨다. 학습장애는 그 원인으로서, 중추신경

계에 어떠한 기능장애가 있다고 추정되지만, 시각장애, 청각장애, 정신지체, 정서
장애 등의 상태나 가정, 학교, 지역사회 등의 환경적인 요인이 직접적인 원인이 되
는 것이 아니다'로 되어 있다. 한편 DSM-IV-TR에서는 읽기장애, 수학장애, 쓰
기표현장애, 특정불능의 학습장애를 학습장애라고 하고 있다(표 3.27~3.29).[19]
ICD-10에 의하면, 심리적 발달의 장애에 포함되는 학력(학습능력)의 특이적 발달
장애이며, 특이적 읽기장애, 특이적 철자장애(쓰기), 특이적 수학능력장애 등이 학
습장애이다.

학습과정은, 인지신경심리학적 입력, 통합, 반응, 피드백으로 나누어서 그 도식
(圖式)을 이용해서 장애 과정을 분석해 가는 것이 비교적 이해하기 쉽다. 구두 언어
에 있어서는, 소리 시스템, 의미론(意味論), 문법, 언어사용을 지배하는 규칙을 이
해하는 것이 필요하고, 쓰기에는 철자, 문법, 구두점, 화법의 지식이 필요하다. 학
습장애는 이러한 구어, 읽기 언어, 쓰기 언어, 수학을 지배하고 있는 규칙의 획득과
사용에 문제가 있다.

- 발달성 읽기장애 : 유럽과 미국에서는 유성파열음인 (b/d/g)의 식별에 있어서
  변화하는 청각적 자극(자음과 계속 모음의 연결부위의 청각정보)의 처리 과정
  에 문제가 있어 청각적 식별능력 · 청각적 기억에 문제가 있는 경우가 많고,

---

19) DSM-5 개정판에서 학습장애는 각각의 하위학습장애를 단일 진단으로 묶어 Specific Learning Disorder
로 명명하였다. 그리고 진단기준을 A. Difficulties learning and using academic skills, as indicated by the
presence of at least one of the following symptoms that have persisted for at least 6 months, despite
provision of interventions that target the difficulties: 1) Inaccurate or slow and effortful word reading,
2) Difficulty understanding the meaning of what is read, 3) Difficulties with spelling, 4) Difficulties
with written expression, 5) Difficulties mastering number sense, number facts, or calculation,
6) Difficulties with mathematical reasoning으로 제시하였다. B. The affected academic skills are
substantially and quantifiably below those expected for the individual's chronological age, based on
appropriate standardized measures, and cause significant interference with academic or occupational
performance or with activities of daily living. C. The learning difficulties begin during school-
age years but may not become fully manifest until learning demands exceed the individual's limited
capacities. D. The learning difficulties are not better accounted for by: intellectual disabilities, global
developmental delay, uncorrected visual or auditory acuity, other mental or neurological disorders,
psychosocial adversity, lack of proficiency in the language of academic instruction, or inadequate
educational instruction.

나아가 어운(語韻)의 처리에 문제가 있으면 보다 높은 차원의 언어학적인 능력을 습득할 수 없기 때문에, 의미 이해, 말하기, 읽기, 쓰기 등의 능력도 습득할 수 없게 된다. 또, 읽기장애라고 해도 소아(小兒)에 있어서는 읽기 · 쓰기 모두 획득하지 못했기 때문에, 읽기장애뿐만 아니라 쓰기장애도 동반하는 때가 많다. 유전에 대해서는 양친 혹은 형제가 읽기장애일 경우에는 34~40%의 확률로 읽기장애가 되고, 중도의 읽기쓰기장애의 88%에 가족력이 양성(陽性)이라고 이야기되고 있다. 병리학적으로는, 실비우스구(溝, Sylvian fissure)를 중심으로 이상이 있는 경우가 많고, 특히 좌반구 전방 및 후방영역의 연계장애 혹은 도(insular)의 기능장애가 추정되고 있다.

- 시각-공간인지장애 : 쓰기와 그림 그리기에 장애가 있다. 형태를 자세히 옮겨 그리는 것이 서툴고, 말의 발달은 정상이고, 계산에서는 줄(칸)이나 자릿수 정하기를 잘못하는 경우가 있다. 글자를 써도 정해진 칸 바깥에 쓰는 경우가

표 3.27	읽기장애의 진단기준(DSM - Ⅳ - TR)

A. 읽기의 정확도와 이해력에 대한 개별 실시 표준화검사에서 측정된 읽기 성취도가 그 사람의 생활연령, 측정된 지능, 연령 상응의 교육 정도에 맞추어 기대되는 것보다 매우 낮다.
B. 기준 A의 장애가 읽기능력을 필요로 하는 학업 성취나 일상 활동을 현저하게 방해한다.
C. 감각기(感覺器)의 결함이 존재하는 경우, 읽기 곤란은 보통 그것에 수반되는 것보다 과잉이다.

표 3.28	수학장애의 진단기준(DSM - Ⅳ - TR)

A. 개별 시행 표준화 검사에서 측정된 수학능력은 그 사람의 생활연령, 측정된 지능, 연령 상응의 교육 정도에 맞추어 기대되는 것보다 매우 낮다.
B. 기준 A의 장애가 수학능력을 필요로 하는 학업 성취나 일상 활동을 현저하게 방해한다.
C. 감각기의 결함이 존재하는 경우, 수학능력의 곤란은 보통 그것에 수반되는 것보다 과잉이다.

표 3.29	쓰기표현장애의 진단기준(DSM - Ⅳ - TR)

A. 개별 시행 표준화 검사(또는 쓰기능력의 기능적 평가)에서 측정된 쓰기능력이 그 사람의 생활연령, 측정된 지능, 연령 상응의 교육 정도에 맞추어 기대되는 것보다 매우 낮다.
B. 기준 A의 장애가 쓰는 것을 필요로 하는 학업 성취나 일상 활동(예 : 문법적으로 정확한 문장이나 구성된 짧은 기사를 쓰는 것)을 현저하게 방해한다.
C. 감각기의 결함이 존재하는 경우, 쓰기능력의 곤란은 보통 그것에 수반되는 것보다 과잉이다.

많고, 각각의 글자를 쓰는 것이 곤란하고, 'o와 a'와 같이 형태가 비슷한 글자를 틀린다. 단어 간의 공간은 일정하지 않고, 글자는 때로는 생략되고, 끝 부분을 제대로 쓰지 못한다. 이러한 것들이 보고 옮겨 쓰기나 청취력 테스트에서도 같이 나타난다.

학습장애를 이해하기 위해 원래 유럽과 미국에서는 난독증의 개념이 있고, 보다 일반적인 질환개념으로서의 학습장애로 발전한 것을 알지 않으면 안 된다. 한편 일본에서는 학습장애 개념의 도입부터 시작되었다. 일본에서 읽기장애(dyslexia)란 읽는 것의 문제로서 이해되어 온 것과, 읽을 것의 각 연령의 표준적 지표가 없었기 때문에, 글자를 읽지 못하는 것에서 한자를 쓸 수 없는 것까지(한자는 학년마다의 습득 목표가 정해지고 있어 초등학교 시절에 약 1,000자를 습득하는 것이 결정되어 있기 때문에 쓰기장애는 구체적 증상으로서 드러나지 않는다), 혹은 중학교 입학 후 영어의 철자를 기억할 수 없다고 해도 단순히 공부를 하지 않음으로 인한 학업부진이라고 이해되어 왔다.

2) 듣기와 읽기 문제로서의 난독증

난독증(dyslexia)에서는 단어 음(語音) 알아 듣기(음운변별), 단어 음 기억하기, 소리와 문자를 결부시키고 배경으로부터 특정한 사물(글자)의 추출이 곤란하다. 이러한 문제에 더해서, 글자를 움직임으로써 이해하는 것(필순)의 곤란함 등의 장애가 있어 글자를 그림 혹은 기호(mark)로서 파악한다. 가족에게서 같은 병 상태를 나타내는 경우가 많으나, 높은 지적 능력을 가진 사례 등에서는 10세 전후가 되면 자기 나름대로의 방법을 고안해 내어 학습상의 문제가 눈에 띄지 않게 되고, 직업에서 재능이 장애를 넘어서고, 사회 생활상 명확한 문제를 보이지 않는 경우도 많다. 그렇다고 한다면, 난독증에 대한 대응으로서는, 적절한 학습 방법을 초등학교 저학년에서 사용하는 것부터 시작하고, 직업 선택까지 사회적 지원이 중요하다. 알맞은 또는 성공한 직업으로는 사진가, 설계사, 화가, 요리사, 배우 등이 있다(뒤의 칼럼 참조).

> **칼럼** 난독증의 임상 양상

난독증인 자신을 표현한 맥켄지 소프(Mackenzie Thorpe, 영국)의 그림(크게 웃고 있는 큰 얼굴의 아이들, 그림 3.2)에서, 난독증을 가진 사람이 왜 글자를 읽는 것이 어려운지 상상할 수 있다. 그가 그린 많은 그림은, 전반적으로 평안한 인상을 주고, 배경과 주제라고 생각되는 인물이나 사물과의 경계가 명확하지 않다. 그리고 사물이나 사람이 현저하게 불균형적이고, 사지가 자세히 그려져 있지 않아 두드러지지 않는다. 때로는 배경이 주된 것이라고 생각되는 그림도 있다. 중요한 사물(문장에서는 글자에 해당한다고 생각됨)을 배경에서 추출하는 것이 어렵다고 해석할 수밖에 없다. 난독증을 가진 아이가 그린 그림은 이것과 매우 닮아 있다. 많은 아이들이 배경을 칠하고 나서 주제를 그 배경 안에 넣어 그리는 경우가 많다.

또, 필자의 클리닉을 방문한 아이들이 그린 그림(그림 3.3)을 보면, 글자를 어떻게 이해하는지 알 수 있다. 예를 들어, "병원까지 어떻게 찾아왔는지 문장으로 표현해 보렴."이라고 말하면, 필자가 말한 것을 하지 않는 것을 염려하는 것인지 문장을 쓰려고 하는지를 알 수 없지만, 대부분의 아이들은 그림이나 마크가 붙어 있는 사물의 글자(차체에 글자가 쓰여 있는 트럭, 글자가 쓰인 양복 등)나 50표음 등을 교과서에 쓰인 그대로 쓴다. 서예의 초기 단계의 글자를 쓰는 적도 있지만, 그런 경우에는 주위의 종이도 포함해서 쓴다. 그러나 "이 글자들을 읽어 보렴."이라고 하면 정확하게 읽을 수

그림 3.2 맥켄지 소프의 그림

©Mackenzie Thorpe

그림 3.3 문자를 도형으로 보고 있다

없다. 이 점에서, 글자를 도형의 일부(마크)로서 인식하는 것을 이해할 수 있다. 때때로, 글자나 기호의 구별이 안 되는 것 같은 발언이 들리기도 한다.

그리고 난독증을 가진 아이는, 쓰기 순서를 외우는 것이 어렵고, 매번 다른 쓰기 순서로 쓰는 경우가 많다. 다시 말해, 깊이가 있는 삼차원 공간에 있는 사물로서 외우게 하면 글자의 구성을 알게 된다고 한다. 따라서 예를 들면, 히라가나의 'あ'를 3개의 부분(가로, 세로, 'の' 글자 같은 부분)으로 나누고, 3개의 부분이 모여 'あ'가 구성되었다는 것을 삼차원 영상으로 보여 주는 것이다. 이러한 글자 지도 방법에 의해 글자의 구성을 알고, 글자를 외우는 지름길이 되는 경우가 있다. 단지 몇 번이고 반복해서 쓰는 것이 학습이 아니라는 것을 시사하는 증례이다.

음과 글자의 연결에 대해서는, 히라가나의 형태에 의미부여를 해서 '개미의 집'을 생각나게 하는 것 같은 교재를 만들어 음과 글자와의 연결을 배우게 하는 것이 효과적이다. 또, 타 종류의 감각을 총동원해서 배우게 하는 것도 중요하고, 문자를 입체적인 형태로 만들기, 손가락으로 접촉하기, 음(소리)으로 듣기, 눈으로 보기 등을 병용하는 방법도 효과적이다.

한자를 이해시키기 위해서는, 우선 틀을 만들고 속을 점선으로 4개의 칸으로 나누고 전체 균형을 이해시킨다. 그다음, 한자는 부분의 집합이라는 것을 이해시키기 위해, 부수(部首), 변(한자의 왼쪽에 붙는 부수), 그리고 방(한자의 오른쪽에 붙는 부수)으로 나누고, 각각의 부분에 이전에 배운 간단한 한자라고 설명하고, 각 부분마다 색깔로 나누는 것도 효과적이다.

그림 3.4 필자 등의 클리닉을 방문한 아이들이 그린 그림

문장은 문절마다 외울 수 있도록 하고, 조사에만 의미부여하지 않는 것도 중요하다. 또, 그림책이 아니고 문장을 읽게 하기 위해서는 요약을 가르치는 것은 어느 정도 지식으로서 필요하고, 후리가나[20]를 붙인 역사·위인전·성공 이야기 등을 몇 번이고 읽히는 것도 효과적이다.

때로는 문장 암기가 힘든 아이에게 ADHD에 비해 효과는 적으나, 메틸페니데이트가 유용한 경우가 있다. 학습장애에 대한 의학적 접근을 검토할 가치가 있다.

3. 전반적 발달장애(PDD, HFA와 아스퍼거장애 포함)

1) 정의와 질환개념

1956년, 아이젠버그는 이전의 캐너의 자폐증 진단기준을 표 3.30과 같이 정리하였는데, 이 진단기준은 마지막 항목을 제외하면 현재의 전반적 발달장애의 진단기준과 거의 일치한다. 전반적 발달장애는 대인적 상호반응에 있어서의 질적 장애, 의사전달의 질적 장애, 행동·흥미·활동이 한정되고 반복적인 정동(情動)적인 양식을 특징으로 하고, 3세 이전에 시작된다.

이상과 같은 진단으로 대다수가 지적장애를 가지게 되지만, 때로 명확한 지적장애를 가지지 않는 경우도 있어, 이때는 고기능 전반적 발달장애(HFPDD)라고 부르게 되었다. 이 경우, 지적 수준으로 보면 IQ가 70 이상이다. 다시 말해, 3세 정도까지 나타나고, (1) 타인과의 사회적 관계 형성의 곤란, (2) 말의 발달 지체, (3) 흥미나 관심이 좁고 특정한 것에 집착하는 것을 특징으로 하는 행동장애 자폐증 증세 중

표 3.30	자폐증(자폐성장애)

- 타인과의 정서적 접촉의 심각한 결여
- 사물을 언제나 같은 상태로 두려는 강한 욕구
- 물건에 대해 강한 관심과 물건을 능숙하게 다룸
- 말이 없든가, 있어도 반향어나 타인에게 통하지 않는 독특한 말을 만들어 내는 등, 의사소통에 도움이 되지 않는 말의 사용 방식
- 지적인 얼굴 생김, 달력 계산 등 특수한 영역에서의 우수한 능력

---

20) 한자(漢字) 옆에 있는 읽는 음을 반명(仮名)으로 단 것을 일컬음.

지적 발달의 지체를 동반하지 않는 것을 말한다. 중추신경계에 어떠한 요인에 의한 기능부전이 있다고 추정된다. 이상의 개념과 관련해서 언어발달에 현저한 지체가 없을 경우에 아스퍼거장애로 진단 받는다. 그러나 언어발달에 있어서는 이상한 초어(初語), 두 단어로 구성된 문장 사용이 늦어지는 것 등 초기 발달에 있어 주의해서 보면 문제가 드러나기도 한다.

전반적 발달장애는 광의의 자폐적인 발달장애군이며, 미국정신의학회의 진단 기준인 DSM-IV에서는 '상호적인 사회적 관계능력, 의사소통능력 등 몇 가지 영역의 발달이 심각하여 광범위한 장애 또는 정동(情動)적인 행동, 흥미 및 활동이 있음으로 특징지어진다'라고 되어 있다(표 3.2, 3.3 참조).

최근 연구에서는 우측전두엽 백질, 우(右)선조체 등의 기능저하, 대뇌반구의 기능장애(인지와 언어)와 간뇌 및 뇌간망상체를 포함하는 피질 아래의 신경신경핵의 기능장애, 전정핵을 포함하는 뇌간 및 비특이적인 시상의 장애, 혹은 해마·편도핵·소뇌를 포함하는 신경핵의 미세한 장애 등이 생각되고 있다. 또, 인지심리학적으로는 '마음이론', 실행기능의 장애, 언어성 단기기억의 장애, 감정읽기장애 가설 등이 생각되고 있다.

또, 말더듬, 등교 거부, 가정 내 폭력, 탈모증, 섭식장애, 기분장애, 조현병, 틱장애 등 여러 가지 정신장애의 합병이 있다. 증상으로는, 유아기의 과잉행동과 충동, 초등학교 시기 이후의 부주의, 공황, 운동의 서투름 등에서 ADHD와 유사한 점도 많지만, 병의 상태가 다르고 대응도 다르다. 또한 메틸페니데이트에 대한 반응도 다르다.

2) 과잉행동과 충동성

(1) 임상 양상

ADHD는 물론 전반적 발달장애에서도 과잉행동과 충동성은 나타날 수 있기 때문에 때로는 잘못된 진단과 대응이 행해지는 경우가 있다. ADHD의 경우에는, 주위에 주의를 기울일 여유가 없고, 다른 사람이 자신과 같은 생각을 가지거나, 혹은 말하지 않아도 안다고 생각해 버린다. 그 결과, 상황에 어울리지 않는 자신의 '감정'을 직접적으로 분출시키는 자기중심적인 행동을 취해 버린다.

　전반적 발달장애의 경우에는 말로 설명하는 것이 아니고, 눈에 보이는 사항에서 어떤 부분적인 요소에 주목하고, 시각적(플래시백적인)²¹⁾ 기억에 의해 촉발되어, 불안·공포적인 감정과 관련되어 과잉행동이나 충동적인 행동이 되고, 그 결과 자해 혹은 타해 행동 등을 취한다. 자신이 억제하려고 할 경우에는, 주위와의 관계를 끊는 것이 가장 효과적이라는 점에서 때로는 과잉집중, 소위 '집착'으로 드러나기도 한다. 그 때문에 원인과 행동과의 관계가 주위에서는 이해하기 어렵고, 본인 자신도 설명할 수 없는 경우가 많다.

(2) 대응

ADHD의 경우에는, 상황을 생각하는 여유가 없어지는 것과 과거의 계속적인 상황이 관련되어 있으므로 주위의 사람이 ADHD가 행동하기 전에 조금 기다리는 시간을 가지도록 유도해서, ADHD의 행동이 돌발적이지 않은 상황을 자주 만들어 주면, 주위의 그러한 행동이 ADHD의 행동에 영향을 미치는 것을 이해할 수 있다. ADHD의 경우에는, 칭찬 받는 일이 적고, 칭찬 받음으로써 행동이 현저하게 개선되는 경우가 많다. 스티커, 메달 등을 이용해서 포인트 제도를 이용하는 것이 현저한 효과를 보이는 수가 있다. 잘 잊어버리는 것으로 가정에서 설명 없이 행동의 결과만으로 폭력 혹은 학대를 받는 일도 있어서 가족 기능의 개선을 위해서 부모에게 카운슬링을 하는 것이 중요하다.

　전반적 발달장애의 경우에는 주위의 상황, 선행 요인, 행동 패턴, 결과, 반응으로 나누어서 주위의 관계자가 이해하도록 하면 대응도 스스로 잘하게 된다. 지적 수준이 높은 경우에는, 침착해지고 나서 분석을 시키면 본인도 이해하고 스스로 대응을 터득할 수 있게 되는 경우도 많다. 메틸페니데이트의 유효성에 관해서는, 유아기 후기에 행동 억제는 ADHD에 비하여 전반적 발달장애는 양적으로 적어도 같은 효과를 얻을 수 있으나, 때로는 동일성 고집이 강해지기도 하므로 주의할 필요가 있다.

---

21) 플래시백(flashback)이란, 불수의적(자신의 의지와 관계없이)으로 반복되는 기억으로 과거의 경험 혹은 경험의 일부를 갑작스럽게, 자기도 모르게, 때로 매우 강력하게 재경험하는 현상이다. 흔히 외상후스트레스장애(PTSD)를 앓는 환자, LSD와 같은 환각제 복용 후에 종종 관찰된다.

3) 부주의

(1) 임상 양상

ADHD의 부주의는 자극하는 혹은 흥미를 가지고 있는 물건이 많을 경우 주위의 상황에 의해 변화되고, 주의를 여기저기로 흩트리는 주의분산, 과잉행동과 행동의 충동성이 결부된 주의력결핍에 의한 증상이다. 전반적 발달장애의 경우 주의 이전의 단계의 문제로서 신체지각장애로 인해 말초부분의 지각이 의식되지 않거나, 실행기능장애가 있어 행위의 결과에 의식이 미치지 못하거나 한다. 부주의는 장면이나 장소가 변화되는 것에 따른 의식의 연속성의 장애이며, 그 때문에 단기기억이나 기억의 유지에 장애가 생기는 주의전환장애이다. 때로는 주위에서 벗어나기 위해 자신의 세계(판타지)로 도망쳐 들어가 버리기도 한다.

(2) 대응

ADHD의 경우에는, 주위의 자극을 될 수 있는 한 조금이라도 줄이는 교실의 구조와 좌석 배치 등을 정하고, 항상 지금 무엇을 하고 있는지를, 주의를 환기하면서 보여 주는 것이 필요하다.

전반적 발달장애의 경우에는, 미리 어떤 것을 어떻게 할지를 정해진 장소에 시간, 장소, 차례를 시각적으로 보여 준다(구조화). 때때로 신체지각을 재인식시키기 위해서 가볍게 손발을 움직이게 하는 것이 효과적이기도 하다. 행동의 결과를 의식하지 않기 때문에, 주의를 집중할 수 없을 경우에는 단기적이고 단계적인 행동 목표를 구체적으로 설정한다. 주위와 격리하기 위하여 자신의 세계에 빠져 있을 경우에는, 수업시간에 하면 안 되는 것을 가르쳐 주고, 휴식시간에 하도록 지시를 내린다. 금지나 비난적인 말에 대해 과민한 때가 많으므로 될 수 있는 한 긍정적인, 인정해 주는 것 같은 말을 사용하여 주의를 주는 것도 중요하다.

4) 공황발작(패닉)

자신의 행동이나 의도, 세계를 방해 받으면 혼란스러워하기 쉽고, 짜증을 내거나 공황상태에 빠지기도 한다.

ADHD의 경우에는, 주위와 관계없이 자신의 '감정'을 직설적으로 분출하고, 또 정보를 잘못 읽었을 때에도 혼란스러워한다. 또는 그때까지의 습관으로 인해 상대에게 자신을 표현할 수 없는 채로 '인내'를 계속하다가, 결국 참을 수 없게 되기도 한다.

전반적 발달장애에서는 지각이나 인지의 왜곡으로 의해 사물의 요소에 순간적으로 반응해 버리는 일이 있고, 일상적으로 많은 것은, 급한 예정 변경이나 예상 외의 일에 대응할 수 없어 짜증이나 공황발작[패닉(panic)]을 일으키는 것이다. 요컨대 상황판단, 어떤 것에 관해서 집착을 가지는 것과 관계되어 있다.

5) 서투름

서투름은 전반적 발달장애와 ADHD에서 나타나지만, ADHD의 경우에는 부주의와 입체지각인지의 장애이며, 연습 효과는 그다지 오르지 않는다. 전반적 발달장애의 경우에는 신체지각과 운동계획의 장애와 관계되어 있다. 미리 운동 프로그램을 철저히 가르치면, 할 수 없었던 것을 갑자기 능숙하게 할 수 있게 되는 일도 많다. 다시 말해, ADHD의 경우에는 주의가 구석구석까지 미치지 않는 것과 주위 상황 등을 기억하고 과거의 기억으로부터 재현(회상)하고, 몸으로 기억해 두는 것 모두의 장애와 관계된다. 전반적 발달장애의 경우에는 신체지각의 과민 혹은 둔감이 있어, 운동을 할 때에 신체 전체를 어떻게 움직이면 좋은지를 인지할 수 없어 문제가 있다. 또, 어떤 차례로, 어느 부분을 움직이면 좋은지를 모른다. 다시 말해 부분으로부터 전체를 조립할 수 없어 문제가 되며, 조립 방법, 다시 말해 방략을 기억하면, 응용은 할 수 없더라도 같은 운동은 능숙하게 할 수 있다.

6) 정신질환과의 감별

전반적 발달장애의 경우에는, 대인관계 및 의사소통장애 등을 포함시킨 인지 왜곡에 관련된 사회생활상, 생육상의 여러 가지 문제가 생긴다. PTSD와 유사한 플래시백적인 독특한 기억 메커니즘에 더해, 취약성이 관련되어서 정신질환과 유사한 상태 또는 정신질환 발병 위험성도 높다. 합병하는 또는 감별을 필요로 하는 정신질환으로는 아래 내용을 고려할 필요가 있다.

(1) 인격장애

적개심, 반항심, 대항 의식 때문에 위험, 자기과시, 타인의 불행을 사는 보람이라고 여기고 있는 것 같다. 그 때문에 소아의 도전적 반항성장애와 유사하다. 행동이 폭력을 동반하는 (경범죄 등의) 경우는 품행장애가 된다. 한편, ADHD의 경우 성인이 되면 반사회적 인격에 이르는 위험성이 지적되고 있다.

(2) 조현병(정신분열병)[22]

자폐증은 성인 조현병의 최조기형(最早期型)으로 생각되기도 하나, 실제는 다른 질환이다. 그러나 집착, 불안 등으로부터 상황에 따라 환각, 망상의 증상이 나타나기도 하며, 조현병으로 치료 받는 증례도 있다.

주된 차이점으로 발병 연령이 있는데, 자폐증은 3세 미만에 발병하고, 조현병은 15세 무렵에서 발병 빈도가 증가하기 시작한다. 성차는, 자폐증은 4 : 1 정도로 남자가 많고, 조현병은 남녀 비율이 같다. 지적·인지능력에 있어서는, 자폐증은 어려서부터 지체 또는 특유의 불균형이 나타나나, 조현병에서 이러한 소견은 발병하고 나서 나타나고, 환자의 경과와 상관한다. 환각·망각에 있어서도, 자폐증에서는 특정 상대가 있으나 조현병에서는 특정할 수 없는 경우가 많다.

두 질환 모두 경과 중에는 같은 증상이 나타나기도 하고 소아기부터의 생육력·병력이 중요하다. 물론 전반적 발달장애(자폐증)의 취약성은 무시할 수 없기 때문에, 자폐증이 조현병으로 이행하는 위험성은 높다고 말할 수 있다.

(3) 경계성 인격장애

자기 자신을 사회의 일원으로서 현실 그대로 파악할 수 없기 때문에, 주위와 원만한 관계를 만들어 갈 수 없다. 감정이 불안정해서 자주 엉뚱한 행동을 보이지만, 주위 사람은 이유를 모른다. 기분이 심한 우울상태에서 그다음 순간에는 공격적이고

---

22) 역사적으로 정신분열병은 조기치매(dementia praecox)로 부르기도 하였다. 자폐증은 과거 영·유아기치매 (dementia infantilis; Heller, 1908), 아동기치매(dementia praecocissima; DeSantis, 1906)라는 개념으로 소개되기도 하였다. 조현병(調弦病)은 영어의 schizophrenia의 국내 번역 용어이고, 예전에 정신분별증 혹은 정신분열병으로 번역되어 사용되었다. 일본에서는 과거 정신분열증으로 번역 사용되다가 최근 통합실조증 (統合失調症)으로 명칭을 변경하였다.

> ### 칼럼 | 비언어성 학습장애(Nonverbal Learning Disorder, NLD)란?
>
> 현재 의학적 진단기준은 없으나, 언어적·지적 능력과 비교해서 비언어적 지적 능력, 주로 시각적 인지와 관련해서 장애가 있는 경우를 말한다. 웩슬러지능검사(WISC-III 등)에서는 동작성이라고 말하는 부분에 해당된다. 이것들은 마음 혹은 정신과 관련된 장애로서, 대인관계, 의사소통 문제 등이 중요하다. 즉, 주로 비언어적 지적 능력에서 장애가 있는 경우를 말하고, 후자를 포함한 경우에는 넓은 의미가 되고, 전반적 발달 장애와 거의 같은 의미로 사용되고 있다. 가장 높은 마음의 작용으로서, 타인과의 사회적 거리를 적당히 유지하고, 상대의 마음 상황을 살펴보거나 할 때에 필요한 인지능력으로, 타인이 느끼는 방식이나 사고를 이해함, 연령·권위·서열 등을 이해함, 창피함이나 주위 상황을 이해함, 상대의 의도를 읽어 냄 등을 들 수 있다.
>
> 이러한 것과 관련해서, 그 장소에 있지 않은 사람을 묘사하는 것이 진단상 효과적이다. 이것은 대상물을 어떻게 파악하는가, 자신 또는 사람의 신체에 관해 어떻게 느끼는가, 표현, 즉 출력계(出力系)에 문제가 없는가 등의 신체상(body-image)의 문제를 볼 수 있다.

적개에 찬 마음을 노골적으로 표현하거나, 행복의 절정에 있거나 하는 극단에서 극단으로 흔들리며 움직이며, 행동을 예측할 수 없다. 자해행위도 자주 하고, 비판적이고 단정적이며, 주위 사람을 악인과 성인의 두 종류로 분류한다. 사춘기에 있어서는 고기능 전반적 발달장애(아스퍼거장애)에서 나타나기도 한다.

ADHD에 있어서, 같은 증상이 나타나기는 하나 주위의 영향을 받는 것은 그다지 심하지 않다. 자해행동은 드물지만, 주위 상황이나 상대의 기분을 배려하는 것이 서투르다.

7) 전반적 발달장애가 의심되는 경우

전반적 발달장애는 직접 관계가 없다고 생각되는 다양한 증상의 조합이며, 어떠한 신경전달물질이 관여한 계통적인 인지 시스템의 장애일 것으로 생각된다. 소아에 있어서 발달에 관한 다양한 장애는 특이적인 방략에 의해 극복할 수 있지만, 최후에 문제로 남는 것이 표상기능 혹은 개념이다. 자폐증의 인지장애에서는, 어느 것이 중요한지 알 수 없고, 부분으로부터 조립된 전체를 알 수 없고, 말의 의미 이해가 나쁜 것 등이 사회생활의 문제로서 나타난다.

이러한 사항을 진찰실에서 분별하기 위해서는 우선 진찰실에서 "아빠는 어떤 사람이니?"라고 물어본다. 그러면 아버지의 성격을 대답하지 않고, 일의 지위나 이름을 말하는 아이가 있다. '어떤 사람?'이라고 묻는 의미를 모르는 것이다. '코 테스트'도 유효하다. 진찰실에 있는 각각의 사람에 대해 코를 가리키며 "이것은 누구?"라고 물어본다. 2명 정도를 차례로 지명하고, 지명당한 사람은 이름을 말한다. 다음에 아이의 코를 가리키며 "이것은?"이라고 물으면 '코'라고 한다. 이것은 대답으로서는 옳지만, 문맥에서 보자면 '누구누구'라고 말하지 않으면 안 된다. 문맥을 모르면 이렇게 대답해 버린다. 또 "한쪽 발로만 서 주세요."라고 말하면서 일부러 손을 들어서 좌우로 흔들거나 하면, 아이는 '한쪽 발로 선다'라고 하는 말의 의미를 몰라서 손의 움직임 쪽을 흉내 낸다. 말의 의미에 대한 이해가 나쁘므로, 시각적으로 상대의 흉내를 하면 좋다고 생각한다. 이처럼 상대의 의도 이해, 말의 의미 이해 등에 문제가 있다는 것을 알 수 있다. 다시 말해 하나의 단어에 어떤 물건이나 표면적 현상을 맞추어 넣으므로 개념적으로 말을 사용할 수 없고, 어려운 말을 사용하게 된다. 개념적인 말을 모른다는 것은, 예를 들면 '병에 걸렸기 때문에, 바로 학교에 가는 것이 아니므로, 천천히 해 주세요'라고 설명해서는 안 된다. '천천히는 어느 정도의 빠름입니까, 예를 들면 보통, 급행, 특급의 어느 것입니까'라는 말을 듣게 된다. 천천히는 속도에 사용하는 말이기 때문에 모른다는 것이다.

비유도 이해하기 힘들다. 죽는다는 의미인 '목을 맨다'는 알아도, 배짱이 있다는 의미의 '배를 묶는다'는 모른다. '배를 묶는 것처럼'이라고 말하면, 정말로 끈으로 배를 묶어 버린다.

이러한 점에서 생각해 보면, 아스퍼거장애는 언제나 정확하게 진단되고 있는 것은 아니다. 전문가들 사이에서도 아스퍼거장애의 개념은 그다지 자리 잡지 못했을 뿐만 아니라, 학습상의 문제나 부주의나 과잉행동성 등의 부분이 미묘한 사회성이나 의사소통의 문제 등으로 나타나 진료 받는 경우도 많기 때문에 눈에 띄기 어렵고,

학습장애나 ADHD 등으로 진단되는 일도 적지 않다. '동일성 고집'이 두드러지기 때문에 강박성장애로서 치료되는 일도 있다. 성인기가 되어서 비로소 진단이 내려지는 경우도 적지 않다. 아스퍼거장애를 가진 많은 사람들이 전문의의 진료를 받지만, '분열형 인격장애', '단순형 정신분열증', '은둔형 외톨이' 등의 진단이 붙기도 한다.

8) 아스퍼거장애의 특징적인 증상과 구체적 대응

(1) 대인관계(사회성)의 문제

① 놀이

유아기에는, 혼자 비디오나 DVD 등의 이야기를 연기하고 있다. 길을 달리고 있는 자동차(세로로 자동차 나열), 여러 가지 길의 교차, 차를 가로로 나열(차고), 캐릭터 혹은 영웅 이야기의 대사 말하기, 유치원이나 보육원에서의 행사 재현 등의 단독놀이가 중심이 된다. 어른이나 본인보다 나이가 많은 아이가 참가하여, 자신의 놀이가 확대되거나, 혹은 타인이 들어오면 재미있다는 생각이 들도록 논다. 그렇게 함으로써 사람과의 관계를 맺는 즐거움을 배우기 시작한다.

② 사회생활에서의 암묵적인 규칙

사람을 대하는 규칙을 모르고 순진하게 주위 사람에 대하여 민폐를 끼치는 일을 하는 경우가 있다. 예를 들면, 나이 많은 선생님을 향해서 "할머니 선생님 안녕하십니까", 머리카락이 적은 사람에게 "왜 대머리야"라고 말해 버리는 식으로 그 말이 상대에게 어떠한 영향을 줄지, 어떤 기분을 가지는지를 고려할 수 없는 경우가 많다. 악의가 없고, 정직은 하지만, 사회생활의 암묵적인 규칙을 모르기 때문에 다른 아이들이 싫어하거나 괴롭힘을 당하는 일도 많다. 암묵적인 규칙을 모르므로, 상황에 따라 어떻게 말해야 할지 가르쳐 주면 좋고, 왜 모르는지를 알아내려고 하는 것은 의미가 없다.

③ 같은 연령의 아이와 파장이 맞지 않음

유아기의 단독놀이 중심에서, 요구의 말, 그 이후 대화의 단계에 이르면 다른 아이에게 관심을 가지게 된다. 단지 같은 연령의 아이는, 제멋대로여서 자기 일을 기다려 주지도 않고, 배려해 주지도 않으므로 자신보다 나이가 많은 아이에게 리드되

칼럼 **자폐증과 아스퍼거장애의 차이**

기본적으로는 명확한 언어장애 혹은 지체가 없을 경우가 아스퍼거장애이며, 감각과민도 특징적인 증상인 경우가 많다. 귀를 막음, 눈을 덮음, 편식, 신체 접촉을 싫어함, 옷이나 양말을 벗고 싶어 함과 같은 감각과민은 자주 나타난다. 이러한 것으로 인해 주위에서는, 기묘한, 독특한, 취급하기 어려운 등의 평가가 내려지지만, 본인은 알아차리지 못 하는 때가 많기 때문에, 주위 사람과 다툼이 생기고, 때로는 집단 괴롭힘으로 발전하고, 주위 사람으로부터 고립(은둔형 외톨이, 자폐)이라는 상태에 빠지는 것도 드문 일이 아니다. 한편, 신체감각 둔감(아파해야 할 맹장의 아픔도 느끼지 않아서 어쩐지 기분이 좋지 않아서 알고 봤더니 뱃속에서 완전히 파열되는 등)도 있기 때문에 과민한 감각에 지나치게 집중하는 혹은 자기방어를 위해서 자폐의 상태가 된다고도 생각된다.

윙 등이 제안해 영국을 중심으로 유럽에서 주로 사용되고 있는 아스퍼거장애의 개념이, 국제적인 진단기준(ICD)으로 정의되고 있는 아스퍼거장애의 개념(자폐스펙트럼)이다. 일본이나 미국에서는 DSM-IV를 이용하는 전문가가 많다. 아스퍼거장애군은 인지·언어발달의 지체가 없고, 의사소통의 장애가 없고, 사회성의 장애와 동일성 고집이 있는 것으로 정의된다. 한편, 윙에 따르면 아스퍼거장애도 위에서 기술한 3가지 장애가 있는 것으로 정의하므로, 당연히 의사소통의 장애도 같이 가진다. 이러한 이유에서, 같은 아이에게 국제적인 진단기준을 적용하면 자폐증, 윙의 기준으로 생각하면 아스퍼거장애가 되는 일도 적지 않다. 어떤 클리닉에서는 아스퍼거장애, 다른 병원에서는 자폐증이라고 진단되는 일이 있을 수 있다.[23]

---

23) 정신질환의 진단분류는 2가지 체계가 존재한다. 하나는 유엔산하 세계보건기구(WHO)가 제정하여 전 세계에서 정신질환은 물론 모든 질병 상태를 함께 포함하여 분류하는 체계인 국제질병분류(International Classification of Diseases, ICD) 체계이다. 이 분류체계 속에 정신질환이 일부 항목으로 분류되어 있다. 다른 하나는 미국정신의학회(APA)에서 별도로 정신질환만을 분류하는 데 사용하는 정신질환의 진단 및 통계편람(Diagnostic and Statistical Manual of Mental Disorders, DSM)이다. 현재 ICD는 1992년 제10차 개정판(ICD-10), DSM은 4차 개정판(DSM-IV)이 1994년 발간되었고, 2013년 5월 DSM-5가 발간되었다. 최근 발간된 DSM-5에서는 과거 PDD 전체를 자폐스펙트럼장애로 명칭을 변경하면서 레트장애를 이 진단에서 빼 버렸고, 자폐장애와 아스퍼거장애의 구분을 없애 버렸다.

어서 놀거나, 자기보다 나이가 적은 아이에게 지시해서 노는 것을 좋아한다. 놀이도 자신의 규칙으로 놀이를 진행시켜 간다. 타인과의 놀이를 끝내고 싶어 하는 것도 하나의 특징으로, 친구의 기분이나 상황을 고려하는 것이 곤란해서 같은 패턴으로 놀기 때문에 친구는 질려서 점차 함께 놀지 않게 되거나, 멋대로 규칙을 바꾸어 버리거나 한다. 그러면 자신의 생각대로 움직여 주지 않기 때문에 짜증을 내거나(수정 전 : 일으키거나), 단독놀이로 되돌아가기도 한다. 친구와 놀기 시작하던 아이가 단독놀이로 되돌아올 때는 퇴행이 아니고, 그렇게 하는 수밖에 없는 것이라고 이해할 필요가 있다. 초등학교 시기의 아이가 게임에 빠져 버리는 것도 완전히 같은 것이다. 게임밖에 도망갈 장소가 없는 아이에게 게임을 못하게 하는 것보다는 어떤 놀이를 할 수 있는지, 어떻게 시간을 사용할지를 함께 생각해야 한다.

④ 지나치게 적극적인 것도 있음

친하지 않는데도 밀착하거나, 모르는 사람에게 말을 걸거나, 상대에 따라 거리감을 바꾸는 것이 서투르다. 상대가 싫어하고 있을지도 모른다는 것, 무엇인가 나쁜 일을 계획하고 있을지도 모른다고 하는 것에 무심하다. 말을 걸 때에, 장소에 따라 좋은 곳과 나쁜 곳을 정한다. 이야기를 해도 좋습니까, 바쁩니까 등의 구절(phrase)을 사용하는 것이나, 가족과의 거리, 손과 손과의 거리, 그 외에 손에서 어깨까지의 거리를, 적절한 거리로 잡는 방법을 구체적으로 가르쳐 주는 것도 중요하다. 또, 이야기의 내용에 대해서도 자신이 흥미가 있음을 일방적으로 이야기하는 때가 많다. 사람에게 말을 걸어도 그다지 문제가 없는 화제에 대해서 가르쳐 줄 필요가 있다.

(2) 의사소통의 장애

① 이상한 말하기 방식

이야기하는 방식이 조금 이상한 것도 대인관계를 어렵게 하는 요인이다. 말이 너무 많은, 이야기의 내용이 자주 바뀌는, 빙빙 돌려 말하는, 세세한 부분에 집착하는 등의 특징이 있다. 타인이 말을 걸었을 때에는, 일일이 성실하게 대답하지 않고 기분을 이해해서 이야기에 맞장구를 치는 태도가 중요하다. 그 외에 대화의 주고받기가 너무나도 길지 않다, 그 자리에서 무엇이 화제가 되고 있는 것인가, 말 속에 숨은 의미를 짐작하는 것이 서투르거나, 비유나 빈정거림, 애매모호하게 말하면 의미를 알 수 없다. 어떠한 것을, 무슨 의미에서, 어떤 대답을 생각해서 질문을 하고 있는지를 알 수 있도록 대화를 진행해 나갈 필요가 있다. 그 외에도, 상대에 따라 말하는 방식을 바꾸는 것이 어렵기 때문에 어른스러운 어려운 말, 장소에 어울리지 않는 존대어를 사용하는 경우가 있다. 말의 의미를 상황에 따라서 가려서 쓰는 것도 서툴러서, 장면마다 말 가려 쓰기를 나름대로 잘하기 위해 결국 이러한 어른스럽게 말하는 방식을 사용한다는 것도 이해할 필요가 있다.

② 잘못된 말하기 방식

조사가 여기저기 빠지거나 부정확한 사용 방식이거나, 수동문장을 이해하지 못해 혼란스러워하거나, '거기, 여기', '받다, 주다', '가다, 오다' 등 시점의 차이로 다른 표현을 착각하는 경향이 있다. 상대와의 위치 관계, 방향성의 이해가 곤란해서 제스처를 정해 두고 방향성을 기억시키는 것도 효과적이다.

③ 계속 말함

작은 목소리로 혼잣말을 하거나, 생각하고 있는 것을 소리를 내어 말하는 경우가 있다. 또 상대가 말한 것을 작은 소리로 되풀이한 후에 대답을 하는 사람도 있다. 이해하기 힘든 말을 함, 말을 더듬거림, 시시한 익살을 좋아함, 대화의 내용보다도 '음성' 쪽에 관심이 있어서 멋대로 말 맞추기의 시시한 익살을 말하는 사람도 있다. 사고를 언어화해서 머릿속에서 퇴고(推敲)해 가는 것이 가장 서투르다. 말하지 않고 맞장구치면서 들어 주는 것이나, 그림으로 그려서 말의 사고를 보충하는 훈련도 효과적이다.

(3) 상상력의 장애

① 놀이 : 고집과 자신의 세계

중도(重度)자폐증에서는, 몸을 앞뒤로 흔드는 행동(rocking), 흥분했을 때에 점프를 되풀이하는 행동, 손을 팔랑팔랑 눈앞에 대는 행동 등이 나타난다고 잘 알려져 있으나, 이러한 행동은 평소에는 두드러지지 않는다. 그러나 유아기, 시험 전 등의 스트레스 상황이나 남의 눈이 없는 곳에서 늘 하던 상동행동이 나타나는 경우가 있다.

> **칼럼** 전반적 발달장애의 인지장애 가설
>
> 전반적 발달장애의 인지장애에 대해서 현재까지 여러 가지 가설이 있다. 신경심리학적 관점에서의 주의, 작업기억 등에 더해 실행기능의 장애, 그 결과로서 프로그래밍의 장애 등이 생각되어 왔다. 그 외, 최근 본질적인 문제로서 생각되고 있는 것으로, '마음이론', 거울세포(mirror neuron) 장애설 등이 있다.
>
> ① 어디가 중요한지 모른다(Frith, 1989), 주의 장애 : 선택적 주의(Ornit, 1992), 유연성(Pasculvaca, 1998), 전체를 파악할 수 없다(Mottron & Belleville, 1993).
>
> 상황판단을 하는 것이 곤란하기 때문에 소위 분위기를 읽을 수 없는 상태라고 말할 수 있다. 상대의 주의, 전체로 사물을 이해한다, 분위기의 흐름을 이해하는 것(문맥) 등에 장애가 있다.
>
> ② 실행기능 장애 : 계획의 장애(齊藤, 1999)
>
> 일을 하는 과정을 머릿속에서 계획해서 수행하는 능력. 앞을 읽을 수 없다 또는 앞이 보이지만 지금 어찌해야 좋을지 모른다 등의 표현과 일치한다.
>
> ③ '마음이론' 장애설 : '마음이론'의 지체(Frith, 2001, 2002)
>
> 다른 사람이 무엇을 생각하고 있는가의 이해, 다른 사람의 의도나 신념의 파악이 어렵다. 즉 남의 입장에서 생각하는 것이 어려워 샐리 · 앤 과제 등과 같이 마치 관객으로서 무대를 보고 있는 것 같은 상황판단을 한다. 다시 말해, 무대의 배우의 입장이 되지 못하는 것 같다.
>
> ④ 거울세포 장애설(Rizzolatti et al, 2004)
>
> 타인의 동작을 보고 있을 때에 '거울'과 같이 같은 반응을 하는 신경세포로, 의미가 있는 복잡한 동작을 관찰하고 있을 때에 주로 활성화한다. 의사소통의 송신자와 수신자 사이를 잇는 기능이 있다. 상대의 동작의 의미를 이해하고, 이 이해에 근거해서 그때 실행해야 할 적절한 반응을 형성한다. 표정에 의한 의사소통의 해석이나, 표현이나, 언어적 제스처(예 : 수화)의 이해와 표현에 관여하고 있으며, 동작을 인식하는 메커니즘은 언어발달의 일부분을 담당한다. 의도를 감지한다는 의미로, 무의식적 · 자동적으로 다른 사람에 공감하는 신경세포라고 말할 수 있다.

감각놀이 · 가상놀이가 적고, 융통성을 발휘하지 못하는 형태로 상동행동이 나타난다. 장난감을 핥음, 세탁기 · 환풍기 · 선풍기의 회전, 자동차 타이어나 마크, 모빌이나 바람에 흔들리는 나뭇잎을 몇 시간이나 바라보며 웃는 행동이 나타난다. 또는 특정 비디오의 같은 구간을 되풀이해서 보거나, 다른 놀이에는 눈도 주지 않고 비디오 게임에만 열중하고, 전략서적 등으로 완전히 비법 등을 마스터하는 등도 일종의 '동일성 고집'으로 간주된다. 소꿉놀이나 가상놀이가 적은 것도 특징이다. 가상놀이에는 자신이 만약 ○○이라고 생각하려면 생각하기 위한 상상력이 필요하고, 소꿉놀이에서는 상대에 맞추어 유연하게 놀이 스토리를 바꾸어 가는 것이 요구된다. 상대가 있는 놀이에서는 상대의 행동은 예측할 수 없고, 예상 외의 일이 일어나기 때문에 즐겁다고 말할 수 있다. 그러나 유연성이 모자라기 때문에 예상 외의 사태를 싫어하고, 여러 명의 아이를 상대로 하는 소꿉놀이를 피한다. 자신이 본 스토리의 시나리오로 놀 수는 있지만, 이것이 소꿉놀이가 아닌 것에 주의할 필요가 있다. 다시 말해, 흉내 내기 놀이이며, 혼자 노는 경우가 많거나 놀이의 내용이 반복적으로 나타나고 텔레비전의 장면 등이 카피(copy)되고 있는 것이 다른 많은 아이들과 다른 점이다. 실제로 텔레비전 애니메이션의 주인공으로 '완전히 되어' 버리는 아이도 적지 않다. 단지 상대에 따라서 스토리를 유연하게 바꾸는 것이 서툴러서, 혼자서 텔레비전의 장면을 재현하는 것 같은 놀이를 하게 된다. 텔레비전 프로그램에서는 의학물 등의 다큐멘터리 프로그램, 분위기가 소란스러운 종류의 버라이어티 프로그램 등을 좋아한다. 읽을거리로는 도감이나 사전 등을 좋아하는 경우가 많지만, 초등학교 고학년이 되면 역사, SF, 의학물, 형사물 등도 좋아하게 된다. 나이가 더 많아져도, 인간관계 심리의 줄거리가 테마인 소설을 좋아하는 일은 드물다.

② 패턴적 행동, 융통성이 없음

동일성 고집으로서의 패턴적 행동도 특징적이다. 아침 일찍 일어나 반드시 덧문을 열고, 비가 내리고 있어도 열고 싶어 한다. 하루의 행동 패턴이 완전히 정해진 사람도 있다. 매일 아침의 통학 전철에서는 같은 홈의 같은 장소에서, 같은 시간의 같은 호차(號車)에 타는 것으로 정해져 있다. 융통성이 없는 것도 학교생활에서 문제가 되는데, 시간표의 변경이나 돌연한 교사의 결근 같은 상황에 대해 불안을 느끼거나 짜증을 내거나 한다. 규칙에 너무나 엄격하기 때문에 지각한 동급생에게 계속해서 주의를 주거나, 수학여행 등을 가면 소등 시간을 완고하게 지켜서 다른 학생의 빈

축을 사는 경우가 있다. 이렇게 같은 패턴으로 생활하는 것은 새로운 상황이나 자극에 노출되는 것이 적기 때문에 자폐증의 입장에서는 편하다. TEACCH[24](98쪽 참조)의 구조화와 상통하는 점이 있다.

③ 기능이나 용도가 아닌 물건 자체로서 모으기(수집)

여러 가지를 모으고 싶어 한다. 길가의 자갈, 나뭇잎, 화장실 브러시나 편의점의 영수증 같은 색다른 것, 그 외 전철이나 비행기의 미니어처, 카드와 같은 일반적인 것까지 여러 가지이다. 초등학생 이상이 되면, 어느 종류의 정보를 모으는 데 열중하는 경우가 많아져 검색 수단으로서 인터넷에 탐닉하는 경우도 많다.

때로는 무기나 반사회적인 흥미에 끌리기도 한다. 장남으로 생각하여 금지하지 말고, 그것들이 가지는 좋은 점, 나쁜 점, 반사회적인 점 등을 구체적으로 설명하는 자세가 중요하다. 금지하는 것은 아이를 범죄로 몰아넣을 수도 있으므로, 앞에서 기술한 수집 또는 동일성 고집으로 생각하는 편이 좋다.

④ 기계적 기억력

기계적 기억력이 좋은 경우가 많아서 벌레나 동물의 이름, 어학이나 역사, 지리, 컴퓨터 등 반복 연습이 효과를 올리는 과목에서 좋은 성적을 거두는 경우가 있다. 학교 등에서 친구나 교사의 이름, 생일, 학급 배치나 교실의 넓이 등을 자세히 기억하기도 한다. 친구의 이름이나 생일을 기억하고 있다고 해서 대인적 관심이 강하다고는 말할 수 없다. 얼굴을 기억하는 것은 매우 서툴러서, 안경을 끼고 있었다든가 머리카락 모양이든가로 그 사람을 기억하고 있는 경우도 많다.

(4) 그 밖의 특징

① 서투름

동작은 어색한 인상을 주고, 삼륜차 페달을 잘 밟지 못하거나, 초등학교에 들어가

---

24) 'Treatment and Education of Autistic and related Communication Handicapped Children'의 약자로 미국 노스캐롤라이나대학 정신과에서 심리학자인 에릭 쇼플러(Eric Schopler) 박사에 의해 개발된 치료프로그램이다. 훈련된 교사와 보조치료사로서의 부모들에 의해 운영되는 집중적 치료프로그램으로 1970년대 말부터 1980년대에 걸쳐 미국 전역은 물론 전 세계적으로 널리 퍼져 나갔다. 여기서 개발된 것으로 교육진단법(Psycheducational Profile, PEP), 의사소통카드(Communication Card) 등이 국내에도 널리 알려져 있다.

> **칼럼**　자폐증이 눈을 마주치지 않는 것의 의미
>
> 소아과 영역에서 자폐증을 가진 아이는 눈을 마주치지 않는다. 눈을 마주치기 때문에 자폐증이 아니라고 말하는 것을 듣는 때도 있다. 그러나 '1세 무렵까지는 눈은 마주치고 있다. 마음의 연계는 다음에 낳은 아이와 분명히 다르지만, 눈은 마주치고 있었다'고 말하는 부모를 만나는 경우가 많다. 아동정신과 영역에서는, 눈이 마주치지 않는다는 것을 그다지 중요시하지 않는다. 눈을 마주치지 않는다는 것은 어떠한 것일까? 건강한 발달이 나타나는 공동주의의 1단계로서 생각해야 하는 것인가, 또는 그 밖의 다른 것인가? 사춘기 이후에 아스퍼거장애를 가진 사람에게 물어보면, '사람과 이야기를 할 때, 말을 들을 때에 눈을 맞추지 않으면 안 된다는 것을 몰랐다', '상대의 눈을 보면 마음이 소란스러워진다. 자신보다 큰 동물의 눈은 위협이다'라고 말하는 사람이 있다. 이런 이야기에서 볼 때 아스퍼거장애인 사람은 얼굴을 보아도 눈을 보지 않으므로 그 사람의 얼굴을 잘 기억할 수 없는 경우가 많고, 얼굴형, 양복 등으로 사람을 기억하는지도 모른다. 한편 눈을 보면서 이야기를 하는 것은, '보면서 옮겨 쓰는, 먹으면서 이야기하는 등과 같은 것으로, 감각계와 운동계를 동시에 사용할 수 없다'고 설명하는 사람도 있다. 또는 상대를 자신과 같은 동료, 다시 말해 인간으로서 이해하고 있지 않을지도 모른다. 동료라고 생각하지 않으면 눈을 보지 않고, 의사소통을 하려고 하지 않는 것도 당연한지도 모른다. 눈을 보는 것을 배워도, 무엇인가를 하고 있을 때에는 비스듬히 보게 되고, 그 후 시선을 향하는 방식으로, 단시간이기는 하지만 눈을 보게 된다. 그 후 사춘기가 되면, 눈을 가만히 응시하는 것같이 보는 것이 때로는 나타난다. 이것이 어떤 것을 나타내고 있는 것인지는 아직 명확하지 않다.

도 자전거의 보조 바퀴 없이는 자전거를 타지 못하고, 공 놀이가 서투르고, 젓가락을 능숙하게 사용할 수 없는 등, 운동이 서투른 경우가 많다. 걷는 자세나 뛰는 자세도 어딘가 모르게 어색하고, 집 안을 걸어다니면 여기저기서 부딪히거나 한다. 초등학교에서는 체육이 서툴러서 평균대, 뜀틀을 잘 할 수 없거나, 터치 볼 등의 공놀이에 참가할 수 없거나 한다. 손끝이 서툴러서 공작을 잘 못하거나 '지렁이가 기어다니는 것 같은' 글자를 쓰기도 한다. 때로는 특정한 것에 관해서는 매우 잘하기

도 한다. 젓가락은 잘 사용할 수 없고 운동은 완전히 서투른데도 피아노는 능숙하게 치거나, 읽을 수 없을 것 같은 글자를 쓰는데도 그림은 매우 잘 그릴 수 있거나, 점토로 능숙하게 물건을 만들거나, 비디오게임의 컨트롤러는 매우 빠르고 정확하게 조작하거나 한다. 이러한 서투름은, 감각 통합의 문제라기보다는, 운동 기획 능력이나 모방 능력의 부족함이나, 모방할 때의 핵심적인 내용이 일반 아이와 다른 것 등과 관계되어 있다.

② 소리나 빛, 맛 등에 과민함

감각자극에 대하여 민감한 것이 있다. 과민함은 청각, 시각, 미각, 후각, 온도 및 통증감각 등 가운데 어느 감각의 민감함일 수도 있다. 아이의 목소리, 예측할 수 없는 소리, 가지나 버섯과 같은 물렁물렁한 음식물, 냄새 등의 독특한 것이 있다. 감각의 예민함과 관계가 있어 감각자극의 선택성이 나쁘기 때문에, 과민하다고 생각할 수도 있다. 피하기 위한 수단이나 예측, 필요성의 이해 등의 방법이 효과적인 경우가 많다. 반대로, 아픔이나 더위에 대하여 둔감한 경우도 있다. 다른 것에 마음이 뺏겨, 부상이나 화상을 알아차리지 못할 수 있어 주의가 필요하다.

다른 사람이 만지는 것이나 부둥켜안는 것을 싫어하기도 한다. 갓난아기 때에 '안으면 뒤로 몸을 젖혀서 안기는 것을 싫어했다'고 이야기하는 경우가 많은데, 촉각 과민인지 사람으로서의 안심감과 관계가 있는 것인지는 명확하지 않다.

③ 학습의 문제

성적은 다양하지만, 사회나 과학 등을 좋아해서 도감 등으로부터 상세한 지식을 얻고 있는 것이나 계산 문제는 잘하는 경우가 많다. 국어는 잘 못하는 경우가 많고, 글자를 쓰는 것이 서투르고, 글자 쓰기 방식이 난잡해서, 중학생이 되어도 'わ'과 'ね', 'シ'와 'ツ' 등의 구별이 곤란하거나, 간단한 한자를 외울 수 없는 경우가 있다. '변'과 '방'의 위치가 바뀌거나, 소위 거울문자를 쓰는 아이도 있다. 문장 끝의 'は'와 'わ'의 혼동 등을 보이는 경우도 있다.

자폐적인 요소가 적을 경우에는 교육 현장에서 난독증으로 취급되는 경우도 많다.

> **칼럼** DAMP 개념
>
> DAMP(Deficits of Attention, Motor Control and Perception)는 북유럽권에서 사용되는 개념이다. 주의력장애(주의력결핍과잉행동장애)와 운동의 협응성 또는 지각의 장애(발달성 협응운동장애)의 양자가 합쳐진 상태가 DAMP로 정의된다. Gillberg는 DAMP의 중증형의 2/3는 자폐증적 상태를 나타내고, 그 1/4은 아스퍼거장애라고 진단할 수 있다고 진술한다. ADHD인지 전반적 발달장애인지 혼동되는 증례는 때로는 DAMP로 설명하면 딱 맞는 경우가 있다.

④ 계획을 세우는 것

자기가 계획하고, 복수의 사항을 연속해서 실행해 가는 것이 서투르다. 주위의 사람이 어느 정도 한 단계씩 목표를 정하고, 계획을 세워 줄 필요가 있다. 혼자서 여러 사항을 연속해서 실행해 가는 것은 어렵다.

(5) 아스퍼거장애를 가진 아이를 대하는 방법

우선 아스퍼거장애를 이해하는 것에서 시작한다. 이러한 아이가 사회성, 의사소통, 상상력의 3가지 영역에 장애가 있으면서, 주변 사람을 흉내 내고, 알고 있는 척하면서 살아가는 것이 얼마나 노력을 필요로 하는지를 알아 준다.

생활, 인지훈련의 기본으로서 청각훈련은 소리나 말에 대한 인식 향상에, 음악치료는 사회성과 신체의 협응성에, 감각통합훈련은 협응운동장애에 관련해서 효과적이다. 행동치료로서 응용행동분석[25]은, 언어화가 불충분한 시기 혹은 지적으로 낮은 자폐증에게 효과적인 경우가 많다. 언어적 능력이 좋은 경우에는 인지행동치료가 효과적이다. 인지행동치료란, 현재의 인지상태에 작용을 해서 보다 유연한 생각

---

25) 응용행동분석(Applied Behavior Analysis, ABA)은 자폐장애 아동의 행동관리나 교육적 치료에서 효과가 매우 높은 것으로 알려져 있는 방법으로 기본적으로 행동관리기법, 즉 강화 및 보상, 과제의 단계적 분석, 촉구하기, 반복학습 등을 사용한다. 가장 널리 알려져 것으로 흔히 로바스(Lovaas)치료법으로 알려져 있는 Discrete Trial Training(DTT)이 있고, 그 외에도 자연스런 치료방법을 강조하는 Pivotal Response Training(PRT), Natural Language Paradigm(NLP), Natural Environment Training(NET) 등 다양한 치료법들이 모색되고 있다.

을 할 수 있도록 지원하고 문제해결을 도와줌으로써 우울이나 불안을 개선하는 단기 정신치료이다. 발달수준을 감안한 단기 목표와 장기 목표의 설정이 포인트이다.

환경요인의 개선으로서 구조화를 기본으로 한 TEACCH 치료법을 병용할 필요가 있다.

언어적 이해도, 사회성의 획득을 위해서는 언어, 특히 회화를 중심으로 한 의사소통 수단으로서의 언어치료(실제 상황에서의 접근 등), 이완(relaxation)이 효과적인 경우가 많다.

상황판단이 나쁘다고 하는 것은, 놀이와 집단 괴롭힘의 구별이 어려운 시기도 있으며, 학교의 쉬는 시간, 등하교 때 등 성인의 눈이 닿지 않는 곳에서 집단 괴롭힘을 당하고 있는 경우도 많은데, 이때에 집단 괴롭힘을 당하고 있는 것을 모르는 경우도 있다. 게다가 혼자의 힘으로 집단 괴롭힘에 직면하는 것이 거의 불가능하다. 될 수 있는 한 성인이나 제대로 된 연장자의 감독 아래에 두는 것이 필요하며, 구체적인 대처법을 가르쳐 주는 것도 필요하다.

① 예측하기 쉬운 환경(TEACCH 프로그램)

예측할 수 없는 것이나 변화에 대하여 고통을 느끼는 경우가 많다. 어디에서 무엇이 예정되어 있을가를 될 수 있는 한 미리 전한다. 말뿐만 아니라 문자(나이가 어린 경우에는 그림이나 사진)로 전하는 것이 효과적이다. 즉 스케줄을 예고하는 것이 중요해서, 예정 외의 사건이나 스케줄의 변경도 될 수 있는 한 본인에게 이유를 알게 하고, 비록 변경 직전이어도 명확히 전하는 것이 중요하다.

② 나쁜 행동과 좋은 행동(응용행동분석)

여분의 자극이 적은 조용한 환경에서, 될 수 있는 한 감정적으로 되지 않고 온화하게 냉정히 이야기를 한다. 상황에 적합한 행동을 모르기 때문이므로, 단순히 부정 혹은 화를 내 버리는 것은 '누구누구가 내게 화를 냈다', '누구누구가 나를 거부했다'라는 기분만이 남게 할 뿐이다. 곤란한 행동이 줄어들도록, 좋은 행동이 늘어나도록 단기 목표를 세우고, 칭찬하면서 조금씩 개선해 가는 것을 목표로 한다. 목표는 될 수 있는 한 구체적으로 알기 쉽게 제시한다.

좋은 것, 나쁜 것도 구체적인 상황으로 제시하는 것이 경범죄를 막는 데 필요하다.

③ 보조치료

- 비타민, 미네랄 치료 : N,N-디메틸 글리신(glycine)(DMG)은 곡류, 레버에 포함되는 미량영양소다. 언어, 눈맞춤, 사회성, 주의에 있어서 개선이 나타났다는 보고가 있다. DMG 시작 후, 2주간 비타민B$_6$와 마그네슘을 병용한다. 과잉행동 등 행동의 개선, 언어기능, 수면 리듬, 과민성, 주의력, 자해, 건강 상태의 개선 등이 보고되고 있다.

- 정장약 : 캔디다균(candida albicans)이 초조해하는 행동, 건강장애 등을 일으키고 있다고 보고되고 있지만, 의학적으로는, 질 칸디다(candida)증, 아구창(鵞口瘡)이 나타날 뿐인 경우가 많다. 캔디다균의 독성(toxin)이 중추신경계에 영향을 끼치고, 과잉행동, 주의산만, 기면(지나친 졸리움), 감각과민, 공격성 등을 나타나게 하고, 두통, 변비, 설사, 고창, 외음부 소양감, 그 외에 탄수화물, 과일, 달콤한 과자 등에 대한 요구가 항진된다. 머리카락이나 발의 이상한 냄새, 아세톤 냄새, 발진 등이 나타나기도 한다.

- 알레르기 치료 : 카제인(casein), 글루텐 제거식. 생후 3년 동안에 알레르기에 의한 자폐 증상이 출현하는 때가 있다. 어떤 자폐증 아이는 여러 종류의 화학 물질과 음식물에 대한 알레르기가 있어 밀, 우유, 설탕, 감귤류 등 여러 가지이지만, 소위 명확한 알레르기 증상이 없는 경우도 많고, 이상한 목마름, 발한 과다(야간), 체온조절 장애, 저혈당, 설사, 비염, 눈 아래의 거스름 등이 나타난다. 자폐증 아이에 있어서, 글루텐[보리, 오토 보리, 대맥 및 라이맥(rye)의 곡물에 많은 양이 포함되어 있다] 및/또는 음식물에 포함되어 있는 카제인(우유 단백질)을 먹음으로써 생성되었다고 생각되는 돌연변이 단백질이 있었다고 보고되었다. 이 단백은 글루텐 및 카제인 단백질이 몰핀유사물질(엔도르핀, endorphin)과 결합한다고 생각된다.

④ 약물치료

약물치료에 의해 자폐증이 치유되는 것은 아니지만, 다양한 병존 증상, 합병증 등에 대하여 이용할 수 있다.

흥분, 심한 공격 행동, 자해, 불면 등에 대해서는, 항정신병약으로서 전반적인 진정(鎭靜)을 생각해서 페노치아진계의 메레릴®, 뉴레푸칠®을 이용할 수 있지만, 불면이 악화 요인인 경우에는 클로르프로마진(chlorpromazine), 레보토민®을 이용할 수 있다. 또, 환각 증상이 강할 경우에는 부분적인 진정인 부치로펜계의 할로페리돌(haloperidol)을 이용한다.

필요할 때 한 번만 복용하는 약을 사용할 경우에는, 피모지드를 사용하는 경우도 많다. 새로운 항정신병약인 리스페리돈은, 비교적 소량으로 비교적 고기능의 자폐증에 있어서 위에서 말한 증상에 효과적이라는 보고가 있다.

- 항경련제 : 카마마제핀, 발푸로산 등을 충동성, 합병증으로서의 간질에 대해서, 향정신작용도 기대하면서 이용할 수 있다.
- 항불안제 : 강박 증상, 고집 등이 경감되면 불안 증상이 나타나는 경우가 많다. 항불안약으로서, 벤조디아제핀계의 클로로제폭사이드, 디아제팜, 오키사조람, 브로마제팜 등을 이용할 수 있다.
- 기분안정제(항조울증제) : 양극성장애에 이용하는 탄산리튬, 발푸로산도 흥분상태, 조증상태 때 이용할 수 있다.
- 항우울제 : 우울상태 또는 강박 증세와 관련해서 삼환계 항우울약으로 아목사핀, 이미프라민, 브로마제팜 등이 이용된다.
- 선택적 세로토닌 재흡수 차단제(SSRI)인 후루복사민, 파록세친, 선택적 노르아드레날린 세로토닌 재흡수 차단제(SNRI)인 밀나시푸란 등이 이용된다. 환경 변화 등의 스트레스에 의한 불안, 분노 등이 강할 경우에 좋게 적응하게 한다. 또, 고집 등의 강박성 장애가 있을 경우에 적응이 되게 하는 것은 물론이다. 때로는 경련의 역치를 저하시키기도 하므로 주의해서 사용할 필요가 있다.
- β차단약 : 과잉행동 혹은 공격성에 대하여 효과 있는 β차단약인 염산클로니딘을 이용할 수 있다.
- 자폐증의 핵심증상인 사회성, 의사소통, 언어장애 등이 세크레친의 투여에 의해 개선되었다는 보고가 여기저기서 보인다.
- 수면약 : 불면에 대하여 토리크롤시롯프, 디펜하이드라민, 사이푸로헵타딘 등을 이용할 수 있다. 수면 사이클의 이상과 관련해서는 비타민B_{12}, 멜라토닌 투

여가 효과적인 경우가 있다.

- 중추신경자극약 : 메틸페니데이트(리탈린®), 덱세드린이 부주의, 과잉행동, 주의 장애 등에 사용될 수 있지만 때로는 강박 증상이 악화되므로, 소량의 사용이 바람직하다.

■ 宮尾益知

칼럼 | **자폐증에서 본 세계**

자폐증을 가진 사람들로부터 자주 '주위 사람을 경치라고 생각하고 있었다'라든가, '동료라고 생각하지 않았다'라는 말을 듣는다. Niki Lingko의 책에는 '주위의 사람은, 동화의 인물(ト書き)이 있는 세계, 거인이 자신을 응시하고 있는 소인의 세상이다'라고 쓰여 있다. 주위의 사람을 알기 시작하는 것은 대체로 2세 반~4세로, 주변의 자극으로 인해 초조하다고 말한 사람이 있다. 주위 사람이 자신을 동료로 알아 주어서 처음으로 고독이 사라졌다고 느끼는 적도 있다.

외상(trauma) 체험적 요소도 이차적인 문제의 형성에 크게 영향을 준다. 시각적 인지나 기억 형태의 독특함으로 인해 외상 체험을 하고, 밖에 나가는 것이 무섭고, 혼자 있는 것이 무섭다. 이것은 아무것도 아닐지도 모르지만, 예를 들면 외출 장소에서 단 한 마디 '바로 돌아온다'라고 말하고 어머니가 나가 버렸을 때 '바로'의 의미는 대단히 애매하지만, 그 아이는 문자 그대로 '즉시라고' 하는 뜻으로 해석해서 열심히 기다리고 있었다. 어머니는 쇼핑하는 데 몰두해서 원하는 핸드백을 열심히 보고 있었다. 돌아가 보니, 아이는 기다리게 한 장소에 없고, 혼자서 집에 돌아가 버렸다. 아이는 버림 받았다고 생각한 것이다. 이때의 외상, 버려졌다는 체험은 그 아이에 있어서는 매우 큰 사건이며, 그 후의 마음의 근거애착의 형성이 잘 될 수 없는 것과 더불어 큰 원체험(原體驗)이 된다.

다음에 '자신은 무엇인가'라고 하는 명제에 대해서 생각해 보면, 마음과 신체의 분리라는 것과 관계된다. 손은 어느 것, 발은 어느 것이라고 물어보면, 일일이 움직이지 않으면 모른다고 한다면 어떨까, 그리고 자극에 약하고, 감각이 극단적으로 좁아서, 마치 잠망경으로만 세상을 볼 수밖에 없는 채로, 세상을 살아가는 것 같은지도 모르고, 넓은 바다 속을 혼자서만 어슬렁어슬렁거리고 있는지도 모른다.

자폐증을 가진 아이는, 직소 퍼즐(jigsaw puzzle)을 잘하는 경우가 있다. 내용의 그림을 보아서 맞추는 것이 아니고, 각각의 조각이 접하고 있는 라인의 형으로 맞춘다. 이때가 직소 퍼즐을 가장 잘할 때이며, 그림의 의미나 상황을 알게 되면 복잡한 것을 할 수 없거나, 늦게 완성하게 된다. 자폐증을 가진 아이는, 굉장히 괴롭다든가 슬플 때에 우리가 하는 '지금 온천에 가 볼까, 지치니까'라는 말과 달리, 지금의 세계, 자신이 살아 있는 장소밖에 모른다. 그렇다면 자신이 어디로 가고 싶다, 휴식하고 싶다고 생각해도 갈 곳이 없다. 어떠한 세계를 상상할 수 있는가 하면, '천(千)과 천심(千尋 : 산 등이 매우 높음, 골짜기나 바다가 매우 깊음)'이나 '디즈니'의 세계이거나, '피터팬'이나 '메리포핀즈'의 세계이다. 이것들은 모두 원래의 세계로 되돌아오는 이야기인데, 자폐증을 가진 아이들도 꼭 돌아올 수 있을 것이라고 생각한다. 집단 괴롭힘을 당해서 괴로워서 '죽고 싶다, 죽고 싶다'라고 말해도, 죽는다고 하는 것이 무엇인지를 모른다. 베란다에 신발을 벗어 두고, 이상하게도 박쥐우산을 쓰고 2층에서 뛰어내려 버린 아이가 있었다. 다행히 발이 꺾기기만 하고 끝났지만, 그 아이는 조금 (메리포핀즈와 같이) 다른 세계로 날아가고, 그리고 또다시 돌아올 수 있다고 생각하고 있었다. 그러한 일은 일어날 수 있다. 이러한, 말을 문자 그대로 받아들이는 아이들에 대하여 '너만 없어지면 좋겠어'라든가 '너 따위는 필요 없는 애야', '너 따위는 강에서 주워 온 아이야'라든가 하는 말을 절대로 해서는 안 된다.

ⓓ 아동정신의학적 입장 : 초등학교 · 사춘기를 중심으로

1. ADHD

1) 진단에서의 기본 개념

ADHD는 과잉행동 · 충동성, 주의력장애를 주 증상으로 하는 뇌의 기질적 요인에 근거한 것으로, 발달장애의 하나로 보고 있다. 진단은 DSM−IV−TR의 진단기준에 따라 행해진다(표 3.26).

진단에 있어서는, A항목을 체크할 뿐만 아니라 7세 이전에 몇 가지 증상이 발현되고, 어떠한 문제가 생긴 것(B항목), 2가지 장소 이상의 상황에서 증상이 보이고, 장애가 생기고 있는 것(C항목), 사회적 문제 혹은 학업상의 문제 등, 이 증상이 그 아이에게 장애가 되고 있는지(D항목)를 확인할 필요가 있다.

한편, A항목의 '자주'라고 하는 표현은 다소 판단하기 어려운 표현이지만 기본은, 같은 정도로 정신발달을 하고 있는 아이(대부분은 같은 연령의 아이)와 비교하고, 그 말과 행동이 빈도, 정도가 상당히 문제가 되는 것이라고 생각한다. 예를 들면, 각 항목에 기술된 내용이 거의 매일, 혹은 요구되는 상황에서는 거의 매회 관찰되어, 목적을 달성할 수 없고 부모나 교사가 어떠한 도움을 주지 않으면 안 되는 정도를 말한다.

정확한 진단을 위해서는 어머니만의 보고나, 진찰실 장면의 행동관찰만으로는 불충분하므로, 교사로부터의 정보나 경우에 따라서는 제삼자의 관찰 정보가 필요하다.

2) 질환 개념의 배경으로서 정신기능의 발달과 증상 형성

ADHD의 기본적 병태(病態)인 충동성이나 주의력장애는, 충동통제력의 발달 지체나 주의력 지속 기간(span)의 발달 지체로 생각된다. 처음부터 정상발달의 과정에서 충동을 조절하는 힘은 연령과 함께 발달한다. 예를 들면, 원하는 것이 있을 때 유아는 참을 수 없고 무슨 일이 있어도 그것을 얻기 위해 울거나, 그 장소로 달려가거나 하지만, 초등학교 고학년이 되면 사 줄 것을 기다리거나, 큰 소리로 울부짖거나 하지 않고 참을 수 있게 된다. 또, 주의력을 지속할 수 있는 시간도 연령과 함께 길어진다. 예를 들면, 초등학교 1학년 교실에서 선생님이 '자습'을 지시하고 그 자리를 떠나면, 선생님이 지시한 자습을 40~50분 계속할 수 있는 아이는 거의 없지만, 중학교 3학년의 교실에서 수험 직전의 '자습' 등은 선생님이 없어도 계속하는 학생들이 많다. 이렇게 충동의 통제력이나 주의력의 지속은 연령과 함께 발달하는데, 이러한 것들이 그 아이의 호기심이나 의욕이나 충동성의 크기에 걸맞게 자라고 있는지 여부가 중요하다. 호기심이나 의욕이나 활동성·충동성이 높은 아이(예를 들면, IQ가 높은 아이는 자주 그러한 경향이 있지만)에게 있어서, 주의력 지속이나 충동통제력이 충분하지 않으면 어떻게 될 것인가? 끓어오르는 높은 호기심이나 충동성을 억누르고 하나의 사항에 계속해서 주의를 기울이거나, 참아 가며 하지 않는 것은 곤란을 동반하게 된다. 이것이 ADHD를 가진 아이에게서 볼 수 있는 특징이

초등학교 입학 후에 ADHD로 진단된 A군

A군, 남자, 초진 때 8세 초등학교 2학년

생육력 영·유아기의 발육과 발달은 순조로웠음. 영아기에는 자주 우는 아이였다. 걷기 시작한 것은 1세 생일 조금 전에, 당시보다 활발했다. 말을 시작한 것은 1세로, 말의 발달도 특별한 문제는 없었다. 2세경부터 슈퍼에 쇼핑하러 가게 되면 지체 없이 멀리 있는 매장까지 혼자 가 버려 몇 번인가 미아가 되었다. 공원에서는, 같은 연령의 다른 아이를 무서워해서 미끄럼틀을 오르지 않거나 혼자 올라갔고, 2세 10개월에는, 미끄럼틀에서 추락해서 턱 아래를 몇 바늘 꿰매는 부상을 입었다. 이후에도, 활동성이 높고, 찰과상이나 타박상이 끊이지 않았다. 2년간 어린이집을 거쳐 유치원에 입학, 곧 친구도 많이 생기고, 즐겁게 다니고 있었다. 이해는 빨랐지만, 그네 등에서 순서 기다리기를 할 수 없고 "언제나 1등이 아니면 기분이 좋아지지 않는 아이네요."라고 유치원 선생님은 말했다.

과거 병력 1세 때에 한 번 열성 경련이 있었지만, 뇌파에서는 이상이 없다는 말을 들었고, 약물치료는 하지 않았다. 가벼운 아토피성 피부염이 있는 것 외에는 특별한 질환은 없다.

가족 경력 아버지는 회사원, 어머니는 파트 근무. 부모 모두 건강해서 명랑한 성격이고, 아버지는 성미가 급한 점이 있지만, 휴일에는 아이를 데리고 외출하는 경우도 많았다. 3살 아래의 여동생 있음, 건강.

현 병력·경과 초등학교에 입학 후, 수업 중 언제나 몸을 움직이고 있어, 의자로부터 미끄러져 떨어질 것처럼 앉아 있는 경우가 많고, 뒤나 옆 자리의 아이에게 자주 쓸데없이 간섭했다. 선생님에게 주의를 받으면 그때는 금방 알아듣고 그만둘 수 있지만, 5분도 지나지 않아 같은 행동을 되풀이한다. 수업 중임에도 불구하고 돌연 자리를 떠서 친구 자리로 걸어가서 말을 거는 적도 있었다. 특히 교외로 나갈 때는 과잉행동이 눈에 띄고, 늘어서서 나란히 걷는 열로부터 벗어나고, 수다를 떨거나 기분 좋게 들떠서 차도 옆에서도 비틀비틀 걸어서 인도를 이탈하기 때문에, 부담임은 언제나 A군 옆에서 손을 맞잡고 걸을 필요가 있었다. 학습 면의 이해력은 충분히 있고, 수업 중에는 자주 손을 든다. 한편 시험을 치면 곧 싫증 나 버려, 다른 아이도 집중을 잘 못할 만큼 큰 한숨을 쉰다.

2학년이 되어서, 아침 조회에서 정렬해 있는 동안에 머리를 흔들고는 있지만, 그 자리에 있을 수는 있게 되었다. 그러나 전체적으로 침착성이 없고, 잊어버리는 물건도 많고, 다른 아이에게서 비난 받는 일도 늘어났다. 어느 때에는, 청소 시간에 자루걸레를 휘두르며 놀다가 동급생 여자애가 나무라자 화가 머리 끝까지 나 자루걸레를 내던져 버렸다. 다행히 상대에게 맞지는 않았지만, 화분이 깨지고, 교실에서 큰 소동으로 발전했다. 선생님이 급히 달려왔을 때에는, A군은 흥분해서 주변의 아이들에게 사람 구별 없이 양손을 휘두르며 주변의 아이들을 향하고 있었다. 이렇게 하찮은 일에서 큰 소동으로 발전하는 것이 매주 1회 정도는 일어나기 때문에, 교사에게서 전문기관진료를 권유 받았다.

진단과 대응 이러한 아이가 내담했을 경우, 우선 아이의 발달수준을 판단하기 위한 평가로서 지금까지의 발육·발달경력을 세밀하게 물어 알아내고, 학업성적을 확인하고, 될 수 있는 한 지능검사를 시행하는 것이 바람직하다. 그다음에 ADHD 진단기준의 각 항목에 대해서 검토하지만, 가정과 학교 양쪽의 정보를 얻는 것이 필요하므로, 가능하면 담임교사에게서 직접 정보를 얻는 등 학교생활 실태를 평가한다. 부모 혹은 교사에 의한 자기기입식 평가법으로서, ADHD-RS-IV(가정판/학교판) 및 아동행동체크리스트(CBCL)와 그 학교판(TRF)이 유용하다.

초등학교 시기에 ADHD를 가진 아이에 대한 대응에서는, 우선 환경조정이 중요하다. A군처럼 문제행동을 되풀이하고 있으면, 나타난 행동이 중요시되어 문제행동에 대한 질책이나 벌을 되풀이해서 주는 경우가 많다. 주위 사람이 ADHD의 특징을 잘 알아서 난폭하게 굴거나 화내거나, 끝까지 해낼 수 없는, 칠칠치 못한 등의 문제가 되는 행동의 이유를 파악하고, 그 아이에게 있어 문제행동에 이르기 어려운 환경을 만드는 것이 중요하다.

A군에 대한 구체적 환경 조정

- 좌석은, 선생님이 서 있는 위치에서 제일 가까운 앞 열의 자리로 하고, 주위에는 듬직한 여자 아이 등 A군의 쓸데없는 간섭에 좌우되지 않는 타입의 아이를 두었다.
- 테스트 문제는 모두와 같은 문제이지만, 1쪽에 2문제씩 쓴 문제지를 건네주고, 푼 문제지는 선생님에게 건네주고 다음 쪽으로 넘어가는 식으로 했다.
- 청소 시간에는, A군만이 담당하는 구체적인 역할을 주었다(쓰레받이를 사용하는 역할, 칠판지우개를 깨끗이 하는 역할 등).
- 교실 이동 시에도 문제가 생기기 쉬웠으므로, 교재를 나르는 역할이나 필요할 때마다 교사가 도움을 요청해서 하게 했다.

다. 마음이 산만해지기 쉽고, 생각해 낸 눈앞의 일을 곧 행동으로 옮겨 버리고, 앞을 전망하는 능력이 결여되고, 결과적으로 단순한 실패나 동료관계에 문제를 많이 일으킨다. 남자에서는, 특히 과잉활동·충동성이 눈에 띄는 경향이 있지만, 여자의 경우에는 칠칠치 못함이나 말이 많음 등이 눈에 띄는 경향이다.

3) 대응의 기본

우선, 첫째로 ADHD의 임상 양상을 주위 사람이 이해한 후에 앞에서 기술한 것과 같은 환경 조정을 하는 것이다. 더욱이, 자긍심(self-esteem)이 저하되지 않도록 정적 강화인자를 명확히 보내는 것도, 특히 초등학교 시기의 대응에 있어서 중요하다. 부모나 교사에게 칭찬해 주도록 조언을 하면 대개는 '칭찬할 것이 없습니다'라는 답변이 돌아오지만, 요구 수준을 개선하면 칭찬하는 방법을 알게 된다. 예를 들면, 책상 위에 올라서서 떠들고 있는 아이에게 '그만두세요'라고 아무리 말해도 그만두지 않을 것 같다고 느끼고, 오히려 되풀이해서 주의를 주면 문제행동을 부채질해 버릴지도 모른다. 이러한 경우 아무리 흥에 겨워 있어도 언젠가는 그만둔다는 것을 알고, 한두 번 주의를 주고 위험이 없는 범위에서 상황을 지켜본다. 성인이 주목하고 있다는 메시지를 과잉으로 보내지 않도록 하고, 그 행위를 그만뒀을 때에 즉시 그만둔 것을 평가해 준다. 한 번의 주의로 개선되지 않는 것이 ADHD의 특징이기도 하지만, 여기서 강한 끈기로 정적 강화를 계속해 주는 것이 서서히 아이 자신의 자기통제력을 높이는 것과 연결된다.

　나아가 환경 조정이나 자긍심을 지지하는 활동 등에 공을 들이지 않으면 학업이나 동료관계 혹은 모자관계 등에 있어서 중대한 문제가 지속되거나, 본인의 정서 불안정이나 우울감이 큰 경우에는 약물치료를 시도한다. 일차 선택약은 중추자극약(메틸페니데이트 등)이다. 주의력 지속이나 충동 통제에 대하여 유효한 약이지만 각성제 유사물질이며, 성장장애나 의존성 같은 심한 부작용이 있음을 염두에 두지 않으면 안 된다. 적어도 부모에게는 부작용의 설명도 포함시킨 동의(informed consent)를 명확히 한 후에 시작하고, 되는 대로 막 사용하는 것을 피하는 의미에서라도 장기휴가나 휴일에 휴약 기간을 마련하는 식으로 사용해야만 한다.

　사춘기 이후의 메틸페니데이트의 투약에 대해서는 논란이 있다. 약품에의 의존성 고조, 약품을 매매하는 것 같은 비행의 가능성, 자살사고의 출현 등 남용의 위험성이 보다 높은 나이에서 나타난다는 것을 염두에 둘 필요가 있다. 복약에 있어 초등학교 연령대와 같이 부모의 동의가 중요한 것은 말할 필요도 없지만, 사춘기 연령대에는 본인에게 설명을 하고 동의를 구할 필요가 있다. 본인이 자발적으로 투약함으로써 복약에 의한 이차적인 자존심 저하를 막을 뿐만 아니라, 앞에서 기술한 남용을 막기 위해서도 자발적인 치료로 이끌어야 한다.

2. 학습장애(LD)

1) 개념 및 진단

의학적인 진단기준에서 정의하는 학습장애(learning disorders, 이전의 academic skills disorders) 진단은, 심리·교육 분야에서 사용된 개념으로서 학습장애(learning disabilities, LD)라는 용어와 그 의미에서 약간 다른 부분이 있지만, 두 정의의 차이에 대해서 지금으로서는 명확한 답을 얻지 못한 채로, 일본에서는 '학습장애'라는 단어가 일반적으로는 넓은 의미로 사용되어 왔다(74쪽 참조).

현재 국제적으로 이용되고 있어 일본에서도 정신의학의 임상과 연구의 양면에서 널리 이용되고 있는 DSM-Ⅳ-TR의 학습장애 진단기준은, 앞에서 표 3.27~3.29에 제시한 대로이다. 또 하나의 국제적으로 통용되는 진단기준인 국제질병분류(ICD-10)에서는 '학력[학습능력]의 특이적 발달장애(Specific Developmental Disorders of Scholastic Skills, SDDSS)'라고 되어 있고, 하위분류에는 특이적 읽기장애 , 특이적 철자[쓰기]장애, 특이적 수학능력장애[수학능력의 특이적 장애], 학력[학습능력]의 혼합성 장애, 그 외의 학력[학습능력]의 발달장애, 학력[학습능력]의 발달장애·특정불능의 것의 6가지 진단이 있다.

ICD-10의 진단 가이드라인에는, 어느 유형의 학습장애에도 공통되는 개념으로서, (1) 특정 학력에 임상적으로 유의미한 정도의 장애가 없으면 안 된다, (2) 장애는 단지 정신지체 또는 비교적 경도(輕度)의 전체적 지능장애로 설명할 수 없는 점에서 특이한 것이며, (3) 장애는 발달성이고, 교육의 조기(早期)부터 존재하고, 이후의 교육 과정으로 인해 획득된 것이 아니고, (4) 학습 곤란이 충분한 이유가 되는

표 3.31 학습장애 : 문부성의 정의[26]

학습장애란 기본적으로 전반적인 지적 발달에는 지체가 없으나, 듣기, 말하기, 읽기, 쓰기, 수학 또는 추론능력 중에 특정 영역의 습득과 사용에 현저한 곤란을 보이는 여러 가지 상태를 가리키는 것이다. 학습장애는 그 원인으로서, 중추신경계에 어떠한 기능장애가 있다고 추정되나, 시각장애, 청각장애, 지적장애, 정서장애 등의 장애나, 환경적 요인이 직접적 원인이 되지는 않는다.

외적 요인이 없고, (5) 학력의 특이적 발달장애는, 교정(矯正)되지 않는 시각 또는 청각장애에 직접 기인하는 것이 아니다, 하는 것을 들고 있다.

나아가 1999년 '학습장애 및 이것과 유사한 학습상의 곤란이 있는 아동 · 학생의 지도 방법에 관한 조사 연구 협력자회의'가 문부성에 보고한 정의를 표 3.31에 제시했다.

2가지 주요한 국제적 진단기준의 개념에 큰 차이는 없지만, 일본에 있어서의 학습장애 진단에는 문제점이 남아 있다. 그것은 각 진단 항목에 거론되고 있는 '개별로 시행되는, 표준화된' 학습의 성취도 검사가 확립되지 않은 점이다. 따라서 진단 시 K-ABC 검사를 이용해서 '문자 해독', '문장 이해' 하위 검사를 하고, WISC을 이용해서 언어성 IQ나 하위항목의 편차를 측정하는 등으로 어느 정도의 객관적 평가를 하고, 나아가 증상의 특징을 가미해서 종합적으로 판단해야 할 것이다.

2) 학습장애에서 볼 수 있는 증상과 대응

학습장애가 밝혀지는 것은 초등학교 시기 이후인 경우가 많다. 학습의 기본에 필요한 읽기, 쓰기, 수학의 적어도 어느 하나에 문제가 있는 것은 학습 전반에 크

---

26) 한국의 경우 '개인의 내적 요인으로 듣기, 말하기, 주의집중, 지각, 기억, 문제해결 등의 학습기능이나 읽기, 쓰기, 수학 등 학업성취영역에서 현저하게 어려움을 나타내는 장애이다'[장애인 등에 대한 특수교육법 시행령, 제10조(법 제15조에 따라), 특수교육 대상자의 선정기준]로 규정된다. 덧붙여 학습장애는 다른 장애조건(감각장애, 정신지체, 정서장애 등)이나 환경실조(문화적 요인, 경제적 요인, 교수적 요인 등)와 함께 나타날 수 있으나 이러한 조건이 직접적인 학습장애의 원인은 아니나, 학습장애 발현시점에 따라 발달적 학습장애와 학업적 학습장애의 2가지 유형으로 분류할 수 있다. 발달적 학습장애(developmental LD)는 학령 전기 아동들 중 학습과 관련한 학습기능에서 현저한 어려움을 보이는 아동으로 구어장애, 주의집중장애, 지각장애, 기억장애, 사고장애 등으로 나타날 수 있다. 학업적 학습장애(academic LD)는 학령기 이후 학업과 관련한 영역에서 현저한 어려움을 보이는 경우로 읽기장애, 쓰기장애, 수학장애 등으로 나뉜다(국립특수교육원 편, 특수교육학용어사전, 서울, 도서출판 하우, 2009, pp.1433).

증례 초등학교 3학년이 되어서 읽기장애로 밝혀진 B군

B군, 초등학교 3학년 남자

평소 생활이나 교사와의 관계에 있어서는, 특히 지적인 지체를 느끼게 하는 경우가 없는 아이로, 성격도 순하고 거역하지 않으며, 쉬는 시간에는 동료와 잘 놀고 있었다. 그렇지만 학년이 오름에 따라 성적불량이 눈에 띄고 있었다. 수업 중에 교사의 질문에는 비교적 잘 대답할 수 있고, 시험에서 계산 문제는 풀 수 있는데도, 국어나 문장형은 거의 점수를 딸 수 없었다. B군이 문장 읽기가 서툴다는 것을 안 담임교사가 시험 칠 때에 문제 문장을 소리 내어 읽으면, 문장형 수학 문제를 풀 수 있었다. 읽기장애가 의심되어서 진료를 권유 받아 지능검사를 시행한 바, 전반적 지능에 지체는 없었지만, 언어성 IQ는 동작성 IQ에 비교해서 유의미하게 낮게, K−ABC[27]에 있어서의 '문자 해독', '문장 이해'는 표준 이하의 수준이었다. 특히 한자 읽기의 장애가 현저하여 문장 독해의 방해물인 것이 명확해져, 이후 학습의 지원책으로서 필요한 문장에는 한자에 후리가나(한자 옆에 읽는 음을 히라가나로 써넣는 것)를 써 주거나, 시험의 문제 문장은 교사가 읽어 들려주기도 하였다.

게 영향을 미치게 된다. 가장 주요한 학습장애는 읽기장애[영어권에서는 난독증(dyslexia)이라고 한다]이다. 대개는 쓰기에도 장애가 있으므로, 그런 경우에는 읽기−쓰기 장애가 된다. 일본에서는 히라가나, 가타카나, 한자의 일부, 또는 모든 것에 읽기장애가 있을 수 있다. 'め'과 'ぬ' 등의 틀리게 읽기, 촉음(コップ, ほっと 등)을 잘 읽지 못하는 등의 일이 비교적 많고, 한자에서는 문자와 소리가 일대일 대응이 아닌 한자의 읽기에 장애가 생기기 쉽다. 알파벳을 사용하는 언어에서는 b와 d, p와 q의 구별이 되지 않고, 단어 읽기에서 장애가 생기거나 한다. 이러한 읽기장애

----

27) 카우프만 지능검사(Kaufman Assessment Battery for Children). 카우프만에 의해 개발된 검사로 국내에서는 문수백 · 변창진에 의해 표준화되어 학지사 심리검사연구소에서 발간하였다. 정보처리이론을 바탕으로 개발된 검사로서 기존 내용중심의 검사와 달리 아동이 왜 그러한 정도의 수행을 하였는지에 대한 설명이 가능하다. 따라서 학교현장이나 교육현장에서 문제해결능력과 학습한 정도를 서로 비교할 수 있으며, 또한 좌뇌지향적인지, 우뇌지향적인지에 대한 비교분석이 가능하다. 하위요인 점수를 기초로 강약분석이 가능하며 구체적인 대안을 제시해 주는 검사다.

가 있으면 문장을 읽어 내는 것이 결과적으로 곤란해지고, 국어의 읽기를 할 수 없을 뿐만 아니라, 수학이나 기타 교과에 있어서도 교과서에 실린 내용이나 시험의 문제 문장의 의미를 모르기 때문에 평가되는 성적이 현저하게 나쁜 경우가 있다.

3) 학습장애에 따르는 2차적 증상과 대응

학습장애가 있는 아이는 학업을 잘 할 수가 없어, 특히 학교나 동료관계에 있어서 자기평가가 낮아지기 쉽다. 학습에 대한 의욕이 부족할 뿐만 아니라, 동료에 대해서도 자기표현을 잘 할 수 없거나 잘 되지 않는 것이 놀림의 대상이 되어, 더욱더 자기평가의 저하로 연결될 가능성이 있다. ADHD에 합병한 학습장애에서는 주의력장애도 현저하기 때문에, 학습 효과를 올리는 것은 더욱 곤란해진다.

이러한 상태를 오래 끌면 적응장애나 그것에 준한 심리적 반응으로서의 우울감이나 의욕저하, 또는 '화를 낸다'라고 표현되는 것 같은 충동제어 곤란이나 비행 등 행동의 문제가 나타날 가능성이 있다. 학습장애라는 상태를 주위 사람이 아는 것, 진단을 받으면 될 수 있는 한 빨리 그 아이의 학습에 걸맞는 적절한 지원책을 강구하는 것이 필요하다.

3. 고기능 전반적 발달장애(고기능자폐증과 아스퍼거장애)

1) 개념

고기능이라고 하는 단어는 high function의 번역어이며, 지적 장애는 없다고 하는 의미로 사용된다. 처음부터 자폐증(특히 종래에 캐너형 유아자폐증이라고 말해지는 핵심적 증상을 소유하는 군)에서는, 말의 획득이나 사용에 중대한 장애를 초래하는 경우가 많고, 지적 능력이 충분히 발달하지 않고, 정신지체를 동반하는 경우가 많다. 그러나 1970년대 후반부터 로나 윙 등의 연구에 의해 자폐증의 질환개념이 정리되면서, 자폐증 장애의 3가지(사회적 상호교류의 장애, 사회적 의사소통의 장애, 사회적 상상력 · 유연한 사고 · 소꿉놀이의 장애) 특징을 가지면서, 지적 지체를 동반하지 않는 군이 있는 것을 알았다. 유럽과 미국에서는 IQ 65~70 이상을, 일본에서는 나카네(中根)가 IQ 85 이상(정상지능 이상)을 고기능이라고 하고 있다.

증례 | 때때로 화를 내는 C군

C군, 중학교 2학년 남자

유아기 초기부터 비교적 과묵한 경향이 있었지만, 언어발달이나 정신발달, 신체 발육에 특이한 이상은 없다. 초등학교 시기에는 동료 사이에서는 리더격인 아이를 따라다니는 타입이었지만, 5~6명의 동료와 언제나 놀고 있었다. 당시부터 필기하는 것이나 작문을 하는 것, 그림을 그리는 것이 서툴러서 초등학교 2학년 무렵부터는 말더듬이 두드러지게 되었다. 평소는 온화한 성격이지만, 4학년 후반부터 때때로 동료에게 화를 내게 되었다. 중학교에 입학하고 나서는 키가 갑자기 커지고, 듬직한 몸매가 되었고, 동료로부터 말더듬으로 놀림 받는 경우가 때때로 있었지만 평소에는 참을 수 있는 것 같았다. 그러나 중학교 2학년이 되고, 놀림을 받는 일이 잦아진 어느 날, 지금까지의 인내를 모두 표출하는 것처럼 격렬하게 화내고, 동료 중 한 명을 때려 가벼운 부상을 입혔기 때문에 정서적인 문제가 있는 것이 아닐까라고 염려한 어머니에게 이끌려 진찰을 받았다.

진찰실에서는, 중학교 2년으로서는 안정된 분위기에 있는 C군은 똑바로 앉고, 의사의 질문에는 긴장하면서도 예의 바르게 응하고, 친구를 때린 것에 대해서는 반성하고 있었지만, "왠지 어찌할지 몰라서…. 억제할 수 없었습니다."라고 말하였다. 진찰 장면에서는 말더듬이 명확하지 않았지만, 평소의 생활에서는 자주 말을 더듬는다고 자각하고 있었다. 쓰기의 서투름도 자각하고 있어, 이름을 한자로 쓰도록 지시하면 "서투릅니다." 말하며, 매우 긴장하고, 백지의 구석에 어색하고, 편방[28]이 따로따로 흩어져 나열되어 있는 것 같은 글자를 시간을 들여서 겨우 썼다. 그 후, 지능검사나 문자의 쓰기 검사, 벤더 게슈탈트(Gestalt) 검사를 했고, 전반적 지능은 정상범위이지만, 특히 한자 쓰기와 도형 묘사가 현저하게 곤란한 것이 밝혀졌다.

C군과 가족에게 학습장애인 것을 알린 바, C군은 잘 이해가 된다고 하며 납득했고 "그래서 작문을 할 수 없었네요. 이유를 알아서 좋아요."라고 말하며 매우 안심하고 부드러운 표정을 지었다. 학습 면의 지원으로서, 그 후의 작문이나 문장으로 표현하는 제출물은 워드프로세서를 이용하도록 학교 측이 배려하게 했다. 그 후, C군은 화내는 일이 없이 고교에 진학했다.

---

28) 한자의 왼쪽 획인 편(偏)과 오른쪽 획인 방(傍)을 이름.

2) 진단과 증상

고기능자폐증은 자폐증(자폐성 장애)의 진단기준을 충족시키는 고기능군이다. DSM-IV및 ICD-10의 자폐증 진단기준은, 앞에서 기술한 윙 등이 지적한 자폐증 장애의 3가지를 기본이라고 하고 있다(89쪽 칼럼).

아스퍼거장애는, 질환개념으로서 아직 충분히 그 위치 부여를 확립한 것이 아니고, 절대적 진단기준이 없다. DSM의 기준에서는 자폐성 장애의 의사소통의 질적 장애가 빠진 것으로, 자폐성장애가 아닌 것으로 표현되어 있지만, 지금까지 여러 연구자에 의해 진단기준이 제시되고 있어 이것을 가미오(神尾)가 정리한 특징을 표 3.32에 제시했다.

어느 것도, 그 증상이 지적 발달에 의해 어느 정도 눈에 띄지 않게 되어 있거나, 학교라고 하는 틀 안에서는 당초 두드러지기 어렵고, 오히려 독특한 뛰어난 능력

표 3.32　아스퍼거장애의 특징

대인적 교류의 장애
- 친밀한 친구가 없다.
- 친구를 만드는 것에 관심이 없다.
- 언제나 혼자서 논다. 전부는 아니지만 거절당할 것 같은 근접법을 사용한 결과가 많다.
- 공감이나 남을 헤아리는 마음이 부족하고, 타인의 정서를 이해할 수 없다.

비언어적 의사소통 특징
- 표정, 시선, 제스처, 자세 등의 표현이 부족하다. 또는 독특하고 부적절한 표현을 한다.
- 대인 장면에서 단서를 이해하지 못한다.

언어의 독특성(화용론적 장애)
- 표면적으로는 완전한 표현 언어를 가진다.
- 현학적인 독특한 말투로 말을 한다.
- 글자 뜻 그대로 언어 이해를 하고, 언외(言外)의 의미를 이해하기 어렵다.
- 음성의 음율이 부적절하다. 한 가지 음성, 반대로 꾸며 보이려는 음색 등.

좁고 독특한 취미, 관심사
- 흥미 대상이 특이경우라든가, 또는 그 흥미를 가지는 방식이 강박적이다.
- 물건의 수집이나 사실의 기억과 관련된 것이 많다.

정해진 행동 패턴
- 생활의 여러 장면에서 정해진 행동 패턴이 보인다.

운동의 서툼
상식이 없음
- 사회적 습관에 따라 행동할 수 없다.

출처 : 神尾陽子, 아스퍼거증후군: 中根晃 편, 자폐증, 일본평론사, 1999

(기억력이 좋은, 제한되어 있지만 전문적인 지식의 풍부함, 어떤 분야에 있어서의 뛰어난 기능이나 습득도 등) 때문에 문제가 표면화되지 않는 경우가 자주 있다. 그러나 고학년이 됨에 따라서 사회성은 서서히 고도로 요구되게 된다. 고기능 전반적 발달장애를 가진 아이는, '마음이론'의 장애 등으로 인해 상대의 의도나 생각을 모르고, 동료의 암묵적인 이해를 읽어 낼 수 없고, 분위기를 읽을 수 없는 등, 특히 사춘기 시기에는 동료가 싫어하는 행동을 하기 쉽다. 게다가 중추성 통합(central coherence)의 결함으로 설명되는, 사물을 보다 상위의 개념으로 통합해서 판단하는 능력이 부족하기 때문에 사회적으로 우선시해야 할 것을 모르고, 어쩌면 자기중심으로 보이는 말과 행동을 한다. 이러한 일이 많아지면 동료관계가 잘 형성되지 않아 자신을 잃어버리거나, 집단 괴롭힘을 당하는 일도 있을 수 있다. 그 결과, 우울상태나 등교 거부에 빠지고, 점점 사회적 경험이 부족하게 되는 악순환에 빠진다. 때때로 현저한 외상(trauma) 반응을 동반하는 경우도 있다.

3) 대응

고기능 전반적 발달장애에 대한 대응은, 자폐성 장애에 대한 대응을 기본으로 해서 고려되지만, 특히 그 아이의 언어발달 수준을 철저하게 확인하는 것이 중요하다. 어휘나 말로 나타난 지식의 풍부함과 의사소통으로서의 말의 능력이 걸맞는지를 검토한다. 그리고 나서 문제행동을 될 수 있는 한 적게 하기 위해서 우선 환경 조정을 할 필요가 있다. 신체적 특수감각이나 감각과민 때문에 고통을 느껴서 초조하거나 안정되지 않는 경우는 자주 있지만, 고기능이라 하여도 고통을 언어적으로 표현할 수 있는 아이는 적다. 전반적 발달장애를 가진 아이가 환경을 싫어한다면 그 요소(빛, 색, 소리, 감촉 등)를 조정할 필요가 있다. 나아가 의사소통 환경도 정리한다. 지시를 하는 방식이나 의사전달 방식을 시각적인 단서 등을 이용하면서, 보다 정확하게 전달하도록 아이디어를 짜낼 필요가 있다. 자주 생기는 문제로서 지시가 통하지 않는 것을 들 수 있지만, 전반적 발달장애를 가진 아이는 비록 고기능이라 하여도, 'ㅇㅇ야, △△해 줘'라고 자신에게 향해진 말이 아닌 한 지시로 받아들이지 않는 특징이 있어서 필요한 지시는 항상 본인을 향해서 명확히 전하는 아이디어가 필요하다.

환경 조정을 하여도 고기능 전반적 발달장애를 가진 아이에 있어서 사춘기의 대인관계나 사회적응은 매우 어렵다. 정동(情動) 불안정이나 현저한 우울상태, 또는 흥분을 수반하는 심한 패닉 등이 다시 출현하는 경우도 있다. 이러한 사례에는 약물치료의 사용이 검토된다. 전반적 발달장애의 동일성 고집이나 패닉이나 정동 불안정에는 SSRI나 비정형 항정신병약이 효과적이다. 단, 이 약제를 사용할 때에 주의해야 할 점으로서, 소아에 대한 사용 안전성이 미확립된 것, 부작용으로서 SSRI에는 구역질, 두통, 졸음, 자살사고의 증대 등이, 항정신병약에는 어지러움, 추체외로(錐體外路) 증상, 변비, 경련 역치의 저하, 빈도는 적지만 고열을 동반하는 악성증후군(neuroleptic malignant syndrome, NMS) 등이 나타나는 것을 알고, 적어도 가족에게는 동의를 구한 후에 사용하는 것이 필요하다.

칼럼

핵심 중의 핵심 : 지원 장소에서 진단명은 '이해를 위한 틀'이다

발달장애를 가진 아이를 지원할 때, 그 아이의 특성을 정확하게 이해하고, 매일의 생활 속에서 지원·지도해 가는 것은 중요하다. 그러나 지원자나 의료종사자 앞에 아이가 보이는 시간은, 그 매일의 아주 적은 시간이다. 그러한 장면에서 전문가로서 적절한 판단을 했다고 한들, 태어났을 때부터 그 아이를 보아 온 부모에게 있어, 또 그 방식으로 계속 생활해 온 본인에게 있어서, 'ㅇㅇ장애'는 갑자기 수용하기 어려운 것이 당연하다. 증상이 문제가 된 것인가 아닌가를 차치하고, 새삼스럽게 장애 명을 통지받은 상황에서, 부모에게 있어서도 본인에게 있어서도 상황은 변함이 없다. 중요한 것은, 그 진단이 아이가 최대한의 성장을 이루고, 그 사람의 능력에 맞추고, 그 사람답게 살아가는 방식으로 살아갈 수 있도록 지원하기 위해서 도움이 되는 것이다. 즉 진단이라는 것은, 부모나 본인에 있어서는, 그렇게 이해되어서 본인에 대한 지원을 보다 적절하게 받을 수 있는 것, 그것만일지도 모른다. 일반적으로는 경도발달장애에 대한 정확한 이해가 충분히 진행되지 않는 현시점의 일본에 있어서는, 의학이나 연구를 위해서 엄밀하게 행해지는 진단과, 부모나 본인에 대한 발달장애의 통지의 의의는 다르다고 생각된다. 따라서 지원 현장에서는, 그 장애 명을 알리는 것이 그 부모와 자식에 있어서 도움이 될 경우에는 적극적으로 통지해야 할 것이다. 한편, 부모(경우에 따라서는 본인)에게 그것이 도움이 될 준비가 되어 있지 않은 시기에는, 명확한 통지는 보류해도 좋다고 생각된다. 그 경우, 그 아이에 대한 이해와 지원을 촉진하기 위해서, 진단명이 아니지만 아이의 특징을 포착하는 단서로서의 표현을 이용해야 할 것이다. 예를 들면, ADHD를 가진 아이를 위해서 '앞을 예상하고 행동하는 것이 서투르네요'라든가, 전반적 발달장애(PDD)권의 아이를 위해서 '전체를 크게 파악하거나, 상대의 입장에 서서 생각하는 것이 서투른 아이네요' 등으로 표현하고, 부모와 개념을 일치시켜 간다. 어느 정도, 부모나 주위의 이해가 진행된 상황에서 진단명을 알리는 것은, 수용 과정을 보다 부드럽게 하여 극복할 수 있게 할지도 모른다. 임상적인 지원 장소에서는, 진단명은 하나의 툴이며, 그 아이를 지원하기 위해서 도움이 되도록 이용하는 것임을 알아야 한다.

● 참고문헌

❶ ADHDの診断・治療指針に関する研究会：斉藤万比古, 渡部京太(編)：改訂版 注意欠陥/多動性障害−AD/HD−の診断・治療ガイドライン. じほう, 2006

❷ 高橋三郎, 大野 裕, 染矢俊幸(訳)：DSM−IV−TR精神疾患の診断・統計マニュアル. 医学書院, 2002

❸ バル・クミン, ジュリア・リーチ, ギル・スティーブンソン, 斉藤万比古(監訳)：教師のためのアスペルガー症候群ガイドブック. 中央法規, 2005

■ 笠原麻里

ⓔ 발달장애의 성인기 : 문제점과 대응

1. 성인 ADHD

1) 현황

발달장애인지원법[29]의 제정에 따라 ADHD를 가진 아이들에 관해서는, 대응책이 의료나 교육현장에서 강구되거나, 의학 분야에서도 생물학적 특성의 검토가 행해지게 되었다. 그러나 일본에서 ADHD를 둘러싼 상황은 아동기에 한정된 장애로서 인지되고 있는 경우가 대부분이며, 성인에게도 존재한다는 생각은 아직 일반적이지 않다. 단지 실제 의료현장과 그 연구에 있어서, 예전에는 본인의 의식이나 자라 온 환경의 문제, 마음의 병, 뇌의 결함이 원인이라고 생각해 온 '충동성·과잉행동·주의지속곤란·해야 할 일을 미룸 등'의 증상이 사실은 어른이 되어도 뇌신경 발달 특성이 원인으로, 그렇게 될 수밖에 없는 부분이 많이 있음이 알려졌다. 이러한 ADHD적 성향을 가지는 성인의 유병률은 낮은 것은 2%, 높은 것은 10% 정도라고 보고되고 있다.

ADHD 성인은 아이 시기의 증상을 가지고 있기 때문에 아이 시기와 비슷하지만 발달 과정에서 일부 증상은 질·양 모두 변한다. 성인이 되면 생활 중에서 요구되는 것도 바뀐다. 소아기에 있었던 증상이 사라지는 것도 있지만, 더 곤란해지는 증상도 있다. 과잉행동성은 개선되는 경우가 많고, 충동성은 질적으로 변화되어 안정되는 경우가 많지만, 공격적인 성격으로 사회생활상 큰 문제가 되는 경우도 많다. 주의력의 문제도 변화가 없는 경우가 많고, 주위에서의 요구 수준이 높아지기 때문에 성가신 문제가 되는 경우도 많다. 다시 말해, 소아와 성인에 있어서는 요구 수준이 다르기 때문에 DSM-Ⅳ에서의 소아 진단기준은 성인에게는 적합하다고 말하기 어렵다. 아이에게는 주위에서 일정한 규칙을 지키는 것이 요구되지만, 성인에게

---

29) 국내의 경우, '장애인 등에 대한 특수교육법', '장애인복지법'이 있을 뿐 별도의 법률이 제정되어 있지 않다. 최근 '발달장애인 지원 및 권리보장에 관한 법률안'이 2012년 제19대 국회에 상정되어 검토 중에 있다. 하지만 일본에서 규정하고 있는 발달장애와 국내의 위 법률안에서 규정하고 있는 발달장애는 다소 차이가 있다. 국내의 경우는 지적장애와 자폐성장애만을 규정하고 있는 데 비해, 일본에서는 자폐증 및 기타 PDD, LD, ADHD 등을 광범위하게 포함한다.

는 어느 정도 선택의 여지가 있다. 단, 성인이 되면 생활 전반을 관리할 필요가 요구되고, 다양한 일상적인 사회적 요청에 응해 가지 않으면 안 된다. ADHD 성인에서는 그러한 많은 사항에 대해서 책임을 지거나 달성하는 것에 문제가 생기기 쉽다. 매일의 가정생활에 있어서 배우자나 아이와의 관계를 고민하고 있거나, 직장에서의 대인관계나 일 자체의 문제로 일상생활에 있어서 언제나 '살기 어려움'을 느끼는 경우가 많다. 일본의 ADHD 성인에 대한 이해가 낮음으로 인해 자신의 매일의 고민이 ADHD에 관련되어 있고 생물적인 이유로 고민이 생기는 것을 알아차리지 못하고, 적정한 진료나 지원을 받을 수 없는 사람들이 많이 있다.

2) 원인

대뇌피질의 전두엽 부위에서 신경전달물질(도파민·노르에피네프린)이 부족한 것을 알고 있고, 이러한 신경전달물질의 부족이 행동의 억제장애나 작업기억의 장애, 동기부여의 장애, 운동제어의 장애를 만들어 내고 있다고 생각된다. 이러한 이상에 대해서 대사의 문제, 또 그 외에도 망상활성체(reticular activating system, RAS)나 청반핵(靑斑核)이나 미상핵(尾狀核), 편도체(扁桃體) 등의 영역의 기능 부전 등 생물학적 문제가 원인으로 생각되고 있다.

3) 주 증상

ADHD의 진단기준에 대해서는 DSM-IV-TR 또는 ICD-10을 이용할 수 있지만, 성인 ADHD의 진단에는, Hallowell & Ratey's Diagnostic Criteria For ADHD[30](표 3.33)을 이용하는 경우가 많다. 가장 일반적인 성인 ADHD의 주 증상은 아래에 기재되어 있지만, 이 증상이 모두에게 맞는 것은 아니다. 사람마다 다른 정도로 나타나지만, 그 외에도 각 사람마다 고유한 증상이 있다.

(1) 부주의

특정 사물에 주의를 두는 것이 곤란해서 과제를 하고 있을 때도 금방 싫증을 낸다.

---

30) Hallowell E. & Ratey J. (1994). Driven to Distraction. New York; Pantheon. 이 외에도 실제 널리 사용되는 것으로 Wender P.의 Utah criteria 등이 있다.

표 3.33 성인 ADHD의 증상

(1) 제대로 사용되지 못하는 감각
(2) 질서 있는 행동을 못한다
(3) 일을 연기한다, 착수하는 것이 늦다
(4) 많은 계획을 동시에 추진하고 끝까지 해내지 못한다
(5) 타이밍이나 상황을 생각하지 않고 생각한 것을 말한다
(6) 빈번하게 강한 자극을 구한다
(7) 금방 산만해진다, 집중할 수 없다
(8) 자주 상상력이나 직감, 높은 지성을 나타낸다
(9) 정해진 방식, 적절한 수순을 지키는 것이 곤란
(10) 급하고, 스트레스나 요구불만에 견딜 수 없다
(11) 말과 행동의 양면에서의 충동성
(12) 불필요한 걱정을 한다, 걱정거리를 자기 스스로 찾는 경향
(13) 마음이 허락하지 않는 불안정감
(14) 기분이 잘 흔들림, 변하기 쉬움
(15) 마음이 침착하지 않은 느낌
(16) 특히 좋아하는 경향(알코올, 약물 등의 물질, 도박, 쇼핑, 식사, 일 등의 활동 경우)
(17) 부적절한 자기 인식
(18) ADD, 조울증, 물질 남용, 그 외의 충동억제의 장애 또는 기분장애의 가족력
이상의 항목에서 15가지 이상 해당되면, 성인 ADHD의 가능성이 있음

하나의 사항에 집중하는 것이 어렵다, 주의를 기울이는 것이 어렵다, 행동하기 전에 생각하기 어렵다, 가만히 있는 것이 어렵다, 순서대로 일을 추진하기 어렵다, 학교에서 학습하기 어렵다. 이러한 증세들은 성인기까지 지속된다. 이러한 ADHD 증상에 더해, 초등학교 시기 및 사춘기에 이차적인 장애가 영향을 미쳐 성인의 증상이 만들어진다. 단지, 소아기에 현저한 과잉행동은 눈에 띄지 않으나 가만히 있는 것이 고통이고, 신체의 어딘가가 언제나 움직이는 증상으로 변화한다.

자신이 즐길 수 있는 사항에는 특별히 노력하지 않아도 자발적으로 주의를 기울이나, 의무를 다하거나 새로운 사항을 학습할 때는 주의를 집중해서, 정연하게 완수하는 것이 곤란한 경우가 많다. 잊기 쉬움, 정연하게 하는 것의 곤란함, 집중 곤란, 시간관리능력의 없음으로 나타나고, 학업·인간관계, 직장에서의 평가 등, 인생의 다양한 면에서 장애가 된다. 또, 스트레스를 받거나 스스로 어쩔 수 없는 상황에서는 금방 낙담한다. 기분이 자주 바뀌거나, 내면적인 생각이나 공상에 사로잡혀 멍하니 있거나, 주위에서 일어나는 것을 알지 못하기도 한다. 그 때문에 '둔한', '빠져있다', '의식이 문득 별개의 차원에 간다'라는 문제가 생긴다.

(2) 충동성

생애에 걸쳐 계속되는 증상이며, 단락적인 반응을 억제하거나, 행동으로 옮기기 전

에 생각하는 것이 어렵다. 그 때문에 부주의한 것을 말하거나, 갑자기 분노를 폭발시키거나 한다. 일부러 위험한 일을 하거나, 교통 위반, 마약, 도박 등의 불법 행위로 빠지거나, 충동구입, 신용카드의 남용, 지나친 수집벽의 충동성이 나타난다. 참고 견딜 수 없음, 난폭한 말, 주변 사람의 비언어적인 신호나 몸짓의 의미를 모른다는 문제를 보이는 경우도 있다. 이 때문에 사회에서 벗어나고, 사회성이나 대인관계에 심각한 문제를 일으키는 경우도 많다. 외부 세계에서의 여러 가지 자극에 대하여 무조건으로, 언뜻 보고 반사적으로 반응하는 증상이 있고, 특히 머리에 떠오르는 생각을 바로 말해 버리는 욕구에 사로잡히고, 이것이 원인이 되어 문제에 직면하는 경우가 많다.

(3) 산만성

현재 하고 있는 것과 관계가 없는 소리나 눈에 들어온 것에 마음을 뺏겨 그것에 주의를 기울인다. 그 때문에 마음이 산란해지기 쉬운 환경에서는 집중할 수 없고, 배경이나 소리를 의식 밖으로 쫓아내는 것이 어렵고, 그 때문에 물건이나 도구, 약속 등을 잊어버린다. 타인의 지시에 따르지 못하고, 우유부단, 고집, 우물쭈물해서 결정하지 못함 등이 나타나 주어진 지시에 응하지 못한다. 생활의 많은 부분에서 실력 발휘를 할 수 없다. 이러한 미흡함으로 인해 일, 결혼생활, 성생활, 가족과의 관계, 나아가 법률 준수 등에 있어 자주 문제를 가지게 된다.

(4) 과잉행동성

과잉행동성은, 성인이 되고 나서 경험에 의한 학습 효과와 행동의 조절로 억제될 경우가 많지만, 무릎 떨기나 빠른 말로 끊임없이 말하기 형태로 바뀐다. 일정 시간 앉아 있을 수 없거나, 가만히 하고 있는 것이 요구되면 긴장이 높아지는 일도 있다.

(5) 그 외 구체적 증상

칠칠치 못하다, 정리정돈을 할 수 없다, 실수가 많다, 스트레스에 약하다, 자극이 강한 것을 선택한다, 물건을 잘 분실한다, 금전 관리를 할 수 없다, 지각이 잦다, 서투르다, 위험한 행동을 한다, 계획·준비가 곤란하다, 일을 완수하지 못한다, 지루함을 참지 못한다, 기분이 잘 변한다, 어수선하고 부산하다, 불안감·우울·걱정

표 3.34 　적대적 반항장애

A. 적어도 6개월 이상 지속하는 거절적, 반항적, 도전적인 행동 양식에서 아래의 항목 중 4개 항목(또는 그 이상)이 존재한다.
　(1) 자주 짜증을 낸다.
　(2) 자주 성인과 말싸움을 한다.
　(3) 자주 성인의 요구, 또는 규칙에 따르는 것을 적극적으로 저항하거나 거부한다.
　(4) 자주 고의적으로 사람을 괴롭힌다.
　(5) 자주 자신의 실패나 잘못된 행동에 대해 다른 사람 탓을 한다.
　(6) 자주 신경과민 또는 다른 사람에 의해 초조해지기 쉽다.
　(7) 자주 자주 화를 내고 성을 낸다.
　(8) 자주 심술궂고 집요하다.
　주 : 이 문제행동이, 대상 연령 및 발달수준의 사람에게 보통으로 나타나는 것보다 빈번하게 일어나는 경우에만 기준을 충족시킨다고 봄

B. 이 행동상의 장애가 사회적, 학업적 또는 직업적 기능에 임상적으로 현저한 장애를 일으키고 있다.
C. 이 행동상의 장애가 정신병성장애 또는 기분장애의 경과 중에만 일어나지 않는다.
D. 품행장애의 기준을 충족시키지 않고, 또한 환자가 18세 이상인 경우, 반사회적 인격장애의 기준을 충족시키지 않는다.

출처 : 高橋三郎 외 역, DSM-IV-TR 정신질환의 분류와 진단 안내, 신개정판, 의학서원, 2003

을 자주 한다, 목표에 달성감을 느끼지 못한다, 짜증을 잘 낸다, 화를 잘 낸다, 매뉴얼에 따르는 것이 서툴다, 자존심의 저하, 부정확한 자기인식, 대인관계에서 일희일비하기 쉽다, 폭력 행위를 하기 쉽다, 알코올중독이나 약물중독이 되기 쉽다, 말을 너무 많이 한다, 손발을 무의미하게 안절부절못하게 움직인다, 차례를 지키는 것이 서툴다 등의 증상이 나타날 수 있다.

4) 이차적 장애가 유발하는 증상

ADHD의 증상으로, 하나에 집중하는 것이 어려움, 주의를 기울이는 것이 어려움, 행동하기 전에 생각하는 것이 어려움, 가만히 하고 있는 것이 어려움, 순서대로 일을 진행시키는 것이 어려움, 학교에서 학습하는 것, 사회에서 적응하는 것이 어려움 등을 들 수 있다. 기본적으로 이러한 증상은 성인기까지 지속한다. 이 ADHD의 증상에 더해서, 초등학교 시기 및 사춘기에 있어서 이차적인 장애가 영향을 주어 성인의 증상이 만들어진다. 일부의 과잉행동 · 충동성 우세형 또는 가족기능 · 사회 환경에 문제가 있을 경우에는, 적대적 반항장애(표 3.34), 품행장애(표 3.35), 반사회성 인격장애(표 3.36)로 발전하는 경우도 있다. 소아기에 현저했던 과잉행동은

표 3.35 품행장애

A. 타인의 기본적 권리 또는 연령에 적합한 주요한 사회적 규범을 침해하는 것을 반복하고, 지속하는 행동양식으로, 아래의 기준 중 3가지(또는 그 이상)가 과거 12개월 동안 있었고, 기준 중 적어도 1가지는 과거 6개월 동안 있었던 것으로 분명해진다.

사람과 동물에 대한 공격성
(1) 자주 타인을 괴롭히고, 협박하고, 위협한다.
(2) 자주 신체적 싸움을 시작한다.
(3) 타인에게 심각한 신체적 위해를 가할 수 있는 무기를 사용한 경우가 있다(예를 들어, 야구 방망이, 벽돌, 깨진 병, 칼, 총).
(4) 타인의 신체에 잔인한 행동을 한 경우가 있다.
(5) 동물의 신체에 잔인한 행동을 한 경우가 있다.
(6) 피해자와 대면한 상황에서 절도를 한 경우가 있다(예를 들어, 뒤에서 덤비는 강도, 낚아채기, 강탈, 무기를 사용한 강도).
(7) 성행위를 강요한 경우가 있다.

기물의 파괴
(8) 심하게 손상시키려고 고의로 방화한 경우가 있다.
(9) 고의로 타인의 기물을 파괴한 경우가 있다.

거짓말이나 절도
(10) 타인의 집, 건물 또는 차에 침입한 경우가 있다.
(11) 물건이나 호의를 얻거나, 또는 의무를 회피하기 위해 자주 거짓말을 한다(즉, 타인을 속인다).
(12) 피해자와 직면하지 않은 상태에서, 값비싼 물건을 훔친 경우가 있다(예 : 도둑질, 단 파괴나 침입은 없음, 위조).

심각한 규칙 위반
(13) 13세 이전부터, 부모가 금지했음에도 불구하고 자주 밤 늦게 외출한다.
(14) 부모 또는 부모 대리인과 살면서 외박을 한 경우가 적어도 2번 있다(또는 장기간에 걸쳐 집에 돌아오지 않은 것이 1회).
(15) 13세 이전부터 자주 학교에 결석한다.
B. 이 행동의 장애가 사회적, 학업적 또는 직업적 기능에 임상적으로 현저한 장애를 일으키고 있다.
C. 환자가 18세 이상인 경우, 반사회적 인격장애의 기준을 충족시키지 않는다.
  • 발병 연령에 따라 유형을 특정화한다.
    – 소아기 발병형 : 10세가 되기까지 품행장애의 특징적인 기준 중 적어도 하나가 발병
    – 청년기 발병형 : 10세가 되기까지 품행장애의 특징적인 기준 중 모두가 나타나지 않음
  • 심각한 정도를 특정화한다.
    – 경도 : 행동 문제가 있어도, 진단을 내리는 데 필요한 항목 수이고 그 항목 수를 거의 넘어서지 않고, 그리고 행동의 문제가 타인에게 비교적 경미한 피해밖에 주지 않는다(예 : 거짓말, 학교 결석, 허락 없이 밤에 외출함).
    – 중등도 : 행동 문제의 수 및 타인에 대한 영향이 경증과 중증의 사이임(예 : 피해자와 직면하지 않은 상태에서 절도를 함, 파괴행동).
    – 중도 : 진단을 내리는 데 필요한 항목 수 이상으로 다수의 문제 행동이 있든지, 또는 행동 문제가 타인에게 상당한 위해를 준다(예 : 성행위의 강요, 신체적 잔인함, 무기의 사용, 피해자와 직면해서 절도, 파괴와 침입).

두드러지지 않게 되지만, 가만히 하고 있는 것이 고통스럽거나, 몸의 어딘가가 언제나 움직이는 증상으로 변화된다.

표 3.36 반사회적 인격장애

A. 타인의 권리를 무시하고 침해하는 전반적 행태로, 15세 이후 발생하고, 아래의 항목 중 3가지(또는 그 이상)
로 나타난다.
  (1) 법에 맞는 행동이지만 사회적 규범에 적합하지 않은 것. 이것은 체포의 원인이 되는 행동을 반복하면서
    나타난다.
  (2) 사람을 속이는 경향. 이것은 반복해서 거짓말을 하는 것, 가명을 사용하는 것, 또는 자신의 이익이나 쾌
    락을 위해 사람을 속이는 것으로 나타난다.
  (3) 충동성 또는 장래의 계획을 세우지 못하는 것.
  (4) 초조함과 공격성. 이것이 신체적 싸움이나 폭력을 반복함으로써 나타난다.
  (5) 자신 또는 타인의 안정을 생각하지 않는 무모함.
  (6) 일관해서 무책임함. 이것은 일을 안정되게 계속할 수 없다 또는 경제적인 의무를 다하지 못한다 하는 것
    을 반복함으로써 나타난다.
  (7) 양심의 가책의 결여. 이것은 타인을 상처 내거나, 괴롭히거나, 또는 타인의 물건을 훔치거나 하는 것을
    아무렇지도 않게 느끼거나, 그것을 정당화하는 것으로 나타난다.
B. 18세 이상이다.
C. 15세 이전에 발병한 품행장애의 증거가 있다.
D. 반사회적인 행동을 일으키는 것은 조현병이나 조증 에피소드 경과 중이 아니어야 한다.

5) 성인 ADHD의 사회생활 성공을 위한 조언

ADHD 성인이 사회생활에 있어서 성공하기 위해서는, 사춘기 전기에 자기유능감을 가지는 것이 필요하다. 다시 말해, 초등학교 전기까지 어느 정도의, 미래를 예상한 예절교육을 행하여, 가족 혹은 교사, 친구들에게서 칭찬 받는 것이 중요하다. 또한 될 수 있는 한 이차 장애가 없을 것, 사춘기 전기까지 작업기억 장애 등을 포함하는 인지장애에 대하여 개별 방략을 소유하고 있을 것 등을 들 수 있다. ADHD의 경우에는, 새로운 물건에 대한 호기심이 왕성해서 흥미를 가지면 주위 상황에 신경을 쓰지 않고 돌진한다.

이상의 관점에서 직업선택의 조건을 보면, 자신의 페이스로 일을 할 수 있고, 전문성이 높고, 같은 순서로 일을 할 수 있는 것 등을 들 수 있다. 비서와 같은 존재가 있고, 스케줄, 물품의 관리 등을 해 주면 보다 바람직하다. 대인관계에 있어서는, 자신이 자각하고 있지 않아서 표면상 문제가 되는 일은 적기 때문에 대인관계를 필요로 하는 직업도 선택 범위에 들어온다. 단지, 한 번에 여러 가지 일을 병행해서 하는 것은 곤란하기 때문에 사무직 일은 맞지 않다. 이러한 조건에서 생각하면, 이과계, 의료계 등의 전문직, 학자 등도 적합한 경우가 많다. 운동이나 손끝이 서투른 경우가 많은 것도 알아 둔다. 여러 가지에 흥미를 가지고, 발

상이 독특하고, 충동적이어서 생각나면 바로 행동할 수 있는 점에서 매스컴(mass communication) 관계, 무역 관계도 적합한 직업이라고 말할 수 있다. 돌발적인 사태가 생겼을 때 주위에 상담할 수 있는 사람이 없을 경우에는, 혼자서 생각을 정리하는 것이 곤란하다. 사람들과 회의를 하는 것 같은 상황이 예상될 때만 메틸페니데이트를 복용하는 것도 사회생활을 영위하는 데 효과적이다.

　여성의 경우에도 남성과 같지만, 부주의형이 많은 점 때문에 알려지지 않은 것이 있다. 첨가하면, 약속을 지키는, 순서에 맞추어 일을 진행시키는, 학교에서 학습하는, 사회에서 적응하는 것 등은, 여성으로서 남성보다 더 높은 규범이 요구되는 경우가 많다. 여성으로서 질책, 매도 등을 받고, 우울상태에 빠지는 것도 자주 경험한다.

6) 사춘기부터 성인에 이르는 ADHD의 문제점

다양한 문제가 ADHD에 관련되어서 생각되지만, 문제점을 내재화 장애와 외재화 장애로 나누어서 생각하면 이해하기 쉽다.

　사춘기 이후의 ADHD에 영향을 주는 유아기의 마음의 성장으로서, 애착장애가 전면에 드러나는 경우에는 학대를 야기하고, 대인관계에서의 탐욕과 공허감이 경계형 인격장애로 발전하는 경우가 있다. 충동성·공격성이 자극 받기 쉬운 상황에서는 강박성의 항진이 과잉 방어기제로서 나타난다. 아버지에게 ADHD의 의혹이 있어, 일관성이 없고 상황에 따라서 강한 감정을 가정 내에서 보이는 경우에는, 아버지에 대한 두려움으로 인해 어머니를 강하게 고집한다. 또 아버지에게 가정 내 폭력이나 알코올 의존이 있는 경우에는, 외재화 장애로서 가정 내 폭력을 보이거나, 아버지 앞에서는 얌전하게 하고 있지만 밖에서는 아버지의 눈을 피해 몰래 공격성을 발휘하거나 한다.

　초등학교 고학년의 사춘기 전 시기에서는 어머니와의 분리가 시작되고, 사춘기 전 시기에 자기애가 높아지기 시작해 어머니를 강하게 의식하지만, 친구 등의 사회에 대한 생각에서 집단적 촉법(觸法)행동[31]에 이르는 것도 있다. 또, 외부세계에서

---

31) 청소년 비행을 범법행위, 촉법행위, 우범행위로 나눈다.

의 피(被)압박감과 어머니에게 굴복함으로 인해, 자주 동료로부터 고립하고, 은둔형 외톨이에 이른다. 다시 말해, 은둔형 외톨이와 어머니에게 의존함으로써 자기애성(自己愛性)을 지키고, 그 후 가정 내 폭력으로 발전한다.

중학교 입학 무렵부터의 사춘기 전기에서 고립은 결정적이어서, 등교 거부 상황이 되는 적도 많다. 분노는 수동 공격적으로 표현되고, 때때로 직접적으로 표현된다. 또, '노력하지 않는다' 등 주위 사람에게서 공격을 당해 거친 아이가 되는 일도 많으나, 자기 스스로부터의 파괴성은 자기평가를 낮추는 것이 된다.

이 시기는, 어머니로부터의 분리가 진행되고, 친구 관계에 몰두해 동료관계를 의식하게 되지만, 과민해지면 창피에 대한 염려로 인해 상처 받는 것보다는 점점 집에 돌아오는 선택을 하게 되기도 한다.

사춘기 중기에는, 자존심의 저하와 다른 사람의 눈에 대한 과민성이 강화되기도 하고, 이것은 정신질환으로 이행해 갈 가능성을 시사한다. 또, 자기애성을 지키는 수단으로서 '은둔형 외톨이'라는 수동 공격적인 표현이 점점 완고한 '은둔형 외톨이'가 되기도 한다. 한편, 외재화장애로서, 충동성을 좋은 것으로 여기는 반사회적 집단의 유사 가족성에 동화함으로써 자기애성을 지키고, 반사회적 인격장애에 이르는 경우도 있다.

ADHD만의 문제는 아니지만, 사춘기는 자신 찾기와 자신 만들기, 자기 인식(conscious)과 자기애성의 항진이 큰 테마이기 때문에, 달성되지 않았을 경우에 자기를 둘러싼 과민성과 자기로의 은둔형 외톨이가 야기된다.

내재화 장애로서의 사회적 문제점은 니트(NEET)[32], 은둔형 외톨이의 진행으로 인해 사회·생산적 문제가 생기고, 적대적 반항장애(수동적/공격성), 불안장애(기분장애), 인격장애의 존재와 관련한다. 외재화 장애로서는, 반사회성의 진행으로 인해 촉법행위나 적대적 반항장애에서, 품행장애로 나아가 인격장애로의 진행이 큰 문제가 된다.

---

32) 'Not in Education, Employment, or Training'의 줄임말(Memonic)로 영국에서 교육, 취업, 훈련을 거부하는 16~24세 청소년/청년을 일컫는 말로 시작되었다. 이후 전 세계로 퍼져 나가게 되었고, 흔히 일본의 은둔형 외톨이와 유사한 개념으로 이해되기도 한다.

7) 치료

성인에게 있어 환각 등의 부작용이 나타나는 경우가 있어 약제 투여에는 신중하지 않으면 안 된다. 그 외에, 성인에게 투여 시의 느낌을 물어보면, 머릿속에서 말이 넘쳐 흐른다, 말을 많이 머리에 담아 둘 수 있다, 상대의 입장을 잘 알게 된다, 길을 헤매지 않는다, 일이 척척 진행된다 등의 느낌이 있다. 이러한 것은 사무 계열의 일에는 효과적일지 모르나, 어떤 전문가에 있어서는 오히려 마이너스일 수 있다. 또, 메틸페니데이트를 복용하면 자기중심적이고 사라진 과거의 돌이킬 수 없는 사건들이 떠올라 우울하게 되기도 한다.

(1) 약물치료

ADHD는 신경생리학적 이상이고, 예의범절 교육, 훈련, 심리치료만으로는 완전하지 않다. 약물치료는 전부를 해결하는 것은 아니지만, 약으로 정신을 집중하게 하면 도중에 산만해지지 않고 이후 생활 설계를 다시 세울 수 있고, 주위에도 도움을 구하기 쉽게 된다. 특히 '충동적으로 행동하고 발언한다', '기분이 변하기 쉽다', '정리정돈을 할 수 없다', '일의 최우선 순위를 매길 수 없다', '어떤 일도 미룬다', '너무 걱정해서 행동할 수 없다', '자신 속에 혼돈스러운 잡음이 있다' 같은 경우에는 약물치료가 효과적이다. 집중력이 강해지고, 불안이나 요구불만, 초조함 등의 기분 변화도 적지 않다. 이러한 약물의 일차적 효과로 침착해지면 자신감이 붙고 행복을 느끼고, 이차적 효과도 발생하게 된다.

① 메틸페니데이트

현재 ADHD의 치료에 가장 많이 사용되는 것으로, 주 성분이 염산 메틸페니데이트인 중추신경자극제인 리탈린[33]이다. 이것은 억제계(抑制系)를 담당하는 전두엽의 기능부전에 대해, 억제계를 자극한다. 중추신경계에 주어지는 자극에 의해 정보 필터 기능을 높이고, 특정 사항에 집중할 수 있게 되고, 소아기의 75%에 효과적이라고 언급되며, 메커니즘이 확실히 해명되지 않은 점과 의존성, 환청·환각 등의 문

---

33) 국내에서는 페니드(penid, 속방형), 서방형 제제로 메타데이트-시디(Metadate-CD), 메디키넷-리타드 (Medikinet-retard), 컨서타(Concerta, OROS-methylohenidate)가 처방되고 있다.

제가 지적된다.

② SSRI(선택적 세로토닌 재흡수 차단제)

세로토닌 재흡수를 저해하여 효과를 발휘하는 새로운 타입의 항우울제로 1990년대에 등장했다. 파록세틴(세로자트, 파실)이나 후루복사민이 있고, 이차 장애인 우울 기분이나 불안에도 효과적이나, 충동과 과잉행동성, 부주의 등의 증상에 대해서는 효과가 의문시되고 있다.

③ 항경련제

테그레톨®, 데파켄® 등이 감정조절제라고 불리며, 충동성 조절이나 조절하기 힘든 기분의 변화를 조정하는 작용을 한다.

(2) 그 외 치료법

① ADHD를 아는 것

ADHD에 대하여 될 수 있는 한 많은 정보를 수집하고, 생활 질서 만들기, 미래 설계 등 자신의 요구(needs)에 맞추어 치료를 구성하여 새로운 자기 이미지를 확립할 필요가 있다. ADHD를 잘 알면 자신의 입장을 타인에게 잘 설명할 수 있게 된다. 대인관계에도 큰 영향을 주므로 현재 자기 자신 안에서 무엇이 일어나는지를 알고, 타인에게 말로 설명하여 어느 정도 타인에게 이해를 받을 수 있는지를 알게 되어 매일의 생활이 변한다.

② 지지망(서포트 네트워크)

정신적인 지주(支柱)와 물리적 · 실제적 지주의 2가지 지원이 필요하다. ADHD가 사회생활을 잘하기 위해서는, 구체적인 일상 설계를 고쳐 보고, 자신의 힘든 분야를 지원해 줄 사람을 찾고, 주위로 지원의 폭을 넓히고, 정보 교환이나 감각 처리를 잘하기 위해 정신적으로 서로 지지해 주는 것이 필요하다. 특히, 정리정돈을 잘할 수 없기 때문에 서툰 작업을 나누어서 사람에게 맡기고, 될 수 있는 한 생활을 단순하게 하면 여유가 생긴다.

③ 생활 방략

자신에게 맞는 환경은 어떤 것인가를 철저하게 검토하고, 자신의 약점을 알고, 남의 손을 빌릴 뿐만 아니라, 기계나 도구를 이용하거나, 작업 계획을 다시 세우기도 환경 만들기로서 생각할 필요가 있다. 주위 소리에 주의력이 약해진다면 환경음악 흘려보내기, 갑자기 누군가가 말을 거는 경우나 걸려온 전화로 작업을 중단하기 힘든 경우라면 메일을 이용하기, 전업주부가 침착하게 가사를 처리하기 위해서 탁아소 이용하기 등, 생활 방략을 바꾸는 것도 필요하다.

④ 지원 · 코칭

생활 재구축을 위해서는, 외부에서 본인을 격려하고 지원해서 관리하는 것(코칭 스탭)이 효과적이다. 코치는 반드시 전문가일 필요는 없으며 가족이나 동료, 주치의라도 좋다.

칼럼 **다른 정신질환과 합병 또는 감별 진단**

발달장애라고 생각되어도 다른 정신질환, 신체질환 등에 의해 같은 상태가 생기는 것, 또는 이들을 합병하고 있는 경우도 있다. 치료 방침이 다르기 때문에 진단은 신중하지 않으면 안 된다. 감별해야 할 대표적인 질환은 다음과 같다.

① 기분장애, 양극성장애 등

ADHD의 약 절반은 다른 질환을 합병하고 있다. 특히 양극성장애(조울증)에 주의할 필요가 있다. 양극성장애의 반 수 이상에서 ADHD가 나타난다. 품행장애가 있는 경우는, 기분장애 또는 불안장애를 동반한다.

우울 증상이란, 의욕이나 사교성의 저하, 취미 등의 변화, 식사나 수면 패턴의 변화, 다시 말해 활력의 저하가 일어나는 증상이다. 자기 무가치관, 죽음에 대한 불안, 불면 등으로 능력을 발휘할 수 없다.

양극성장애의 경우에 부주의, 산만해지기 쉬움, 침착성이 없음, 기분이 바뀌기 쉬움, 충동적인 행동, 말이 빠르고 긴박한 투의 말씨, 짜증이나 기분의 변화 등이 나타남, ADHD나 품행장애를 동시에 나타내는 경우도 많다. 잘 화내고 적의(敵意)를 내보이기 쉽고, 강한 흥분을 보이고, 소위 '화를 낸다'는 상태가 된다. 소아에서는, 불쾌함이나 화를 잘 냄이 강하게, 조증과 우울의 순환 경향은 성인과 다르고, 분명하지 않은 경우가 많다. 다시 말해, 소아의 양극성장애는 조증 상태인 에너지가 넘치고, 매우 화를 잘 내고, 정신병적인 상태와 동시에 우울상태이기도 하다. 이러한 경우, 가족의 기능을 완전히 파괴할 수도 있으며, 물질남용으로 연결될 가능성도 지극히 높다.

② 강박신경증

소아의 강박신경증(OCD)은 조현병과 아주 닮아 있어, 또한 정신병적으로 보이는 경우는 OCD와 일부 겹치기도 하여 감별 진단을 신중하게 할 필요가 있다.

③ 불안장애

ADHD의 증상인 과잉행동이나 부주의는 보이지 않는 경우가 많지만, 침착성이 없고, 긴장이 높고, 심장의 고동, 발한 등의 자율신경증상도 나타난다. 충동적이고 부적절한 언동(言動)에 의해 동료로부터 따돌림을 당하는 경우도 많기 때문에, 사회성 공포로서 큰 집단에 속하는 것을 무서워하고, 등교거부나 은둔형 외톨이 등의 상태가 되는 경우도 많다.

④ 인격장애

적의, 반항심, 대항 의식 때문에 위험, 자기현시, 남의 불행을 사는 보람이라고 여기고 있는 것 같다. 그 때문에 소아의 적대적 반항장애와 유사하다. 행동이 폭력을 동반하는(경범죄 등의) 경우는 품행장애가 된다. 한편 ADHD의 경우는 성인에게 있거나 (성인에게 인격장애가 있거나 혹은 성인에게 ADHD가 남아 있거나) 반사회적 인격에 이르는 위험성이 지적되고 있다.

⑤ 조현병

자폐증은 성인 조현병의 영·유아기 발병형(最早期型)이라고 생각한 경우가 있었다. 그러나 실제로는 이 2가지 장애에서는 여러 가지 차이가 있고, 다른 질환이다. 우선 성비가 다르고, 조현병은 남녀가 1대 1, 자폐증에서는 4대 1 정도로 남자 쪽이 많다. 지적 능력에서는 자폐증에서 많이 지체되고 있고 특유한 불균형이 보이지만, 조현병에서는 이러한 소견이 나타나지 않는다. 발병 연령은, 자폐증은 3세 미만에 발병하고, 조현병은 15세 정도부터 발병 빈도가 증가하기 시작한다. 경과가 달라서, 조현병은 나아지거나 나빠지는 경과를 거치지만, 자폐증에서는 이러한 일이 없다. 조현병에서는 가족적으로 출현하는 경향도 있지만, 자폐증에는 이러한 경향이 없다.

2. 성인 학습장애(LD)

유럽과 미국에 있어서는 학습장애에 긴 역사가 있어, 조기발견, 조기치료교육을 위한 학습장애 프로그램이 취학 전부터 초등학교 시기 사이에서 시작되고 있다. 그러나 어느 정도의 효과는 얻고 있어도, 특히 발달이나 연령의 높아짐과 관계가 있다고 생각되는 높은 수준의 상징적 행동이나 개념 사고에 있어서 장애가 현저하다. 그 때문에 초등학교뿐만 아니라 중학교에 있어서 특수교육이 필요하게 되고, 성인기에 이르러서의 문제를 적게 하기 위해서 고등교육, 정신건강(mental health) 기관, 직업재활(rehabilitation) 기관 등과의 연계가 요구된다. 성인기에 있어서의 문제점으로는, 학습장애라고 말해도 여러 가지 타입이 있고, 환경·생육(生育)력 등을 포함해서 이차 장애의 영향 등도 고려해야 한다.

1) 어떤 생각으로 의료기관을 방문할 것인가?

사회생활을 하다 보면 사춘기에서 성인기에 이르게 되고 이력서를 쓸 수 없음, 읽는 데 시간이 걸림, 새로운 것을 배워도 이해하기 어려움, 사회적인 상식을 알기 어려움 등, 다양한 문제를 안고 있는 경우에 자신이 학습장애인가 아닌가, 또는 아이 시절에 학습장애로 진단되었지만 사춘기 이후 아무런 지원도 받지 못하고, 자신을 어떻게 생각하고, 구체적으로 어떻게 하면 사회에서 살아가는 것이 더욱 편할 것인가, 그 외의 지원의 필요성을 명확히 하고 싶다는 생각으로 의료기관을 방문하는 경우가 많다. 학습장애에 대한 대응으로는, 환자가 어떤 것을 요구하고 있을지를 아는 것부터 시작하지 않으면 안 된다. 그 때문에 우선 요구하고 있는 것을 문장으로 써 오게 한다. 그 문장이 쓰인 편지를 읽으면, 그 환자가 안고 있는 문제가 명확해진다. 다시 말해, 최초의 샘플은 편지가 된다.

2) 중요한 병력과 가족력

가족에게 같은 문제가 있는지 여부, 어떤 생활을 해 왔는가, 학습상의 곤란과 대인관계, 사회성의 문제는 없었는지 여부도 중요한 힌트가 된다.

3) 진단을 위한 검사

문제점을 알고 구하는 것을 알게 되면, 인지의 문제와 이차 장애의 문제로부터 진단을 확정해 가게 된다. 경직된 질문을 하면 대답하는 쪽도 긴장해 버려 점점 대답을 듣기 힘들어진다. 우선 오늘 생긴 일, 이전에 생긴 일, 계획성, 창조성 등에 대해서 생활이나 직업에서의 사항을 이용해서 자유로운 분위기에서 잡담하듯이 질문한다. 학습에 필요한 능력(인지능력)은 보기, 듣기, 생각하는 능력으로 나눌 수 있지만, 손상되고 있는 감각계와 손상되어 있지 않은 감각계가 있어도 시각이나 청각처럼 즉시 밝혀지는 것은 아니다. 예를 들면, 그림 해석에도 언어 이해, 독해력이 필요하고, 읽기-쓰기 능력에도 시각운동기능이 필요하다. 그 밖에 청지각, 기억, 명료한 발성, 개념화, 주의 등도 필요한 기능이다. 이 때문에 성인의 경우에는, 소아기에서는 간단히 진단될 수 있는 학습능력의 문제점도 다른 방략을 이용해서 과제 수행을 하는 경우도 있어 조심스러운 관찰이 필요하다.

검사는 입력계(入力系)로서 (1) 청각기능에서는, 순음청력, 순음과 음성의 검출, 음절 검사(同定), 음절 변별, 문장의 이해 등에 대해서 의료기관에서 실시한다. (2) 시각기능에서는, 시력, 근시, 집중, 안구운동, 전정과 배경의 관계 등의 검사를 의료기관에서 한다. 종합적인 평가가 된다. (3) 지적능력검사에서는 언어적 능력, 비언어적 능력을 나누어 검사할 필요가 있어 WAIS(웩슬러성인지능검사)가 사용된다. 출력계(出力系)에서는, (4) 청각-운동, 시각-운동, 신체운동, 제스처 등을 검

칼럼　병원증과 피학대아증후군

병원증(hospitalism)[34] 또는 사회적 차단 등의 장애는 시설에 입소하는 등으로 인해, 자극이 적거나, 부적절한 취급을 상당히 장기에 걸쳐 받았을 때에 일어난다. 그 임상 증상은 자폐증과 다를 뿐만 아니라, 빠른 시기에 발견해 양호한 환경으로 되돌리면 일반적으로 잘 치료에 반응한다. 피학대아증후군(battered child syndrome)은, 유아기에 있어서 부모에게 신체적, 성적, 정신적인 학대를 의도적으로 되풀이해 당했을 때에 생기는 증후군이다.

사할 필요가 있다. 각 검사의 내용은 제4~6장을 참조하기 바란다.

4) 학력과 인지 과정 평가의 도식(그림 3.5)

성인기에는 다양한 면으로부터 개선을 얻을 수 있어도 문제로 남기 쉬운 개념화는 비언어적인 인지 과정 또는 내언어에 근거하고 있다. 다시 말해, 학습장애의 경우에는 지각이나 회상, 일반화하는 능력은 가지고 있어도, 새로운 학습이나 복잡한 문제해결을 위해서 그것들의 배경에 있는 언어나 지식을 사용하는 것이 잘 기능하지 않는 경우가 많다. 또, 언어성 처리 과정과 비언어성 처리 과정의 어느 쪽에 문제가 있을지에 따라 다양한 학습장애의 타입을 진단하게 되지만, 어느 쪽의 장애는 그 결과로서 통합 장애를 초래하게 된다. 이러한 점에서 입력-통합-출력 도식(schema)과 언어성-비언어성 학습의 관점에서 학습장애를 파악하면 이해하기 쉽다. 학습 행동과 문제해결을 위해서는 다양한 규칙의 획득과 응용이 필요하다. 구두 언어는 음운론(소리 시스템), 의미론(의미), 통어(문법), 화용론(언어 사용)을 지배하고 있는 규칙이 있고, 쓰기는 정자법(正字法)(철자 패턴), 문법, 구두점, 화법의 지식을 필요로 한다. 수학, 음악도 규칙성을 가지고 있다.

그림 3.5　언어, 어학, 인지 과정의 관계

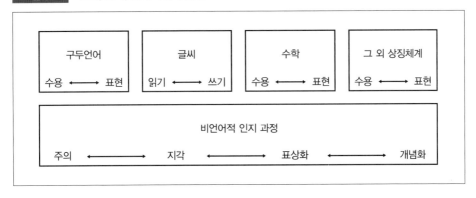

---

34) 사전적으로는 병원에 아픈 사람이 모임으로써 일어나는 질병상태를 말한다. 하지만 Rene Spitz 박사에 의해 부모와 격리되어 오랜 시간 요양원 등에 수용되어 지낸 아동들에서 나타나는 anaclitic depression을 일컫는 용어이다.

5) 환경에서의 적응을 곤란하게 하는 조건 평가하기

성인 학습장애인이 사회생활을 하는 경우, 가장 곤란한 조건은 학습의 문제가 아니고 오히려 대인관계의 문제이다. 다시 말해 비언어적 능력 장애인데, 성인 학습장애인은 대인관계를 배우기 위한 학습 방략이 부족하고, 학습 장소에 있어서도 대인관계 장소에 있어서도, 알고 있는 척해 온 것의 결과이기도 하다. 이 때문에 일상생활에서 자립이 방해된다.

사회적 성숙이 잘되어도 곤란해하는 것으로, 구두로 대답하는 언어능력장애, 읽기·쓰기능력장애, 수학능력장애, 시각-공간-운동장애, 조직과 계획장애를 들 수 있다. 그리고 구두를 사용한 표현 언어에서는 청각-운동계가 필요하고, 한자를 사용한 표현에서는 시각-운동계를 필요로 하기 때문에, 장애로 인해 사고방식도 달라지게 된다. 또한 구두언어에서는 듣는 사람인 상대방으로부터 직접적인 피드백을 받게 되고, 쓰기에서는 읽는 사람의 요구나 감성의 감지(感知)가 필요하게 된다.

더욱 세분화해서 생각해 보자.

[인지 과정의 장애와 학습의 장애]

① 추상적 능력과 문제해결능력에서는 작업의 수행을 현저하게 방해한다.

② 음성 변별, 청각성 언어와 언어와 의식화의 문제에서는 이야기를 듣지 않았기 때문에, 작업에 대한 정보가 부족하고, 행해진 작업 내용을 가지고 상상해서 자신의 해석을 하게 되어 잘 되지 않는 경우가 많다.

③ 개념화와 언어의 문제에서는, 사안의 내용에 관한 설명이 개념적이어서 구체화해야 하지 않으면 안 되는 상황에서는 곤란이 따른다. 초등학교 시기와 같이, 시각적 지시나 정보 미리 제공하기 등이 행해지지 않기 때문이다.

④ 읽기장애에서는, 쓰여 있는 문서의 내용이 정해진 패턴 또는 사용한 것이나 기억하고 있는 것에 대해서는 이해가 되지만, 새로운 단어나 내용, 조사가 내용에 큰 영향을 주어 사용될 경우 등에는 이해할 수 없는 또는 잘못 해석할 가능성이 크다.

⑤ 쓰기 언어의 장애에서는, 문자 읽기의 어려움, 틀림 등이 많이 보이기 때문에, 문서를 사용하는 작업의 경우 팀의 구성원으로 일할 때는 일의 진행이 느

려진다.

⑥ 수학의 장애에 대해서 생각해 보면, 수학은 형(形)과 관계의 연구이고, 언어, 미술, 또는 도구이기 때문에 일반지능, 공간능력, 언어능력이나 문제해결에 대한 접근, 논리 사고력이 관계된다. 초등학교 시기에는, 수를 다루는 산수와 문제해결능력이 시험된다. 중학교 이후로 이수하는 수학은 학습으로서의 위치 부여로 생각되는 경우가 많으므로, 성인기가 되면 '나는 잘 읽을 수 없다'보다 '나는 수학을 할 수 없다'라는 관점이 사회생활을 할 때 비교적 받아들여지기 쉽다.

문제해결능력은 이미 알고 있는 정보나 지식을 새로운 상황에 적용하는 것이며, 여기에는 문제를 분석하고, 계획을 세우고, 관련 정보를 선택하는 것에 의해 계획을 실행하고, 그 대답을 음미하는 것이 포함된다. 다시 말해 성인기의 일반화된 의미를 모르거나 논리적 사고력에 문제가 있는 것과 관계있다. 또 실제 사회에서 필요한 계산능력이란 덧셈, 뺄셈, 곱셈, 나눗셈, 나아가 퍼센트, 분수의 계산 등이다. 다시 말해, 수학장애가 있는 사람은 실생활에 있어서의 계산, 계측과 부분-전체 관계, 문제해결, 도표 읽기, 어림셈이나 추정의 기능, 예측하는 것, 계산기를 사용하는 것 등에 구체적인 문제가 나타난다.

칼럼 경계성 인격장애와 ADHD

경계성 인격장애는 자신의 능력이나 역할 등을 현실 그대로 파악하지 않고, 주위와 원만한 관계를 쌓을 수 없고, 감정이 불안정하기 때문에 엉뚱한 행동을 보이지만, 주위 사람은 그 이유를 모르고, 기분이 극단에서 극단으로 흔들려 움직이고, 어떤 순간에는 심한 우울증에 빠졌다고 생각하다 보면, 다음 순간에는 공격적이고 적개심이 가득한 마음을 노골적으로 드러내거나, 행복의 절정에 있거나 하는 것처럼 보인다. 행동을 예상할 수 없고, 자해행위도 자주 보인다. 비판적이고 단정적이어서 세상 사람을 악인이나 성인 둘 중 하나로 파악한다. 한편 ADHD는 생활 중 무엇인가의 계기로 기분이 싹 바뀌지만, 경계형처럼 완고하지 않다. 자해행동도 드물고, 단지 상대의 기분을 배려하는 것이 서투르다.

⑦ 비언어성 기능이란, 신경학적으로는 지각 운동장애, 신체상, 좌우와 공간의 구별을 말하지만, 비언어성 사고, 사회적 지각, 비언어성 의사소통에 있어서의 상징적 · 개념적 측면에 대해서도 중요하다고 생각되고 있다(제5장 참조). 이 능력이 사회에서의 대인관계, 상황의 이해 등과 관계되어 있고, 장애가 있을 경우에는 사회생활상 현저한 장애가 되고, 등교거부, 은둔형 외톨이, 니트(NEET)(각주 34 참조) 등과 관계있다고 본다.

6) 집단 치료

집단은 5~10명 정도가 바람직하다. 몇 명의 스태프가 어느 정도의 방향성을 조절하면서 지켜보는 형태로 운영된다. 학습장애 성인의 경우에는 강한 성취동기를 가지지만, 상당한 지적 능력이 있어도 자존심에 상처를 받는 경우가 있기 때문에 치료 목표로서 공통의 목표를 설정하고, 오해를 받아 온 것이나 능력에 관한 당혹 등을 서로 나누어 가지는 것이 중요하다. 그 때문에 구체적인 학습 방략을 배우는 것이 아니고, 전원이 신뢰감을 가지기 위해서 과거의 기억으로 돌아가서 서로에 대한 관심과 문제의 해결을 잘할 수 있는 방법을 서로가 공유하는 것부터 시작한다. 이것은 잘 생활하는 것, 일을 잘하는 것 등으로도 넓힐 수 있고, 인지의 발전에도 연관되고, 본인들에 있어 수용적이고 지지적인 그룹으로서 위치가 부여된다.

7) 대학에서의 집단 치료

대학에서는 학습장애 대학생에 대하여 적절한 방법으로 학습시키는 서비스를 제공할 의무가 있고, 학습장애로 인한 불이익을 최소화할 필요가 있다(앞에서 기술한 방법론 참조). 그러나 본인이 자신의 장애를 정확하게 이해하고 있는 경우가 적고, 또 알고 있어도 자신에 관한 불이익 또는 자존심 때문에 숨기는 경우도 많다. 이 때문에 앞으로 대학에서 학생보건센터가 기존의 신체, 정신질환뿐만 아니라 입학한 학습장애 대학생에게 적절한 서비스가 있는 것을 모집 시에 알리고, 미리 상담에 응하는 것도 필요하다. 이러한 것 이외에도, 끊임없는 욕구 불만과 누적되는 실패를 위한 카운슬링 혹은 심리치료를 하는 것도 요구된다.

8) 학습장애 성인의 직업 적성

(1) 의미와 개념의 획득 문제

지각, 지각-운동기능, 단기기억은 평균 범위이며, 개념화, 추리, 이해, 지식의 응용에 문제가 있다. 다시 말해 문제를 발견할 수 없음, 새로운 문제를 해결할 때 이미 획득한 지식을 사용하는 것이 잘 되지 않음 등, 의사결정이나 계획에 문제가 있게 된다. 이러한 점에서 지각-운동기능을 사용할 때 문제가 명확하거나, 일의 순서가 결정되어 있거나, 적절한 조언을 얻을 수 있는 직장이 적합하다.

(2) 일반적인 언어능력의 문제

비언어능력이 뛰어나기 때문에 관찰로부터 개념을 추상화하거나, 비언어적으로 추리하거나, 비언어적인 문제를 발견 · 해결할 수 있다. 장애는 주로 구어의 이해이며, 구어를 사용한 표현, 읽기 이해, 쓰기 표현, 수학에서의 추리에 문제가 있다. 직업적으로 적합한 것으로, 예술, 제도, 디자인, 기계가 있으나, 대학입시에서 외국어 코스에서 실패했던 예가 있다. 그리고 언어적인 문제는 비언어적인 유추능력에도 영향을 끼치고, 직장에 익숙해지는 데도 시간이 걸리거나, 일이 이해가 되지 않을 때에 상사나 동료와의 관계가 잘 되지 않을 경우도 있다.

(3) 표현 언어의 문제

읽기에 문제가 있다고 생각되나, 기본적으로 표현성(表出性) 언어장애를 가지고 있다. 다음 절의 언어의 지각과 발음에도 문제가 있다. 그 때문에 문장을 조립해서 쓰는 것이 특히 곤란하다. 읽기의 장애는 있지만 지적 호기심이 강하고, 듣거나 관찰하는 것으로 정보를 얻는다.

(4) 읽기와 철자의 문제

시각성의 언어적 부호에 주된 문제를 가진다. 다시 말해 고전적인 난독증(dyslexia)이며, 계열화와 청각적인 분석에 문제가 있다. 청각 정보, 시각 정보, 운동 정보의 순서를 동조(同調)하는 것에 문제가 있어, 전화번호, 문자, 단어의 순서를 틀린다. 많은 경우, 보상적인 방법을 익히고, 책임 있는 일을 하는 경우도 많지만, 지적 잠재 능력보다 낮은 지위에 머무르고 있는 일도 나타난다. ADHD와 병합하는 경우도 많다.

(5) 철자 및 글자언어의 문제

비교적 이야기를 잘할 수 있지만, 유연성이 없고, 요약이나 재구성 등이 능숙하지 못하다. 거꾸로 된 문자, 일부를 반대로 쓰거나, 활자체와 초서체를 섞어서 쓰기도 한다. 문제는 주로 정보의 출력에 있기 때문에 일은 잘 수행할 수 있다. 그러나 승진했기 때문에 쓰는 것이 필요하게 되면 문제가 생길 수도 있다.

칼럼 학습장애 성인에 대하여

일본에서는 학습장애 성인이 학습장애인 것을 밝히는 경우는 거의 없어서, 자연경과나 어떻게 해서 장애를 극복했는지에 대해서 밝혀진 것이 없다. 난독증을 가진 아이의 부모는, 소아기의 증상으로부터 성인기의 언어능력, 직업 적성을 추정하는 것이 가능하다. 극복 시기에는, 히라가나나 한자를 마크 혹은 형태로서 패턴적으로 기억하고, 문장이 많은 전기나 역사 이야기를 후리가나를 붙여 읽으면서 문절(文節) 단위로 문장을 기억했다고 말하는 경우가 많다. 직업적으로는 사진가, 일러스트레이터, 설계사, 요리사, 셰프(chef), 배우 등 저명인에게도 많이 있다고 생각된다. 성인에 이르러도 문장의 잘못 읽기, 특히 조사, 대수롭지 않은 말을 잘못 말함, 잘못 들음 등이 나타나는 경우가 많지만, 직업적으로 성공하고 있는 경우에는 사회적으로나 직업적으로 인정을 받았다는 자존심으로 사회에서 충분히 생활해 갈 수 있다. 그러나 직업이 불안정하거나, 성인까지 자존심이 자라지 않은 경우에는 은둔형 외톨이, 니트(NEET), 우울상태가 될 것으로 예상된다. 대인관계의 장애를 동반하고 있는 경우에는 전반적 발달장애의 요소가 있기 때문에 분위기를 읽을 수 없음, 사회적응이 곤란함, 다른 사람의 기분·상황 입장을 모름의 문제가 있어서 NEET, 우울상태, 은둔형 외톨이가 되는 것도 많이 볼 수 있다. 어떻게 사회생활을 하면 좋은 것인가를 합리적으로 생각하지 않을 수 없기 때문에 사람 마음의 각본·연출을 추구해서 배우 지망을 하는 사람도 있다.

(6) 비언어성의 시각-공간적, 수량적인 문제

쓰기와 수학에 문제가 있지만 일상생활기능의 문제도 있다. 시각적 분석이나 통합·조작을 필요로 하는 과제는 서투르지만 구어로서 보충하고 있다. 길눈이 어두워서 서툰 경우가 많다.

(7) 비언어성 개념화의 문제

관찰로 의미의 추상화를 행하는 능력이며, 사회기능에 자주 문제가 있고, 비언어적인 단서를 이용하는 것이 곤란하다. 관계를 만드는 방법을 알지 못하기 때문에 친구가 생기기 어렵고, 상대의 눈을 보면서 대화할 수 없다. 그러나 감수성은 있어 다른 사람에 대해 마음을 쓸 수 있다.

(8) 구성, 계획, 주의집중의 문제

쾌활하고 읽기능력도 양호하지만, 계획이나 활동에 순서를 붙이거나 정확히 계획하는 능력에 문제가 있어 자기를 검증하는 능력에 문제가 있다. 주의집중에 문제가 있는 경우도 많다. 그 때문에 요구불만 내성이 약하고, 어떤 시간 내에 많은 자극을 처리할 수 없고, 패닉을 일으킬 수도 있다.

학습장애의 이러한 유형에 대해서는 더욱 연구되어, 정신건강시설, 직업 프로그램으로 대응할 필요가 있다. 또 작업치료사, 언어청각사, 심리사(心理職), 신경학자, 정신과 의사, 치료교육사 등의 협력도 필요하다.

● 참고문헌

❶ Malone RP, Maislin R, Muniya S et al : Risperidone treatment in children and adolescents with autism : short- and long-terms afety and effectiveness. J Am Acad Child Adolesc Psychiatry 41 : 140-147, 2002

❷ Gillberg C : The treatment of epilepsy in autism. J Autism Dev Disord 21: 61-77, 1991

❸ McDougle CJ, Naylor ST, Cohen DJ : A double-blind, placebo-controlled study of fluvoxamine in adults with autistic disorder. Arch Gen Psychiatry 53 : 1001-1008, 1996

❹ Fankhauser MP, Karumanchi VC, German ML et al : A double-blind, placebo-controlled study of the efficacy of transdermal clonidine in autism. J Clin Psychiatry 53 : 77-82, 1992

❺ 東田好広, 森 健治, 橋本俊顕, 他 : 自閉症に対するSECRETIN治療の有効性に関する研究. 脳と発達 36 : 289-295, 2004

❻ Jan JE, O'Donell ME : Use of melatonin in the treatment of pediatric sleep disorder. J Pineal Res 21 : 193-199, 1996

❼ Barthelemy C, Garreau B, Leddet I et al : Behavioral and biological effects of oral magnesium and, combined magnesium-vitamin B6 administration in autistic children. Magnes Bull 3 : 150-153, 1981

❽ D'Eufemia P, Petit M, Finocchianno R et al : Abnoramal intestinal permeability in children with autism. Acta Pediatr 85 : 1076-1079, 1996

❾ McCarthy DM, Coleman M : Response of intestinal mucosa to gluten challenge in autistic subjects. Lancet 2 : 877-878, 1979

■ 宮尾益知

3. 성인 아스퍼거장애

1) 진단에 이르는 과정

아스퍼거장애 진단이 행하여지는 시기는 평균 8세 무렵이었다. 그러나 질환에 대한 이해가 이루어진 것은 최근이며, 성인의 정신질환을 진료하고 있는 정신과 의사가 생육력, 즉 소아기부터의 상태에 대해서 가족에게서 정보가 얻기 어려운 점에서 소아기부터의 일관된 정신·신경질환으로 보지 않고, 비정형적 정신질환으로서 진단·치료가 행하여져 왔다. 그러나 소아기에 있어서도, 진단이 곤란할 경우가 있다. 생육력을 거슬러 올라가면 아래와 같은 상황을 들을 수 있다(표 3.37 참조). ① 사회성의 결함, ② 흥미, 관심의 좁음, ③ 반복적인 결정, ④ 말과 언어표현의 문제, ⑤ 비언어 의사소통의 문제, ⑥ 운동의 서투름.

표 3.37   아스퍼거장애의 평정 척도(ASAS)

A. 사회적 · 감정적 능력
- 다른 아이들과의 놀이법의 이해가 결여된 경우가 있는가? 예를 들면, 집단놀이에서 암묵적인 어떤 규칙을 알아차리지 못한다 등을 보인다.
- 점심시간 등, 다른 아이들과 자유롭게 놀 수 있는 시간에 접촉을 피하는가? 예를 들면, 떨어져 있는 장소에서 발견되거나, 도서관에 가거나 한다.
- 사람과 대하는 방법이 정해져 있음이나 매너를 모르고 있는 것 같고, 사리에 맞지 않는 행동이나 발언을 한 경우가 있는가? 예를 들면, 상대의 용모에 대해 말하고, 그것이 상대의 감정에 상처를 줄 수 있다는 것을 알지 못하는 것 등.
- 상대의 기분에 공감한다. 즉 그 직감적인 이해가 결여된 경우가 있는가? 예를 들어, 상대에게 사과하면 상대가 조금이라도 생각이 달라진다는 것을 모른다 등.
- 타인이 자신의 생각이나 경험, 의견 등을 알고 있다고 강하게 믿는 경우가 있는가? 예를 들면, 그 자리에 있지 않은 사람은 (그 자리에서 있었던) 일을 모른다는 것을 알 수 없다 등.
- 보통과는 다른 것을 하거나 무례하게 대처할 때, 보통 이상으로 그것을 반복해서 확인하는 것이 필요한가?
- 감정을 나타낼 때, 분별이 결여된 경우가 있는가? 예를 들면, 실제와는 동떨어진 감정의 침울이나 기복을 보인다 등.
- 감정의 표현을 적당하게 하지 못한 경우가 있는가? 예를 들어, 상대가 잘못하면 당연히 감정 표현 수준도 달라지는 것을 이해하지 못하는 것 같음.
- 스포츠나 게임, 그 외 과외 활동에서도, 승부 싸움의 참가에 흥미를 가지고 있지 않은 경우가 있는가?
- 동료로부터의 사회적 압박에 무감각한 경우가 있는가? 예를 들어, 장남감이나 복장 등의 새로운 유행을 따르지 않는 등.

B. 의사소통 기술
- 들은 것을 문자 그대로 받아들인 경우가 있는가? 예를 들어, '옷깃을 여미다(마음을 가다듬다)', '눈알을 주십시오(핵심을 말해 주세요)', '가슴에 손을 대고 생각한다(진지하게 생각한다)'와 같은 표현은 혼란스러워한다 등.
- 어조에 어딘가 부자연스러움이 있는가? 예를 들어 '외국인 어조'의 액센트이거나, 중요한 말을 강조하지 않고 늘 하나의 어투로 말한다 등.
- 아이와 말할 때, 상대의 말에 관심이 없는 것처럼 생각하게 한 경우가 있는가? 예를 들면, 대화 중에 상대의 생각이나 의견을 듣지 않거나, 그것에 대한 자신의 생각을 말하지 않는다 등.
- 대화 중에, 기대하는 것보다도 눈을 맞추는 일이 적은 경향이 있는가?
- 말을 할 때 너무 엄격하거나, 세세한 부분에 집착한 경우가 있는가? 예를 들어, 특정한 형식의 말투로 말을 하거나 만물박사처럼 자세하게 말을 한다 등.
- 대화를 자연스럽게 이어 가는 것에 문제가 있는가? 예를 들어, 상대가 말한 것을 모를 때에 상대에게 되물어보지 않고 평소의 화제로 옮기거나 계속 생각한다 등.

C. 인지적인 기술
- 책을 읽을 때 보면, 지식을 얻기 위한 것이 중심이고, 픽션에는 무관심한 것처럼 보이는가? 예를 들어, 사전이나 도감, 과학 책은 열심히 보지만, 모험 이야기는 열심히 보지 않는다 등.
- 이전에 있었던 것이나 사실에 대해서는, 장기적(長期的) 기억력이 우수한가? 예를 들어, 가족의 수년 전 차 번호를 기억하고 있다, 몇 년 전에 일어난 장면을 생생하게 생각해 낸다 등.
- 동료와의 상상적 놀이를 하지 않는 경우가 있는가? 예를 들어, 자신이 하는 상상적 놀이에 다른 아이가 끼어들지 못하거나, 다른 아이가 하는 소꿉놀이에는 주저하고 끼지 않는다 등.

D. 특별한 기술
- 어떤 특정 관심사에 열중하고, 어떤 정보나 데이터를 열심히 수집하거나 하는가? 예를 들어, 교통 기관이나 지도, 리그전 순위표 등의 지식이 마치 만물박사처럼 자세하다 등.
- 매일의 판에 박힌 일정이나 예측이 변화하면, 매우 기분이 상한 경우가 있는가? 예를 들어, 평소 때와 다른 길로 학교에 가면 고통을 느낀다 등.
- 지키지 않으면 성이 차지 않아 정확하게 지키는 약속 같은, 즉 의식적 행동이 있는가? 예를 들어, 자기 전에 반드시 장난감을 나열한다 등.

표 3.37 (계속)

E. 운동의 기술
- 동작의 통합이 나쁜가? 예를 들어, 공 주고받기를 잘 못한다 등.
- 뛸 때 다리의 움직임이 어색한가?

F. 그 외 특징
이 항에서 각각의 특징이 조금이라도 있으면 체크가 필요하다.
- 다음 사항 중에 독특한 두려움이나 고통을 느낀다.
  - 전기제품 등의 일상적인 소리
  - 피부나 머리카락에 가볍게 접촉하는 것
  - 특정 의류를 입는 것
  - 예상 못한 소음
- 어떤 특정 것을 보는 것
  - 사람의 모임, 슈퍼마켓 등의 소란스러운 상황
  - 흥분하거나 곤란에 부딪히면, 손을 계속해서 움직이거나 신체를 흔듦
  - 낮은 수준의 고통에 대한 민감성이 결여됨
  - 말을 시작하는 것이 늦음
  - 얼굴을 부자연스럽게 찡그리거나, 틱이 있음
위와 같은 증상이 객관적 사항으로서, 가족이나 친구를 통해 소아기에 있었다는 것을 확인할 것

①~③에 대해서는 소아기에 진단되고 있는 경우가 많지만, ④~⑥의 경우에는 성인기가 되어 진단되는 경우가 많다. 우선 아스퍼거장애의 진단 방법에 대해서 알아본다.

(1) 제1단계 : 아스퍼거장애의 진단

평정척도[ASAS(아스퍼거장애 오스트레일리아판 스케일)[35]]를 이용하는 방법.

이하의 질문(표 3.37)은, 초등학교 시절의 아이에게 볼 수 있는 아스퍼거장애의 징후를 나타내는 행동이나 능력의 유무를 확인하기 위한 것이다. 이 시기에는 독특한 행동이나 능력의 패턴이 매우 눈에 띈다. 각각의 질문이나 서술에는 그 시기의 아이에게 기대할 수 있는 보통 수준을 제로(거의 없다)로 하는 평정 척도가 첨부되고 있다.

---

35) Tony Attwood의 저서 *Asperger's Syndrome: A Guide for Parents and Professionals*, pp.17~19에 소개된 척도로 채점은 0~6점으로 한다. 많은 항목에서 '예', 그리고 2~6점 사이의 경우 보다 정밀한 진단과정이 요구된다. 엄격하게 표준화되어 있지 않기 때문에 연구용으로는 널리 사용되고 있지 않다.

(2) 제2단계 : 진단적 평가

아스퍼거장애 및 아스퍼거 증후군의 진단기준에는 네 종류가 있다. 길버그(Gillberg) 등의 진단기준(표 3.38), 또는 사트마리(Szatmari)의 진단기준(표 3.39)이 성인기에 는 사용하기 쉽지만, 공식적(국제적)으로 DSM-VI(표 3.2) 혹은 ICD-10(표 3.40) 을 이용한다.

(3) 아스퍼거장애의 진단에 이르는 과정

① 유아기의 자폐증 증상에서 보면 의사소통 능력이 취학 전에 발달하고, 취학 후 아스퍼거장애의 진단기준에 일치한다.

② 취학 전에 명확한 이상이라고 생각되는 증상이 없고 취학 후 친구관계, 놀이 규칙, 놀이의 창조성이나 대화 등의 문제에서 진단된다.

표 3.38 길버그와 길버그의 아스퍼거 증후군 진단기준(1989)

1. 사회성의 결여(극단적인 자기중심성)(다음 중 2가지 이상)
   a 친구와 상호적으로 관계하는 능력이 결여됨
   b 친구와 상호적으로 관계하려는 의욕이 결여됨
   c 사회적 시그널의 이해가 결여됨
   d 사회적 · 감정적으로 적절함이 결여된 행동
2. 흥미 · 관심의 좁음(다음 중 1가지 이상)
   a 다른 활동을 받아 주지 않음
   b 고집을 반복함
   c 고정적이며 목적 없는 경향
3. 반복적인 판에 박힌 것(다음 중 1가지 이상)
   a 자신에 대해, 생활상에서
   b 타인에 대해서
4. 말과 언어 표현의 문제(다음 중 3가지 이상)
   a 발달 지체
   b 표면적으로는 잘못이 없는 표현언어
   c 형식적, 젠체하는 언어표현
   d 음률의 이상함, 독특한 음성의 고저
   e 표면적 · 암시적 의미의 잘못 해석 등의 이해의 나쁨
5. 비언어적 의사소통 문제(다음 중 1가지 이상)
   a 몸짓 사용이 적음
   b 신체 언어(body language)의 어색함/조잡함
   c 표정이 부족함
   d 표현이 적절하지 않음
   e 시선이 이상하고, 서먹서먹함
6. 운동의 서투름
   운동발달의 검사 점수가 낮음

표 3.39	사트마리 등의 아스퍼거 증후군 진단기준(1989)

1. 고립(다음 중 2가지 이상)
   - 친한 친구가 없음
   - 친구 만들기에 관심이 없음
   - 사람과의 접촉을 피함
   - 자기 혼자만의 세계를 좋아함
2. 사람과의 관계가 결여된 면(다음 중 1가지 이상)
   - 자신에게 필요한 때에만 사람과 접촉함
   - 친구에 대한 일방적인 접촉 방식
   - 사람의 기분에 무관심함
   - 사람에 대한 접촉 방식이 어색하고 서투름
   - 사람의 기분을 읽어 내는 것이 곤란함
3. 비언어적 의사소통의 결여된 면(다음 중 1가지 이상)
   - 표정이 부족함
   - 눈의 움직임으로 아이에게 의사를 전달하는 것이 곤란함
   - 다른 사람에게 시선을 주지 않음
   - 사람에게 지나치게 다가감
   - 몸짓을 크게 하여 어색함
   - 아이의 표정에서 감정을 읽어 내기가 곤란함
   - 손을 사용해 의사를 표현하지 않음
4. 말투가 이상함(다음 중 1가지 이상)
   - 억양이 이상함
   - 말수가 너무 적음
   - 색다른 독특한 말을 사용함
   - 말수가 너무 많음
   - 대화에 일관성이 결여됨
   - 반복이 많은 말투
5. DSM-III-R의 기준으로 아래의 항목이 해당되지 않음
   - 자폐성장애

표 3.40	아스퍼거 증후군의 진단기준(ICD-10)

A. 표현성·수용성 언어나 인지능력의 발달에 있어 임상적으로 전반적 지체는 없는 것. 진단에 있어 2세까지는 단어의 사용이 가능하고, 또한 3세까지는 의사 전달을 위한 2어문(phrase)을 사용할 수 있는 것이 필요하다. 신변처리나 적응행동 및 주변을 향한 호기심은, 생후 3년간은 정상적인 지적 발달에 맞는 수준이어야 한다. 그러나 운동 면의 발달은 다소 지연되어 있고, 운동의 서투름은 자주 있다(단, 진단의 필수 항목은 아니다). 특출한 특수 기능은, 자주 이상한 몰두를 동반하는 것으로 보이나, 진단의 필수 사항은 아니다.
B. 사회적 상호작용에 있어 질적 이상이 있음(자폐증과 같은 진단기준)
C. 도가 지나친 제한된 흥미, 또는 제한적·반복적·상동적인 행동·관심·활동의 패턴(자폐증과 같은 진단기준. 그러나 기묘한 운동, 그리고 장난감의 일부분이나 본질적이지 않은 요소의 고집을 동반하는 경우는 드물다).
다음에 제시한 영역 중 1개 이상 항목이 존재할 것
D. 장애는 전반적 발달장애의 다른 아형(亞型), 단순성 조현병, 분열병형 장애, 강박성장애, 강박성 인격장애, 소아기의 반응성·탈억제성 애착장애 등으로 인한 것이 아니다.

③ 운동발달, 언어발달 등의 문제만이 알려져 가벼운 뇌성마비, 언어발달지체로서 훈련 받고 있거나, ADHD로 진단되어 치료를 받은 적도 있다.

④ 취학 전에는, 특히 문제가 있다고는 생각되지 않았다. 초등학교에서는, 색다름, 적극성이 없는 아이로서 여겨지고 있다. 그 후 사춘기가 되어 사람과 사귀고, 친구를 만들고 싶게 되지만, 친구관계를 만드는 것이 곤란하기 때문에 집단 내에서의 고독감을 더욱 의식하게 된다. 때로는 동료 집단에 들어가려는

시도가 조소나 험담의 대상이 되어 우울상태에 빠지는 적도 있다. 이러한 상황에 동반해서 억울상태, 강한 불안상태에 빠지고, 공황발작이나 화장실 등의 강박장애, 때로는 알코올 의존 등에 빠져 전문가에게 진료를 받고, 최근의 질환에 대한 이해가 넓어짐과 동시에 아스퍼거장애로 인해 이차적으로 생긴 상태라는 것을 알게 된다.

⑤ 이러한 상태가 보다 심각해지면 대인관계와 관계된 공포감으로 인해 자신의 내부세계에 틀어박히고, 사람에 대한 흥미를 잃고, 혼잣말이 시작되고 환각에 사로잡히고, 청결을 유지하는 것마저 되지 않기 때문에 조현병(비정형적 조현병)의 의심을 가지게 되기도 한다. 이처럼 생육력에서 아스퍼거장애의 특징이 있는 것을 확인하고, 환각의 내용이 대인관계에 관련된 강박 또는 집착이 강하게 나타나면 감별은 비교적 용이하다. 덧붙이자면, 조현병이 아스퍼거장애로 인해 발병하는 빈도는 일반 인구에 있어서의 빈도와 거의 변함이 없고, 알코올 의존에 있어서는 우울 증상으로 인해 생긴 이차적인 상태인 경우가 많다.

⑥ 성인이 되면 사회생활상 큰 장애는 없지만, 아이나 친척이 진단을 받거나, 책이나 텔레비전 프로그램 등이 계기가 되어 자신의 아이 시절부터의 여러 가지 생각이나 의문을 가지고 자기진단을 하는 경우가 있다. 생육력은 자신의 소아기부터의 기억에 의한 것이므로 기억에 관한 확인을 가족, 친구, 교사에게 객관적인 정보로 재확인할 필요가 있다.

⑦ 특별한 관심사(동일성 고집) 등으로 일으킨 범죄행위가 계기가 되어 진단되는 경우도 있다. 이러한 경우는 보통 범죄와는 다르고, 물건에 대한 치우친 흥미로 인해 일어난 것이다. 다시 말해, 훔치자고 하는 악의가 있는 것은 아니고, 보통은 열중, 호기심이 지나치기 때문에 아스퍼거장애의 사고 과정의 특징인 자신류(自身流), 다시 말해 주위의 사람에게서 어떻게 생각될지를 고려하지 않고 일으키는 행위다. 이러한 관점에서 범죄행위를 분석함으로써 아스퍼거장애라는 진단에 이르는 경우도 있다. 이러한 문제를 안은 채 아무도 적절한 조언을 해 주지 않는 아스퍼거장애 성인에 대하여 어떤 대응을 하면 좋을까? 당연하게 들릴지도 모르지만, 구체적으로, 이론적으로, 한 걸음 한 걸음 같이 걸으며, 같이 생각하며, 같은 방향을 향해서 해결해 가는 것이 중요하다. 결코

어려운 것은 아니지만, 지금까지 당연히 해 왔던 것을, 왜 그렇게 해 온 것인가, 또는 이후 어떻게 해결해 갈 것인가를 지도하는 것은, 새로운 시점을 획득하는 것이며, 의외로 곤란한 것이기도 하다.

2) 성인 아스퍼거장애의 증상과 구체적 대응

(1) 사회적 행동의 특성과 대응

사회에서 잘 살아가는 것은, 사람과의 적절한 거리를 유지하면서 상황에 따른 대응과 적절한 의사소통을 할 수 있다는 것이다. 특히 규칙이 없는 많은 사람이 있는 환경 아래에서 곤란을 호소하는 경우가 많다. 아래에 여러 가지 상황에서의 구체적인 대응 방법이 나와 있다.

① 집단 사회성 훈련

- 인사하기(이야기를 시작하는 방식을 포함)가 곤란할 때의 말하는 방법과 대응 방법을 가르친다.
- 보다 적절한 행동을 미리 연습한다(리허설).
- 적절성이 결여된 행동의 실제 예를 제시한다(실패하지 않는 방법을 배우기 위해서).
- 자신이 살아온 궤적을 시나 자서전에 공개하고, 공감이나 적절한 조언을 받는다(과거를 되돌아본다 : 어느 정도 자신이 객관적으로 되고, 곤란했을 때에 도망친 장소와 방법을 가져왔을 때).
- 시선을 포함한 신체언어(body language)를 설명하고, 실제 이용 방법을 가르친다(특히 시선을 향하는 방법).

② 감정의 이해와 표현

- 감정의 내용을 이해한다(희로애락 등).
- 감정 단계를 읽는 법과 반응의 방법을 가르친다(표정의 이해와 감정, 이유를 추측하고 대응하는 방법).
- 적절한 표현 방법을 비디오 등을 이용해서 배운다(표정, 시선, 제스처 등).

(2) 언어에 관한 특성과 대응

사람은 의사소통을 할 때에 비언어적인 방법을 사용하는 것이 어렵기 때문에 말에
의지해 해석하기 쉽고, 사용 방식에 따라서 서로 오해가 생긴다.

① 말의 사용 방식 : 화용론의 틀림

- 이야기를 시작할 때의 적절한 말하기 방법을 가르친다(인사, 계절의 화제, 가
  까이 있고 인상적인 사건 등).
- 곤란할 때에 설명을 요구하고, 때로는 모른다고 말하도록 가르친다(모른다고
  하는 것, 묻는 것을 망설이지 않는다).
- 대답하는 방법, 몇 명이 모였을 때 이야기를 진행하는 방법, 화제를 바꾸는 타
  이밍을 가르친다(인원수가 짝수의 경우부터 시작해서 홀수의 경우의 대응 방
  법으로 나아간다).
- 공감할 때의 말하는 방법을 가르친다(자연스럽게 공감의 정도를 나타낸다).
- 연극의 대사, 스피치를 사용해 말하는 방법과 대응 방법을 배우게 한다(연극
  글에 맞춘 대사의 말하는 방법).
- 상대에 따라 의사소통 수준이 다른 것을, 그림책이나 만화를 사용해서 배우게
  한다(의사소통의 상대를 어떻게 이해할 것인가).

② 자의적이고 획일적인 해석

- 추상적인 표현을 이용하지 않는다(사물의 종류에 따라 표현 방법을 중복시키
  지 않음, 정도를 애매모호하게 표현하지 않는다).
- 시점과 문맥을 이용해서 해석의 방법을 가르친다(어디에 주목하고 있는가, 어
  떤 이야기의 흐름이 되고 있을지의 판단 방법을 배운다).
- 코멘트나 지시를 잘못 해석할 가능성을 생각한다(구체적으로 설명하고 시각
  적으로 보충한다).

③ 프로서디(prosody, 말의 유창성 : 액센트, 억양, 리듬)의 이상

- 키워드의 강조와 감정표현을 위한 어조나 리듬, 속도의 조절을 가르친다(의
  문, 공감, 반대일 때 말하는 방법).

④ 기묘한 말하기 방식

- 창조적인 면은 긍정하고, 일반적인 말하기 방식을 충고한다(일반적인 말하기 방식으로 바꾸어서 말하는 예를 제시한다).

⑤ 지나치게 말이 많음 → 생각을 금방 말함

- 상황에 따라 작은 소리로 말하거나, 머리로 생각할 필요성을 가르친다(어느 정도 생각이 정리되고 나서 말한다. 듣고 싶은 이야기인가 아닌가 상대에게 제시해 본다).

⑥ 청각만으로의 지시나 설명만으로는 혼란스럽다

- 말뿐만 아니라 그림이나 그림, 글자로 지시한다(구체적으로, 언제든지 볼 수 있도록).
- 지시마다 간격을 두고, 관계와 필연성을 설명한다(직전의 문맥뿐만 아니라 계통을 세워, 작은 단계로).

(3) 특별한 흥미와 매일의 판에 박힌 일(동일성 고집)에 대하여 : 사회생활상, 다른 사람들이 유별난 혹은 괴짜라고 생각한다

① 치우친 흥미

사물에 대한 흥미 수준으로부터 시작해서 특정 분야에 대한 흥미(교통 기관, 공룡, 컴퓨터, 자연과학, 동물, 캐릭터, 이야기)로 바뀌고, 현실의 인물에 대한 공상적인 관심(스토커 등)으로 옮겨 간다. 사람에 대한 흥미가 나타나면 사람과 캐릭터를 일체화해서 이해하기 가장 어렵다. 해결 방법으로는 사회와 사람을 이해하기 위해서 종교, 철학에 흥미를 가진다.

② 치우친 흥미의 의미

특별한 흥미는 일부 집단에서는 대화의 단서도 된다. 또 특별한 지식은 지적 능력이나 직업적 특성을 보이기 위해서 도움이 되기도 한다. 이러한 경우는, 질서와 보편성을 익히는 것, 이완하기 위한 방법과 장소를 아는 것, 집단이라면 보다 좋지만, 즐길 수 있는 활동을 찾는 것을 가르친다.

③ **구체적인 대처법**

체계를 세운 틀을 마련한다(시간과 장소를 정한다. 장면을 설정하고, 소꿉놀이의 세계로서 처리한다). 특수한 흥미가 건설적인 사항이 되도록 인도한다.

(4) 인지에 관한 특성

① **영상기억과 영상사고**

영·유아기부터의 기억, 때로는 출생 전부터의 장기기억을 선명하게 가지고 있는 사람이 있다. 보통, 구어의 발달 이전에 일어난 사건을 회상하는 것은 어렵지만, 일부의 아스퍼거장애의 아이들에 있어서는 시각적 기억이라는 이유로 회상할 수 있다. 다시 말해, 눈에 보이는 정경을 그대로 회상할 수 있는 것이다. 이 능력은, 모두를 기억하는 능력(뒤에서 기술함)으로까지 확대되는 경우가 있다. 또 이 기억 양식은, PTSD의 플래시백(flashback)과 같은 양식으로 야기된다는 점에서 어떤 계기로 당시의 상태를 회상하고, 패닉상태에 빠지는 일도 있을 수 있다. 정상발달에서는, 어떤 순간의 자신의 의식 내용(사고)은 언어, 감정, 신체감각, 시각 이미지를 포함한 폭넓은 내적 사고가 존재하지만, 아스퍼거장애에 있어서는 시각적 이미지를 중심으로 하는 또는 시각적 형태만으로 행하는 내적 사고라고 말해지고 있다. 이것(영상기억)으로부터 다른 사람에게 자신의 사고를 말할 때, 떠오른 마음속의 노트나 페이지에서 보는 것부터 사고가 시작되고, 그 후에 언어화된다. 다시 말해, 이 영상으로부터 언어화로의 시간 차(time lag)가 대화에 있어 '본 채 그대로의 기술(記述)'이라는 기묘함과 관련되어 있다. 그 후에 정상발달과 같은 사고 내용을 말하는 일도 많다. 학교나 사회에서는 과제가 언어에 의한 사고방식으로 행해지는 경우가 많기 때문에 이해를 할 때까지 시간이 걸리게 되고, 학습상 또는 사회생활상 마이너스 요인이 된다.

② **'마음이론'**

상대의 입장이나 상황이 되는 것이 서투르다. 타인의 시점이나 생각을 역할놀이(role play)나 설명, 특히 연극의 지문처럼 주위 사람이 설명함으로써 배울 수 있다.

③ 상상력

상상적(판타지) 세계는, 우선 텔레비전 드라마나 영웅물, 판타지의 세계에서 현실의 유치원이나 보육원의 사회생활, 친구와의 친구관계의 일인 연극(모노드라마), 또는 연출과 주역을 연기하면서 사회생활의 문제점을 다시 한 번 더 리플레이하고 있다. 또, 현실로부터의 도피나 즐거움의 한 형태로서, 판타지의 세계에 깊이 파고드는 경우가 있다. 그러나 그러한 상태일 때에, 외부로부터의 작용에 반응하거나 참가하는 것을 허용할 경우에는 자폐적인 상태가 강한 것은 아니다.

④ 사고의 유연성

다양한 상태에서 어떤 방법을 선택하면 좋을지를 모르는 경우가 많다. 우선, 2가지 선택사항을 주어 선택하는 것부터 시작하고, 그다음에 어떻게 생각하고, 어떤 선택을 할 것인가, 선택하기 위한 생각 방법을 가르친다. 모르는 경우에, 타이밍이나 방법을 포함해서 다른 사람에게 도움을 요구하는 것도 좋은 것이라고 가르친다.

⑤ 감각과민과 둔감

미각, 강한 빛, 색, 향기 등 여러 가지 감각기에서 과민성이 존재하는 경우가 많다. 아동기 후기에는 소리가 나는 이유나 지속 시간 등을 예측할 수 있게 되고, 이러한 과민성은 감소하는 경우가 많지만, 평생 계속되는 경우도 있다. 소리에서는, 예측하지 않을 때에 일어나는 소리, 지속하는 높은 소리, 많은 소리가 섞여 들리는 쇼핑센터 등의 잡음, 영·유아의 우는 소리 등에 대한 과민성이 많다. 촉각에서는 만져지는 것에 대한 과민성, 머리털, 스타킹 등에 대한 이상한 흥미에 관계되는 경우도 있다. 미각이나 식감에서는 편식으로 드러난다. 평생 계속될 경우에는, 거식증으로 나타나는 경우도 있다. 시각에서는, 밝은 빛이나 원색에 과민해지고, 희미하게 보이는 적도 있다. 또한 특수할 경우에 있는 특정한 감각계가 자극 받으면, 별도의 감각계가 자극 받아서 특정한 소리가 특정한 색으로 보이기도 한다.

(6) 청년기의 신체와 정신적 변화

사춘기의 신체적 변화는 그들에게 망설임을 준다. 자신의 변성을 인정하지 않고, 일부러 높은 가성으로 말하기도 한다. 이 시기에는 외견이나 사회적 능력이 주위 사람에게 어떻게 보일 것인가라는 가치판단을 동반하는 비판에 민감해져 거식증으로 나타나는 경우도 있다. 이 시기는 정상발달에서는 로맨스를 동경하거나 규칙을 깨는 행동을 취하게 되는데, 아스퍼거장애에서는 단순한 우정, 강한 정의감이나 도덕(moral)을 가지고, 좋은 평가를 받고 싶다고 강하게 생각하는 경우도 있다. 강한 애착이나 성적인 흥미의 출현은 20대까지 늘어나는 경우도 많다.

3) 정신질환과의 관계

아스퍼거장애에 있어서 정신질환의 빈도가 유의하게 많다고 하는 명확한 근거는 없다.

청년기로부터 성인기로 이상이 지속하는 경향이 강하게, 이것은 환경에 크게 영향 받지 않고, 개인적 특성을 보여 주는 것으로 생각된다. 그러나 정신병 에피소드가 성인기 초기에 가끔씩 출현하는 경우가 있다. 집착(동일성 고집), 불안, 억울, 기분 변화 등이 정상발달과 다른 형태로 표출되기는 하지만 사춘기, 성인기에는 드물지 않다. 급성기(急性期)에는, 그것이 정신질환의 발병인가, 아스퍼거장애에 어떠한 병합 장애가 생긴 것인가, 아스퍼거장애의 증상이 심해진 건가, 감별이 곤란한 경우도 많다.

(1) 조현병

환시, 환청이 나타나 감별이 곤란한 적도 많지만, 대상이 확실한 환시인 경우나, 분명한 자폐적인 증상은 주위 사람에 대한 방어인 경우가 많다.

(2) 불안

대인, 사회 등에 관한 불안증상이며, 과거에 있었던 어떤 상황과 관계된 외상(trauma)적인 양상을 띤다.

(3) 우울

자폐 증상과 결부되어서 죽음과 직결된 설명하기 어려운 언어와 행동이 많아지고, 이해가 어려운 행동이 많아진다.

(4) 기분 변화와 분노

정의, 약속, 시간의 엄수 등 규칙에 반하는 행동에 대하여 돌연 분노를 품는 경우가 많다. 소위 '화낸다'고 하는 행동이다.

(5) 범죄 행위

나쁜 것이나, 범죄와 농담이나 못된 장난의 차이가 구체적이지 않기 때문에, 범죄가 되는 것을 의식하지 않고 행동한다. 주위 사람이나 상황을 의식하지 않기 때문에 결과적으로 범죄 행위가 되어 버린다. 집착하는 특이한 흥미나 취미가 결과로서 범죄에 결부되는 경우가 있다.

4) 성에 의한 증상과 예후의 차이

아스퍼거장애는 빈도를 보면 남성에게 많다. 8:1로부터 4:1까지이며, 남성에게 있어서 사회적 기능에 현저한 치우침이 있는 프로필을 가지고, 특히 좌절이나 스트레스가 높을 때에는 파괴적·공격적인 행동으로 흐르는 것 같은 사회생활상의 부적응이 생기는 경우도 있다.

　여성은 아동기에 다양한 행위나 동작을 그대로 흉내 내지만, 다른 아이보다 타이밍이 나쁘고, 자발적이지 않다. 미숙으로 보는 경향이 있다. 흥미의 대상은, 특이해도 완고하지 않은 경향이 있다. 혼자서 공상에 열중하고 있어도 질서를 어지럽히는 것 같은 행동은 하지 않는다. 또 청춘 시절에 일상적인 친구관계의 기반이 변하는 경우가 있다. 장난감으로 놀거나, 상상력으로 노는 것을 보면, 실제 체험이나 대인관계, 친구관계, 감정 등이 대화의 내용이 되어 나온다. 아스퍼거장애에서는 10대가 되어도 초등학교에서 했었던 놀이를 계속하고 싶다고 느끼는 경우가 많고, 같은 연령의 아이와 같은 흥미를 서로 나누어 가질 수 없다. 게다가, 같은 연령의 남자 아이들로부터 오는 이성을 의식한 행동에 어떻게 대응하는가, 대화는 할 수 있어도, 신체접촉이나 로맨틱한 연애의 관념에 당혹 또는 혐오한다. 동료와의 활동에 들어가고 싶기 때문에, 자신의 얼굴의 일부인 것같이 덮는 '가면'을 쓴다. 타인에게 미소를 띠고 있는 것처럼 보이고, 가면 아래에서는 불안과 두려움, 자기상실의 감정에 휩싸이고, 필사적으로 타인에게 받아들여지도록 다른 사람을 기쁘게 해서 마음에 들도록 하기 위해 사람 앞에서 감정을 표시하지 않는다.

또, 사람과의 교제 방법, 자신의 문제를 두드러지지 않게 하는 방법을 어릴 때부터 남자 아이보다 잘 학습할 수 있다. 그러나 '타인과 느끼는 방식이 다르다'라는 감정을 계속 가지고 있어, 감정을 직감적으로 표출할 수 없다고 생각한다. 주변의 사람들이 남과 어떻게 서로 친밀해져, 그다지 생각하지 않아도 친구관계를 유지할 수 있는 것인지 언제나 의문으로 느낀다. 청년기는, 성차가 나타나는 것이 가장 많은 시기이다. 여성의 경우에는, 대인관계에서 오는 자신에 대한 부적절감이 강해지고, 우울적인 상태에 빠지기 쉽다. 그 후의 성인기에서는, 회사 등의 사회생활이나 가정생활에 있어서는 행위나 행동의 계획을 세울 수 없는 것과 아울러, 업무상의 문제나 직장에서의 동성과의 대인관계에 장애가 생기는 경우도 많다. 가정생활에 있어서는 계획을 세우거나, 새로운 것에 도전하거나 하는 것이 서툴기 때문에, 부부관계에 문제가 생기는 적도 많지만, 같은 패턴으로 생활하는 것을 확립할 수 있으면 비록 지역사회에서 필요한 역할을 다하는 것이나 정리 등에 문제가 있다고 해도, 남편의 이해 정도에 따라 큰 과실 없이 가정생활을 영위할 수도 있다. 가장 문제가 일어날 수 있는 것은, 아이(영·유아)에 대한 육아이다. 원래 상황이나 상대의 연령에 따라 대응 방법을 바꾸는 것이 가장 서투르기 때문에, 자기 아이에게 놀이 방식이나 사회적 규칙을 가르치는 것이 능숙하지 못하다. 아이가 방임(neglect)과 같은 상태에 빠지는 경우도 있다.

남성의 경우에는, 외견이나 사회적 능력 등을 남에게 보여 주는 것을 과민하게 느낀다. 무엇이 문제점인가를 모르기 때문에 시각적으로 생각하면서 원인을 탐색하고, 다른 사람이 보고 있음, 자신을 나쁘게 생각하고 있음 등의 환각을 호소하거나, 협박신경증 또는 불안장애가 강해져 망상성 인격장애, 정신분열성 인격장애, 비사회성 인격장애, 정서불안정성 인격장애(충동형), 강박성 인격장애 등으로 진단되는 적도 있다.

5) 직업 선택

아스퍼거장애에 있어서 예후를 좋게 하기 위하여 직업 선택은 중요하다. 지적으로 높고, 사회적 적응이 비교적 양호할 경우에는 흥미의 치우침을 살려서 이과계의 학자나 기술자, 정의감을 사람에게 가르치기를 좋아하는 자신의 세계를 가진 것을 활용하면 경찰관, 판사, 교사, 번역가 등도 적당한 직장이다. 직업 선택상 필요한 조건으로, 사회적 혹은 대인적인 능력이 그다지 요구되지 않는 직업일 것, 요구되는 회답이 결정되어 있을 것 등이 있다.

■ 宮尾益知

칼럼 비각성제 약물

아토목세틴[36][해외에서는 스트라테라(Strattera)로 판매]은 2003년 1월 말 미국에서 발매 이후 현재 74개국에서 승인, 54개국에서 판매되고 있다. 현재 일본에서는 비각성제 약물로서 콘서타가 소아 ADHD 치료약으로 유일하게 승인되었고, 아토목세틴은 비각성제 약물로서 분류되는 유일한 약물로, 현재 후생성(우리나라의 보건복지부)에 ADHD 치료약으로 신청 중이며 가까운 시일 내에 승인될 예정이다. 이 약물은 신경말단부에서 노르아드레날린의 작용과정을 선택적으로 억제하고, 도파민의 작용과정에는 거의 작용하지 않는다. 노르아드레날린은 주의 및 충동제어의 조절경로에 관여하고 있는 점에서 보면, 시냅스 사이의 간극(間隙)에서 아드레날린을 증가시켜 ADHD에 대해 작용한다고 생각된다. 아토목세틴은 불면, 각성, 흥분, 약물의존, 남용, 운동장애(틱 등) 등의 발현 빈도를 낮춘다고 보고되었고, 해외 주요 국가에서는 일차선택약물 중의 하나로 받아들여지고 있다. 이상의 내용들에 근거해서 성인 ADHD의 치료약물로서 치료 경험이 이루어지고 있다.

---

36) 한국에서는 이미 수년 전 사용 승인이 이루어져 널리 처방되고 있다. 상품명은 다른 나라들과 마찬가지로 스트라테라(Strattera)이다.

제4장

발달심리학에서 본 발달장애

경도발달장애아에게 발달심리학 영역이 적극적으로 관계하는 이유로서, 이 장애가 뇌기능 장애에서 유래하고 인지 과정의 관여로 이 장애의 본질을 설명할 수 있는 것, 지적장애가 없다고 이해하기는 어렵기 때문에 주위 사람과 연관된 심리적 문제 가 생기기 쉬운 것을 들 수 있다. 경도발달장애에 대해서는, 인지신경과학적 측면 에서의 장애 이해와 치료 교육, 그리고 임상심리학적 측면에서의 지원 모두가 필요 하게 된다.

고기능 전반적 발달장애(high-functioning pervasive developmental disorders, HFPDD), 주의력결핍과잉행동장애(attention-deficit/hyperactivity disorder, ADHD), 학습장애(learning disorders, LD)를 포함하는 경도발달장애는, 장애의 본 질은 각각 다르지만, 고차(高次, high-level) 뇌기능의 장애와 고차 뇌기능 장애에 서 기인한다고 생각되는 인지와 정동(情動, emotion)의 문제가 공통적으로 지적된 다. 최근, 발달 초기에서 표정 이해나 정동이 다시 주목 받고 있다. 영·유아기 초 기에 있어서의 다른 사람이나 환경에 대한 반응은 그 이후의 사회성이나 언어나 정 동의 발달을 보장한다. 바꿔 말하면, 발달 초기의 이 능력의 문제는 고기능 전반적 발달장애, ADHD, 학습장애 등의 발달장애를 예측할 수 있는 조기 사인이며, 그 때문에 소아신경과 의사나 임상발달심리학 전문가는 유아의 인지와 정동의 발달에 많은 관심을 보이고 있다.

이 장에서는, 처음에는 발달심리학의 영역에서 인지와 정동의 발달과 심리적 발 달과제에 대해서, 나아가 경도발달장애에 공통적으로 중요한 심리 과정으로서 많 이 들 수 있는 작업기억과 수행기능에 대해서 개관하고, 그다음에 경도발달장애아 의 특징과 대응을 검토한다.

Ⓐ 심리학적 발달

인지(cognition)는 다음과 같이 정의된다. '인지란 개체가 자기를 포함된 세계에 대 해서 아는 과정을 가리킨다. 즉 인지란 지적 활동이다. 이 경우, 지각뿐만 아니라 기억, 주의, 사고, 언어, 감정, 의지 등도 포함한 보다 넓은 과정을 의미한다'(심리

임상대사전, 1992).

'생명체(生活體)가 천성적으로, 혹은 경험적으로 가지고 있는 정보에 근거해서 행동을 제어하는 일련의 기능의 총칭이다. 지각, 판단, 기억, 학습, 추론, 문제해결, 사고, 언어사용 등의 매우 다양한 작용이 포함된다'(발달심리학용어사전, 1999). 다시 말해, 인지는 아는 과정의 총칭이며, 많은 심리적 기능이 서로 관련되어 있다. 인지장애는, 인지활동의 기반인 뇌의 장애에 의해 이러한 아는(knowing) 과정에 있어 발달의 지체나 불균형이나 왜곡으로 나타난다. 한편, 정동(情動, emotion)[1]은 아래와 같이 정의된다. '감정의 동적 측면이 강조될 경우에 사용되어 왔던 용어이며, 급격하게 발생하고, 단시간에 종결하는 반응 진폭이 큰 일과성(一過性)의 감정 상태 또는 감정 경험을 가리킨다. 감정의 동적 측면은, 생리적 지표, 행동에 의한 측정이 용이하다'(심리학사전, 1999). 다시 말해, 정동은 급격하게 생긴 일과성의 감정이며, 객관적으로 관찰할 수 있는 생리적 혹은 신체적 변화를 동반한다. 다윈의 진화론적 입장에 의하면, 정동 표현은 인간이 환경에 적응해 장수하기 위한 효과적인 기능이며, 사람이 태어나면서 타고난 행동으로 생각된다. 정동은 뇌의 대뇌변연계(大腦邊緣系, limbic system)가 관여하고 있으며, 특히 편도체(扁桃體, amygdala)의 역할이 강조되고 있다. 대뇌변연계는 신피질과 달리 발생적으로 오래된 부분이기 때문에 종래부터 인지와 정동은 상반하는 것으로 여기기가 쉬웠다. 그러나 대뇌변연계는 신피질과 연합되어서 인간의 행동에 관여하는 중요한 작용을 담당하고 있다.

엔도(遠藤, 2002)는 정동은 인지와의 대립 도식으로 말할 수 없고, 많은 경우 인지와 불가분하게 동시에 협조적으로 결부되어 있고, 인간의 생물학적 혹은 사회적 적응을 높게 보장하는 합리적인 내적 장치라는 특징이 있고, '정동이 받쳐 주지 못하는 지성(知性)은, 때로는 전혀 극복할 수 없는 것 같은 사태가 있음이 분명히 계속 밝혀지고 있다'고 말하고 있다. 인지와 정동은 유아기 초기부터 서로 관련하

----

1) 여기서 정동(情動, emotion)은 국내에서 사용하는 용어와는 다소 다르다. 흔히 emotion은 정서(情緒)로 번역하고, affect는 정동(情動), feeling은 감정(感情), mood는 기분(氣分)으로 번역하여 사용하고 있다. 한데 이 책에서는 emotion을 정동으로 표현하고 있어 엄격한 의미로는 '정서'로 번역되는 것이 정확하지만, 편의상 여기에 기술한 대로 정동으로 번역한다.

면서 발달한다고 생각되므로, 경도발달장애아에 있어서도 분리해서 언급할 수가 없다.

1. 인지의 발달

유아기부터 청년기에 이르기까지의 인지발달에 관한 피아제(Piaget, 1973)의 모델은, 발달심리학의 영역에서는 잘 알려져 있다. 피아제는, 감각운동기(0~2세), 전조작기(2~7세), 구체적 조작기(7~12세), 형식적 조작기(12~13, 14세)의 4단계로 구분해서 각 단계의 인지나 사고 양식의 발달적 특징을 들고 있다(표 4.1). 감각운동기에서는 감각과 운동에 의해서 대상을 인지한다. 전조작기에서는 행위가 내면화하고, 상징 기능이 생긴다. 구체적 조작기에서는 구체적인 것이나 그것들의 관계에 관한 이해가 발달한다. 그리고 형식적 조작기에서는 구체적 현실에 속박되지 않는 이해를 할 수 있게 되고, 추상적, 일반적이어서 형식적인 사고가 가능해진다.

오오타(太田, 1992)는 영아기부터 유아기에 있어서의 인지발달에 대해서, 상징 기능과 개념의 형성에 있어서 Stage I~IV의 발달 단계를 말하고 있다(표 4.2).

표 4.1　피아제의 인지운동모델

감각운동기(0~2세)	감각과 운동에 의한 대상 인지
전조작기(2~7세)	행동의 내면화, 상징 기능의 획득
구체적 조작기(7~12세)	구체적인 것이나 그것들의 관계 이해
형식적 조작기(12~13, 14세)	형식적·추상적 사고

표 4.2　오오타의 Stage - 인지의 발달 단계

Stage I : 상징 기능이 나타나지 않은 단계
Stage I-1 : 수단과 목적이 분화되지 않은 단계
Stage I-2 : 수단과 목적의 싹트기 단계
Stage I-3 : 수단과 목적의 분화가 확실히 나타나는 단계
Stage II : 상징 기능의 싹트기 단계
Stage III-1 : 상징 기능이 확실히 나타나는 단계
Stage III-2 : 개념 형성의 싹트기 단계
Stage IV : 기본적인 관계 개념이 형성되는 단계

Stage I(0~1.5세)은 상징 기능이 나타나지 않는 단계로서, 아직 말에 의미가 없고, "사과는 어느 것입니까?"라고 물어도 사과를 가리킬 수 없다. Stage II(1.5~2세)와 II-1(2~4세)에서는 상징 기능이 나타나게 되고, 물건에 이름이 있는 것을 알고, 질문한 것을 가리키기가 가능해진다. Stage II-2와 IV(4~7세)에서는 기본적 개념이 형성되어 문자의 읽기 쓰기도 가능해진다. 오오타의 무상징기는 피아제의 감각운동기에 해당하고, 상징 기능이 발달하는 Stage II 이후는 전조작기와 겹친다(그림 4.1).

마이클버스트(Myklebust, 1971)는 눈이나 귀나 피부 등의 감각기를 통해서 입력된 감각정보가 인식되고, 유지되고, 의미가 전해져, 지식으로서 사용되는 것에 이르는 인지발달의 계층적 모델(그림 4.2)을 제시했다. 이 모델에서 인지발달의 과정은 지각, 표상화, 상징화, 개념화의 과정으로부터 이루어진다. 지각은 감각기에 입력된 시각, 청각, 체성(體性) 감각 등의 감각정보를 인식하는 과정이며, 신생아기부터의 자극의 반복에 의해 중추신경계의 신경 세포에 반응 패턴이 형성된다. 생후 4개월이 지나면 표상화가 가능해진다. 표상이란 이미 받아들여진 지각된 정보를 머릿속에서 생각해 내는 것이다. 예를 들면, 사과라면 사과의 형태, 색, 크기 등

그림 4.1 피아제의 인지발달과 오오타의 Stage(太田, 1992)

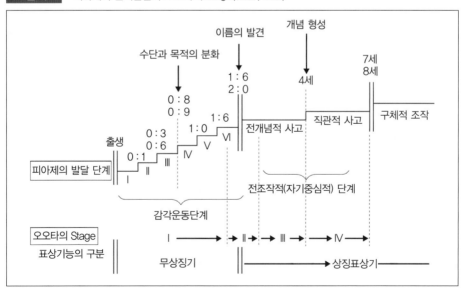

그림 4.2 인지발달의 과정(Myklebust)

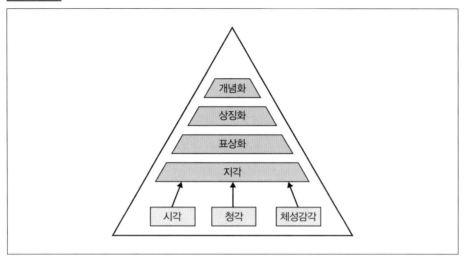

을 떠올리는 것, 다시 말해 이미지화하는(머릿속에서 물건을 보거나 듣거나 한다) 것이다. 이것은 정보를 유지하고 회상하는 것이며, 기억 과정의 발달이다. 이미지는 해마(hippocampus) 주변의 기억 중추에 축적되어, 다시 입력된 감각자극은 즉석에서 이미지와 결부되게 된다. 유아기 후반부터 1세 전후가 되면 상징화가 나타난다. 상징은, 감각(맛, 냄새, 씹는 느낌 등)이나 표상(형, 색, 크기 등)을 일으키는 신호이며, 대상을 대리해서 의미를 전달하는 사인이다. 이 신호는, 많은 경우 언어이다. 예를 들면, '사과'라고 하는 말이, 사과의 형태나 색이나 크기나 먹었을 때의 식감(食感) 등을 일으키는 것이다. 이 시기는 언어 획득의 시기이며, 말의 이해나 표현이 발달한다. 또, 상징 기능의 발달은 놀이를 중심으로 하는 다양한 행동의 발달을 가져온다. 신변의 물건을 무엇이라고 생각하고 노는 '가상 놀이'나, 인형이나 미니어처 장난감을 사용한 '소꿉놀이'나, 대화, 몸짓, 연기 모방 등을 하게 된다. 나아가, 2세를 지날 때부터 카테고리화나 비교 개념 등의 개념이 발달한다. '사과'와 '바나나'는 색도 형태도 맛도 이름도 다른 물건이지만, 음식물이며 과일이라고 하는 점에서 같아서 과일이라는 카테고리에 넣는다. 동일하게, 대소, 장단, 많고 적음, 좌우 등의 비교 개념이 획득된다. 이렇게 다른 상징화된 이미지를 비교하고, 공통적인 의미나 규칙성을 정리하는 추상적 학습이 가능해지고, 말을 추상 개념으로서 사용하게 된다.

 이상과 같이 인지발달에는 몇 가지 발달 단계가 있어 발달장애에 있어서 인지의 문제는 인지 과정과의 관련성으로 검토하여 유형화될 수 있다. 다시 말해, 인지발달의 어느 과정에 장애가 있는가에 따라 발달장애에 있을 고유의 인지발달에 대해서 알 수 있고, 발달심리학적 평가(assessment)에 의해 발달장애에 적합한 교육이나 지도계획이 가능해진다. 이후에서는, 마이클버스트의 인지발달의 계층 모델에 따라 인지발달의 평가와 발달 과정에 있어서 생기는 인지장애에 대해서 생각해 본다.

1) 신경심리학적 검사

감각이상이나 감각과민의 검사에는, 실험심리학적으로 고안된 감각검사나, 청성(聽性)뇌간반응·시각유발전위 등의 전기생리학적 검사법을 이용하는 경우가 많다. 모두, 연령이 어리면 실시 불능 또는 반응이 불확실한 경우가 많다. 지식, 이해, 기억, 추론 등의 각 기능이나, 언어성 및 비언어성의 지적 능력은 지능검사로

표 4.3　신경심리학적 검사

감각 지각에 관한 검사
- 시각 · 청각 · 체제감각(體制感覺) 검사
- 각종 실험심리학적 검사
- 전기생리학적 검사

지능검사
- 웩슬러(Wechsler) 법
  - WPPSI(적응연령 3~7세)
  - WISC-Ⅲ(적응연령 5~16세)
- 비네(Binet) 법
  - 타나가-비네식(적응연령 2세~성인)
- 만가시 지능검사(적응연령 2~8세)

특정의 인지영역 검사와 평가 총집
- ITPA 언어학습능력진단 검사(3~9세)
- Frostig 시지각발달검사(4~8세)
- 벤더 · 게슈탈트 테스트(5세~성인)
- 벤튼 자격기명(資格記銘) 검사(6~13세, 성인)
- K-ABC(Kaufman Assessment Battery for Children)(2~12세)

작업기억 검사
실행기능 검사

평가된다. 웩슬러지능검사는, 언어성 IQ와 동작성 IQ, 군(群) 지수, 하위 검사 프로필을 얻을 수 있어 인지능력을 다면적으로 검토할 수 있으므로 임상에 유용한 지능검사다. 신경심리학과 인지심리학에 근거한 인지평가를 위한 특정 영역검사나 검사총집(test battery)은 언어학습능력, 시각·청각성 인지능력, 인지 처리 양식 등을 평가한다. 또 최근에는, 작업기억 검사나 실행기능 검사 등을 신경영상학적 검사와 병용해서 시행하고, 경도발달장애를 영역특이적으로 검토하는 시도가 행하여지고 있다(표 4.3).

2) 인지발달 과정의 장애

인지발달 과정과 관련해서 아래의 장애가 예상된다(표 4.4). 감각기에서 정보를 인식하는 지각 수준의 장애는 감각자극에 반응하는 뇌의 신경회로의 형성을 방해한다. 지각장애는 시각이나 청각 등 외부세계를 인식하기 위한 기초가 장애를 받는 것이며, 지적 활동의 기초 부분의 장애이다. 표상·상징 기능이 발달하는 단계에서의 장애는 지각은 정상이지만 이미지화나 의미부여의 곤란이 생기게 해서 예를 들면, 소리가 들리지만 무슨 소리인지 모름, 물건이 보이지만 바로 그 물건이 무엇인지를 모르는 일이 생긴다. 이러한 어린이는 입력된 지각 정보의 의미가 이해되지 않는 상태에 놓인다고 추측된다. 표정이나 몸짓이나 음성의 고저 등의 사인의 구별이나 해석의 곤란, 말이나 문장의 부적절한 사용 등, 사회적 인지나 의사소통과 관련되는 문제는 이 수준에서의 장애 때문에 생긴다. 개념화의 단계에서 장애가 있으면, 속성이나 분류 등의 카테고리화의 장애나, 대소, 적고 많음, 좌우, 원근 등의 비교 개념의 장애 등이 생기고, 학습 곤란이 중요한 원인이 된다.

표 4.4 인지발달 정도와 장애

- 개념 : 공통의 의미나 규칙성을 정리할 수 없다
- 상징 : 사인이나 말의 의미를 모른다
- 표상 : 정보를 이미지화할 수 없다
- 지각 : 감정 정보를 입력할 수 없다

2. 정동의 발달

1) 영 · 유아기의 정동발달

엔도(遠藤, 2002)는, 신생아 단계부터 몇 가지 정동(emotion)의 하위요소가 존재하는 것은 인정하면서도, 정동의 본질을 개체와 환경의 관계성 안에서 위치를 부여하는 라자루스(Lazarus, 1991, 1999)의 관점에 서서, 정동을 '사상(事象)에 대한 평가 시스템'이라고 보고, 발달에 있어서의 정동과 인지의 관계를 고찰하고 있다. 다시 말해, 어린이는 만난 사항에서 자신에게 관련된 의미를 찾아내고, 그것에 맞는 반응(정동)의 시스템을 발달시켜 가지만, 이 정동은 인지능력의 발달과 얽히면서 갈라지고, 다양화한다고 진술한다. 엔도는 루이스(Lewis, 1993, 2000)를 인용해서, 발달 과정에 있어서 선행 사상과 얽히면서 갈라지고, 다양화해 있는 단계에서 명확화에 이르는 정동발달의 시간경과표(timetable)를 제시한다.

루이스(Lewis)에 의하면, 신생아는 쾌(충족) · 불쾌(고통)의 의미 판단과, 신기함(novelty)에 대한 관심(흥미)과 같은 인지능력을 천성적으로 갖추고 있다. 생후 3개월경에는 신체적 · 생리적 상태에의 반응으로부터 사람과의 관계에 있어서의 기쁨, 슬픔, 분노 등의 반응으로 변화되고, 생후 6개월경에는 기억이나 이미지가 관여하는 두려움이나 놀람의 정동이 표출되게 된다. 이러한 정동의 분기(分岐)에 의해 생후 약 1년째에 기쁨, 슬픔, 혐오, 놀람, 나아가 분노나 두려움의 정동 표출이 나타나게 된다. 이 과정에서, 선행하는 사상과 정동에 관련된 표상화나 상징화와 같은 인지 처리가 행해진다. 생후 2년째 이후의 발달은, 자기의식이나 내면성(內性)이 관여하고, 자기와 다른 사람의 관계성에서 정동이 발생한다고 하는 점에 있어서 생후 1년째와 크게 다르다고 할 수 있다(Lewis, 1999, 2000). 1세 반을 지날 때부터 자신을 주시하고, 자기와 다른 사람의 같은 점과 다른 점을 자각하게 되고, 수줍음이나 공감이나 선망의 정동이 표현된다. 나아가 사회적 기준의 내재화나 자기평가의 개입에 의해, 3세경까지는 자랑이나 부끄러움이나 죄의 정동이 발달한다.

이러한 정동을 획득해 가는 과정에 있어서 어린이는 사회적 적응에 필요한 정동제어, 자신이나 다른 사람의 정동 이해, 정동 표현의 조절기술을 발달시켜 간다. 유아의 신체적 · 생리적 불쾌에 대한 정동 반응의 제어는, 어린이의 우발적 움직임의

표 4.5	불쾌나 고통의 대처

- 우발적 행동에 의한 기분전환 : 손가락 물기 등
- 양육자에 대한 시그널 송출 : 울기, 미소, 눈 맞추기
- 자신으로부터의 반응 : 인과관계의 이해에 의한 원인에 대한 직접적 반응

출처 : 遠藤, 2002

효과에 의한 반복이나, 불쾌를 쾌로 바꾸어 주는 존재인 양육자에 대한 의존, 나아가 스스로 원인에 반응하는 것에 의한 해결로 변화된다. 여기에서도 정보를 이미 지화하거나 회상하거나 언어화하는 인지능력이 관여하고 있는 것이 분명하다(표 4.5). 정동 이해에 대해서는, 영·유아기 초기의 단계에서는 어린이는 다른 사람의 기쁨이나 분노 등의 정동을 구별하고, 그 의미의 일부를 이해해서 대응을 할 수 있지만, 정동의 표현이나 상태가 사람에 따라 다른 것을 이해할 수 없다. 그러나 2, 3세가 되면 다른 사람의 정동이 자신과 다른 것을 이해하고, 다른 사람의 입장에 서서 반응하는 것이 가능해진다. 나아가, 상황에 따라서 자기의 정동 표현을 조절하는 것은 사회적 적응을 위해서 중요하다. 주위나 다른 사람의 표정이나 반응을 보면서 자신의 정동을 조절하는 것은 3세 전후의 연령에서는 아직 어렵고, 자신을 중심으로 한 정동을 직접 표현하는 경우가 많다. 그러나 유치원이나 보육원에 들어갈 때에는, 다른 사람의 존재를 배려한 정동 표현의 제어가 가능해진다고 한다(遠藤, 2002). 다른 사람의 심리적 세계의 이해인 '마음이론'의 획득도, 유아기 후반부터 아동기 초기에 걸쳐 가능해진다.

2) 아동기 이후의 정동발달

에릭슨(Erikson, 1959)은, 어린이의 심리적 발달 단계에 있어서 획득되는 발달 과제를 제시하고(표 4.6), 아동기의 발달 과제로서 '근면성'을 들고 있다. 근면성이란, 사회적으로 기대되는 것을 자발적·습관적으로 하는 것이며, 사회적 생활 기술의 획득이라고 말할 수 있다. 이 시기는, 유아기와 청소년기의 중간에 있어, 심신(心身)이 다 같이 잘 균형 잡혀서 안정된 연령층이라고 생각되어 왔다. 학교나 지역 등에 있어서 동료 집단을 형성하고, 동료와 도구나 지식·경험을 공유하고, 공감적이

표 4.6 심리적 발달 과제

발달 단계	시기	발달 과제
영아기	출생~15개월경	기본적 신뢰감(절대의존과 절대수용)
유아 초기	15개월경~3, 4세경	자율성(충동의 통제, 예의)
유아 후기	3~6세	자발성(대상에 반응해서 본질을 앎)
아동기	6~12세	근면성(사회생활 기술의 획득)
청소년기	12세~	자기동일성(자신의 본질을 앎)

출처 : Erickson, 1959

고 상호의존적인 관계를 만들어 가는 것이 기대된다. 이러한 동료관계의 속에는, 자기와 다른 사람을 자각하고, 자기와 다른 사람을 포함하는 상황에 적합한 정동의 제어가 필요하게 된다.

3. 작업기억과 실행 기능

작업기억(working memory)의 개념은, 인지심리학의 영역에 있어서 언어 이해나 추론 등 인간의 고차 인지활동의 기초가 되는 기억시스템으로서 제기되었다. 1986년에 베델리(Baddeley)가 제창한 작업기억의 모델은 3개의 시스템으로 이루어진다. 즉, 언어정보의 처리나 보유를 하는 음운루프(phonological loop), 시각이미지의 보유나 조작을 하는 시공간적 스케치패드(visuo-spatial sketch pad), 이 2개의 하위시스템의 활동을 조정해서 정보의 흐름을 제어하는 중앙실행계(central executive)이다. 이후 베델리는 2000년에 에피소드 버퍼(episodic buffer)를 하위시스템에 추가하였다(그림 4.3). 회색으로 칠한 부분이 1986년 모델이며, 회색으로 칠한 부분을 포함하는 전체가 2000년에 추가·수정된 모델이다. 베델리는, 에피소드 버퍼를 장기기억으로부터 검색을 하는 역할을 담당하는 것이라는 위치 부여를 하고 있다. 신모델에서는, 하위시스템 이외에 장기기억의 보존고(保存庫)가 더해져, 종래의 음운루프와 시공간적 스케치패드의 내용이 장기기억과 서로 연결되어 있다. 즉, 하위시스템은 장기기억으로부터의 데이터와 주고받기를 하면서, 일시적인 정보의 보유 장소로서 기능하고 있다(苧阪, 2002).

작업기억은, '행동이나 결단을 이끌기 위해서 필요한 정보를 일시적으로 보유하면서 조작하는 심리적 기능'이라고 정의되어, 정보의 보유와 과제의 수행이 병렬적으로 처리되는 것 같은 과정의 제어에 관계되는 역동적인 기억시스템이다(苧阪, 2000). 작업기억에는 용량제한이 있어, 불필요해진 정보는 지워 없앨 필요가 있기 때문에, '마음의 칠판'이라든가 '마음의 작업소'에 비유되기도 한다. 작업기억은, 읽기, 계산, 추론, 사고 과정과 같은 고차 인지기능의 심리학적 기반으로서 기능하고 있어, ADHD, 학습장애, 고기능 전반적 발달장애를 인지신경과학적으로 설명하는 데 중요한 개념이다(표 4.7).

교과학습의 중요한 요인인 '읽기'를 예로 들자. 문장의 내용을 이해하기 위해서는 말의 의미를 따라가면서, 짧은 시간이지만 이미 읽은 내용을 마음속에 유지(기억)해 놓을 필요가 있다. 이러한 일시적인 정보 보유는 문장을 읽을 때에 중요한 역할을 한다. 정보는 언제든지 검색 가능한 활성화된 상태로 보유되어 그것에 기초해서 읽어 나가므로, 전체 문맥 속에서 현재 읽고 있는 문장이 이해가 가고, 문장 중에 다의어가 나타나는 경우라도, 그 의미의 판단에 곤란을 겪는 일은 없다. 또, 올림이나 내림의 수를 일시적으로 기억하면서 계산을 진행하는 것 같은 암산이나, 제시된

그림 4.3 작업기억의 모델[2]

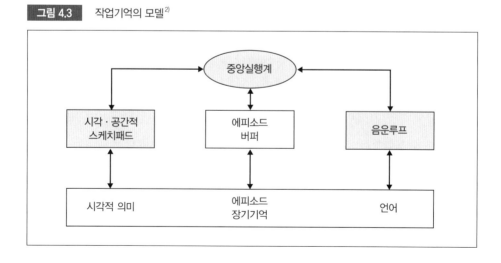

----
2) 이 책의 제2장, 칼럼 '신경심리학적 관점에서의 발달장애', 그림 2.5와 설명 참조.

표 4.7	작업기억의 정의

- 언어 이해나 추론 등 인간의 고차(高次) 인지활동과 연관된 심적 기능
- 정보의 유지와 과제의 수행이 병렬적으로 처리되는 것 같은 과정의 제어에 관한 기억 시스템
- 교과학습에 불가결한 읽기능력이나 수학능력과 깊은 관계가 있음
- 전두엽피질(frontal cortex)이 가장 중요한 역할을 함

숫자를 반대 순서로 복창하는 과제인 '숫자 거꾸로 따라 하기(역창)'에서도 작업기억이 사용된다(그림 4.4, 4.5).

한편 실행기능(executive function, EF)이란, 전전두엽피질(前頭葉野, prefrontal cortex, PFC)과 관련되는 신경심리학적 기능 모델이며(太田, 2003), 계획성, 반응 억제, 능동적 주의의 유지, 행동의 수정이나 조절 등의 인지적 유연성과 같은 정신 활동을 포함하고, PFC를 중심으로 한 뇌내(腦內) 네트워크가 관여하고 있다고 생각된다(표 4.8). 이 기능이 장애를 받으면, 행동의 계획, 실행, 전환, 수정, 조정 등이 곤란해져, 행동 억제나 인지적 리셋의 곤란과 같은 여러 가지 장애가 생긴다. 실행 기능은, 인지 과정 중에서 가장 상위에 위치하는 기능이다.

그림 4.4	암산

$$+①$$

$$\begin{array}{r} 16 \\ +18 \\ \hline 34 \end{array}$$

$$(1+1+①)$$

$$-①$$

$$\begin{array}{r} 16 \\ -18 \\ \hline 34 \end{array}$$

$$(3-①-1)$$

그림 4.5	수 외우기

- 따라 하기(순창)

6 1 7 4 2 ⟶ 6 1 7 4 2

단기기억

- 거꾸로 하기(역창)

6 1 7 4 2 ⟶ 2 4 7 1 6

작업기억

---

3) 'mental set'란 과거에 행했던 방법으로 상황에 대한 접근 경향(the tendency to approach situations in a certain way because that method worked in the past)으로 정의되는 심리학적 용어이다. 예를 들어 아이가 가게에서 문을 잡아당겨서 열었다면, 그 아이는 다음에 비슷하게 생긴 문을 밀어서 열어야 하는 상황에서도 문을 잡아당겨 열려고 한다. 바로 이러한 것, 즉 '이렇게 생긴 문은 잡아당겨 여는 것이라고 생각하는 경향'을 멘탈 세트라고 한다.

표 4.8	실행기능

미래의 목표를 위하여 적절한 문제해결을 실시하는 심적 구조를 유지하는 능력
- 반응 억제
- 작업기억
- 멘탈 세트[3]의 변환
- 계획성
- 유연성

배외측 전전두엽 피질 회로가 담당함

➤ 배외측전전두엽피질(dorsolateral PFC) ⟶ 미상핵(caudate neucleus, 외배내측)
└ 시상(thalamus, 복측전핵과 외배내측) ◀── 담창구(淡蒼球, 외배내측) ◀──

ⓑ ADHD의 특징과 지원

1. 신경심리학적 특징

ADHD(attention-deficit/hyperactivity disorder, 주의력결핍과잉행동장애)는 부주의 · 과잉행동 · 충동성을 주 증상으로 하고, 아울러 인지나 대인관계나 행동 및 운동의 장애를 가진다. 발달하면서 현저한 증상은 변화되지만, 본질적인 특징의 일부는 청년기부터 성인기 이후까지 지속하는 예가 많다. ADHD의 병의 기전(病態)에 대해서는, 전두엽의 대뇌피질, 소뇌의 일부, 대뇌 기저핵의 이상이 지적되고 있다(표 4.9). 신경심리학적으로는 이 영역의 이상과의 관련에서, ①운동반응의 억제장애(response inhibition), ② 각성, 활성화의 장애(arousal level), ③ 지연혐오(delay aversion), ④ 시간 감각, 인지의 장애(time estimation), ⑤ 작업기억(working memory), ⑥ 실행기능의 장애(executive function) 등의 장애 가설이 생각되어 왔다. 아래에서 작업기억과 실행기능에 관해서 언급한다.

바클리(Barkley, 1997)는 ADHD의 다양한 기능장애를 DLPFC-미상핵(caudate)-담창구-시상(thalamus)의 신경회로가 행하는 실행기능의 장애와 관련지어 이론적 모델을 제시하고 있다(그림 4.6). 바클리는, ADHD에서는 행동 억제(우세 반응의 억제, 진행 중인 반응의 중지, 제어의 방해)의 장애가 있고, 본래 이 행동 억제에서 형성되는 4개의 실행기능이 형성되지 않기 때문에 그 결과로서 행동이나 운동의 제어, 통합의 장애가 초래된다고 생각한다. 2개의 실행기능이란, ① 비언

표 4.9	신경심리학적 특징
ADHD	• 우(右)전두엽의 대뇌피질, 대뇌기저핵(미상핵, 담창구), 소뇌의 일부가 작음 : 주의의 조절, 시간의 의식, 반응의 억제, 작업기억과 실행기능의 장애 • 동기부여의 조정

학습장애	• 글자소(書記素)에서 음소로 변환(재부호화)하는 기술의 장애
	  – 음운처리 : 하전두회(下前頭回, gyrus)
	  – 문자변별 : 후두엽
	  – 의미부여 : 상 · 중 측엽회(上 · 中 側葉回), 녹상회(綠上回)
	• 쓰여진 글을 음성화하기 위해 필요한 작업기억 능력이 떨어짐

고기능 전반적 발달장애	• 뇌의 여러 영역(전 · 측 · 두정엽, 연합피질(소뇌, 뇌간 등) : 광범위한 발달장애 • 대뇌변계(편도체 · 해마 · 미상핵의 부피의 감소, 편도체와 해마의 발달 불량) : 대인적 관심, 애착행동의 형성과 해소에 관련하는 기능의 장애

어성 작업기억(nonverbal working memory), ② 말의 내재화(언어성 작업기억)[internalization of speech(verbal working memory)], ③ 감정 · 동기 · 각성의 자기제어(self-regulation of affect, motivation, arousal), ④ 재구축(reconstitution)을 말한다(표 4.10). 이 바클리의 이론에 대한 발달적 관점에서의 실증적 연구는 적다. 또, 행동의 억제 장애에 의해 ADHD 장애의 모든 것이 설명 가능한가에 대해서도 논의의 여지를 남긴다(宇野, 2003).

우노(宇野, 2003)는, ADHD에 있어서의 위스콘신카드분류검사(Wisconsin Card Sorting Test, WCST), 도박과제, 역전변별과제 등의 신경심리학적 검사 결과의 차

그림 4.6 ADHD의 이론 가설 모델(Barkley, 1997)

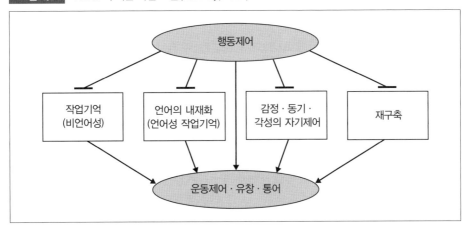

표 4.10 ADHD의 이론 가설

행동 억제의 결여가 있고, 보통이라면 이 행동 억제로 형성되어야 할 아래의 실행기능이 형성되지 않는다.
　① 비언어성 작업기억(정보를 마음속에 담아 둠)
　② 언어성 작업기억(수용 및 표현언어의 내재화 : 반성, 규범이나 규칙의 이해)
　③ 감정·동기·각성의 자제
　④ 재구축(행동의 분석 통합, 유연성, 창조성)

그 결과, 행동·운동의 억제·통합의 장애가 초래됨

이로, 전두엽의 배외측부(背外側部, dorsolateral)와 안와회(眼窩回, orbital gyrus)는 질적으로 다른 기능을 가진다고 추측하고 있다. 다시 말해, 안와회 손상 환자는 배외측부 손상 환자와는 달리 작업기억을 필요로 하는 실행기능 검사인 WCST에서는 성적의 저하가 나타나지 않지만, 도박과제에 있어서는 이전에 크게 번 후에 패배가 이어져도 도박을 중지할 수 없고, 또 이전에 보수와 결부되어 있었던 정적 자극에 대한 반응을 억제하는 것이 요구되는 역전변별과제에 있어서도 현저한 곤란을 보인다. 한편, 배외측부 손상 환자에서는 작업기억 과제가 곤란하고, WCST에서는 멘탈 세트의 변환 곤란 때문에 보속반응(保續反應, perseveration : 말, 몸짓, 행위를 병적으로 집요하게 반복하는 행위)을 보이는 것이 알려져 있지만, 도박과제의 수행은 장애 받지 않는다. 이상에 관련되어서, 보수 기대 기능을 가지는 안와회가 주의의 초점 부여 기구나 그것을 뒷받침하는 각성도를 상승시키는 것에 비해, 배외측부는 지속적 주의 시스템을 포함하는 종합적 인지에 영향을 미치고 있어 행동 억제 장애에는 정동 억제(동기부여)의 실패에 의한 경우와 주의 해방의 곤란에 의해 인지처리가 충분히 기능하지 않는 것(작업기억)에 의한 경우의 두 유형이 있다고 지적되고 있다. 나아가 ADHD의 유형에 대해서는, 부주의결핍 우세형에서는 주로 두정엽의 주의력 시스템(attentional system)에 문제가 있고, 혼합형 혹은 과잉행동-충동 우세형에서는 전두엽의 주의력 시스템 혹은 우반구의 양방(兩方)의 주의력 시스템에 문제가 있다고 이야기되고 있다. 또, 정동에 관해서는 부주의 우세형에서는 정동 제어에 문제가 없지만 사회적 인지에 결함이 있어, 동료와의 의사소통 문제가 발생하기 쉬워 동료관계를 쌓을 수 없다. 한편 충동형에서는 부정적 감정이나 기분이 바뀌기 쉬움 등 정동의 이상이 나타나고, 혼합형에서는 공격 행동

이 나오기 쉽고, 긍정적 및 부정적 양쪽의 정동 행동 제어에 문제가 있다고 이야기
된다.

2. 인지·행동의 특징

ADHD 아동의 과잉행동은 연령이 낮아질수록 유별나다. 보육교사와 ADHD 아동
의 놀이실에서의 행동 관찰을 예로 들면, 입실해서 어린이의 시선이 공에 가자마자
쏜살같이 돌진하고, 공을 손에 들어서 보육교사를 향해서 내던지고, 순식간에 다음
장난감을 향해서 달려간다. 상대가 공을 받을 것인가 아닌가에는 무관심하다. 보육
교사가 공을 줍고, 말을 걸고 어린이에게 건네줘도, 보육교사를 향해서 던지지 않
고, 손에 들고 곧 엉뚱하게 다른 방향으로 던지기도 한다. 이때에 어린이의 시선을
관찰해 보면, 목적물을 손에 넣었을 때에는 이미 다른 것에 시선이 옮겨지고 있다.
따라서 공을 어떻게 다룰지는 관심 밖이 되어 버린다. 목적물에 돌진해 가는 도중
에 다른 물건으로 시선이 가서, 다른 물건 쪽으로 방향 전환해서 달려갈 수도 있다.
대상을 향하고 있을 때에는 주위 사람이나 물건에는 주의를 주지 않고, 차거나 부
딪치거나 들이받거나 하는 아무리 생각해도 무모하고 거친 행동을 하며, 주의의 지
속이나 선택에도 큰 문제가 있는 것을 알 수 있다.

아동기에 들어가면, 약물의 복용이나 발달적 변화에 의해 과잉행동은 개선되는
경향이 있지만, 주의 문제는 지속한다. 수업 중 밖에서 큰 소리가 나면, 대부분의
어린이는 '무엇일까' 하며 주의가 흐트러진다. 그러나 많은 어린이는 대개 잠깐 동
안 주의가 흐트러졌다가도 곧 수업 내용으로 주의를 되돌릴 수 있다. '지금의 소리
는 무엇일까'라고 머리의 어디에선가 조금은 생각하면서도, 교사의 설명을 알아듣
고 있다. 그러나 ADHD를 가진 어린이들은 주의가 쉽게 흐트러지고, 게다가 본래
로 되돌릴 수가 없다. '지금의 소리는 무엇일까'라고 마음에 걸리면 다른 것에는 전
혀 주의를 둘 수 없다. 소리가 난 쪽에 가 보고 싶은 충동에 사로잡히고, 다음 순간
에는 자리를 뜨고 교실에서 뛰어 나간다. 간단히 주의가 빗나가는 장면이 있고, 반
대로 관심이 있는 것에는 모든 주의를 거기에 집중해 버려 다른 자극은 전혀 들어
가지 않게 된다. "주의의 집중이나 지속이 가능합니까?"라는 질문에 대하여, 부모

나 교사는 자주 "좋아하는 일에는 열중해서 주위에서 무엇을 말해도 들리지 않을 정도 집중력이 있습니다."라고 대답한다. 집중력이 있는 것이 아니고 적당한 주의의 배분이나 리셋(reset)을 할 수 없는 것이다.

시간에 대해서도, '30분 후에 돌아오세요'라는 말을 들어도 30분이라는 시간을 어림잡지 못하고, 2~3시간 후에 돌아와서 꾸중을 듣는 일이 자주 있다. 본인은, 30분 정도 시간이 지나서 되돌아올 작정이었지만, 시간의 격차가 너무 길어 착각이나 실수를 했다는 정도의 변명으로는 용서를 받을 수 없다. 또는 보수가 약속되어도 오랜 시간 기다릴 수 없다. 어떤 시행 횟수 내에 많이 점수를 얻는 편이 좋다는 설정이 있어, 만일 자극 제시 후 2초 기다려서 반응하면 1점을 받을 수 있지만, 30초 기다려서 반응하면 5점을 받을 수 있다고 하자. 우리들 대부분은 30초 기다려서 5점을 받아서 많은 득점을 얻으려고 생각한다. ADHD의 어린이들도 동일하게, 30초 기다려서 5점을 원한다고 생각하지만 30초를 기다릴 수 없고 2초로 반응해서 1점밖에 받을 수 없다고 보고되고 있다.

ADHD 아동의 연령단계에 있어서의 행동 특징을 제시했다(표 4.11~4.14). 이러한 행동의 배경으로 인지나 정동의 발달의 문제가 생각된다.

이가라시(五十嵐) 등(2004)은 작업기억 검사인 읽기범위검사(Reading Span Test)[4](그림 4.7)(苧阪 등, 1994)와, 실행기능검사인 WCST(Keio판, 鹿島 등, 1993)(그림 4.8)을 ADHD군과 일반군에게 실시해서 비교했다. 그 결과, 지적으로 정상인 ADHD군에 있어서는, 작업기억 과제의 성적은 아동부터 성인에 걸쳐 일반군보다도 유의미하게 뒤지고, 실행기능 과제의 성적은 12세 이후의 ADHD군에 있어서 일반군과의 차이가 명확했다. 즉, ADHD에서는 작업기억의 용량이 적고, 복수의 정보 처리나 조작에 곤란이 생기는 것, 연령이 성인에 가까워짐에 따라 실행기능의 장애가 명확해진다는 것이 보이고, ADHD에 있어서 작업기억의 장애가 아동기부

---

4) Reading Span Test(RST)는 작업기억, 인지 과정, 읽기이해의 연구를 위해 널리 사용되는 기억범위과제로, 1980년 메레디스 다네만과 패트리샤 카펜터에 의해 개발되었다. 원래 RST는 참가자가 일련의 연결되지 않은 문장을 큰 소리로 읽고, 각 문장의 마지막 단어를 기억하도록 한다. 카드에 제시된 각 문장과 함께, 참가자는 일련의 맨 마지막에 빈 카드에 의해 처음 순서대로 기억하고 있는 각 문장의 맨 끝 단어를 기억해 내도록 한다. 일련의 문장의 수는 점차적으로 참가자의 읽기범위까지 혹은 정확하게 기억해 내는 최종 단어 수가 최대가 될 때까지 증가한다. Wikipedia, http://en.wikipedia.org/wiki/Reading_sapn_task

표 4.11	ADHD의 영·유아기

- 자주 움직이고, 수면이 불안정, 밤에 욺
- 침착하지 못하고 언제나 움직이며 돌아다님
- 넓은 장소에서 뛰어다님
- 정도나 한도에 있어 위험을 모르고 다른 아이에게 상처를 입힘
- 차례를 지킬 수 없음
- 갑자기 손을 씀
- 너무 말이 많음
- 금방 패닉상태에 빠짐

표 4.12	ADHD의 초등학교 초기

- 착석할 수 없음
- 전체 집회에서 줄을 서 있을 수 없음
- 머리에 생각이 떠오르면 금방 말해 버림
- 숙제나 약속을 잊어버림
- 공부에 집중할 수 없음
- 세밀한 것에 언제나 집착함
- 감정을 조절할 수 없고 금방 패닉상태에 빠짐

표 4.13	ADHD의 초등학교 후기

- 분실물이 많음
- 정리정돈을 할 수 없음
- 지각이 많음
- 수업 중에 멍하게 있음
- 메모를 하지 않음(좋아하는 그림을 그리거나, 책을 보거나)
- 질문에 맞지 않는 대응을 함

표 4.14	ADHD의 청소년기

- 정리정돈을 할 수 없음
- 한 번에 두 가지를 할 수 없음
- 다른 사람의 이야기를 듣고 정리할 수 없음
- 생각한 것을 순서를 정해 말할 수 없음
- 대인관계가 깨지기 쉬움
- 부모로부터 독립할 수 없음
- 특정 직업에 정착할 수 없음
- 우울 경향

터 나타나, 사춘기 이후의 실행기능의 발달에 영향을 미치는 것으로 추측된다(그림 4.9, 4.10).

나카네(中根, 2001)는 ADHD 및 학습장애를 기억의 병리로 고찰하고, ADHD의 행동 이상의 일부와 학습장애의 학습 문제는 작업기억 용량의 결여와 관련지어 설명이 가능하다고 말했다. 즉, ADHD에서는 과제에 막히거나 쓸데없는 말을 들었을 때에는 메모리 용량에 부족이 생기고, 냉정히 대처하는 여유가 없어져서 패닉에 빠지고, 욕설을 퍼붓거나 잔인한 행위에 빠지거나 한다. 과제를 실행하는 사이 마음속에 정보를 담아 둘 수 없고, 그 자리에 맞는 행동이나 도달점을 목표로 한 행동을 하기가 어렵다. 시간관념이 없음, 과거 회상의 불능, 장래에 대한 생각의 결여가 일어나는 것으로 설명되고 있다.

그림 4.7 읽기범위검사(일본어판)(Osaka & Osaka, 1994)

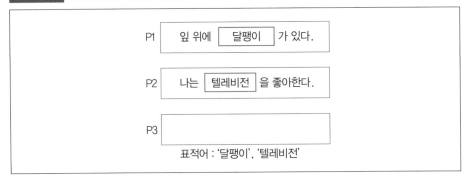

그림 4.8 WCST(Keiko 버전)

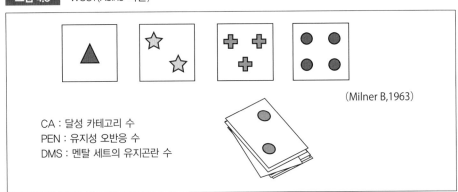

3. 대응

행동 특징에서 명확하게 나타나듯이, ADHD 아동은 어머니나 교사 혹은 주위 사람들로 하여금 신경질을 내게 하거나 불쾌하게 하므로, 어릴 때부터 주의나 금지나 질책을 받는 일이 많다. 그 결과, 자신이 없어지고 열등감이 강해지고 위축되며, 욕구불만으로 인해 다른 사람을 벌하려고 하거나 공격적으로 되기 쉽다. 학대나 집단 괴롭힘의 대상이 되기도 쉽다. 또, 학업에도 영향이 있어, 지적 능력에 걸맞는 성적을 얻을 수 없는 경우가 많다. ADHD는 학습장애를 합병하는 적이 많지만, ADHD

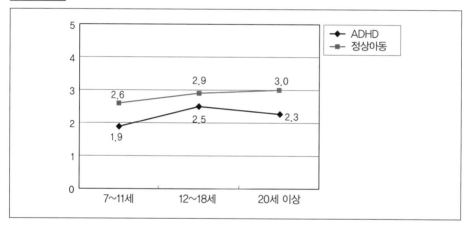

그림 4.9 작업기억(읽기범위검사)

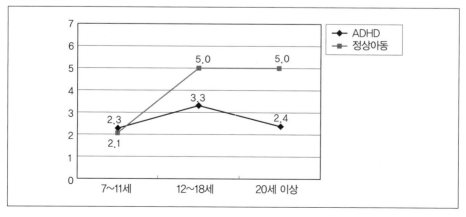

그림 4.10 실행기능(WCST의 달성 카테고리 수)

표 4.15	ADHD 학업성적 저하의 원인

① ADHD 본래의 요인 : 부주의·과잉행동·충동성·그 외의 뇌기능장애
② 합병하는 인지 문제 : 학습장애, 지적 능력의 문제
③ 정서 문제 : 이차적으로 발생하는 정서의 문제(의욕저하, 자신감 상실, 열등감, 반항 등에 의한 공부 싫어하기)

의 학습 곤란에는 학습장애 이외에도 몇 가지 원인이 있는 것에도 주의해서 대응하지 않으면 안 된다(표 4.15).

ADHD는 중추신경계의 이상으로 인해 기인하는 장애이지만, 그 증상이 가지는 특징으로부터, 환경요인이 증상 전체의 악화나 개선에 강하게 관여한다고 생각된다. ADHD 본래 증상의 발견과 바른 이해나 대처가 늦어지면, 부모·자녀·교사·친구관계의 악화나 부적응 상태가 심각해지고 나아가 다양한 문제를 일으킨다. ADHD의 경우, 약물치료가 효과적인 경우가 적지 않다. 적절한 약물의 사용에 의해 과잉행동이나 주의의 문제가 개선되면, ADHD 아동에 대한 주위의 관점이 바뀌고, 어린이가 환경에 적응하는 것을 돕는 것도 자신의 회복을 촉진한다. 한편, 어린이의 환경에 대하여 심리·교육적 대응을 병행하여 실시하는 것이 중요하다. ADHD 아동의 행동이나 인지의 특징을 이해하고, 명확한 지시를 내리고, 심리·교육적으로 대응해 가는 것이 효과적이다. 넓은 의미에서 수용과 공감을 기반에 두는 것은, 경도발달장애아동에 대한 개입뿐만 아니라 모든 어린이의 심리·교육적 지원에 있어서의 기본이지만, 경도발달장애의 실제 대응에 있어 수용 중심의 대응으로 기우는 것은 부적절해서 오히려 어린이를 혼란시켜 발달을 방해할 수 있다. 기본적으로는 아래와 같은 대응이 적절하다고 생각된다.

유아기부터 초등학교 시기의 ADHD 아동에 대해서는, 학습 이론에 근거한 행동치료 및 인지행동치료에 근거한 치료 교육을 한다. 개선 목표가 되는 행동을 명확히 하고, 구체물을 사용한 강화(포상)나 사회적 강화(칭찬)로 바람직한 행동을 늘리고, 바람직하지 않은 행동을 줄여 가는 방법이다. 여러 가지 장면에서, 어떻게 행동이나 감정을 조절할 것인가, 주위 사람들에게서 행동을 금지당하고 주의를 받았을 때에 어떻게 대응하면 문제가 생기지 않을지 등에 대해서, ADHD 아동이 자신의 약점을 자각하고 적극적으로 개선하기 위한 프로그램을 작성해서 지도한다. 지도

에는 개별지도와 집단지도가 있다. 개별지도는, 어린이의 행동 통제를 위한 프로그램을 중심으로 하고, 학습 곤란이 있는 어린이의 경우에는 과제학습도 포함해서 행해진다. 집단지도는, 몇 명의 집단의 일원으로서 다른 사람과의 관계를 통해서 행동 억제와 주의집중 지속의 발달적 변화를 촉진하는 것으로, 과제 학습이나 음악이나 운동 등을 하는 가운데 소집단 속에서 주변을 보면서 행동을 조절하는 것을 지도한다. 모두, 목표행동의 달성도를 객관적으로 평가하고, 어린이나 관계자에게 그 달성도를 피드백해 준다. 또, 자녀의 문제행동이 고민되어 육아에 대한 자신을 잃고, 자녀를 받아들일 수 없게 된 부모에게는, 개별 부모 면접을 정기적으로 해서 임상심리적 지원을 한다. ADHD와 환경 전체를 시야에 둔 지원이 ADHD 아동이 주위와 원활하게 관계하여 가는 데 도움이 된다.

ⓒ 학습장애(LD)

1. 신경심리학적 특징

신경심리학적 원인에 따른 특이한 학습장애의 뇌내(腦內) 처리에 관해서, 성인의 고차(高次) 뇌기능장애와 같은 점과 다른 점이 검토되고 있으며, 음운처리에 있어서 하(下)전두엽, 문자 변별에 있어서는 후두엽, 의미 부여에 있어서의 상(上)·중(中)측뇌회(側腦回), 녹상회(綠上回)의 관여가 시사되고 있다. 난독증(dyslexia)은, 문자의 형태에서 음운이 이미지화되지 않기 때문에 생긴다고 생각되고, 문자의 형태나 위치의 인식에 관한 시각인지와 음운조작에 관한 청각인지의 문제가 생각되고 있다. 요즘은, 기본적인 문제로서 특히 음운처리의 장애가 지적되고 있다. 스완슨(Swanson) 등(1991, 1994, 1989)은 읽기장애를 기억의 병리로 설명하고 있다. 즉, 시각적인 정보인 쓰인 말을 음성적으로 재부호화하기 위해 필요한 작업기억 용량이 뒤떨어지고, 그 때문에 정보에 접근(access)하는 능력의 활성이 부족하다고 한다. 나카네(中根)도 같은 관점에서, 학습장애의 경우에 히라가나에 한자를 더하면 읽기가 용이해지는 현상은, 한자가 표의문자이기 때문이 아니고 한자가 시각적인 읽기로서 제시됨으로써 메모리에 부하가 줄어들기 때문으로 설명하고 있다(中根,

2001).

간질은 발달장애에 합병하는 경우가 많은 뇌 질환이며, 학습장애아 중에도 간질이나 간질성 뇌파 이상을 보이는 어린이가 적지 않게 보인다. 발작의 기원이 명확한(발작의 기원이 뇌의 한정한 영역에 있다) 간질의 유형과 학습장애의 검토는, 학습장애를 신경심리학적으로 생각하는 데 참고가 되는 경우가 많다. 예를 들면, 측두엽 간질에서는 단기기억이나 기억 범위의 장애가, 전두엽 간질에서는 개념형성, 논리적 사고, 행동 결정, 추리 등의 인지 과정의 장애가 지적되고, 이러한 장애가 특유한 학습 곤란을 생기게 하는 것으로 보고되고 있다. 학습장애의 경우, 뇌의 특정 영역이나 뇌반구의 기능과의 관계로 인지의 장애가 생기고, 그 결과로서 학습 과정에서의 문제가 생길 가능성을 생각하지만, 기본 병태에 대해서는 아직 일정한 견해를 얻을 수 없다.

2. 인지 · 행동의 특징

학습장애는 교육과 의학의 두 영역에서 제기된 개념이며, 의학 영역에서의 학습장애(learning disorders)는 신경심리학적 원인을 가지는 한정된 읽기, 쓰기, 수학의 장애를 가리키고 있지만, 교육의 영역에서 다루는 학습장애(learning disabilities)는, 이러한 유형 이외에, 학습을 진행하는 데 있어 '걱정이 되는 어린이'로 말해지는 다른 유형을 넓게 포함하는 경우가 많다. 교육 용어로서 학습장애는, 지각 수준에는 문제가 없음에도 불구하고 읽고 쓰기나 듣고 이야기, 또는 계산이나 추론 등에 곤란이 있는 상태이며, 중추신경계의 어떠한 이상이 있다고 생각되는 장애라고 정의된다. 학습장애에서는 인지 과정의 상징 기능이나 개념화의 수준에 장애가 있어 개념형성, 논리적 사고, 행동 결정, 추리 등의 고차인지 과정의 장애가 있고, 교과학습뿐만 아니라 일상생활에 있어서의 계획성, 판단, 자기조절 등의 문제가 있는 경우가 많다고 말해진다. 시각인지가 관계한다고 생각되는 학습장애에서는 지남력(orientation), 다시 말해 전후 · 좌우 · 상하의 인식 곤란이나 양이나 길이의 이해 곤란, 서투름 등 협응운동의 장애 등이 나타난다.

학습장애는 초등학교 입학 후 밝혀지는 경우가 많지만, 문제의 징후는 유아기부터 나타난다. 유아기에는 말의 이해와 표현의 불균형이 나타나는 경우가 있고, 알고 있는데도 말을 잘할 수 없고 설명을 할 수 없기 때문에, 말의 발달이 지체되어 있는 것처럼 보인다. 뛰기, 세발자전거 타기, 공놀이 등의 운동이 서툴러서 젓가락이나 연필의 사용이 어색하고 손가락 끝의 조작이 서투르거나 하는 경우가 많다. 게다가 감정표현이나 교우 관계의 서투름도 나타나고, 유치원이나 보육원에서 대인관계가 잘 되지 않는 장면이 보인다. 아동기에 들어가면 학습상의 곤란이 명확해진다. 지능은 낮지 않고 겉보기는 같은 연령의 어린이들과 다름이 없지만, 문자나 문장을 부드럽게 읽을 수 없음, 작문을 할 수 없음, 계산을 할 수 없음 등의 곤란이 생기고, 교과학습이나 일상생활에 큰 지장이 생긴다. 학습장애의 특징은, 신경심리학적 검사나 학습 장면에서의 읽기 · 쓰기에서 현저하게 나타난다. 아래에 몇 가지 증례와 심리검사의 특징을 제시했다.

증례 8세 11개월(남자) '말하기', '쓰기'에 곤란을 보인 학습장애

특징 말하고 싶은 것을 적절한 말로 표현할 수 없기 때문에 상대에게 전달하기 어렵다. 문장을 소리 내어 읽거나 쓰거나 하고 싶지 않다. 문장을 쓰면 오자, 탈자가 많고, 한자를 사용하지 않는다. 그림일기의 그림 부분은 좋아해서 능숙하게 그리지만, 문장은 한 문장을 겨우 쓴다. 일상생활에서 의사소통이 잘 되지 않고, 스트레스로 의한 과식과 비만 때문에 장기입원을 하고, 학습의 기초가 더욱 지체되어 있다.

검사 소견 VIQ<PIQ로 차이가 크다. 어휘가 모자라고, 언어표현능력이 뒤떨어지지만, 몸짓에 의한 표현도 조금 뒤떨어진다. 시각성의 기억 보유는 양호하나 언어성의 기억 보유는 뒤떨어져 있다. 그림 4.11에 WISC-Ⅲ 검사 결과를, 표 4.16에 ITPA 검사 결과를 제시했다.

그림 4.11 WISC - III

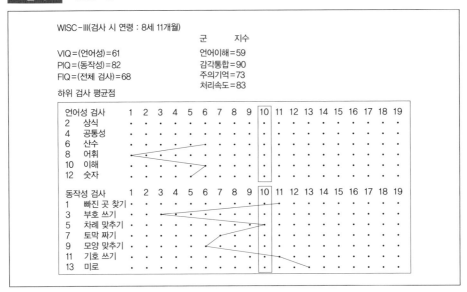

WISC-III(검사 시 연령 : 8세 11개월)

	군	지수
VIQ=(언어성)=61	언어이해=59	
PIQ=(동작성)=82	감각통합=90	
FIQ=(전체 검사)=68	주의기억=73	
	처리속도=83	

하위 검사 평균점

언어성 검사   1 2 3 4 5 6 7 8 9 [10] 11 12 13 14 15 16 17 18 19
2   상식
4   공통성
6   산수
8   어휘
10   이해
12   숫자

동작성 검사   1 2 3 4 5 6 7 8 9 [10] 11 12 13 14 15 16 17 18 19
1   빠진 곳 찾기
3   부호 쓰기
5   차례 맞추기
7   토막 짜기
9   모양 맞추기
11   기호 쓰기
13   미로

표 4.16 ITPA

하위검사	표상수준				자동수준			
	청각-음성		시각-운동		청각-음성		시각-운동	
	PLA	SS	PLA	SS	PLA	SS	PLA	SS
말의 이해	8 : 1	32						
그림 이해			9 : 0	35				
형태 기억							9 : 4	36
말의 유추	5 : 1	16						
수 기억					4 : 11	21		
그림 유추			(10 : 7)	31				
그림 찾기							(10 : 4)	39
말의 표현	4 : 10	26						
문장 구성					(10 : 3)	38		
동작 표현			6 : 11	30				

실시할 때 연령 : 9세 6개월

증례　11세 11개월(여자) '시각인지', '대인관계'에 곤란을 보인 학습장애

특징　읽기, 쓰기는 문제가 없다고 할 수 있지만, 수학의 도형문제와 계산을 할 수 없다. 특히 도형문제는 손을 대려고 하지 않는다. 대근육운동, 미세운동 모두 서투름. 친구와의 대화에 미묘한 엇갈림이 있어, 대인관계에서 긴장이 강하고, 말더듬이 나타난다. 친구와 관련되는 것을 싫어하지 않지만, 집단적응이 잘 되지 않는다. ADD를 합병하고 있다.

검사 소견　VIQ>PIQ로 차이가 크다. 지각통합능력이 뒤떨어진다. 운동능력이 낮고, 민첩하지 않고, 집단참가도가 낮다. 그림 4.12에 WISC-Ⅲ 검사 결과를, 표 4.17에 SM사회생활능력검사 결과를 제시했다.

그림 4.12　WISC-Ⅲ

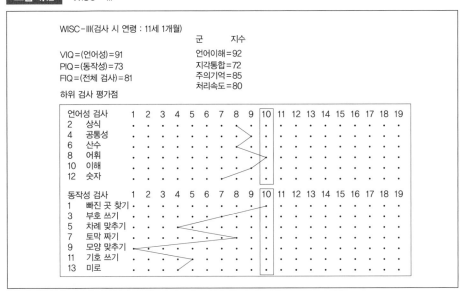

표 4.17 SM 사회생활능력검사

	SA=10세 6개월	SQ=88
	SA	(실제 연령과의 차이)
신변자립	11 : 6	(0 : 5) ↓
이동	7 : 5	(4 : 6)
작업	13 : 0	(1 : 1↑)
의사교환	13 : 0	(1 : 1↑) ↓
집단참가	7 : 3	(4 : 4)
자기충족	13 : 0	(1 : 1↑)

실시할 때 연령 : 11세 11개월

증례 5세 9개월(남자) '말하기', '읽기'에 곤란을 보이는 학습장애

특징 친구와의 말 주고받기를 할 수 없고 혼자 놀이가 많다. 가르쳐 주지 않아도 히라가나를 쓰지만, 읽을 수는 없다.

검사 소견 VIQ<PIQ로 차이가 크다. 시각, 청각 모두 정보의 수용은 양호해서 연령 이상의 이해를 할 수 있지만, 표현은 말이든 몸짓이든 어렵다. 시각적 연합능력은 높지만, 청각적 연합능력은 뒤떨어진다. 기억보유는 시각성 · 청각성 모두 뒤떨어진다. 시각인지는 양호하다. 그림 4.13에 WPPSI를, 표 4.18에 ITPA 검사 결과를, 표 4.19에 프로스티그 시지각발달검사[5] 결과를 제시했다.

---

5) 프로스티그 시지각발달검사(Frostig Developmental Test of Visual Perception)는 흔히 DTVP로 부르며, 지각기술(시 지각 및 손-눈 협응)을 평가함으로써 유치원 이전 아동부터 초등 3학년 학생까지 시행하는 학습장애 혹은 신경학적 장애를 진단하기 위한 검사이다. 난이도에 따라 배열된 41개의 과제로 구성되어 있으며 표 4.19에 제시된 것과 같이 다음과 같은 영역, eye-motor coordination(drawing continuous straight, curved, or angular shapes), figure-ground perception(detecting embedded figures), constancy of shape(distinguishing common geometric shapes), position in space(identifying reversed position), and spatial relations(connecting dots to form shapes and patterns)를 포함한다.

그림 4.13 WPPSI

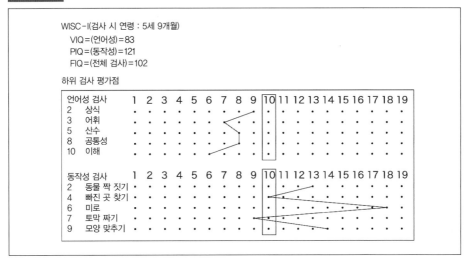

WISC-I(검사 시 연령 : 5세 9개월)
  VIQ=(언어성)=83
  PIQ=(동작성)=121
  FIQ=(전체 검사)=102

하위 검사 평가점

언어성 검사   1 2 3 4 5 6 7 8 9 10 11 12 13 14 15 16 17 18 19
2 상식
3 어휘
5 산수
8 공통성
10 이해

동작성 검사   1 2 3 4 5 6 7 8 9 10 11 12 13 14 15 16 17 18 19
2 동물 짝 짓기
4 빠진 곳 찾기
6 미로
7 토막 짜기
9 모양 맞추기

표 4.18 ITPA

	표상수준		자동수준	
	청각-음성	시각-운동	청각-음성	시각-운동
하위검사	PLA	PLA	PLA	PLA
말의 이해	7 : 9			
그림 이해		8 : 5		
형태 기억				4 : 5
말의 유추	4 : 9			
수 기억			3 : 10	
그림 유추		8 : 9		
그림 찾기				7 : 0
말의 표현	4 : 2			
문장 구성			3 : 6	
동작 표현		4 : 10		

실시할 때 연령 : 5세 11개월   PLA(연:월) : 언어학습연령

 일반적으로 학습장애아의 학습 장면에서 보이는 읽기의 특징으로는, ① 축어(逐語) 읽기, ② 글자를 읽을 때 부자연스럽게 끊어 읽기, ③ 문자나 행을 생략하고 읽음, ④ 추측 읽기 등이 있다. 쓰기의 특징에는, ① 글자의 크기나 나열이 맞지 않음, ② 촉음(促音)이나 콧소리(撥音) 표기의 미스, ③ 형태가 닮아 있는 글자의 미스(い와

| 표 4.19 | 프로스티그 시지각발달검사 |

	지능지수(PQ)=115	
	지각지수	평가점
Ⅰ 시각과 운동 협응	5 : 6	10
Ⅱ 전정과 배경	8 : 2	15
Ⅲ 형태의 항상성	4 : 6	8 ↓
Ⅳ 공간 위치	6 : 6	12
Ⅴ 공간 관계	5 : 9	10

실시할 때 연령 : 5세 6개월

| 표 4.20 | 학습장애의 읽기/쓰기의 특징 |

읽기의 특징
① 축어 읽기
② 글자를 읽을 때 부자연스럽게 끊어 읽기
③ 문자나 행을 생략하고 읽음
④ 추측 읽기
쓰기의 특징
① 글자의 크기나 나열이 맞지 않음
② 촉음이나 콧소리(撥音) 표기의 미스
③ 형태가 닮아 있는 글자의 미스
④ 거울문자나 부분적인 잘못 쓰기

こ, ぬ와 め, わ와 ね), ④ 거울문자나 부분적인 잘못 쓰기 등이 나타난다(표 4.20).

3. 대응

학습장애의 지원에 있어, 인지 구조의 어느 수준에 문제가 있을지를 분명히 할 필요가 있고, 심리학적 평가(assessment)는 없어서는 안 된다. 평가 중에는 웩슬러지능검사에서 많은 인지발달상의 정보를 얻을 수 있다. 지능검사에 있어서는 언어성 IQ와 동작성 IQ, 하위검사 프로필, 군(群) 지수 간의 특징, 언어능력이나 시각인지 능력에 관한 각종 인지검사, 학력검사 등을 자세히 검토한다. 나아가, 음독이나 작문 등 읽고 쓰기의 특징을 밝히고, 학습 곤란의 인지적 특징을 파악한다. 그리고 나서 치료 교육 프로그램, 다시 말해 각각의 학습장애아에 대해서 개별학습 지도프로그램(IEP)을 고안하고, 실제로 교실이나 가정에서 지도를 한다. 학습 프로그램 작

성에 있어, 언어나 감각통합 등 심리학 이외의 전문영역에서의 어드바이스가 효과
적인 경우가 적지 않으므로, 관련 영역과의 연계가 기대된다. 또, 특별지원교육에
있어서 특히 학습장애아의 교과 지도법에 관해서는, 학교 교사가 지원을 실시하는
역할이 크다.

　학습장애는 학습의 장애이지만, 신경심리학적인 학습의 문제뿐만 아니라 다양
한 행동상의 문제를 보이는 경우가 많다. 문제행동 중에는 합병증도 있어 심인성
의 문제도 있다. 학습장애의 경우는, 학습과 문제행동의 양면에 대한 적절한 이해
와 지원이 행하여지는 것이 필요하다. 학습장애아는 본래 적응 방법이나 대인관계
에 있어서 고기능 자폐성장애아나 아스퍼거장애아와 같은 사회적 상호성이나 의사
소통의 장애는 없다. 학습장애아 중에는 친화적, 협조적이어서 사람의 기분에 민감
한 어린이가 많다. 이러한 어린이가 적응을 못하는 직접적인 원인은, 특정한 교과
의 학습 곤란에 대한 교육적 대응의 늦음과 불충분함에 있다. 일본에서는 아직 장
애학생이 없는 일반학급이나 장애학생이 있는 일반학급에서의 학습장애 지도 방법
은 체계가 충분히 잡히지 않았다. 특히 지적 수준이 높은 학습장애아의 학습 곤란
은, 지능이 높으므로 어차피 문제가 되지 않는다고 가볍게 생각하여 방치되는 경향
이 있다. 교사의 전문기관 소개나 부모의 전문기관 의뢰를 망설이는 경향도 더해져
서, 전문기관에서의 상담이 늦어지는 경우가 많다.

표 4.21 　학습장애 · ADHD 아동의 초진 때의 문제

	유아기(N=24)	아동기(N=14)	청년기(N=7)
부모-자녀 관계	33.3 %	57.1 %	14.3%
친구 · 교사 관계	47.6 %	71.4 %	57.1 %
틱 · 다른 버릇	28.6 %	42.9 %	42.9 %
등원 · 학교 거부	0%	21.4%	57.1 %
무기력 · 우울상태	0%	0%	57.1 %
비행 · 폭력	0%	0%	28.6%

이가라시(五十嵐) 등(2000)은 학습장애 · ADHD 아동[6]의 심인성의 문제행동에 대해서, 초진 때의 연령집단별로 검토했다(표 4.21). 유아기 초진집단에서는 보육원이나 유치원에서 친구나 선생님과의 대인관계의 문제가 약 50% 나타나고, 부모－자녀 관계나 틱 · 기타 버릇이 약 30% 나타났다. 아동기 초진집단에서는 친구나 교사관계의 문제가 70%, 부모－자녀 관계나 버릇의 문제가 40~60% 나타나고, 등교거부가 20% 정도 나타났다. 청년기 초진집단에서는 친구나 교사관계, 등교거부, 무기력, 우울상태가 각각 약 60% 나타나고, 버릇이 약 40%, 그 외 부모－자녀 관계, 비행, 폭력과 같은 문제도 나타났다. 이처럼 학습장애 · ADHD 아동의 문제가 연령에 따라 다양해지고, 교우 관계나 교사와의 관계나 학교적응 등 대인적 · 사회적 측면이 어려워지는 것을 엿볼 수 있다.

학교나 전문기관에 있어서의 학습장애의 조기발견과 조기치료 교육의 실시로, 학습장애아의 학습을 지원하고, 자기평가의 저하를 예방하고, 적응상의 문제 발생을 미연에 막을 수 있다.

Ⓓ 고기능 전반적 발달장애(HFPDD)

1. 신경심리학적 특징

자폐성장애(이하 자폐증)의 뇌 연구에서는 변연계, 소뇌, 뇌간부(腦幹部, brainstem)의 병변(病變) 및 기능의 이상이 지적되고 있다(大東, 2000). 최근 연구에서는, 편도체나 해마, 미상핵의 부피 감소나 편도체와 해마의 발달 이상이 보고되고 있고, 대뇌변연계, 특히 해마나 편도체가 장애의 본질과의 관련에 있어서 중요시되고 있다. 대뇌변연계의 기능부전이 일어나면 대인적인 관심이나 애착 행동의 형성과 그 해소(解消)에 관한 기능에 문제가 생긴다고 말해지고 있다. 편도체와 해마의 이상에 대해서는, 정동장애와 기억장애와의 관련이 추측되고, 얼굴인지에

---

[6] 원래는 '학습장애, ADHD 주변아'로 되어 있어 임상역치하(subclinical)상태 혹은 유사한 증상을 보이는 아동을 포괄하며 다소 애매한 상태를 일컫는 용어로 표기되어 있었지만, 이해를 돕기 위해 '주변아'를 생략하고 그냥 '학습장애 · ADHD 아동'으로 번역하였다.

도 관계되는 사회적 인지장애를 생기게 할 가능성이 생각된다. 최근의 뇌기능 영상 연구는, 다른 사람의 얼굴인지에 관한 정보처리가 뇌가 특정한 부위에서 행하여지는 것을 밝혀 왔다. 예를 들면, 인물의 판단 등의 정적 정보는 방추상회(紡錘狀回, mid-fusiform gyrus), 시선 방향과 같은 동적 정보는 측두엽 상측두구(上側頭溝, superior temporal sulcus, STS), 표정 등의 감정이 관계하는 처리는 편도체가 관여하고 있다(Haxby 등, 2000). 이러한 일련의 정보처리과정은, 대인적 상호성이나 의사소통을 원활하게 해서 사회생활을 영위하기 위해서 기본적으로 중요한 과정이다. 브라더스(Brothers, 1990)는, 인간은 진화의 과정에서 사회에 적응하기 위해서 계통발생적, 개체발생적으로 사회적 지능을 발달시켰다고 생각하고, 사회적 적응 행동에 특이적으로 관여하는 안와(眼窩)전두피질(orbital PFC), 상측두회(上側頭回, superior temporal gyrus, STG)영역, 편도체로 구성되는 사회인지 신경 네트워크 '사회 뇌(social brain)'를 주장하고 있다.

'마음이론'에 관한 뇌기능 영상 연구는, 사회 뇌의 일부인 전두엽야(野)가 '마음이론'의 수행과 관련이 깊은 영역인 것으로 보인다. 전두엽 손상 환자와 그 외의 영역에 손상이 있는 환자를 대상으로 해서 '마음이론' 과제를 한 실험에서는, 우(右)전두엽내측부(內側部, right medial frontal lobe) 손상 환자에서는 오답률이 높았지만, 타 부위 손상자에서는 이 특징이 나타나지 않았다(Stuss 등, 2001). 양전자방사단층(positron emission tomography, PET) 영상 연구에서는, 일반인에서는 '마음이론' 과제의 수행 중에 좌내측(左內側)전두엽(left medial frontal lobe)의 브로드만(Brodmann) 8번 및 9번 영역에 활성화가 나타났다(Flecher 등, 1995). 또한 '마음이론'을 포함하는 회화 과제에서는 내측(內側)전두엽 영역이 활성화되어, 물리적 논리만을 나타내는 회화 과제에서는 같은 곳이 활성화되지 않았다는 점에서 '마음이론'의 처리가 물리적 논리와 다른 뇌 부위에서 행해진다고 생각되었다(Brunet 등, 2000). 게다가, 아스퍼거장애와 일반인을 대상으로 한 PET 영상 연구에서는, 일반인에서는 '마음이론' 과제 수행 시에 브로드만 8번 및 9번 영역이 활성화되었지만, 아스퍼거장애군에서는 활성화되지 않아, 아스퍼거장애인은 '마음이론'의 능력이 낮다고 지적되었다(Happe 등, 1996).

기능적 자기공명영상검사(functional magnetic resonance imaging, fMRI)를 이용한 연구에서도 일반인에서는 전두엽 영역이 '마음이론' 과제에 관여하고 있다고 보고되고 있으며(Evelyn 등, 2002), 한편 자폐인에서는 '마음이론' 과제 수행 중에 전두엽의 기능 장애가 나타나지만, 상측두회(STG)가 대신하고 있을 가능성이 보고되었다(Baron-Cohen 등, 1999). 이렇게 전두엽 영역의 기능부전이 '마음이론' 과제의 수행능력에 특이적으로 지장을 주는 것이나, '마음이론' 과제의 수행에 의해 내측(內側)전두피질이 활성화된다는 보고가 많이 제시되었다.

2. 인지 · 행동의 특징

사회적 인지(social cognition)의 문제가 본질적인 장애의 하나인 자폐증은, 대인 인지나 적응 행동 발달의 신경심리학적 연구 모델로서 다룰 수 있는 경우가 많다. 얼굴인지에 관해서, 지적 조건을 통제한 자폐아/인의 경우는, 얼굴의 재인, 인물의 판단, 성별 판단 등의 얼굴 인식은 기본적으로 일반아/인과 변함이 없다고 말해지고 있다. 그러나 도립(倒立, 위아래가 거꾸로 되어 있음) 효과의 결여나 얼굴의 상하 방향의 인식이 부족하고, 얼굴의 전체보다도 부분에 의한 처리를 하고 있다고 생각되는 것이나, 얼굴 인식에 있어서의 눈 부분에 대한 의존의 약함이나 주의의 결여 등도 들 수 있어, 얼굴 처리나 표정 이해에 있어서 중추성 통합(central coherence)과 관련된다고 생각되는 질적인 처리의 차이가 지적되고 있다(Happe, 1994; Frith, 1989). 표정 이해에 관해서도, 표정 이해 그 자체에는 결함이 없지만, 표정에 의한 다른 사람의 의도나 신념 등의 파악이나, '마음이론'을 필요로 하는 것 같은 특정한 표정 이해에 곤란을 보인다고 보고되고 있다(千住, 2004). 또, 얼굴 인식과 동일하게 표정 처리에 관해서도, 단서, 도립(倒立)효과, 이해에 필요로 하는 시간, 감정 프라이밍(priming)[7]의 발생 등에 있어 자폐증과 일반아/인의 질적 차이를 지적하는 보고가 많다(千住 등, 2002; 神尾 등, 2003). 또, 자폐아/인의 얼굴 인지에 있어서 시선 인지에 관한 연구에서는, 발달 초기에 다른 사람의 얼굴을 보는 빈도의 낮음

---

7) 뇌관을 설치하는 것과 같이 감정을 일으키게 하는 기전

그림 4.14　표정 이해

이 사람은 어떤 표정을 짓고 있습니까? 말해 보세요.

그림 4.15　상황 이해

이 3명 사이에서 어떤 일이 일어났습니다. 무슨 일이 일어났을까요? 자세히 설명해 보세요.

표 4.22　상황 그림(그림 4.15)의 해답 예1

아스퍼거장애 남자 아이(초등학교 5학년)
'하나밖에 없어 안 됐네(오른쪽 사람). 누군가 범인인데. 가장 오른쪽 아이가 먹었다. 도너츠 2개가 있는데도 먹고 있네. 좋아하고 있어.'

표 4.23　상황 그림(그림 4.15)의 해답 예2

고기능 전반적 발달장애 남자 아이(초등학교 3학년)
'간식 그림. 간식 때 남자 아이가 3개 먹었고, 여자 아이가 머리를 흔들고(오른쪽), 다른 1명의 여자 아이가 도너츠 1개를 가리키고 있어.'

(Osterling 등, 2002), 눈맞춤의 특이성(Willemsen-Swinkels 등, 1998), 시각적 공동 주의의 곤란 등이 보고되어(Leekam 등, 2000), 이러한 것에 있어서도 자폐아/인과 일반아/인의 질적 차이의 가능성이 시사되고 있다.

이상과 같이, 자폐증의 얼굴인지에 관한 연구는 많이 행하여져 오고 있고, 오늘 날에는 지적으로 정상인 자폐아/인은 얼굴 인식, 표정 이해, 시선 인지 등의 능력 은 일반인과 다른 것이 없다고 제안되고 있다. 그러나 임상장면에서 접하는 자폐 아/인은, 다른 사람의 시선이나 표정 이해는 할 수 있지만 읽어 내기에는 일반인 과 다른 특징이 있고, 얼굴의 인식이나 변별 방식, 다른 사람의 의도나 상황과 결부 된 표정 이해, 시각적 공동주의 등에 있어서는 곤란이 있다. 사카이(酒井)와 이가라 시(五十嵐) 등(2003)은, 연령과 지능 수준을 동일하게 한 고기능 전반적 발달장애 아와 일반아를 대상으로 하여, 표준고차 시지각검사(標準高次視知覺檢査)의 일부 를 이용해서 표정 이해와 상황의 서술에 관한 연구를 했다. 그 결과, 일반아는 원인 과 결과를 염두에 두고 상황의 주제를 서술하려고 하지만, 고기능 전반적 발달장애 아는 표정이나 상황을 인식할 수는 있지만 관계성의 설명에서는 사실의 나열에 머 무르고, 표정이나 상황을 서로 관련지어서 사태를 서술할 수 없는 것이 분명해졌다 (그림 4.14, 4.15, 표 4.22, 4.23).

한편 자폐증의 행동 특징을 설명하기 위한 몇 가지 신경심리학적 가설이 제시되 고 있고, 실행기능모델도 그중의 하나로 들 수 있다. 럼세이(Rumsey, 1985)는 전 반적 발달장애(pervasive developmental disorders, PDD)의 심리 과정에 있어 실 행기능장애를 지적했고, 그 후 전반적 발달장애의 실행기능에 관한 수많은 연구가

표 4.24　WCST를 이용한 연구 결과

- 달성 카테고리의 수, 보속성 오반응 수, 그 외
  - ADHD와 일반인의 차이(+) : 17/26
  - 고기능자폐증과 일반인의 차이(+) : 11/13
- Ozonoff(1995)
  - 고기능 지폐증과 ADHD의 차이(+)
  - 고기능 지폐증은 ADHD보다 성적이 떨어짐
- ADHD와 일반인의 차(+)(연령과 지표에 따라 다름)
- 고기능 지폐증과 일반인의 보다 분명한 차이(+)
- ADHD의 하위집단의 특징은 불명확

표 4.25	자폐증에 있어 실행기능장애의 일관성

	해당 연구 수	이상 있음	이상 없음	이상 있음 %
전 연구(N=33)	31	22	9	71.0
WCST	16	12	4	75.0
TOH	6	5	1	83.3
Stroop Test	3	0	3	0.0
Trail-B	4	2	2	50.0
Working Memory	6	3	3	50.0
정상대조를 둔 연구(N=22)				
WCST	10	7	3	70
TOH	2	2	0	100
Stroop Test	3	0	3	0
Working Memory	4	2	2	50

WCST : Wisconsin Card Sorting Test, TOH : Tower of Hanoi, Trail-B : Trail-Making Test-B
출처 : 太田, 2003

행해져 오고 있다. 서전트(Sergeant, 2002)는 1990년부터 이후 10년 동안에 발표된 ADHD 주변 장애의 실행기능 연구를 정리했다. WCST를 이용해서 ADHD나 고기능자폐증(high functioning autism, HFA)의 실행기능을 검토한 해당 연구에 있어서는, ADHD 및 고기능자폐증은 일반인보다 WCST의 성적이 뒤떨어졌다고 보고한 논문이 65편으로 전체의 85%였다. 오조노프(Ozonoff, 1995)는 ADHD, 학습장애, 전반적 발달장애의 신경심리학적 연구를 정리한 논문에서, 고기능자폐증과 일반인의 보다 명확한 차이를 지적하고, 자폐증의 중심적 장애로서 실행기능의 장애를 들고 있다(표 4.24). 또, 오오타(太田, 2003)는 자폐증에 있어 실행기능 연구들을 정리하고, WCST의 이상이 해당 연구의 약 70%에서 나타났다고 보고하고 있다(표 4.25). 그러나 실행기능의 장애는, ADHD나 학습장애 등의 발달 장애에도 나타나므로, 실행기능 장애만으로 고기능 전반적 발달장애의 3가지 증상을 설명할 수는 없을 것이라고 기술하고 있다.

고기능 전반적 발달장애의 인지·행동 특징은, 사회성과 대인관계의 장애로서 나타난다. 2~3세까지의 육아에서는 여러 가지 점에서 어머니가 괴로운 때가 많다.

자고 있을 때 이 외에는 움직이고 있는 등 ADHD와 유사한 과잉행동을 보이는 경우가 있어, 상자나 서랍을 모두 열어 보지 않고는 마음이 편안하지 않는다든가, 엘리베이터나 자동문에 집착해서 몇 번이고 출입을 반복하는 등의 고집·상동행동이 보이고, 생각대로 할 수 없으면 패닉상태에 빠져 큰 소리로 울부짖는다. 주위의 어린이에게 관심을 보이지 않고, 흥미를 가졌을 경우도 상대 어린이에게 모래를 뿌리거나, 때리거나 하기 때문에 바로 싸움이 시작된다. 좋아하는 일에는 이상할 만큼 몰두하고, 같은 비디오를 몇 회를 반복해 보아도 제지할 수 없다. 소지품이나 양복의 색이나 메이커를 고집하고, 여름과 겨울에는 결정된 양복밖에 입지 않는다. 외출한 곳의 화장실에 들어갈 수 없다. 수세식 화장실에서 나는 물소리를 무서워한다. 하루 스케줄의 변경이 곤란해서, 미리 충분히 예고를 해 두지 않으면 패닉이 된다. 이러한 행동은 말의 획득과 함께 개선하는 경향이 있지만, 말을 획득하고, 과잉행동이 개선되고, 정서도 안정되어서 어린이들과도 조금씩 놀 수 있게 되어도, 말의 사용이 부적절해서 상황에 맞지 않게 말을 하는 것이 눈에 띄고, 대인관계나 사회적 행동에 있어서 미묘한 차이가 존재한다.

환경변화에게 약하기 때문에, 보육원·유치원·초등학교 등에 입원/입학하고 나서 당분간 생활이 다양하게 변화하기 때문에 익숙해지기까지 시간이 걸리고, 정서가 불안정해져 아이들과의 트러블이나 패닉도 자주 생긴다. 고기능 전반적 발달장애아는 사람과의 관계를 거부해서 은둔형 외톨이라고 생각되는 경향이 있지만, 아동기 이후의 아이들을 보고 있으면 반드시 그렇지는 않은 것 같다. 처음에는 스스로 좋아서 고립해 있는 것처럼 보이지만, 다른 사람과의 관계 방법을 모르는 것뿐이며, 다른 아이에게 시선을 보내거나, 가까이 다가가거나, 비언어성의 관심의 표현을 보인다. 본인은 친구와 관계하려고 하지만 잘 되지 않고, 동료가 제외시키든가 본인 스스로 동료로부터 떨어지는 경우가 많지만, 성장함에 따라 주위와 관계되지 않으면 안 되는, 혹은 주위와 관계되고 싶다는 마음을 품게 된다.

3. 대응

나카네(中根, 1999)는 '자폐증의 치료 교육에서는 수용적인 방식으로 대인관계의 개선을 도모하는 것이 아니고, 각각의 장면에서 상대와 어떤 말을 주고받을 것인가 라고 하는, 대인관계의 노하우를 가르쳐 주지 않으면 안 된다'라고 언급하고 있다. 대인적 상호성이나 상황 읽어 내기의 특이함, 언어 의사소통의 문제, 행동이나 감정억제의 곤란, 지식이나 흥미의 치우침, 대근육 · 미세운동기능의 서투름 등은 고기능 전반적 발달장애아의 일상생활에서 사물을 보는 관점이나 사람과의 관계에 여러 가지 영향을 미치며, 자주 사회생활상의 트러블의 원인이 된다. 그러나 당사자인 고기능 전반적 발달장애아는, 그 트러블 발생의 경위나 원인에 관해 충분히 이해할 수 없고, 게다가 적절한 대응법을 모르는 경우가 많다. 초등학교 6학년 여아는, 여성 담임교사에 대한 신뢰와 사랑의 마음을 "선생님, 사랑하고 있어요."라고 진지한 얼굴로 말해 동료에게 조소와 비난을 받았지만, 왜 '사랑하고 있어요'가 이상한지를 몰라서 어찌할 바 몰랐다. "민폐라니… 민폐라는 것 좋은 것입니까?", "투명(透明)한 고속도로(東名高速道路)가 있습니까?(일본어에서는 '透明'와 '東名'는 '토우메이'로 발음이 같아서 실수한 것)" 등의 발언도 동일하게 웃음을 일으키거나, 야유를 받거나 하는 악감정을 가지게 한다. 또, 매우 건강한 남자고등학교 교생에게, "형님, 전철이나 버스의 노약자석에 앉아서는 안 됩니다."라고 한 말이, 조금 위험한 분위기를 초래함을 지적해 주어도 그 이유를 이해할 수 없다. 농담이나 비유를 아는 주위의 성인은 이러한 어린이들에 대해서, 처음은 특이한 재미있는 표현을 하는 아이라는 인상을 가질지도 모른다. 그러나 이러한 언어와 행동을 진지하게 성실하게 반복하고 있다는 것을 알게 되면, 점차 상식 밖의 것을 말하거나 하는 이상한 어린이라고 관점을 바꾸기 쉽다. 한편, 어린이 발달 전문가 중에는, 이러한 어린이들의 조금 빗나간 표현이나 행동이 '어린이 본래의 순수한 표현이며, 조금도 이상하지 않다', '조금 이상하다는 것을 자각하게 하거나 지도하거나 함으로써, 어린이 자체가 가지고 있는 자연스럽게 자라는 힘을 빼앗아 버리는 것이 아닐까'라고 지적하기도 한다. 고기능 전반적 발달장애아의 사회성에 대해 생각할 때에 중요한 것은, 이 어린이들은 몇 가지 대답을 가지고 있고 그중에서 하나를 선택해서 말하는 것이 아니고, 유일하게 이것밖에 가지고 있지 않음을 이해하는 것이다. 사회적 장면에서 정보 이해나 반응 방법의 수를 늘리고, 그중에서 적절한 사항을 선택하는 것을 학습하는 것이 발달 촉진에 연결된다.

최근 이가라시 등(2002~2005)은, 대학부속 발달임상센터나 공립 전문의료기관이나 민간 연구소 등과 연계하여, 고기능 전반적 발달장애 아동의 사회적 상호성과 의사소통 능력 발달 촉진을 목적으로 한 소셜 · 의사소통 · 프로젝트(Social Communication Project, SCP)를 적용했다. 저연령아에게는 놀이나 제작이나 발표를 중심으로, 고연령아에게는 테마를 설정한 토론이나 공동 작문 등을 중심으로, 교우관계를 원활하게 하는 4개의 측면, ① 참가, ② 협력, ③ 의사소통, ④ 지원을 중시한 지도 프로그램을 짜고, 소집단 중에서 동료나 지도자와의 주고받기 훈련을 하고, 상황에 맞은 말이나 행동을 획득하고, 일상의 교우관계에 응용할 수 있도록 하는 것이 목적이었다.

고기능 전반적 발달장애아동에 대한 SCP의 적용으로 다음의 내용이 시사되었다.

① 지도 시작 시의 연령이 낮을수록 지도 장면에서의 효과가 빨리 나타난다.

② 지도 장면에서의 행동 변화 후에 일상생활 장면에서의 변화가 나타난다.

③ 고기능 전반적 발달장애아동은 생육 과정에 있어서 정서적 · 내면적 문제를 내재화할 가능성이 있어, 발달 초기에 발달 임상심리학적으로 관계되는 것이 정서적 · 이차적 문제의 발생을 예방한다. 그렇게 함으로써 장애의 본질적 문제에 조기에 대응해서 효과를 얻을 수 있다.

④ SCP에 있어서의 사회기술은 중재 단계의 난이도를 높여 감에 따라 계속 변화와 일반화가 나타난다.

⑤ 고기능 전반적 발달장애아동과 일반아동에서는, 같은 상황에서 인식하는 감정이 다르고, 그중에서도 '공포'의 감정 인식에 특이한 경향이 있었다.

⑥ 말을 주고받는 장면에서 고기능 전반적 발달장애아동의 발화 방향은 지도자에 집중하지만, 어린이 간의 주시 행동도 보여져, 주시 행동에 지도적 중재를 함으로써 사회적 상호성이나 대화의 양방향성이 촉진된다.

● 참고문헌

[심리학적 발달]

❶ 氏原 寬, 小川捷之, 東山紘久, 他(編)：心理臨床大辞典. 培風館, 1992

❷ 山本多喜司(監)：発達心理学用語辞典. 北大路書房, 1999

❸ 中島義明, 安藤清志, 子安増生, 他(編著)：心理学辞典. 有斐閣, 1999

❹ 遠藤利彦：発達における情動と認知の絡み. 高橋雅延・谷口高士(編著)：感情
と心理学. 北大路書房, p2-40, 2002

❺ Piaget J：Six Psychological Studies(Tenzer A, Trans.). Vintage Books, New
York, 1967(Original work published in 1964)

❻ 太田昌孝, 永井洋子(編著)：自閉症治療の到達点. 日本文化科学社, 1992

❼ 岡本夏木：認知発達. 藤永 保(編)：児童心理学：現代の発達理論と児童研究.
有斐閣, p241-276, 1973

❽ Myklebust HR：学習障害の心理神経学アプローチ−Dr. Myklebust講演要旨−.
小児の精神と神経 29(1・2)：3-10, 1989

❾ Lazarus RS：Emotion and Adaptation. Oxford University Press, Oxford, 1991

❿ Lazarus RS：The cognition-emotion debate：A bit of history. In：The
Handbook of Cognition and Emotion. Wiley, Cambridge, 1999

⓫ Lewis M：The emergence of human emotions. In：Handbook of Emotions.
Guilford Press, New York, 1993

⓬ Lewis M：The role of the self in cognition and emotion. In：The Handbook
of Cognition and Emotion. Wiley, Cambridge, 1999

⓭ Lewis M：The emergence of human emotions. In：Handbook of Emotions,
2nd edition. Guilford Press, New York, 2000

⓮ Baddeley A：Working Memory. Oxford University Press, London, 1986

⓯ Baddeley A：The episodic buffer：A new component of working memory？
Trends Cogn Sci 4：417-423, 2000

⓰ 苧阪直行：意識の科学は可能か. 苧阪直行(編)：意識の科学は可能か. 新曜
社, 2002

⑰ 苧阪直行：ワーキングメモリと意識. 苧阪直行(編)：脳とワーキングメモリ. 京都大学学術出版会，p1-15，2000

⑱ 太田昌孝：自閉症圏障害における実行機能. 自閉症と発達障害研究の進歩 7：3 -25，2003

[주의력결핍과잉행동장애의 특징 및 지원]

⑲ Barkley RA：ADHD and the nature of self-control. Gilford Press, New York, 1997

⑳ 宇野宏幸：注意欠陥多動性障害と行動抑制-認知神経心理学的モデル-. 特殊 教育学研究40，2003

㉑ 五十嵐一枝：ADHDとワーキングメモリ. 日本ワーキングメモリ学会，ワークシ ョッププログラム，p2，2004

㉒ Igarashi K, Sakai Y, Kato M：Study of executive function and working memory in the patients with ADHD(Attention Deficit/Hyperactivity Disorders). 2nd International Conference on Working Memory Program & Abstracts, p60, 2004

㉓ 苧阪満里子，苧阪直行：読みとワーキングメモリ容量-日本語版リーディング スパンテストによる測定-. 心理学研究 65：339-345，1994

㉔ 鹿島晴雄，加藤元一郎：前頭葉機能検査-障害の形式と評価方法-. 神経研究 の進歩. 37：93-110，1993

㉕ 中根晃：海外文献から-ADHDの医学的原因-. 學習障害研究10：123-125，2001.

[학습장애]

㉖ Swanson HL：Learning disabilities, distinctive encoding and hemispheric resources：An information processing perspective. In：Obrzut JE & Hynd GWEds.)：Neurological Foundations of Learning Disabilities：A Handbook of Issues, Methods, and Practice. pp.241-280, Academic press, San Diego,

1991

㉗ Swanson HL : Short-term memory and working memory : Do both contribute to our understanding of academic achievement in children and adults with learning disabilities? J Learn Disabil 27 : 34−50, 1994

㉘ Swanson LB : Analyzing naming speed−reading relationships in children. Unpublished doctoral dissertation, University of Waterloo, 1989

㉙ 五十嵐一枝, 大沢真木子, 溝部達子 : 小児科外来におけるADHDとLDの子ども の問題−年齢と症状をめぐって. 関東児童青年精神保健懇話会. 第12回学術集 会抄録集. p6, 2000

[고기능 전반적 발달장애]

㉚ 大東祥孝 : 発達障害と脳研究−自閉症関連病態をめぐって−. 児童心理学の進 歩. 2000年版. 金子書房, p256−278, 2000

㉛ Haxby JV, Hoffman EA, Gobbini MI : The distributed human neural system for face perception. Trends Cogn Sci 4 : 223−233, 2000

㉜ Brothers L : The social brain : a project for integrating primate behavior and neurophysiology in a new domain. Concepts Neurosci 1 : 27−51, 1990

㉝ Stuss DT, Gallup GG, Alexander MP : The frontal lobes are necessary for 'theory of mind'. Brain 124 : 279−286, 2001

㉞ Flecher PC, Happe F, Frith U et al : Other minds in the brain : A functional imaging study of 'theory of mind' in a story comprehension. Cognition 57 : 109−128, 1995

㉟ Brunet E, Salfati Y, Hardy−bayle MC et al : A PET investigation of the attribution of intensions with a nonverbal task. Neuroimage 11 : 157−166, 2000

㊱ Happe F, Ehlers S, Fletcher P et al : 'Theory of mind' in the brain : Evidence from a PET scan study of Asperger syndrome. Neuroreport 8 : 197−201, 1996

㊲ Ferstl EC, von Cramon DY : What does the frontomedian cortex contribute tth language processing : Coherence or theory of mind? Neuroimage 17 : 1599−1612, 2002

㊳ Baron-Cohen S, Ring HA, Wheelright S et al : Social intelligence in the normal and autistic brain : An fMRI study. Eur J Neurosci 11 : 1891−1898, 1999

㊴ Happe F : An advanced test of theory of mind : Understanding of story characters' thoughts and feelings by able autistic, mentally handicapped, and normal children and adults. J Autism Dev Disord 24 : 129−154, 1994

㊵ Frith U : Autism : Explaining the Enigma. Blackwell, Oxford, 1989

㊶ 千住 淳, 東条吉邦, 紺野道子, 他 : 自閉症児におけるまなざしからの心の読みとり−心 の理論と言語能力・一般的知能・障害程度の関連−. 心理学研究 73 : 64−70, 2002

㊷ 千住 淳 : 自閉症者における社会脳の障害 : 顔認知研究からの示唆, 分子精神医学 4 : 27−34, 2004

㊸ 神尾陽子, Wolf J, Fein D : 自閉症スペクトラム児童青年における無意識的な情動反応 : 表情顔処理の困難に関する検討. 自閉症スペクトラム研究 2 : 1−10, 2003a

㊹ 神尾陽子, Wolf J, Fein D : 高機能自閉症とアスペルガー障害の児童青年の潜在的な表 情処理 : 表情は認知をプライムするか？ 児童青年精神医学とその近接領域 44 : 276−292, 2003b

㊺ Osterling J, Dawson G, Munson JA : Early recognition of 1-year-old infants with autism disorder versus mental retardation. Dev Psychopathol 14 : 239−251, 2002

㊻ Willemsen-Swinkels SH, Buitelaar JK, Weijnen FG et al : Timing of social gaze behavior in children with a pervasive developmental disorder. J Autism Dev Disord 28 : 199−210, 1998

㊼ 酒井裕子, 五十嵐一枝 : 非言語性LD児の情緒相互性における神経心理学的検討. 脳と発達 35 : 127, 2003

㊽ Leekam SR, Lopez B, Moore C : Attention and joint attention in preschool children with autism. Dev Psychol 36 : 261-273, 2000

㊾ Rumsey JM, Rapoport JL, Sceery WR : Autistic children as adults : Psychiatric, social, and behavioral outcomes. J Am Acad Child Psychiatry 24 : 465-473, 1985

㊿ Sergeant JA, Geurts H, Oosterlaan J : How Specific is a deficit of executive functioning for Attention-Deficit/Hyperactivity Disorder? Behav Brain Res 130 : 3-28, 2002

(51) Ozonoff S, Miller JN : Teaching theory of mind : A new approach to social skills training for individuals with autism. J Autism Dev Disord 25 : 415-433, 1995

(52) 中根 晃：発達障害の臨床．金剛出版，1999

(53) 五十嵐一枝，酒井裕子：ADHD(注意欠陥多動性障害)における遂行機能とワーキングメモリの検討．白百合女子大学発達臨床センター紀要 5：21-27，2001

(54) 五十嵐一枝，酒井裕子，宮尾益知：思春期以降のADHDにおけるワーキングメモリの発達臨床心理学的検討．第88回日本小児精神神経学会抄録集，p11，2002

(55) 五十嵐一枝，酒井裕子，宮尾益知：ADHDにおける遂行機能とワーキングメモリの発達的検討．脳と発達 35：s127，2003

(56) 五十嵐一枝(編)：軽度発達障害児のためのSST事例集．北大路書房，2005

■ 五十嵐一枝

제 **5** 장

감각통합장애로서의 발달장애 – 관점과 대응

어린이들이 발달 과정에서 새로운 것을 배워 가는 것이나, 어떤 조건 아래에서 판단하고 적절한 행동을 취해 가는 것 등은 뇌의 활동이라는 관점에서 생각할 수 있다. 뇌는 외부세계나 체내에서 입력되는 따로따로 흩어진 감각정보를 하나로 정리된 것으로 통합하는 기구(機構)를 가지고, 보내져 온 감각정보를 목적에 따라 잘 처리하고 조직한다(그림 5.1).

자신이 의도하는 행동을 효과적으로 수행할 수 있는 방향으로 진행하지 못하는 어린이들은, 일상생활이나 학교 교육의 장면에서 실패를 반복하고 있다. 그리고 새로운 것을 배워 갈 때에 그 과정에서 곤란을 보이고, 자신감 상실로 자존심에 상처를 입을 수 있고, 주위 사람들이 이해해 주지 않는 존재가 되어 버리는 경우가 많다. 최근, 신체적으로는 일반 어린이들과 아무런 차이가 없는 것 같은데도, 어딘가 다른 어린이들과는 다른 발달 과정을 거치고, 원활하지 않은 발달을 보이는 어린이들의 존재가 언급되고 있다.❶❷

재활(rehabilitation) 영역에서는, 이러한 어린이들에 대한 치료 이론의 하나로 감각통합(SI)이론이 있는데, 감각통합이론은 경도발달장애아의 장애상을 이해하는

그림 5.1 일반아동의 학습과 감각통합이 원활하지 않은 어린이의 학습

수단으로, 감각통합치료(SI치료)를 전개하고 있다.

Ⓐ 감각통합(SI)이론에서 발달의 관점[1]

1. 감각통합(SI)이론의 성립

'감각통합(sensory integration, SI)'이라는 말은, 신경심리학적 학습장애와 감각통합 정보처리 과정을 설명하는 용어로서, 1968년에 에이리스(Ayres)에 의해 처음으로 사용되었다.[3][4]

에이리스는 서던캘리포니아대학에서 작업치료(occupational therapy, OT)의 석사학위(1954)와 교육심리학에서 박사학위(1961)를 취득하고, 캘리포니아대학 로스앤젤레스분교(UCLA)의 뇌연구소(Brain Research Institute)의 박사후과정(Post-doctoral course)에서 연구를 계속하였으며, 1976년에 캘리포니아 주 토렌스 시에 클리닉(Ayres Clinic)을 개설하였다.[3][5] 클리닉에서 14년간 임상에 종사한 것 이외에도, 서던캘리포니아감각통합검사(Southern California Sensory Integration Test, SCSIT)의 인정 강습회를 열거나 연수생을 받아들이면서 사회에 공헌하고, 1985년부터 모교의 명예교수로서 후배육성에 종사한 임상연구자이다.[3][5]

감각통합과 학습장애(Sensory Integration and Learning Disorders)에서 에이리스는 'SI는 신경계가 명령을 보내는 행동의 이론이며, 이론은 사실이 아니지만 행위의 안내가 된다. 여기에서 말하는 "행위"란 어린이들을 돕는 SI치료이다'라고 말하고 있다.[4]

오래전부터 '오감'이라고 말해지고 있는 감각에는, 시각, 청각, 촉각, 후각, 미각이 있다. 이 오감 이외의 감각에는, 촉압(觸壓) 감각, 고유 감각, 전정 감각이 있다. 촉압 감각(touch and pressure sensation)은 압박이나 촉각을 느끼는 피부 감각이며, 이 외에도 피부는 압박이나 촉각뿐만 아니라 차가움, 따뜻함, 진동, 아픔 등도

---

1) 이 장의 어깨 번호는 다른 장에 있는 각주와 달리 참고문헌 번호이다. A절의 내용과 관련해서는 국내에 감각통합과 아동(Sensory Integration and the Child)(Ayres 저, 김경미 외 역; 2006, 군자출판사)을 참조할 수 있다.

느끼는 감각기관이다. 고유 감각(proprioception)은 각 관절이나 근육으로부터, 전정 감각(vestibular sensation)은 평형 기관으로부터 입력되는 감각이다. 외부에 있던 것이 자극으로 입력되어 감각 기관에 정교하게 영향을 미치면, 어떤 적응적인 감각 인상(印象)이 발생하여 느끼게 된다.

1950년대 후반부터 에이리스는 미국의 작업치료사(occupational therapist, OTR)들과 함께, 서던캘리포니아 대학원에서 적응적인 감각의 관점에 착안해서 연구를 계속해 SI이론을 세웠다. 어린이들의 발달 과정이 원활하지 않은 경우, 어린이들이 지금 필요로 하고 있는 활동에 제한이 생기고, 사회적 부적응 상태에 빠져버리게 된다. 에이리스와 동료들은 이러한 어린이들의 활동 제한의 배경에 있는 문제점에 착안하고, 외적 환경요인과 뇌(내적)환경요인의 상호작용이 어린이들의 행동에 영향을 끼치는 것의 중요성을 제시하기 시작했다.❸

SI이론의 성립은, 1960년대 뇌 과학의 진보에 의한 영향이 크다. 에이리스의 최대의 관심은, '영·유아기의 발달을 기초로 해서 발전해 가는 고차뇌기능은 어떻게 만들어져 가는가'였다. 그리고 장애아가 사회에 적응해 가기 위해서 작업치료(OT)가 목표로 하고 있는 행동·행위를 잘 수행하는 '작업 수행의 질적 향상'을 지향한다고 생각되어 왔다.❸ 어린이들의 작업 활동이 사회적응에 따라갈 수 있는 정도로 질적으로 높아지고 나서, 비로소 잘 적응했다고 말할 수 있기 때문이다.

이러한 배경으로부터 SI의 이론적 기반은, 심리·교육 영역, 신경근발달법(神經筋促通) 영역, OT 영역, 뇌기능 영역의 학문이 배경이 되어 성립되었다. SI이론은, 의학 영역에 있어서 뇌 메커니즘 연구의 발전에서 크게 영향을 받았지만, 학습이나 행동장애에 관한 심리학·교육학 영역의 연구에 있어서는 19세기까지 거슬러 올라가서 심리학·교육학 이론의 일부를 받아들였다.❸

에이리스는 심리학·교육학 영역에서 이타드(Itard), 세깅(Seguin), 몬테소리(Montessori) 등의 영향을 받았는데, 주로 지적 발달 지체를 중심으로, 감각자극이 가지는 의의를 치료적 교육의 기초에 두고 있었다. 심리·교육 영역에 있어서는, 19세기에는 고차뇌기능으로의 접근이 연구의 주된 부분이어서 책상에서의 학습 지도, 환경의 변화, 획일적이고 패턴화된 훈련 등이 실시되고 있었다. 그러나 19세기의 이러한 대응은, 에이리스가 파악한 OT의 배경에서 생각해 보면, 결코 만족할 만한 것이 못 되었다. 즉, 주로 책상에서의 학습 지도, 환경의 변화, 획일적이고 패턴화하고 있는 훈련 프로그램은, 주로 (뇌를) 고차(高次) 수준으로 올리려는 것을 목적으로 한 대응을 하고 있었고, 한편 에이리스는 인간의 고차 뇌기능과 그 발달의 기반을 어떻게 해서 만들어 갈지에 흥미가 있었다.❸

에이리스가 배운 스트라우스(Strauss), 레흐티넨(Lehtinen), 크루익샹크(Cruickshank) 등은, 주로 뇌장애아에 대하여 주로 지각에 관점을 두어 치료적 교육을 하고, 케파르트(Kephart), 마이클버스트(Myklebust), 프로스티그(Frostig) 등은 미세뇌장애(minimal brain disorder, MBD)나 학습장애아에 대하여 치료적인 관계를 가지고 있었다. 이러한 연구는, 에이리스에 감각-운동의 통합과 학습이나 행동에 관한 기본적 가설을 제공했다.❸

또한 1950년대부터 발전해 온 신경근발달법에 관해서는, 페이(Fay), 카바트(Kabat), 보바스(Bobath), 루드(Rood) 등의 감각-운동의 통합이론에서 배우고, 감각 간 통합의 중요성을 의식하고 있었다. 에이리스는 어린이의 발달 초기 단계의 기초적인 감각-운동의 통합을 고차뇌기능 발달의 기반으로 생각하고 있었다. 이 이론의 근저에는, 게젤(Gesell)이나 피아제(Piaget)의 발달 이론이 있다. 따라서 어린이의 지적, 정서적 측면의 발달을 촉진시키는 SI는, 피아제의 인지심리학과도 상통하는 면이 있다.

20세기가 되어 뇌과학이 발전하고, 신경생리학, 신경발달학의 영역이 발전해 왔다. 에이리스는 쉐링톤(Sherrington), 헤릭(Herric), 헤드(Head), 헤브(Hebb) 등의 연구로부터 배우고, SI이론을 뇌과학의 관점에서 받아들여 가설을 수립했다. 이상과 같이 에이리스는 이러한 영역의 학문을 기반으로 해서 이론을 만들어 갔다❸(그림 5.2).

에이리스는 경도발달장애아에 대한 독자적인 관점을 내세우고, 학습이나 행동 이상을 뇌의 신경 기구의 치우침의 반영이라고 가정했다. 그리고 1972년에 SCSIT(Southern California Sensory Integration Test)를, 1975년에는 서던캘리포니아 회전후안진(回轉後眼振)검사(Southern California Post Rotatory Nystagmus Test, SCPNT)를, 그리고 1985년에는 감각통합행위검사(Sensory Integration Praxis Test, SIPT)를 만들게 되었다.❸❻

그림 5.2 에이리스의 연구 배경이 된 학문 체계

2. SI의 정의

SI란 사람이 자신이 처한 환경이나 자신의 체내(體內)에서 일어나고 있는 사항을 체험할 경우, 그것을 직접 있는 그대로의 상태로 파악하는 것이 아니고, 특수화한 감각기관을 통해서 파악하는 것을 이른다. 감각기관으로 잘 알려져 있는 것에는, 시각기관의 눈, 청각기관의 귀, 촉각기관의 피부, 미각기관의 혀, 후각기관의 코 등이 있다. 각각의 기관은, 환경 속에서 사람에게 영향을 끼치는 특정 범위의 사상(事象)에만 반응하고, 거기에서 받은 정보를 중추신경계로 보낼 수 있게 만들어져 있다.

예를 들면 우리는, 심장의 고동이나 소화 작용을 당연한 활동이라고 생각해서 매일 의식하지 않고 지내지만, 심장이나 소화기관에 지장이 생겼을 때에 비로소 그 존재를 알아차린다. 감각 간의 통합 작용도 거의 모든 사람에게 자동적으로 일어나고 있는 것이며, 의식화되는 일은 거의 없는 것과 같이, 문제가 생겼을 때에 새삼스럽게 의식에 떠올린다. 감각통합현상은 뇌 안에서 처리되기 때문에 중추신경계가 크게 관여하고, 무의식 상태에서 생기는 현상이다.❸❻

에이리스는 이러한 SI의 기본적 구조를, 일차 요인으로 하는 생물학적 기반 위에 이차 요인이 되는 심리적 기반(행동)·교육적 기반(학습)을 쌓아 올릴 수 있어서 어

칼럼 **일상의 치료나 지도를 하고 있을 때에 걱정되는 것 ①**

어린이의 각성 수준 상태는?

아버지 혹은 양친의 일이 바빠서 귀가가 늦기 때문에, 생활 리듬이 자녀의 리듬과 맞지 않는 가정이 많아지고 있다. 어린이가 생활 리듬을 성인의 생활 시간에 맞추는 경향이 있다. 그러나 어린이의 발달을 생각하면, 자율신경계가 성숙하려고 하는 시기인데도 성인에게 맞추고 있기 때문에, 하루 중 건강하게 있어야 할 시간에 활동성이 높아지지 않고 멍해져 버린다. 부모가 유치원이나 학교에 차로 보내 주면, 어린이는 주차장에서 큰 소리로 울부짖거나 떼를 쓰거나 하며 차에서 내려오지 않고, 아침 시간이 고통이 되는 사례가 있다. 이러한 경우 부모와 면접하고, 어린이의 발달에 대해서 설명하고, 긴 인생의 불과 10년 정도는 어린이에게 맞춘 생활을 하며 보내기를 조언한다. 부모가 깨닫고 생활 리듬을 어린이에게 맞춘 결과, 유치원이나 학교에 가기 전에 비교적 여유 있는 시간을 가지고, 신변 처리도 스스로 하게 되고, 식사나 배설이 규칙적으로 되는 사례가 많이 있다. 특히 형제자매가 있는 가정에서는, 부모의 깨달음이 특히 중요한 열쇠가 된다.

린이들이 발달해 간다고 제안했다. 일차 요인을 뇌의 신경 기구에 의존하는 SI요인으로 보고, 환경에 대한 적응 반응에 큰 영향을 끼친다고 하였다.❸❻

SI이론을 활용해서 발달장애아에 관계하는 치료는, 대상아의 특징을 파악하기 위해서 이 이론에 근거해서 만들어진 공식적인 검사로 SCSIT, SCPNT, 일본판 밀러유아발달선별검사(Japanese version of Miller Assessment for Preschoolers, JMAP)(그림 5.3), 개정판–감각검사(Japanese Sensory Inventory Revised, JSI–R)(그림 5.4) 등과 비공식 검사인 발달기록(그림 5.5), 임상관찰표(그림 5.6), 실행검사표(그림 5.7) 등❻을 활용하여, SI 측면에서의 판단 재료로 삼는다. 다른 발달 관련 검사나 처리능력검사 등과 대조해서 대상아동의 전체적인 상태 파악을 하고 있다. 대상아동의 전체상을 각 검사의 결과를 평가하여 정리함으로써 장애상을 보다 명확히 파악할 수 있고, 대상아동에 맞는 대응 과제를 검토하고, SI치료로서 치료를 행하는 순서를 밟는 것이 가능해진다(그림 5.8). 현재 SCSIT을 대신하는 일본판 검사 만들기가 일본감각통합학회에서 진행 중이다.

그림 5.3 일본판 밀러유아발달선별검사의 일부

일본판 밀러-유아발달 스크리닝 검사
채점용지

판 정 | 연령군 I
2세 9개월~
3세 2개월

mnp.

Translated and adapted by Harcourt Brace Jovanovich Japan, Inc. by permission of The Psychological Corporation.
Copyright © 1988 by Foundation for Knowledge in Development U.S.A. Japanese translation copyright © 1989 by
Foundation for Knowledge in Development, U.S.A. All rights reserved.

검 사 일 : ＿＿＿＿＿＿

이　　름 : ＿＿＿＿＿＿＿＿＿＿＿＿＿　생년월일 : ＿＿＿＿＿＿　적색 : ＿＿＿＿＿

검 사 자 : ＿＿＿＿＿＿＿＿＿＿＿＿＿　연　　령 : ＿＿＿＿＿＿　황색 : ＿＿＿＿＿

1. 적목 쌓기	0-5 6-8 9 10 11 12 13 14 15 16	개
2. 적목구성	0 1 2 3	1 2 3
3. 순서	0 1 2 3	A B C
4. 입체감각	0-1 2 3 4	A B C D
5. 손가락 판별	0 1 2 3 4	A B C D
6. 물건기억	불가능 0 (A) (B) 2	A B
7. 퍼즐	0-1 2 3 4	A B
8. 그림-배경 구분	0 1-2 3 4 5 6 7 8 9	개
9. 인물화	불가능 0 1-2 3 4 5 6 7-8 9 10 이상	점
10. 선 긋기	불가능 1 2 3 4 이상	개
11. 점선 긋기	불가능 20-12 10-9 6-8 5-4 3-1 0	점
12. 손가락-코 검사	불가능 0 1 2 3 4 5 6	회
13. 한 발 서기	불가능 1 2 3 4-5 6-9 10-20	초
14. 제자리걸음 거리	불가능 D-C B A	
회전	불가능 5-4 3 2 1	
15. 선상보행 초	불가능-21 20-13 12-11 10 9 8 7 6 5 4이상	초
벗어난 걸음 수	불가능-8 7-5 4-3 2 1 0	회
16. 배와위굴곡	불가능 1 2 3-5 6-15	초
17. 몸축 회전	불가능 0-1 3-4 5 6 7 8	좌 우
18. 자세모방	0 1 2 3	A B C
19. 허운동	0 1 2 3 4	
20. 하지교환반복	불가능 15-10 9 8 7 6 5-4	초
21. 미로	불가능 30-11 10-7 6 5 4 3-2	초
22. 일반지식	0-1 2 3	1 2 3
23. 지시이해	0-1 2 3 4 5 6	1 2 3
24. 구음	25이상 24-18 17-15 14-13 12-10 9-7 6-4 3-1 0	
25. 문장반복	0-1 2-3 4 5 6	1 2 3
26. 숫자반복	0 1 2-3 4-5 6-8	2 3 4 5 6

(눈금: 0 5 10 20 30 40 50 60 70 80 90 100)

실수 ○, 오류 △, 생략 / (○. / =1, △ =0.5)
판다, 연필, 튤립, 팔백, 텔레비전, 로봇, 엘리베이터, 병아리, 공작새,
농사꾼, 손님, 가방, 음악, 집짓기, 깃발, 귤, 냉장고, 코끼리
가위, 풍선, 밥, 비누방울, 병원, 전화, 장화, 안경, 인형, 밥그릇, 편식

출처 : JMAP 일본판 밀러유아발달선별검사, 일본감각통합학회에서 인용

그림 5.4　JSI – R의 일부

| 기입법 | 0 : 전혀 아님 | 1 : 아주 가끔 있음 | 2 : 때때로 있음 X : 질문항목에 해당 안 됨 | 3 : 빈번하게 있음 | 4 : 언제나 있음 ? : 모름 |

No		움직임을 느끼는 감각(전정감각)
1		넘어지기 쉽고, 쉽게 균형감을 잃는다.
2		계단이나 언덕을 걸을 때 신중하고, 기둥이나 난간을 잡고 몸을 굽혀 걷는다.
3		발밑이 불안정한 장소를 무서워한다.
4		높은 곳을 오르는 것을 무서워한다.(계단, 경사 등)
5		안전한 높이에서도 뛰어내릴 수 없다.
6		위험을 보지 않고, 높은 곳으로 오르거나, 뛰어내리거나 하는 때가 있다.
7		그네 등 흔들리는 놀이도구에서 크게 흔들리는 것을 좋아해 몇 번이고 반복해서 한다.
8		그네 등 흔들리는 놀이도구를 무서워한다.
9		미끄럼틀 등, 미끄러지는 놀이도구를 좋아해서 몇 번이고 반복한다.
10		미끄럼틀 등 미끄러지는 놀이도구를 무서워한다.
11		매우 긴 시간, 자기 혼자서 또는 놀이도구를 타고 빙빙 회전하는 것을 좋아한다.
12		회전하는 것을 아무리 오래 타고 있어도 눈이 돌아가지 않는다.
13		자동차를 타면 금방 멀미를 한다.
14		제트코스터처럼 속도가 빠른 놀이기구나 회전하는 놀이기구를 매우 좋아한다.
15		제트코스터처럼 속도가 빠른 놀이기구나 회전하는 놀이기구를 매우 무서워한다.
16		타인이 공중에서 안거나, 공중으로 돌리는 것을 매우 좋아해 반복해서 요구한다.
17		타인이 공중에서 안거나, 공중으로 돌리는 것을 무서워한다.(위로 아이를 들어 줌, 목말 타기)
18		거꾸로 매달리는 놀이를 좋아한다.
19		자신의 몸의 자세를 변화시키는 것을 무서워한다.(위로 보고 눕게 함, 거꾸로 매달림 등)
20		언제나 몸이 굳어져 있어 머리, 어깨, 목 등의 움직임이 굳어져 있다.
21		갑자기 밀거나, 당기거나 하는 것을 싫어한다.
22		높은 곳에 있는 물건을 꺼낼 때, 머리보다도 높은 위치에 손을 뻗는 것을 피한다.
23		극단적으로 움직임이 적고, 정적이다.
24		심하게 움직임이 격렬하고, 너무 활발하다.
25		앉아 있을 때나 놀고 있을 때에, 반복해서 머리를 흔들거나 몸 전체를 흔드는 버릇이 보인다.
26		바닥 위에서 팡팡 뛰는 때가 많다.
27		이유도 없이 주위를 어슬렁거리거나, 돌아다니는 때가 많다.
28		바닥 위에 누워 몸을 데굴데굴 굴리는 때가 많다.
29		몸이 흐느적흐느적해서, 의자에서 쉽게 미끄러져 내릴 듯이 앉아 있다.
30		회전하는 물건(자동차의 타이어, 환기구, 선풍기 등)을 계속 보는 것을 좋아한다.

코멘트

그림 5.4 (계속)

No		촉각
1		몸을 만지는 것에 매우 민감함
2		몸을 만져도 모르는 때가 있음
3		간지럼을 매우 좋아해서 몇 번이고 해 달라고 보챔
4		간지럼을 심하게 타서 간지럼을 좋아하지 않음
5		간질여 주어도 평소 때의 얼굴을 함
6		타인이 안거나 몸을 다정하게 어루만져 주는 것을 좋아해서, 언제까지나 집요하게 달라붙음

　사람들이 생활하는 환경 속에서 적절한 행동을 취하고 사회 환경에 적응하기 위해서는, 무의식적으로 외부세계로부터의 감각정보를 뇌 안에 받아들여 행동하고 있다. SI란 감각정보를 뇌 안에 받아들이는 각 단계에서 목적에 따라 처리하거나 조직화하는 것을 의미한다. 즉, 사람이 행동을 취할 때 외부 정보를 사용하기 때문에 뇌 안에서 감각을 조직화하는 것을 말한다.

3. SI 측면에서 본 발달의 관점

건강한 뇌는 환경에서 얻은 다양한 감각정보를 조직화하고, 감각정보들을 통합해 가는 기구를 가지고 있고, 이 통합의 결과가 개체의 환경에 대한 적응 행동이 되어서 발달해 간다. 또한 이 통합 기구의 전제가 되는 요인에는, 신경생리학 및 해부학적 기구가 있어 뇌의 분업화, 계층성, 가소성이라는 특징이 있다. 분업화와 계층성은 신경처리 과정에 있어서 종횡의 관계에 있고, 세로의 구조는 신경발달학적인 축적이 있음으로써 뇌가 발달한다고 생각하고, 가로의 네트워크에 의해 통합된다. 최근 밝혀지고 있는 뇌의 가소성(可塑性, plasticity)에 관해서는, 10~12세 정도까지의 뇌는 기초 만들기를 하면서 유연성을 가진 상태로 발달해 가는 특징을 가지고, 성인이 되어도 뇌의 활용 방법에 따라 유연성을 발휘할 수 있다고 말해진다.❸

　에이리스는, 행동이나 학습은 기본적으로 뇌의 감각입력에 대한 처리 과정에 의해 발달하고, 피질하(subcortical) 수준에서의 통합이 기반이 된다고 보고 있다. 뇌

그림 5.5 발달기록

자녀 발달력 · 행동 · 행위에 대해서
(기입해 주시는 분은 부모 · 가족 · 양육자)

아동 이름 : _____ (남 · 여)
생년월일 : _____ 년 _____ 월 _____ 일 (세 개월)
기록년월일 : _____ 년 _____ 월 _____ 일 (세 개월)
집 주소 : _____
집 전화 : _____ ( ) (장애가 있으면 기입해 주십시오)
통원 · 통학 : _____ 보육원 · 유치원 · 초등학교 · 중학교(학급은)

1. 부모의 입장에서 보기에 걱정이 되는 점을, 최우선순으로 될 수 있는 한 자세하게 알려 주세요.

   (1) _____
   _____

   (2) _____
   _____

   (3) _____
   _____

   (4) _____
   _____

2. 지금까지 받은 검사와 검사 결과, 치료 내용, 훈련 내용 등에 관해 알려 주세요.

몇 세 때	어느 병원, 시설	받은 검사 · 치료(뇌파 · MRI · 언어 · 지능검사 · 감각통합검사 등)	검사 결과 치료 · 훈련 내용 등

3. 현재 간질발작이 있습니까?(예 · 아니요)('예'인 경우는 아래 항목에 답해 주세요.)

   발작 종류는?

   발작 빈도는? (월 · 년) _____

   최근 발작은? _____ 년 _____ 월 _____ 일 무렵(대응 방법은?)

   복약은? (예 · 아니요) _____ 약 이름은?

   처방 병원명 : _____ 복약 횟수 : 1일에 _____ 회

그림 5.6 임상관찰표

임상관찰기록표

아동 이름 : _____ (남 · 여)   검사 년월일 : _____ 년 ___ 월 ___ 일

검사자명 : _____   생년월일 : ___ 년 ___ 월 ___ 일 (___ 세 ___ 개월)

1. 우세 손(우 · 좌 · 미정)   공 던지기(우 · 좌 · 미정)
2. 우세 눈(우 · 좌 · 미정)   종이 구멍 보기(우 · 좌 · 미정)   검사자의 손 구멍 보기(우 · 좌 · 미정)
3. 선 자세 특징 : _____
4. 보행의 특징 : _____

	검사 항목		매우 지연됨	약간 지연됨	정상	코멘트
5	안구운동	추시 일반				5
		정중앙교차 좌방향				
		우방향				
		눈 모으기 양안				
		좌안				
		우안				
		주시				
		saccade				
6	근긴장도	좌				6
		우				
7	동시수축	상지근				7
		머리근				
		체간				
8	상지교환	보통 속도 좌				8
		우				
		양측				
	반복운동	부하 있음 좌				
		우				
		양측				
9	슬로모션					9
10	엄지대립운동	시계 내 좌				10
		우				
		양측				
		시계 외 좌				
		우				
		양측				
11	손가락-코운동					11
12	혀 운동	상하				12
		좌우				
		원				
13	구강운동 모방					13

그림 5.6 （계속）

검사 항목			매우 지연됨	약간 지연됨	정상	코멘트
14	상지신전검사	실더 손가락　좌우				14
		불수의 운동　좌우				
		자세의 변화				
15	ANTR					15
16	RATNR					16
17	STNR					17
18	직립반응					18
19	보호신전반응					19
20	평행반응					20
21	PEP					21
22	SFP					22
23	실행검사	언어지시				23
		오럴				
		순서				
24	자세배경운동					24
25	감각방어운동	촉각				25
		청각				
		시각				
26	중력불안					26
27	행동	과잉행동성				27
		주의산만성				
		과소행동				
28	SCPNT	지속시간　좌방향				28
		우방향				
		리듬·반응　좌방향				
		우방향				
29	한 발로 서기	눈 뜬 상태　좌				29
		(시간)　　　우				
		눈 감은 상태　좌				
		(시간)　　　우				
30	점프 · 한 발로 뛰기					30
31	한 발로 세 번 뛰고 세 번째 에 발 모으기					31
32	갤럽(gallop)					32
33	스킵(skip)					33
34	인물화					34
35	쓰기(이름)					35
36	손가락 운동					36

그림 5.7 실행검사표

임상관찰 : 실행(Praxis) 검사

생년월일 : _____ 이름 : _____

I. 언어지시에 의한 실행	1회에서 가능	2회에서 가능	3회에서 가능	불가능
1. 의자에 앉은 상태에서의 지시				
(1) 한쪽 팔로 코 만지기				
(2) 한쪽 팔로 반대쪽 무릎 만지기				
(3) 한쪽 다리를 반대 무릎 위에 올리기				
(4) 몸 뒤에 두 손 모으기				
(5) 팔꿈치를 반대 손 위에 얹기				
2. 선 상태에서의 지시				
(1) 양발 끝부분을 붙이고 발뒤꿈치 벌리기				
(2) 양 무릎을 붙이고 양 다리 벌리기				
(3) 한 손과 반대 발을 앞으로 내밀기				
(4) 양손과 한 다리를 의자 위에 놓기				
(5) 양손을 머리 위에 얹고 양 무릎 구부리기				
3. 구강의 지시(의자에 앉은 상태)				
(1) 이 보여 주기				
(2) 아랫입술 물기				
(3) 혀를 빨리 앞으로 내밀었다가 넣기				
(4) 머리를 고정하고 천장 보기				
(5) 상하의 이를 부딪혀 딱딱 소리 내기				
(6) 입을 닫고 볼에 공기 불어넣기				
(7) '카타카타카타'라고 말하기				
(8) '파타카파타카파타카'라고 말하기				
4. 일상동작				
(1) 이 닦기				
(2) 컵으로 물 마시기				
(3) 연필 깎기				
(4) 셔츠 입기				
II. 구강실행 : 검사자의 행동을 모방하기				
(1) 혀 내밀기				
(2) 입을 닫고 볼 부풀리기				
(3) 입술 내밀기				
(4) 메롱하기				
(5) 입 안에서 혀를 좌우로 밀기				
(6) 입을 열고, 상하의 이를 입술로 덮기				
(7) 혀로 입맛 다시기(우측으로)				

그림 5.7 （계속）

(8) 혀로 입맛 다시기(좌측으로)				
(9) 좌우 볼을 따로 움직이기				
(10) 입을 다문 채로 아랫입술 내밀기				
III. 순서실행 : 검사자의 행동을 모방함				
(1) 양 어깨를 90도 회전 후 원 그리기 （큰 원, 작은 원 그리기）				
(2) 양손을 허리에 대고 허리 회전하기				
(3) 좌우 손을 교대로 폈다 쥐었다 하기 （양손을 반대로 동시에 움직이기）				
(4) 박수 1회, 양손으로 책상 2번 치기				
(5) 박수 2회, 양손으로 책상 1번 치기				
(6) 오른손 2회, 왼손 1회, 오른손 1회 （새끼손가락으로 책상 치기）				
(7) 오른손 1회, 오른손을 왼손 위에 놓고 오른 손으로 2회(새끼손가락으로 책상 치기)				
(8) 탭핑 : 오른손 : 엄지-검지-엄지				
(9) 탭핑 : 왼손 : 엄지-검지-중지-엄지				
(10) 탭핑 : 오른손 : 엄지-새끼손가락-새끼손 가락-엄지				

칼럼 일상의 치료나 지도를 하고 있을 때에 걱정되는 것 ②

어린이의 상태에 관해서 부모는 정확하게 배우는 것이 필요하다

인터넷 시대여서 그런지 부모는 어린이의 병이나 치료법에 관한 정보를 입수해서 온다. 전문적인 정보에 휘둘린 결과, 어린이에게는 오히려 해가 된다. 일반 어린이가 경험하는 일상의 여러 활동을 소홀히 하고, 의료기관에 의존하고 있는 것을 당연하다고 잘못 이해하고 있는 부모와 자녀에 대해 치료사로서 고민을 가지게 된다. 일반아든 장애아든, 사람이나 주위에 위해를 가할 때에는 그 자리에서 엄격하게 주의하거나 꾸짖거나 하는 것이 당연하다. 장애가 있다고 해서 응석받이로 기르고, 훈련 인생을 보내는 것은 부정하고 싶다. 어린이에게 부모가 하라는 대로 하는 시기가 있다면 있는 만큼, 부모가 육아나 장애를 회복시키는 것에 관한 옳은 지식을 흡수해 갈 수 있도록, 또한 어린이가 장래에 자율적으로 살아갈 수 있는 방향을 만들어 갈 수 있도록 지원하고 싶다. 어린이가 부모에게서 벗어나서 자립했을 때에 느끼는 만족감이야말로 육아의 참맛이지 않겠는가?

그림 5.8 치료의 순서

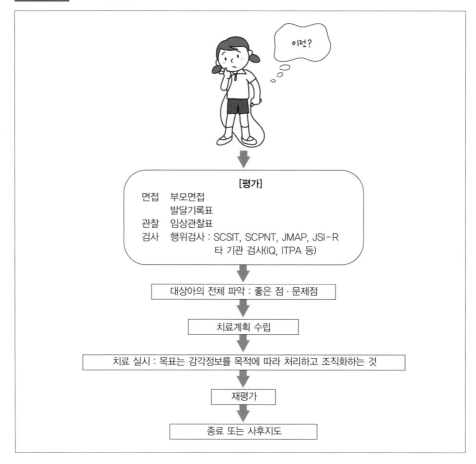

의 계층성이나 분업화, 가소성의 관점은 SI치료의 가장 중요한 신경생리학적인 개념이다. 감각자극이 입력되고 조절됨으로써 신경전도경로에 영향을 끼쳐 변화될 수 있다고 추측하고 있기 때문이다. 이것은 기억이나 학습능력의 향상이 가소성이라고 하는 특징이 있기 때문에 생긴다고 간주하는 것에서도 알 수 있다. 외부세계에서의 감각자극은, 후각 이외의 감각계가 뇌간을 경유하는 점에서 에이리스는 뇌간 기능의 성숙을 발달에 있어서의 중요한 요소라고 보고 있다.

뇌간(brainstem)은 감각자극의 입력 조절 센서의 역할을 맡고 있어서 각성 상태에 영향을 끼치고 있다. 뇌간이 고차뇌기능의 발달에 중요한 역할을 한다는 가설을 세우고, 감각의 입력으로부터 감각통합작용이 일어나고, 지각되고, 인지되어서 고

그림 5.9 SI 이론에서 본 취학기 무렵까지의 발달 과정(에이리스의 이론을 일부 수정)

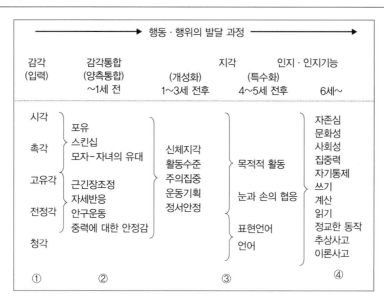

① 감각계는 운동이나 동작을 하는 데 있어 반드시 필요한 것이다. 체성감각에도 발달의 순서가 있다. 체성감각(근육이나 관절에서 발생하는 고유감각과 피부에서 발생하는 촉각)이나, 체성감각과 함께 또는 따로 신체의 움직임을 감지하는 전정감각이 초기에 발달하고, 다음에 외부 세계의 공간이나 물체를 지각하는 시각계나 청각계가, 전자를 기반으로 해서 발달한다.
② 뇌 안에서 감각통합이 이루어지고, 양측이 통합되어 발달한 상태를 보인다. 사람이 신체활동이나 정서활동을 획득하기 위한 기반이 된다.
③ 지각하기 위해서는 뇌 안에서 충분한 신체 그림이 그려질 필요가 있고, 신체상이 만들어진다. 신체상의 확립은, 시각적·공간적 신체 동작의 기획을 촉진하고 행위(praxis)의 발달을 촉진한다. 이 시기에는 적절한 대뇌반구의 분업화가 촉진되고, 특수화된 고차뇌기능이나 정교한 동작의 획득에 연동되는 과정이 된다.
④ 사람이 집단생활을 영위하는 데 있어 필요한 행동·행위, 인지기능을 획득한다.

연령은 대체로 획득된다고 생각되는 시기를, }는 통합상태를 제시한다.

차뇌기능으로서의 행동을 하는 과정을 나타낸[3] 것이, 감각통합이론에서 본 발달의 관점이다. 이 발달 과정을 에이리스의 관점을 기초로, 임상상 얻을 수 있었던 결과를 가지고 일부 수정한 것을 그림 5.9에 나타냈다.

⑧ SI장애로서의 발달장애와 그 대응

치료의 대상이 되는 어린이의 몇 가지 상태를 학습, 행동, 말, 운동, 그 외의 상태로 나누어서 기술하고, 그다음에 그러한 상태를 SI에서 본 발달장애로 분류하고, 관점과 대응에 대해서 기술한다.

1. 주된 증상

표 5.1의 ①~⑤항목은, 임상에 종사하고 있으면 많이 만나는 상태를 간략하게 표현한 것으로, 가정환경이나 학교교육 환경 등에 있어서 걱정이 되는 증상을 부모가 주된 증상으로 말해 주기도 한다. 이러한 상태는 일반아동이 발달해 가는 과정에서도 나타나는데 일반아동은 통과해 나가지만, 발달장애아동은 일반아동과 비교해서 극단적으로 일탈하며, 환경요인도 고려해서 부모의 말을 들을 필요가 있다.

표 5.1과 같은 증상을 가지는 어린이들은 SI에 문제를 가지는 대상이 되지만, 한 어린이가 모든 상태를 가지는 것은 아니다. 이러한 상태의 일부분을 가지는 어린이들은 학습장애, 언어발달지체, 정신운동발달지체, 주의력결핍과잉행동장애(ADHD), 전반적 발달장애(PDD) 등으로 진단되고 있고, 때로는 자폐적 경향이 있는 어린이로 진단되는 경우도 있다. 뇌성마비(CP)나 맹·농, 정신지체(MR), 그 외 여러 가지 원인에 의한 심신장애의 경우에도 이러한 것들의 일부가 해당된다.

2. SI의 개념으로부터 본 발달장애 분류와 그 대응

위에서 기술한 상태에 있는 발달장애아를 SI의 개념에서 장애의 패턴으로 생각하면, 행동의 장애와 감각조정장애로 분류할 수 있다.

1) 행동의 장애

(1) 행동의 장애(disorder of praxis)의 관점과 대응

사람은 무엇인가를 하고 있을 때 자신의 신체를 특히 의식하는 일이 없고, 하려고 하고 있는 것에 의식화시켜 목적에 따라 조작하고, 적절하게 대처해 갈 수 있다. 적

| 표 5.1 | SI장애아의 주된 장애 |

① 학습상태
• 극단적인 지능 저하가 보이지 않음에도 불구하고, 여러 교과의 학습에 현저한 지체나 문제해결에 있어 막힘을 보인다.
• 새로운 내용을 학습함에 있어 일반아에 비해 배우는 것이 매우 늦고, 학습한 내용을 기억해 두는 것이 매우 서툴다.
• 기계적으로 기억하는 내용에는 문제를 보이지 않으나, 추상적 개념이나 창조적 사고가 필요하면 학습이 곤란해진다.
• 읽기, 쓰기, 수학 등의 능력에 있어 고르지 못하고 크게 들쭉날쭉하다.

② 행동상태
• 집중해서 일정 과제를 몰두해서 하는 것이 매우 어렵다.
• 좋아하는 것에는 집중할 수 있으나 치우친 경향이 있고, 그 외의 과제에는 집중할 수 없다.
• 과잉행동 또는 극단적인 행동의 없음이 현저하다.
• 움직이는 것을 눈으로 쫓는 것이 곤란하다.
• 일정 조건하에서 부적절한 행동이 빈번하게 나타난다.
• 자신감 결핍, 때로는 매우 완고하고, 고집 부리고, 공격적이고, 난폭해진다.
• 다른 사람이 자신을 움직이게 하는 것을 무서워하고, 움직이거나 흔들리거나 하는 놀이 기구에 접근하지 않는다.
• 극단적으로 물놀이를 좋아한다. 또는 물놀이나 샴프, 세수, 양치질 등을 싫어한다.
• 점토나 모래, 진흙 등을 만지면서 놀 수 없고, 손이 더러워지는 것을 싫어한다.
• 손톱 물기나 발끝으로 걷기를 좋아한다.
• 강한 힘으로 때리기, 꼬집기, 물기 등 친구 관계에서 문제를 일으킨다.

③ 말의 상태
• 생활연령에 걸맞는 말의 표현력이나 이해력이 부족하다.
• 발음이 매우 불명료하거나, 매우 빠른 말로 말하기 때문에 다른 사람이 이해하지 못하는 때가 있다.
• 가성(假聲)으로 말하고, 높은 목소리를 낸다.
• 보통으로 말을 해도 다시 물어보거나, 잘 못 듣거나 하는 경우가 많다.
• 다른 사람의 이야기에 주의를 주지 않는 것 같고, 불러도 돌아보지 않는다.

④ 운동상태
• 운동이 매우 어색하고, 체육 시간 등에 다른 어린이들을 따라갈 수 없다(뜀틀을 넘을 수 없다, 줄넘기를 할 수 없다, 회전할 수 없다, 철봉에 매달릴 수 없다, 정글짐에 오를 수 없다, 계단에서 내려올 수 없다).
• 손이 서툴고, 조작이 서툴거나 할 수 없다(가위, 젓가락, 필기도구, 옷의 단추, 종이 접기, 용모를 단정히 하는 동작 등).
• 때때로 손과 발 등을 기묘한 위치에서 움직이는 경우가 있다.
• 넘어지기 쉽고 균형을 잃는 일이 많다.

⑤ 그 외 상태
• 자기 스스로 만지는 것을 좋아하나, 다른 사람이 만지는 것을 피하는 경향이 있다.
• 움직이는 것이나 불안정한 것을 타고 노는 것을 극단적으로 싫어한다.
• 수면이나 야뇨(夜尿) 등의 문제가 있다.
• 수면이 불규칙적이고, 밤중에 혼자서 놀고 있다.
• 새로운 장소에 잘 익숙해지지 못한다.
• 극단적으로 좋아하고 싫어하는 식사가 있다.
• 냄새에 민감하고, 사물에 대한 고집도 있다.
• 정리정돈이 서툴고, 사물을 어디에 두었는지 금방 잊어버린다.
• 무엇을 해도 결과가 매우 조잡하다.

절하게 대처할 수 있다는 것은 하고 싶은 것을 생각해서 자신의 신체를 사용해서 의도적으로 하면 무의식적으로 성공 체험을 느끼게 되는 것이다(그림 5.1). 그러나 실패 체험을 반복하면 자신을 잃고 무엇인가를 할 의욕도 상실해 버리는 상태에 빠지는 어린이도 있다.

이러한 어린이는 자신의 신체를 어떻게 조작하면 좋은지를 생각해서 행동을 할 수 없는 상태로 생각되고, 행동의 장애가 관계되어 있을 가능성을 시사한다.

좁은 의미의 행동이란, '명확한 목적개념이나 동기를 가지고 사려·선택·결심을 거쳐서 의식적으로 행하여지는 의지적 동작으로, 선악 판단의 대상이 되는 것'[7]이라고 할 수 있다. 의지를 가지고 행하였으나 실패를 반복하면, 자신감이나 의욕이 상실될 수도 있다.

칼럼 | 일상의 치료나 지도를 하고 있을 때에 걱정되는 것 ③

배설의 자립에 관해서

배설에 관한 상담이 많다. 배뇨에 실패한 사례나, 집 화장실에서 배변을 하지 않아 고민하고 있는 어머니와 만나기도 하지만, 유치원이나 보육원 등에서는 어느 사이에 할 수 있게 되는 경우도 있다. 어린이가 화장실에 갈 수 없는 요인을 어머니와의 면접에서 파악하면, 화장실에서 배변할 수 있는 연령이 되었다고 해서 무리하게 데리고 가서 이런저런 방법을 사용하여 화장실에서 놀아 주거나 물을 흘려보내며 즐겁게 하는데, 이러다 보면 급기야는 어린이가 화장실을 놀이터로 착각해서 놀게 되어 어린이는 꾸지람을 듣게 된다. 어린이에게는 화장실에 가면 어머니가 화낸다는 기억이 남고 무서워서 갈 수 없게 되었던 것 같다. 이러한 경우, 화장실은 놀이터가 아닌 것, 오랜 시간에 걸쳐 배설을 시도하지 않는 것, 원래 화장실에서 하는 동작 이외에는 될 수 있는 한 하지 않는 것, 볼일을 마치지 않았다고 해서 결코 꾸짖지 말 것, 할 수 있었을 때는 따뜻하게 칭찬할 것, 가능해질 때까지 끈기 있게 실시할 것 등에 주의하도록 말해 주고 있다. 필자가 배뇨에 관해서 특히 주의하고 있는 것은, 가정생활에서의 배뇨 시간과 배뇨하러 데리고 간 시간을 1주일분 기록을 하게 하고, 또 기저귀나 팬츠의 젖음 상태를 기록한 다음에 화장실 훈련을 목적으로 시간배분의 계획을 세우는 것이다. 가령 실패해도, 젖음 상태를 관찰해 둠으로써 성공률이 높아지는 경향이 있다.

일반적인 행동의 과정으로는, 우선 앞으로 하는 행동을 개념화하는 과정과, 행동의 목적에 따라 신체와 환경의 상호작용을 형성하고 관념화(ideation)하는 과정[=행동에 결부시키기 위한 계획(planning)단계에서부터 실행(execution)으로 이행하는 인지 과정]으로 나눌 수 있다. 계획단계는, 순서를 뇌 안에서 조립하는 과정이며, 순차처리를 하고 있다(그림 5.9). 신경생리학적으로는, 이러한 과정에는 운동전영역(premotor area)과 보충운동영역(supplementary motor area)이 중요한 역할을 하고 있다고 전해진다. 이 과정과 관련되는 뇌 영역을 그림 5.10에 제시했다. 과제를 계속적으로 할 경우, 실행한 결과를 받아서 보다 정교하게 실행할 수 있도록 계획이 수정되고 반복된다. 반복은 같은 것을 되풀이하는 것이 아니고, 그다음에 일어나는 것을 예측해서 준비하는 피드포워드(feedforward) 기구를 활용하고 있다. 이 피드포워드 기구를 활용해서 과제가 정교하게 달성된다.❸❻ 과제를 하는 것은 신체활동과 관련이 있어, 자발운동은 근긴장 상태와 관계하고, 근긴장 상태가 원시반사나 자세반응이 나타난 상태, 평형 기능, 실행의 타이밍, 운동의 협응성 등에 영향을 끼치고 있다. 신경생리학적으로는, 대뇌피질운동영역, 기저핵, 추체로, 소뇌 등이 관여하고 있다고 한다.❻

그림 5.9   사람의 행동 실행까지의 과정

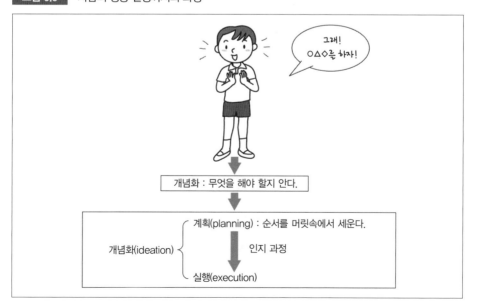

그런데 이러한 행위의 과정에서 보면, 실행된 행동만으로 행위장애의 본질적 요인을 설명하려는 것은 나타난 결과만 가지고 '할 수 없는 것'만을 보려는 것이고, 행위장애의 본질적 요인을 알아본 것은 아니라고 생각된다.

행동의 과정은 사람이 환경과 관련해 갈 때에 창조성을 구사함으로써 즐거워지고, 과제에 도전하는 에너지로 발전하는 것에도 관계한다고 생각된다. 새로운 과제에 도전할 경우, 창조를 생각하여 새로운 과제에 몰두하고, 계획을 짜서 과제를 달

그림 5.10 운동의 실행과 관련된 뇌 영역

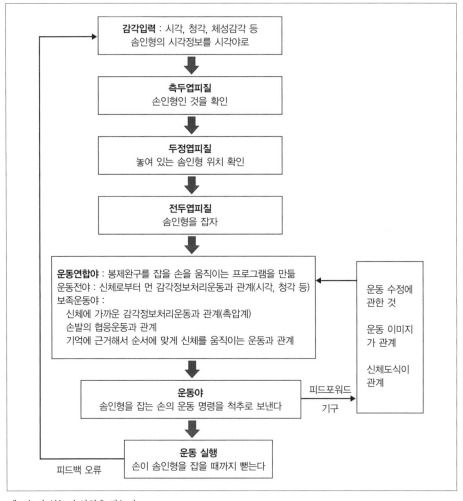

예 : 놓여 있는 솜인형을 잡는다.

성하고, 반복 경험으로 과제수행이 능숙해지고, 기쁨을 느끼기 때문에 다시 하고 싶다는 마음이 들고 다른 사람에게 보여 주고 싶게 된다.

자폐아는 일반적으로 장면의 의미 이해가 서투르다고 말해지고 있다. 어떤 상황에서 복수의 정보를 통합하고, 상황을 파악하고, 자신이 해야 할 것을 추측하는 것이 서툴기 때문이다. 그 서투름 때문에 행동의 조잡이나 부적응행동이 나타나고, 그 때문에 같은 것을 반복하는 것으로 안심감을 얻는다고 생각된다.

앞에서 말했지만, 행위의 곤란함은 운동이나 행동을 행하는 실행기능의 문제로 해석하기 쉽지만, 에이리스는 실행기능에 잠재해 있는 목적행동에 필요한 운동이나 행동을 계획하고 조직화하는 뇌의 기능에 문제가 있는 것이 아닐까 하고 생각했다(1985). 신체지각(body percept)이나 신체도식(body scheme)이라는 발달 기반이 있어야 행위의 발달이 이루어지고, 행위발달의 기반에는 감각을 통합해서 처리하는 능력이 있다고 생각했다. 운동이나 동작을 잘하기 위한 근저에는 촉각계 · 고유감각계 · 전정감각계 등을 통합해서 처리하는 능력, 각 감각계 통합으로 신체지각이나 신체도식의 확립, 체간의 안정성의 기초가 되는 실행 기능이 잘 이루어지기 위해 손발을 정교하게 사용해서 처리함 등이 있다.

3. SI의 관점에서 본 행위장애에 관계되는 요인

SI의 관점에서 행위의 장애에 관계되는 요인[6]을 분석하면, 아래와 같이 분류할 수 있다.

1) 광의의 운동실행불능(apraxia)/행위장애(dyspraxia)

여러 가지 병인에 의해 생기는 발달 과정에서의 실행기능 장애로, 발달 과정에 있어서 새로운 운동이나 행동을 기획하는 능력이 지체되어 있는 상태를 말한다.

2) SI를 기반으로 하는 행위장애(sensory integrative-based dyspraxia)

감각처리 과정에 있어서의 문제가 실행기능에 영향을 끼치고, 행위가 지연되는 일이 생기는 상태를 말한다. 여기에는 두 유형이 있다.

> **칼럼** 일상의 치료나 지도를 하고 있을 때에 걱정되는 것 ④
>
> **개별지원계획에 관해서**
> 재활훈련영역에서는 대부분 개별대응이지만, 학교교육에서는 집단대응이 주가 된다. 학교에서 개별계획을 입안할 때는, 어린이의 문제점뿐만 아니라 좋은 점도 알고 있으면 집단을 다루기 쉽다고 생각된다(잘하는 어린이에게 잘 못하는 어린이를 돕도록 할 수 있지만, 어린이에 따라서는 자존심에 상처를 입는 경우가 있다).
> 　예를 들면 피리 불기 과제에서 손가락의 조작이 정교하지 않아 소리가 새 버리는 어린이의 경우, 피리 대신 북을 치게 해도 좋을 것이고, 손가락 하나로 엘렉톤(electon)을 연주시켜도 좋지 않을까? 모두가 같은 것을 하지 않으면 차별이라고 생각하고 같은 것을 계획하는지도 모르지만, 자신 있는 동작을 판단해서 더욱 능력을 올려 가는 방법도 개별지원에서 필요하지 않을까?
> 　더욱이 장애아에게 개별지원을 할 때, 심리 · 사회적인 관점도 중요하지만, 의학적 관점을 제외할 수 없다고 생각한다. 생물체로서 신체에서 생겨 올라오는 반응을 읽어 내고, 행동 판단을 정확하게 읽어 내지 않으면, 어린이는 행동 · 행위에 대한 판단을 잘못하게 된다. 왜냐하면 외적 환경이 사람을 움직이게 하여 심신 양면에서 사람이 반응한 것이 행동이기 때문이다.

(1) 체성감각계의 행위장애(somato-dyspraxia)

촉각수용감각계, 전정수용감각계, 고유수용감각계의 정보처리에 어떠한 문제가 있다고 생각되는 장애이다.

　신체도식(용어해설 참조)은 운동계획(용어해설 참조)의 기초가 되고, 신체의 크기, 무게, 다른 신체부위와의 관계성, 자신과 환경과의 경계선의 정보를 가지고, 전정계 정보가 공간 내에서 두는 거리감을 제공하고, 주위 환경에 적응시키는 역할을 담당하고 있다. 고유수용각에게서 온 운동 경험의 기억은, 무의식으로 행해지는 동작이 정확하게 행해지기 위해 필요하다. 이러한 것들이 정확하면 행위도 그만큼 잘하게 된다. 고유수용감각의 정보가 저하되었을 경우에는 시각 의존의 행위가 되고, 서투른 어린이는 시지각과 시각운동의 문제를 가지게 된다고 지적된다. 시각공간 내에서 위치 관계와 움직임에 대한 시각의 관여는 크다. 체성감각계에 장애

용어해설

> - 신체도식(body schema) : 자신의 신체 자세나 움직임을 제어할 때에 역동적으로
>   움직이는 과정. 공간적인 운동 협응의 토대가 되는 무의식적 메커니즘이며, 이것
>   은 중추신경계에 환경공간에서의 신체와 그 각 부분의 관계에 관한 정보를 제공한
>   다. 환경공간 내에서 신체의 형태, 자세, 크기, 위치, 운동 등을 파악하기 위해서
>   획득되는 신체의 표상이며, 무의식적으로 운동 제어에 관여한다.
> - 운동계획(motor planning) : 뇌 안에서의 활동을 위한 도식이다. 그 계획은 신체
>   가 여러 가지 해부학적인 요소, 해부학적인 요소들의 운동 가능성, 그리고 운동에
>   있어서 어떻게 해부학적인 요소들을 관계시킬 것인가 하는 것으로 신체도식 또는
>   감각운동 지각을 기반으로 하고 있다.
> - 양측통합(bilateral integration) : 신체의 좌우 양측이 협력(협조)해서 기능하는 것.

가 있는 경우에는 감각통합을 기반으로 하는 장애로서는 비교적 중증인 장애이며, 운동이나 행동의 피드백에 의존하는 난이도가 낮은 과제와 피드포워드에 의존하는 난이도가 높은 과제 모두에 곤란을 보이는 특징을 가진다고 생각된다.

(2) 양측통합과 순차적 처리의 장애(bilateral integration and sequencing disorder)
SI를 기반으로 한 비교적 높은 차원의 실행장애이며, 양측통합(용어해설 참조)의 미숙과 동작의 순서성에 곤란을 보이는 특징을 가지며, 전정감각계와 고유감각계의 정보처리에 문제가 있는 것으로 생각된다. 시공간지각이나 들어서 알기, 언어장애 등에 관계한다.

4. 감각조정장애의 관점

에이리스는, 학습장애나 자폐아에서 볼 수 있는 촉각자극이나 전정자극에 대한 과도한 거부적·감정적 반응을 '촉각방어(tactile defensiveness)', '자세불안(postural insecurity)', '중력불안(gravitational insecurity)', '운동에 대한 불내성(intolerance movement)'이라고 보고 신경생리학적 해석을 시도하고, 감각정보의

처리 과정을 '감각정보의 등록', '감각입력의 조정'과의 관련성으로 개념화하였다.[3] 이것은 자폐아가 주위의 자극에 주의를 기울일 수 없는 행동이나, 감각입력의 적절한 조정이 행해지지 않는 상태인 방어 반응이나 불안증상을 해석하는 데 유익하다.

1) 전형적인 증상

감각정보의 등록장애(감각인지장애)의 전형적인 증상에는 아픔에 대한 반응 부족, 감각자극에 대한 반응에 일관성이 없음, 전화 소리나 이름 부름에 반응하지 않음, 시선을 마주치지 않음, 좋아하는 것에 극단적으로 치우침, 과잉행동, 자기자극이나 자해 · 타상행동 등을 들 수 있다. 작업치료의 영역에 있어서는 1970년대부터 이러한 문제를 중요하게 다루어 왔고, SI이론의 틀에서 가설을 세워 치료를 하고 있다.

1990년대 이후가 되어 셀린(Sellin B), 그란딘(Grandin T)[2], 윌리암스(Williams D), 제르란드(Gerland G) 등의 자폐인이 자신의 과거를 되돌아보고 자서전을 출간하였다. 셀린은 '모든 기관에 대해 이상할 정도로 너무 잘 느끼지는 것이 자폐증의 최대의 원인이다', 그란딘은 '자폐증의 상태는 고장난 라디오로, 잡음뿐이고 음량의 볼륨이 고장나 있는 상태다'라고 말하고, 윌리암스나 제르란드도 같은 것을 진술하고 있다.[8] 최근에는 니키 · 린코와 후지이에 히로코(藤家寬子) 두 사람을 인터뷰한 저서[1]가 출판되어, 자폐인을 둘러싼 환경 속에서 자폐인들이 환경을 어떻게 느끼고 행동하고 있는가, 자신의 행동을 분석하면서 얼마나 사회적응이 곤란한 상황인지를 알려 주고 있다. 이 저자의 특이한 행동은, 감각등록이나 감각입력의 조정장애를 가지는 자폐인의 감각정보처리능력의 문제를 분명히 가지고 있음을 보여 주며, 자폐증이 감각조정장애일 가능성을 나타내 주는 현상이라 할 수 있다.

현재는 이러한 과도한 거부적 · 감정적 반응을 감각조정장애(sensory moduration disorder)라는 개념으로 정리하였고, 작업치료가 대응 과제로서 중요시하고 있는 장애의 하나가 되었다. 감각조정장애란, '감각자극에 대하여 균형을 잡을 수 없는 과잉반응 혹은 과소반응, 변화하는 반응을 보이는 상태이다'라고 정의하고 있다.[3][6]

감각정보와 등록 장애(감각인지장애)의 전형적 증상을 표 5.2에 [1][3][6], 감각자극에 대한 저반응 증상을 표 5.3에 제시했다.[1][3][6]

표 5.2	감각조정장애의 전형적 증상

① 도주 또는 싸움 상태를 보인다.
② 예측할 수 없는 촉각이나 가벼운 촉각자극에 과도한 반응을 보인다.
③ 불안정한 발 내딛기 상태 · 높은 주파수의 잡음 · 극도의 잡음 · 시각자극 · 냄새 등에 돌연 도피반응 또는 과도한 반응을 보인다.

표 5.3	감각자극에 대한 저반응 증상의 전형적 증상

① 반응이 부족하고 반응할 때까지 시간이 걸린다.
② 반응을 보이도록 하기 위해 많은 강한 자극이 필요하다.
③ 행동이 정리되지 않았다.
④ 침착하지 않은 행동이다.
⑤ 주의지속이 곤란하다.

표 5.2, 표 5.3과 같은 과잉반응 또는 과소반응, 변화하는 반응 상태로부터 판단할 수 있는 중력불안이나 자세불안의 불안증상은 머리의 위치와 관계하고, 균형 능력을 충분히 지각할 수 없기 때문에 생기는 현상이다. 때문에 격려나 보상으로는 효과가 보이지 않을 것이다.

운동에 대한 불내성(不耐性)은, 빠른 움직임이나 아주 빠르게 회전하고 있을 때 극도의 불쾌함을 느끼는 현상이며, 움직임을 무서워하고 있는 것이 아니고 단지 불쾌감을 느끼고 있다고 생각된다. 이 현상은 삼반규관(三半規管, semicircular canal)에서의 입력 장애로 인해 생기는 것으로 말해지고 있다.

2) 감각조정장애의 현상

감각조정장애의 현상을 신경생리학적 수준에서 생각하면, 신경전달의 조정장애 현상, 순화와 예민화의 현상, 깔때기 현상, 신경전달물질에 의한 현상, 체성감각 전도로(傳道路)에 의한 현상, 행동 관련 현상 등으로 생각된다.[6] 아래에 예가 나와 있다.

(1) 순화(馴化, acclimation)와 예민화(銳敏化, sensitization) 현상

아픔에 대해서는, 말초와 중추에서의 시상에서 유래하는 억제 뉴런의 조합에 의해 아픔 자극에 대한 신경전달이 조정되고 있다. 생체에 같은 자극이 반복해서 주어지면, 자극에 대한 반응이 점차로 감소해서 순화 현상이 일어난다. 이러한 익숙해짐의 현상은, 그다지 의미가 없는 자극에 대한 역치를 올려 무시하는 기능이다. 최근 주목 받고 있는 익숙해짐의 신경기구로서 전(前)시냅스(pre-synapse)에 있어서의 감각세포의 전달물질의 방출량 감소가 이 현상을 뒷받침하는 것으로 생각된다.

예민화 현상이란 순화 현상의 반대로, 의미를 가지는 자극에 대해 반응의 역치가 비교적 장기간에 걸쳐 낮아지는 현상을 말한다.

(2) 깔때기 현상(funnel phenomena)

감각신경의 경로에 있어서 억제 시냅스가 정보전달에 특수한 역할을 하고 있어서 자극이 가해진 상태가 그대로 중추신경계에 전해지는 것이 아니고, 자극의 강약이나 농담(濃淡)이 강조되면서 전달되는 현상이다.

(3) 신경전달물질에 의한 현상

뇌간망상체에서는 각성 수준을 높이기 위해서 세로토닌 대사를 억제시켜 뇌를 활동 상태로 만든다. 이 활동은 청반핵(靑斑核, locus ceruleus)과 관계되고, 노르아드레날린과 연동해서 각성 수준을 높인다. 또 세로토닌은 통증유발물질을 내기 때문에 방어 반응의 조정을 위해 작동하고 있는 가능성이 있다고 말해진다. 이 기능은 불안이나 스트레스 때의 환경자극에 대한 적응 반응과 관계하는 것으로 생각된다.[10]

(4) 촉각방어 반응

촉각경로에는 원시계와 식별계가 있어 이 2가지의 균형이 잡힐 때 비로소 조정된 상태가 된다. 촉각방어반응은 이 균형이 깨지고 원시계의 반응이 우위로 반응하고 있는 상태라고 생각된다.

(5) 행동과의 관련

행동과의 관련은 관문(關門)제어설로 설명할 수 있다. 사람은 발을 부딪혀서 아픈 생각이 들었을 때, 아픈 부위를 부드럽게 누르거나 문지르거나 해서 아픔을 경감시키려고 한다. 이것은 압박 자극을 입력하여 아픈 자극을 전하는 굵은 신경이 자극받고, 신경교세포(glial cell)가 있는 관문을 닫기 위해서라고 생각되고 있다. 촉각방어 반응의 경우, 촉압 자극을 이용하면 이 방어 반응이 억제된다.

(6) 대뇌변연계와의 관계

감각조정장애는 각성 상태와도 관계가 있어, 주의의 지속이나 적절한 행동수행기능에도 관련된다고 한다. 각성은 외부세계에서의 감각자극의 질이나 양에 영향을 받기 쉽고, 주의나 활동 상태에 영향을 끼친다. 또 대뇌변연계는 자율 기능, 원시적인 감각이나 기억, 정동, 본능 등과 관련된 활동을 하고, 생체의 내부와 외부에서의 경험을 통합·조정하기 때문에 감각조정기능과도 관계가 깊다고 생각된다. 시상하부는 자율신경계를 조절하는 중추로서 정동의 발현에 관여하고 있다. 이러한 점에서, 대뇌변연계도 시상하부와 대뇌피질을 연락하는 부위에 있고, 주의나 활동과의 관련도 놓칠 수 없다고 생각한다.

5. 평가

감각조정장애의 평가는, 관찰을 통한 행동평가가 중심이 되어 미국에서 많은 질문지가 개발되었지만, 일본에서 표준화되어 임상에서 활용되고 있는 검사는 JSI-R, 감각입력에 대한 반응 검사[9] 표 5.4가 있다.

6. 대응

감각조정장애에 대한 대응[6]을 표 5.5에 제시했다.

7. 치료 효과 판정

감각조정장애아동의 치료 효과는, 생활 장소에서의 행동, 학습이나 놀이 장면에서의 활동 참가 상황의 개선으로 알 수 있다. 대상아의 실제 생활에서 구체적인 개선이 있을 수 있도록 하는 대응이 중요하다. 감각조정장애의 개념은 신경생리학적 관점에 의한 것이고, 드러나 있는 행동의 밑바탕에 잠재해 있는 요인의 해석이 중요하다.

표 5.4   감각입력에 대한 반응 검사표

		-4	-3	-2	-1	0	+1	+2	+3	+4
검사자 : 검사년월일 : 년 월 일 이름 : (세 개월) ♂ ♀										
촉각	1. Light touch I (움직이는 타입의 촉각)									
	2. Light touch II (가벼운 공기의 촉각)									
	3. Tactile defensiveness(촉각방어)									
통각	4. Pain(표재통각, 表在痛覺)									
고유 수용각	5. Touch-pressure I (전신에 대한 압박)									
	6. Touch-pressure II (사지에 대한 압박)									
	7. Joint traction(관절견인, 牽引)									
	8. Vibration(진동)									
전정각	9. Speed I (직선가속도 : 앞뒤방향)									
	10. Speed II (직선가속도 : 좌우방향)									
	11. Speed III (회전가속도)									
	12. Rotation(회전 후 안진)									
시각	13. Visual I (도는 소용돌이 모양)									
	14. Visual II (플래시 라이트, flash light)									
청각	15. Auditory(방향 정위)									
후각	16. Olfactory(냄새 자극)									

표 5.5   감각조정장애에 대한 반응

① 직접적 반응 : 조정장애 자체의 개선을 목표로 함

② 간접적 반응 : 대상아동이 생활하고 있는 일상생활 장면에서 대상아동이 행하고 있는 활동에 대해 관리를 한다. (예 : 가정에서 행해지는 생활 활동을 응용한 도와주기나 학교생활에 있어 수업 준비의 보조적 일 등으로 부모나 교사를 돕는 것)

③ 인적 · 물리적 환경 조정 : 인적 환경 조정은 대상아를 둘러싼 주변 사람이 감각조정장애를 '의식'하게 하는 것이다. 물리적 환경 조정은 대상아동의 특이한 행동에 대해 공감하고, 감각 특성에 맞추어 환경을 제공한다.

ⓒ 의사 진단에 근거한 분류와 SI 분류의 관계

질환으로서의 진단기준에 근거한 분류를 하면, ADHD, 학습장애, 전반적 발달장애, 발달성 협응운동장애(developmental coordination disorder, DCD) 등을 들 수 있다. 이 진단의 증상에는 SI이론이 제시하고 있는 행위의 장애나 감각조정장애가 들어가고, 많든 적든 간에 사회적응에 지장을 초래하는 것을 알 수 있다.

한편 SI의 분류는, 감각계에 관점을 맞추어 생각하면 진단에 대한 대응이 아니고, 증상을 생기게 하는 감각계로부터의 문제에 초점을 좁혀 대응하게 된다. 사람은 감각에 노출되어 생활하고 있다. 때문에 환경 내에서의 감각의 입력이나 처리의 미숙함에 의해 어떠한 문제가 생기기도 한다.

진단명은, 관련 직종 간의 공통어로서도 중요하다. 또 증상을 감각계의 시점에서 보는 관점도, 어린이들의 뇌기능의 촉진을 생각하고, 경미하다고 하지만 생활에 지장을 초래하고 있는 증상을 경감하고, 생활적응능력을 향상시키는 수단으로서 활용할 수 있다고 생각된다.

ⓓ SI이론의 임상으로의 응용(SI치료)

SI치료를 함에 있어 치료의 전개를 고려할 필요가 있다(표 5.6).

이것들은 ①~⑤의 순서로 모두 하지 않고, ①의 도입 단계를 거쳐 감각입력이 조정되면, 치료 내용은 대상아동에게 필요한 주요한 목적에 따라 발달 단계를 근거로 해서 제공하게 된다. ②~⑤는 목적에 따라 조합해서 활용한다(그림 5.11~5.14 참조). SI치료를 실시할 때의 원칙을 표 5.7에 제시했다.

SI치료를 임상에서 실시할 때 치료 도구를 활용하기 위해서는, 치료 도구를 조작할 수 있는가, 치료실에서 능숙하게 활동할 수 있는가가 목적이 될 것 같지만, SI치료의 목적은 동작이나 조작을 할 수 있는가가 아니고 치료 도구와 관계된 활동을 해서 감각이 조정되고, 주위와 위화감 없이 적응적인 행동을 할 수 있는가에 있다. 도구를 잘 활용할 수 있다는 것은 부산물이 된다. 때문에 표 5.8의 주의사항을 잘 기억해서 활용해야 한다.

표 5.6	SI치료 전개 시 고려사항

① 감각입력조정
② 자세반응을 주시하고 발달시킴
③ 운동계획능력을 발달시킴
④ 양측통합, 편재성(laterality)을 발달시킴
⑤ 시공간-형태인지, 청각-언어능력을 발달시킴

표 5.7	SI치료 실시의 원칙

① 발달의 순서를 파악하고, 그것에 따라 대응해 간다.
② 환경의 요구에 잘 적응해 갈 수 있는 행동 · 행위의 적응반응을 발달시킨다.
③ 내적 욕구를 중요하게 보고, 촉진시킨다.
④ 어린이의 보통 놀이나 생활 활동을 분석하고, 당연한 활동을 기반으로 한다.
⑤ 지도의 순서를 고려한다.
⑥ 감각입력을 행할 때에는 어린이의 상태를 파악하고 나서 주의 깊게 실시한다.
⑦ 치료 도구 환경이나 인적 환경은 적절한 감각입력과 안정성의 확보에 유의한다.

그림 5.11	자세반응의 촉진

줄사다리 올라가기

트램펄린

그림 5.12 운동계획의 촉진

터널 통과하기

타이어 건너기

그네 타고 공 차기

선의 안쪽 달리기

그림 5.13 양측통합의 촉진

사다리 건너기

공 차기

정글짐 오르기

그림 5.14 시각-청각-형태인지의 촉진

풍선 치기

표적 맞추기

노래에 맞춰 줄넘기하기

공 넣기

표 5.8 SI치료를 실시할 때 주의사항

① SI치료는, 특수한 기법의 지도를 포함하지 않는다.
② SI치료는, 학습이 부드럽게 행해지도록 뇌의 발달을 촉진한다.
③ SI치료는, 교육지도를 보충하는 방법으로, 주된 방법으로 대체할 수 없다.

● 참고문헌

❶ ニキ・リンコ, 藤家寛子：自閉っ子, こういう風にできます！ 花風社, 2005

❷ Grandin T, Scariano M[カニングハム久子(訳)]：我自閉症に生まれて. 学習研究社, 1999

❸ 日本感覚統合研究会(編)：感覚統合研究第1集. 協同医書, pp1−30, 1984

❹ Ayres AJ[宮前珠子, 鎌倉矩子(訳)]：感覚統合と学習障害. 協同医書, pp1−9, 1978

❺ 日本感覚統合研究会(編)：感覚統合研究第6集. 協同医書, 1989

❻ 日本感覚統合認定講習会基礎理論・評価検査習得コース資料, 2004

❼ Koomar JA, Bundy AC：The Art and Science of Creating Direct Intervention from Theory. In : Fisher AG, Murray EA, Bundy AC : Sensory Integration Theory and Practice. FA Davis, Phidelphia, p268, 1991

❽ 日本感覚統合研究会(編) : 感覚統合研究第8集. 協同医書, pp135-150, 1990

❾ 岩田　誠(監修) : 図解雑学脳のしくみ. ナツメ社, p150, 172, 208, 2001

❿ 貝谷久宣著 : 脳内不安物質, 講談社, p61-65, 1997

■ 福田恵美子

제6장

언어장애로서의 발달장애

Ⓐ 청각인지(언어학)적 관점에서 본 발달[1]

발달장애를 가진 아이들 중에 말소리 알아듣기(청각인지)가 대단히 나쁜 타입이 있다는 것은 임상가가 늘 느끼는 것이다. 청각인지의 나쁨은 잘못된 발음(기능성 조음장애)으로 나타나기도 하고, 언어획득의 지체로 나타나기도 한다. 또, 청각정보 파악의 나쁨을 동반했을 경우에는, 말을 들어도 듣고 있지 않고(말의 내용을 모름) 금방 잊어버리는 행동상의 문제가 보이기도 한다.

여기에서는, 우선 신생아의 청각과 음성언어이해에 관련된 청각인지발달에 대해서 개관하고, 아이의 말 알아듣기(聽取)는 언제부터, 어떻게 시작되는 것인가에 대해 기술한다.

1. 신생아의 청각발달

출생 전 태아의 중이는 양수로 채워져 있어, 외부세계에서의 소리는 어머니의 복벽을 통해서 전달된다. 또 어머니의 목소리는 횡격막을 통해 태아에게 전해진다. 출생 후 중이강은 공기로 채워지고❶, 소리가 공기의 진동(음파)으로 신생아에게 들리게 된다.

소리를 내이에 전하기 위한 귀의 고막, 이소골, 내이 등 신생아의 해부학적 구조는 성인만큼 완성되어 있다. 소리에의 반응은, 신생아의 청성(聽性)행동반응의 역치와 신생아의 정밀청력검사로 사용할 수 있는 청성뇌간반응(auditory brainstem response, ABR)의 역치를 비교하면 양자 간에 차이가 나타난다(칼럼 참조, 그림 6.1). 신생아에서는, 60dB 정도의 소리로 모로 반사, 안검(眼瞼, 눈꺼풀) 반사가 나타난다. 소리에 대한 반응 행동이 나타나는 역치가 성인보다 낮지만, 소리가 들리지 않는 것은 아니다.

----

[1] 이 장에서도 앞 장과 마찬가지로 일부 어깨 번호는 인용한 참고문헌 표기이며, 일부는 역자들의 각주 설명이다.

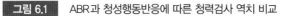

그림 6.1 ABR과 청성행동반응에 따른 청력검사 역치 비교

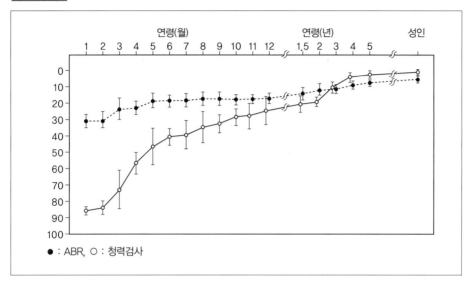

● : ABR, ○ : 청력검사

2. 청각인지의 발달

출생 후 며칠 동안 신생아도, 어머니의 목소리와 다른 여성의 목소리를 듣고 구별할 수 있다.❼ 그리고 신생아기의 갓난아기는, 남성 목소리음역(평균 130사이클/초)보다도 여성 목소리음역(평균 주파수 260사이클/초)의 음성을 좋아한다.❽ 성인이 갓난아기에게 말을 걸 때, 갓난아기의 주의를 끌기 위해서 독특한 방식으로 말을 거는 것이 관찰된다. 풍요로운 억양, 높은 목소리, 발화 속도가 느리고, 이야기의 사이가 길고, 리듬이 있고, 1회의 발화가 짧은 특징을 가지는 말 걸기 방식을 마더리스(motherese)[2]라고 부른다. 이 특징적인 말 걸기 방식은 갓난아기의 기호와 일치하고 있다. 갓난아기가 적극적으로 흥미를 보이는 음성이다. 그러면 마더리스의 특징의 어떤 것이 갓난아기의 주의를 끄는 것인가?

---

2) motherese란 child-directed speech 혹은 baby-talk라고도 부른다. 갓난아이에게 말을 할 때 어른이 사용하는 특별한 형태의 말로서, 과장된 억양과 운율을 가지며 단순화되고 반복적인 특징을 갖는다. 예로 '그랬지~~, 착하지~~, 아이 이~쁘~' 등.

칼럼 **ABR이란?**

청성(聽性)뇌간반응(auditory brainstem response, ABR, 역자가 추가한 부록의 그림 참조)이란 와우신경(cochlear nerve)과 뇌간부청각경로(腦幹部聽覺路)에서 유래하는 반응으로, 소리 자극을 주고 나서 10msec(milli-second, 1/1,000초) 정도 이내에 나타난다.

ABR 검사 시에는, 피험자를 안정시킬 필요가 있어 영·유아를 진정시키는 경우가 많은데, 진정제를 사용해도 파형에는 변화가 없다.

검사에는 클릭 소리 자극이 많이 사용된다. 강도는 음압수준(sound pressure level), 또는 nHL(normal hearing level), 감각수준(sensation level, SL)이다(통상, 각 검사실마다 별도로 정하고 있다). 자극 빈도는 원칙으로서 매초 10~30회, 가산평균 횟수 500~2,000회를 기준으로, 반응을 얻을 수 있는 자극으로부터 서서히 (10~20dB마다) 음압을 내려간다. 전극은 뇌파용 전극 혹은 바늘전극을 사용한다. 성분 표시는 로마 숫자로 I, II, III, IV, V, VI, …로 하든가, P1, P2, …로 하는 경우가 많다. I파는 와우신경, II파는 와우신경핵, III파는 상올리브핵, IV파는 외측모대핵, V파는 하구(下丘), VI파는 내측 등상대, VII파는 청방선(聽放線)이 기원이라고 생각된다.❸ 청력측정에서는 V파로 본다.

잠복기(latency, 자극 제시에서 반응이 나타나기까지 시간)는 10msec 이내로, 청년 및 영·유아에서는 각 성분 잠복기가 연장하는 경향이 있다. 또 남성은 여성에 비해 0.1msec 정도 잠복기가 길다.❹

일반적으로 검사로 사용되고 있는 클릭 소리로 얻을 수 있는 역치는 2,000~4,000Hz 범위의 청력 수준에 가깝기 때문에, ABR에서는 전 주파수에 대해서는 검사를 할 수 없다. 그 때문에 ABR이 무반응이라도 '전혀 들리지 않는다'라고는 할 수 없다. 저음역의 청력의 잔존에 대해서는 ABR에서 판정할 수 없다. 또한 드물게 고음역은 정상이고, 저중음에 중경도(中輕度)난청이 있는 경우에서도 ABR에서는 정상이된다.❺

저음역의 타각적(他覺的) 청력검사로서, 주파수 특이성이 높은 청성(聽性)정상반응(auditory steady-state response, ASSR)을 사용하는 경우가 많다. ASSR은 SAM 소리(sinusoidally amplitude-modulated tone, 정현파적 진폭변조음)를 사용하고, 대부분은 500, 1,000, 2,000, 4,000Hz의 4가지 주파수의 반응 역치를 얻는다. ASSR의 검사 결과를 보면 경도난청에서는 청력 수준과 상관이 낮다고 하지만, 고도난청에

서는 놀이청력검사 등과의 상관이 높다고 한다.❻

그 외에, 아이의 청력을 신뢰할 수 있을 만큼 측정하는 방법으로 왜성분이음(歪成分耳音)음향반사(distortion product otoacoustic emission, DPOAE), 청성(聽性)행동반응청력검사(behavioral observation audiometry, BOA), 조건지남력반응청력검사(conditioned orientation response audiometry, CORA), peep-show, 놀이청력검사(play audiometry), 또는 순음청력검사 등의 조합이 있다.

1) 갓난아기는 왜 마더리스에 끌리는가?

마더리스의 음운과 운율 중 어느 쪽에 갓난아기가 반응하고 있는지 비교 검토한 실험이 있다.❾ 음운이란, 말을 구성하는 최소단위인 음소로, 예를 들면 '물고기(さかな, /sakana/)'라는 단어에서는 [sa]와 [ka]와 [na]라는 3개의 소리(음)가 바로 그것이다. 운율이란, 액센트, 억양(intonation), 리듬을 말하는 것으로, 구어(음성언어)의 소리 크기나 높이나 길이에 관련된 것이다. 이 양자는 서로 보완하면서 구어(음성언어)를 형성하고 있다. 음운이 없으면 구어(음성언어)를 지적 의미를 가지지 않는 콧노래를 읊는 것 같은 소리(음)로 연결할 것이고, 운율이 없으면 옛날 로봇이 말하는 것 같은 기계적인 말하기 방식으로 청자에게 들릴 것이다.

실험 결과, 갓난아기는 음운 정보보다 운율적 특징에 잘 반응하고 있음을 알았다. 그러면 이 결과는 갓난아기의 청각인지 발달상에 어떤 의미를 가진다고 추측되는 것일까?

구어 중에서, 음운에는 음소나 음절을 듣고 구별하는 단서[문소(文素)적 특징이라고 함]가 되는 특징이 있는 데 비해, 운율은 음절이 연결되어 만들 수 있는 단어, 구, 문장 등의 큰 언어 구조 전체를 특징짓고[초문절(超文節)적 특징이라고 한다], 언어구조 전체에 감정이나 의미 등의 부가적인 정보를 제공하는 단서가 된다.❿ 갓난아기가 말을 배우기 위해서는 자동차의 소리나 바람 소리 등 넘치는 환경음 중에서 말의 소리(단어의 소리)를 추출하지 않으면 안 된다. 그다음에 그 단어의 소리의 의미를 이해하기 위해서는 음운의 인지가 필요하다. 그러나 그것과 함께, 상대의 감정이나 정동을 받고, 나아가 전하기 위해서는 운율(韻律)의 인지가 중요하다. 물론 운율은, 감정이나 정동을 전하는 활동뿐만 아니라 억양이나 액센트로 문장 중의 끊는 곳을 보여 주는 기능도 있지만, 발달 초기의 갓난아기가 음운보다도 운율 정보에 관심을 보인다는 것은 의사소통으로서의 말의 인식 발달의 관점에서 보면 흥미 있는 사실이다.

2) 사람은 언제부터 음운을 인식하는가

마더리스(motherese)의 요소 가운데, 갓난아기는 음운보다 운율적 특징에 반응하고 있다는 것은 알았다. 그러면 갓난아기는, 언제쯤부터 음운을 인식하기 시작하는 것일까? 예를 들면 '아오리소라(あおいそら, 푸른 하늘)'라고 말해 보면, 모음 'あ(아)'에서 모음 'お(오)'로 음이 넘어가려면 미묘한 과정이 필요하다. 대략적으로 말하면 'あ(아)'에서 열린 입술을 가볍게 둥글게 오므리면 'お(오)' 소리로 변한다. 그리고 'あ(아)…お(오)'라고 천천히 연속해서 음을 바꾸어 가면, 그 중간의 음은 어디까지가 'あ(아)'이고, 어디부터가 'お(오)'인지 매우 애매하다는 것을 알 수 있다. 이렇게 음소를 겹쳐 가며 말하는 것을 아이가 들었을 때에, 이 연속한 음이 각각 따로따로인 다른 소리 'あ(아)', 'お(오)', 'い(이)', 'そ(소)', 'ら(라)'(이 경우는 5개 음소)로 성립되는 것을 인식할 수 있다(연속한 말의 음을 각각의 음소로서 특정하는 것을 카테고리 지각이라고 한다). 그 시작은 언제쯤부터일까?

　3~4개월의 갓난아기에게, 흡철(吸啜)[3] 행동의 반응지표로서 무성파열음 [pa]와 유음파열음 [ba]의 지각을 검증한 실험[1]에서 이 갓난아기는, 이 두 음의 변별이 가능하다는 결과를 얻을 수 있다. 실험의 순서는, 우선 갓난아기들에게 자극을 주지 않고 젖꼭지를 빠는 속도를 측정하고, 거기에서 각각의 갓난아기의 흡철 속도의 기초선(baseline)을 정한다. 그다음에 음소 [pa]소리의 음 자극이 스피커로부터 주어진다. 스피커와 젖꼭지는 연결되어 있어, 갓난아기들이 빨면 소리가 나는 구조로 되어 있다. 갓난아기들은 소리에 관심을 보이고, 젖꼭지를 잘 빨게 된다. 그러나 시간이 지나면 갓난아기들은 서서히 안정되어 가서(소리에 익숙해져) 다시 기초선으로 되돌아간다. 그래서 절반의 갓난아기에게는 다른 음소 [b] 소리 자극을 주고, 나

---

3) 빨기(sucking)

머지 절반에게는 원래의 [p]에 아주 가까운 [p]소리(물리적으로 소리가 다르지만 음소로서는 [p]가 된다)를 들려주었다. 다른 [b]소리를 들은 갓난아기들은 다시 빨리 젖꼭지를 빨기 시작했지만, 다른 음소를 넘지 않은 [p]소리를 들은 갓난아기들은 흡입하는 속도에 변화는 보여 주지 않았다. 이 사실에서 3~4개월의 갓난아기들은 이 매우 닮은 음소 [p]와 [b]의 변별이 가능함을 알았다.

또 다른 선행 연구[12]를 보면, 갓난아기는 다른 자음이나 몇 가지 모음의 변별을 할 수 있게 되지만, 마찰무성음 [sa], 양(對)마찰유성음 [za] 등의 소리 변별에는 학습이 필요하다고 한다.

갓난아기는, 우리 성인과 같은 음운지각(카테고리 지각)을 소유하고 있다. 그리고 이것은 인종이나 노출된 언어에 관계없이 갓난아기가 보편적으로 가지고 있는 능력이다. 일본에서 태어난 갓난아기들은, 일본인 성인이 곤란한 [l]과 [r]의 변별도 영어권의 어린이와 같이 가능하다. 그런데 이 갓난아기에게 보편적인 변별 능력은, 모국어의 획득과 함께 저하되어 간다고 한다. [l]과 [r]의 변별이 가능한 일본인 갓난아기들은, 생후 6개월에서는 영어권의 갓난아기와 변별에 차이를 보여 주지 않지만, 11개월 아이에서는 영어권의 갓난아기와 비교해 유의미하게 저하된다. 그리고 이때쯤 갓난아기는, 의미가 있는 단어의 이해를 획득해 가는 것이다. 예를 들면 '안 됨'이라는 금지나, '바이바이'라는 말에 반응하고, 그 나름대로 대응한 행동을 취하는 것이 가능하다. 생후 10개월 무렵을 경계로 해서 보편적인 음운변별 능력은 저하되지만, 모국어를 목표로 한 음운이나 의미가 있는 말의 이해를 획득해 간다. 이것은 생물로서 필요했던 보편성과의 교대로서, 이제부터 배우는 말에 대한 감수성이 높아진다고 말할 수 있지 않을까?

3) 감각의 협응과 의사소통의 시작

'소리가 나는 쪽을 본다'라는 행동은 언제부터 싹트는 것일까? 신생아기의 갓난아기라도 음원(音源)을 향해 보는 것은 알려져 있다.[13] 혼자 있는 갓난아기의 한 방향(예를 들면 오른쪽)에는 달그락달그락 소리가 나는 장난감, 다른 한 방향(예를 들면 왼쪽)에는 달그락달그락 소리가 나지 않는 텅 비어 있는 장난감을 제시하면, 갓난아기는 소리가 나는 쪽의 장난감을 좋아해서 본다. 신생아기부터 보이는 이러한

'소리가 나는 쪽을 보는' 행동은, 즉 청각과 시각의 협응의 시작을 의미한다. 이 협응 지각은 생후 2개월까지 보이고, 그 후 한동안 보이지 않다가 생후 5개월에 재출현한다고 알려져 있다. 이렇게 아이의 발달에 있어서 한때 반응이 보이지 않게 되는 일은 드물지 않다. 소리에 대한 단순한 청성(聽性)반응도 생후 4개월경, 정확하게 모로반사(Moro reflex)가 소실하는 시기에는 일정 시기 보이지 않게 되고, 민감한 양육자는 소리에 대한 반응이 부족해진 것을 깨닫고 갓난아기의 귀가 들리지 않는다는 이유로 병원을 방문하기도 한다.

또, 태어나서 얼마 안 되는 갓난아기도 어른이 혀를 내밀거나, 입을 열고 닫는 동작을 보이면 성인의 얼굴을 모방한다.[14] 이것은 시각과 운동 동작의 협응의 시작을 의미한다.

또한 갓난아기는 태어난 지 얼마 안 되어서부터, 양육자와 서로 바라보고, 양육자가 '아-'라고 하면 갓난아기도 '아-'라고 하며 마치 대화하듯이 목소리를 내는 행동을 한다. 이것을 '원회화(proto-conversation)'라고 부르는데, 이 주고받기 속에서 말 주고받기(turn taking)가 관찰된다.

갓난아기들이 소리가 난 장소에 주목하고(청각과 시각의 협응), 성인의 얼굴 동작을 모방하는 것(시각과 운동 동작의 협응)은 언어획득을 촉진시키는 기초적 능력이 갓난아기의 초기 인지발달 과정에서 획득된다는 것을 보여 준다. 그리고 양육자와 마치 대화하는 것 같은 사회적인 주고받기 교섭은, 태어난 지 얼마 안 되는 갓난아기에게도 갖추어져 있다.

이렇게 갓난아기에게 주의를 기울이는 양육자는, 갓난아기에게 보다 많은 자극을 제시하여 부모-자녀 사이에 보다 많은 상호작용을 하게 한다.

4) 유아기에 시작되는 음운조작

유아기에는 의도적인 다양한 음운조작이 가능해진다. 4세 후반에는 단어의 앞글자 음(語頭音)이 같은 여러 단어를 나열하거나, 단어의 끝글자(語尾)·단어의 앞글자(語頭語)의 추출이나 음절분해를 할 수 있고, 5세 후반에는 끝말잇기를 할 수 있다.[15] 또 음 삭제[음성 언어로 주어진 자극어로부터 특정한 하나의 소리를 뺀다. 예 : 'たいこ(큰 소리로 부름)'의 'た'를 삭제하면 'いこ'가 된다]는 6세 전반에는 3

음절, 6세 후반에는 6음절까지 거의 가능해지고, 단어음절 역창(逆唱, 구두로 주어진 단어를 거꾸로 말하는 것. 예 : 'すいか'에 대하여 'かいす', '산토끼'를 '끼토산'으로 부르는 것)은, 5세 후반에는 2음절, 6세 전반에는 3음절, 7세 전반에는 4음절이 가능해진다. 일반적으로 아이들은 취학 전 무렵에 이러한 복잡한 음운조작이 가능해진다.❻

3. 발성의 발달

말소리는 폐로부터 구강(비강)을 통해 발생하는 내뱉는 소리(呼氣)의 흐름을 입술이나 혀, 이 등의 조음기관을 사용해서, 좁히거나 차단해서 만들어진다.

신생아기의 갓난아기는 후두의 위치가 성인과 비교해서 높고, 후두개와 연구개가 붙어 있다. 갓난아기의 혀, 연구개, 후두는 공간 크기에 비해 상대적으로 큰 공간을 차지하는데, 혀는 구강의 약 80%를 차지하고, 구강 속은 혀로 가득 차 있다. 이 때문에 신생아기의 갓난아기의 목소리는 울부짖는 것 같은 목소리가 대부분이다.❼

1개월 반에서 2개월 사이에는 울부짖음과 유사한 발성뿐만 아니라 '아~'라는 목소리를 내게 된다. 그리고 갓난아기가 낸 목소리에 어른이 반응해서 같은 목소리를 되돌려주면, 갓난아기는 다시 목소리를 내는 상호성의 싹트임 반응이 생긴다. 서서히, 높은 목소리나 낮은 목소리, 대소를 포함시켜 소리의 다양성이 증가하고, 5~7개월 정도에는 자음과 모음의 구조를 가지는 '마, 마, 마[ma, ma, ma]' '바, 바, 바[ba, ba, ba]'라는 옹아리가 나타난다. 그다음에 '만, 만, 만[maN maN maN]'이라는 2가지 음을 반복하는 반복 옹아리가 나타난다. 10개월부터 1세 몇 개월 무렵에는 초어가 나타난다. 그리고 1세 반부터 2세 사이에 어휘의 폭발적 증가기(language explosion)를 맞이하고, 아이들의 획득 어휘는 비약적으로 증가한다. 구강기능·음운인지 발달에 따라 조음(발음)할 수 있는 음은 증가하고, 6~7세까지 일본어의 모든 단어의 말소리의 조음이 가능해진다(표 6.1).

표 6.1   조음의 발달

연령 : 월	高木 등		野田 등		中西 등	
3 : 0~3 : 5	10명	w, j, m, p, t, d, g, tʃ, dʒ	50명	j, b, m, t, tʃ		
3 : 6~3 : 11	16	Φ, n	50	p, k, g, ʒ, Φ		
4 : 0~4 : 5	22	ç, h, k	50	h, ç, n, r, ʃ	230명	w, j, h, ç, p, b, m, t, d, n, k, g, tʃ, dʒ
4 : 6~4 : 11	28		50	w, d	303	
5 : 0~5 : 5	21		48	s	281	ʃ
5 : 6~5 : 11	16	b	50	ts, z	270	s, ts
6 : 0~6 : 5	20	dz	50		380	dz, r
6 : 6~6 : 11			30		225	
비고	s, ts, r은 6세 반까지는 90% 이상 바르게 발음 못함		3와 dʒ, z와 dz는 구별하지 못하고, ʒ, z로 발음함		단어로 검사하는 것을 목적으로 한 음의 초발반응에 의함	

출처 : 中西 등, 1972

4. 공동주의의 발달(그림 6.2)[4]

1) 공동주의의 정의

생후에서 12개월 사이에 그때까지 양육자–자신, 장난감–자신처럼, 환경과의 관계는 이항적(二項的, dyadic)이었던 갓난아기들에게, 삼항적(triadic)인 관계가 생겨나게 된다. 즉, '공동주의(joint attention)'란 아이와 성인, 그 양자가 주의를 기울이는 물체 또는 사상(事象)으로 구성되는 지시의 삼각형이다.[18] 예를 들면, 이 시기의 갓난아기는 자신이 보고 있는 것을 동시에 성인이 보고 있다는 것을 알아차린다. 달려오는 전철을 보고, 부모를 되돌아보고, 또 전철을 보고, 전철을 손가락으로 가리키며 '아~'라고 말하는 행동이 관찰된다. 공동주의란 같은 것을 보는 것을 아는 것으로, 대상의 물체를 통해서 공동주의에서는 갓난아기와 성인과의 사이에 사회적인 의미부여를 가지는 관계가 성립하는 것이 중요하고, 공간적으로 단지 같은 장면에 있는 것만으로나, 부모–자녀 사이에 이항관계적인 주고받기(타인이 갓난아이에게 '안녕'이라고 말을 하면 갓난아기가 손을 든다. 이것은 이항관계이다)는 공

---

4) 제2장의 3. 비언어성 행동발달 표 2.5 참조.

그림 6.2   공동주의의 예

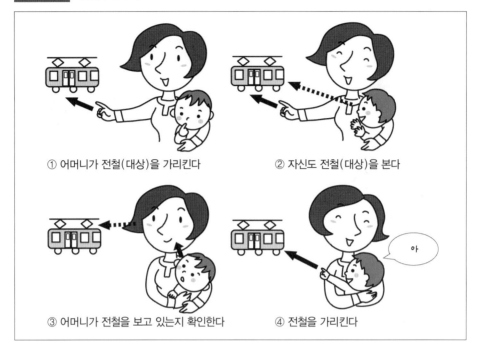

① 어머니가 전철(대상)을 가리킨다   ② 자신도 전철(대상)을 본다

③ 어머니가 전철을 보고 있는지 확인한다   ④ 전철을 가리킨다

동주의라고 하지 않는다.

공동주의 행동을 자세히 나누면, 성인이 보고 있는 것을 보는 '시선추종(gaze following)', 물건을 매개로서 성인과 연속된 주고받기(교환)를 하는 '공동 행동 (joint engagement)', 부모가 기분 좋게 대응하고 있는 상대에 대하여 자신도 안심 하는 것 같은, 성인을 참조하는 '사회적 참조(social reference)', 물체에 대해 어른 이 하고 있는 것과 같은 활동을 하는 '모방 학습(imitative learning)' 등이 있고, 이 공동주의 행동은 9~12개월 사이에 대부분의 갓난아기에게서 나타난다.

2) 가리키기 행동이 의미하는 것(그림 6.3)

그리고 이 시기에 가리키기(pointing)가 출현한다. 갓난아기가 양육자가 주목할 방 향을 정하고, 공유하기 위해서 가리키기를 사용하는, 소위 서술적 가리키기(선언 적 가리키기라고 한다)와, 성인에게 무엇인가 해 주었으면 하는(주스를 마시고 싶 다 등) 요구 수단으로서의 가리키기로 나눌 수 있다. 서술적 사용이란, 달려오는 전

그림 6.3 가리키기 종류의 예

철을 보고 성인의 주의를 전철로 끌기 위해 갓난아기가 전철을 가리키는 경우 등으로, 이것은 그 장면의 주의 공유를 갓난아기가 바라고 있음을 나타낸다.

이 두 종류의 가리키기 행동 중에서 서술적 가리키기가 중요하다. 요구의 가리키기가 무엇인가를 획득하기 위한 구체적인 목적적인 표현인 것에 비해, 서술적 가리키기는 상대와의 주의 공유를 도모하는 것이 목적으로, 이것은 자신이 아닌 다른 사람의 시점, 타인 이해의 시작이라고 생각되기 때문이다. 보통 가리키기 행동의 발현이 늦는 자폐증을 가진 아이는, 지적 발달과 함께 요구의 가리키기가 나오지만 (무엇이든 가리켜서 가리킨 사물의 명칭을 타인이 말하는 행동을 원하는 것은, 자폐증을 가진 아이에게서 자주 보인다), 이 서술적 가리키기의 출현은, 고기능 전반적 발달장애(HFPDD)를 가진 아이에서도 크게 늦어진다. 서술적 가리키기에는, 자신이 가리킨 것에 양육자가 주의를 향하고 있는지 확인(checking)하는 행동이 포함된다. 가리키기 행동의 발달 순서를 보면, 처음에는 확인 행동이 나타나고, 그다음에 시선 추종, 마지막에 서술적 가리키기의 순서를 밟는다.[5][19]

---

5) 제2장의 3. 비언어성 행동발달, 표 2.5 참조

5. 상징 기능의 발달

음성은, 그 자체가 공기의 진동인 소리의 연결이다. 소리의 연결에 의미를 가지게 해서 의사소통에 사용할 수 있기 위해서는 인지 면의 발달, 표상(representation)능력의 발달이 필요하다.

말로 하는 의사소통이 성립하기 전에, 아이는 표정이나 몸짓으로 요구나 감정을 전한다. 예를 들면, '차'라는 단어를 표현할 수 있기 전부터 차를 보면 양손으로 핸들을 움직이는 것 같은 몸짓을 기억하고, 그다음에는 차 그 자체를 보지 않고도 양손을 움직여서 '차 줘'라는 요구를 하게 된다(상징적 몸짓). 이것은 양손을 움직이는 몸짓이 '차'라고 하는 것이다라고 이미지화할 수 있음을 보여 주고 있다. 그리고 상대가 그것을 이해해서(같은 이미지를 공유해), 어린이의 요구에 대하여 성인이 같은 동작을 함으로써 실물을 보지 않고 머릿속에서 이미지화하고, 몸짓으로써 상징화한 의사소통을 할 수 있다.

Ⓑ 언어장애로서의 발달장애

'언어'라고 하면 보통 음성언어, 다시 말해 '구어(speech)'를 떠올리는 경우가 많다. 그러나 '언어'가 의미하는 것은 그것만이 아니다. 정보를 교환하고, 생각을 전달하는 과정(process)으로서의 '의사소통'이라는 측면을 가지고 있다. 의사소통의 성립에는 능동적인 정보의 송신자(送信者)와, 그 정보를 이해하는 수신자(受信者)가 필요하다. 그리고 송신자와 수신자는, 정보가 효과적으로 전달되어 확실하게 이해되도록, 서로의 요구에 민감하지 않으면 안 된다.[20] 또한 '언어'에는, 어떠한 공통의 의미를 소리나 도형이나 인간이 지각할 수 있는 표상을 사용해서 전달하는 수단인 '기호=상징'으로서의 '언어(language)'라는 의미도 있다.[21] 언어에는, '구어', '의사소통', 기호로서의 '언어'라는 3가지 측면이 포함되어 있다. 즉, 아이가 가진 어휘(language), 구어의 경우는, 그것을 성대나 조음기관을 통해서 음성이라고 하는 형태로 바꾸어 발신하고(speech), 다른 사람과 정보교환을 하거나, 자신의 의사를 전달한다(communication).

정보전달의 표현형식은 '구어' 이외에도 많이 존재한다. 예를 들면 일본 수화, 일본어대응 수화 등의 수화나, 각종 핸드 사인(매카톤 사인 등), 필담, 각종 보완·대체 의사소통(augmentative and alternative communication, ACC, 보완·확대 의사소통도 같은 뜻) 등이다. 장애가 있는 아이의 지도에 있어서 '구어'에 집착하지 않고, 아이의 특징을 살리고, 아이가 가진 능력을 최대한 발휘할 수 있는 수신 발신 수단을 획득할 수 있도록 지원하는 것이 언어청각사가 목표로 하는 것이다.

언어학에서 보면 '언어'를 구성하는 요소에는, ① 말의 소리인 '음운', ② 단어의 구조인 '형태', ③ 문장의 구조인 '구문(統語)', ④ 단어나 형태로부터 생각되는 '의미', ⑤ 말이 사용되는 상황으로부터 본 '화용'의 5가지 요소[6]가 있지만, 발달장애를 가진 아이에서는 발달에 따라서 이러한 요소들에 문제가 나타난다. 즉, 발달에 따라서 단계적으로 문제가 변한다기보다, 이러한 문제가 연령마다 겹쳐서 표면화된다.

예를 들면, 어린이가 '아이스!'라고 한 마디 외쳤다고 하자. 이것은 음운 측면에서 보면 '아', '이', '스'라는 3개의 소리로 구성되어 있다. 아이가 외치는 '아이스!'는 형태나 구문적 측면에서 보면 구조적으로는 문장이 되지 않는 단어 수준의 말이지만, 화용론 측면에서 보면 '(여기에서 아이스는 아이스크림을 의미함)아이스 주세요'라든가, '아이스 맛있어'라든가, '아이스 아주 좋아해' 등 상황에 따라 단순한 명칭 이상의 내용을 전달할 수 있다. 의미적 측면에서 보면 (어린이가 떠올린 '아이스'의 명칭이 실물과 일치한다면) 아이스는 '차고 달콤한 맛있는 음식물'을 가리키는 말임을 어린이는 알게 된다.

말의 표현과 이해의 과정(발화 의도 → 말의 구축 → 말의 표현 → 말의 청취 → 말의 이해)의 어디엔가 문제가 생겨서 의사소통에 지장을 초래하고 있는 상태가 언어장애이다.[22] 이러한 어딘가에 문제가 있는 것인지를 끝까지 확인할 필요가 있다.

1. ADHD

ADHD(주의력결핍과잉행동장애)는 (1) 과잉행동-충동성, (2) 부주의라는 행동 특

---

6) 음운(phonology), 형태(morphology), 구문(syntax), 의미(semantics), 화용(pragmatics)

징을 가진다(진단기준은 제3장의 표 3.25와 표 3.26 참조). 더욱이 부주의는 있지
만 문제가 될 만큼은 아니고 과잉행동과 충동성이 눈에 띄는 과잉행동-충동 우세
형, 과잉행동이나 충동성이 없는 것은 아니지만 부주의 문제가 눈에 띄는 부주의
우세형, 과잉행동-충동성과 부주의가 같은 정도인 혼합형의 3가지 형으로 나눌 수
있다.

임상장면에서는, 피학대 사례의 아이 중에도 같은 증상을 보이는 경우가 있어,
타고난 것(본태성)인지 환경요인인지의 감별은 실제로는 쉽지 않다. ADHD를 가
진 아이는 부모 입장에서는 양육하기 어려운 아이이며, 이런 이유로 학대의 위험
인자가 된다. 또한 피학대 때문에 원래의 경향은 없어지고, 침착하지 않고 잘 잊어
버리고, (주위에서 보면) 대수롭지 않은 것을 계기로 감정폭발이 일어나는, 행동을
보이는 경우도 있다. 피학대 사례의 경우 말할 필요도 없이, 타고난 것인가 환경요
인인가의 감별에 시간을 소비하는 것보다도 실제의 대응이 중요하다. 또한 ADHD
를 포함하는 발달장애를 가진 아이를 기를 때 학대가 위험인자임을 고려해서, 양육
자에게서 일상의 아이의 상황을 청취하여 위험 징후를 알아내고, 의사, 사례관리자
(case worker), 타 직종, 아동상담소, 학대방지센터 등의 팀에 의한 조기개입에 연
결시키는 것이 중요하다.

언어지도장면이나 교과학습 면에서 ADHD를 가진 아이들이 자주 보이는 특징적
인 행동을 알아본다.

1) 과잉행동-충동성으로부터 오는 행동의 예

- 차례를 기다릴 수 없다.
- 교실 밖으로 나가고, 착석하지 않으면 안 되는 상황에서 교실 안을 돌아다니
  고, 또한 착석하고 있어도 몸의 어딘가가 끊임없이 움직이고 있다.
- 타인이 말하는 도중에 곧 자신이 말을 시작한다.
- 선생님이 학급아이들 모두에게 질문하는 중에 대답해 버린다.
- 계속 말하고 있다. 또한 어떤 소리를 내며 흥얼거리거나, 발을 구르거나, 언제
  나 어떤 소리를 내고 있다.

- 일을 하고 있는 도중에 다른 것에 관심을 옮겨 가고, 과제를 마지막까지 마칠 수 없다.
- 집중력이 없고, 금방 산만해진다.

2) 부주의로부터 오는 행동의 예

- 소리 내어 읽는 중에 어구를 빠트리고 읽기, 잘못 읽기가 많다.
- 칠판에 쓰인 것을 옮겨 쓸 때 많이 틀린다.
- 실수가 많다.
- 물건을 잘 분실한다.
- 거의 매일 물건을 잃어버린다.
- 시험에서 문제를 잘 읽지 않고 대답한다.
- 경솔하여 낭패를 본다.

ADHD를 가진 아이에게서 자주 보이는 빠트리고 읽기·잘못 읽기의 예를 들면, 문장 앞부분에 시선을 두어 잘못 읽는 일이 없지만, 문장 끝부분은 대충 읽고 다음 문장의 앞부분으로 시선을 옮긴다. 이야기 문장에서는, 읽은 문장이 과거 이야기의 부분인지('… 였다'), 현재 이야기 부분인지('… 이다')의 구별을 하지 않고, 과거·현재·미래의 시제를 혼란스러워한다. 게다가 기승전결이 뒤죽박죽이고, 이야기 그 자체가 터무니없는 스토리로 변해서 읽힌다. 거기까지 가지 않는다고 하더라도, 빠트리고 읽기로 인해 내용을 잘못 파악하는 일이 많다. 또한 문장의 앞부분을 읽을 때 갑자기 떠오른 단어(문장 중에 없는 단어임)를 문장 중의 어떤 단어와 치환하거나 혹은 추가하고, 생략해서[예 : 'あさ、くまんばちは、みつをあつめに、おはなばたけにでかけます(아침, 말벌이, 꿀을 모으려고, 꽃밭으로 갑니다)'라는 문장을 'あさ、くまさんは、みつをあつめに、おはないっぱいでかけます(아침, 곰이, 꿀을 모으러, 꽃을 가득 가지고 나갔다)'로] 본인도 틀린 것을 알지 못한다.

수학 시험에서는, 계산식에서는 정확하게 답을 쓰는데도 해답란에 계산 결과와 다른 수를 기입해서 틀리는 것 같은, 소위 부주의해서 일어나는 실수(careless mistake)가 자주 보인다. 상대의 이야기를 끝까지 듣지 않고 "아, 알았다! ○○이

증례 ADHD

언어치료(ST) 초진 7세 반

주된 증상 들은 말을 금방 잊음, 학교생활이 잘 안 된다. ST 시작과 동시에 리탈린 (Ritalin)이 처방되어 복용 시작.

① 초기평가 주된 검사만 기재

(1) WISC-III 지능검사(그림 6.4) : VIQ=115, PIQ=89, FIQ=103. 언어성 하위검사의 '숫자'가 가장 낮은 평가점 6. '산수' 7. 동작성에서는 '모양 맞추기' 7, '도형 찾기' 10, '기호 쓰기' 8, '토막 짜기' 9.

(2) 기명력(記名力) 검사 : 청각 · 시각 모두 같이 유의미 반대어, 무의미 반대어 사이에 차이가 없다.

(3) 생활면 : 잊어버린 물건이 많다. 지시한 것을 곧 잊으므로 부모 · 교사에게 많이 질책을 받는다. 부모에게 아이의 행동에 대해서 고치도록 하는 전화가 교사에게서 자주 걸려온다. 학급 아이들에게서 집단괴롭힘을 당한다. 외울 내용이 많은 교과는 처음부터 의욕이 없다.

② 재평가 : 지도 1년 후

(1) WISC-III 지능검사(그림 6.5) : VIQ=119, PIQ=108, FIQ=115. '숫자'는 평가점 12, '산수' 12, '모양 맞추기' 16, '도형 찾기' 14, '기호 쓰기' 11, '토막 짜기' 13.

(2) 기명력(記名力) 검사 : 청각 · 시각 모두 크게 오름. 유의미 반대어, 무의미 반대어 사이의 차이가 나타났다.

(3) 행동 면 : 잊어버린 물건이 줄어들기는 했지만 여전히 있다. 다만, 교사가 아이의 상태를 이해했고, 학교에서 눈에 띄는 질책이 없어지고, 집단괴롭힘은 줄어들었다. 일어난 일을 생각해 내지 못하는 것은 없어졌다. 기억할 내용이 많은 교과에 대한 저항은 없어졌다.

ST 통학 사정으로, 월 1~2회의 ST 훈련을 실시. 주로 기억 재활로, 기억의 방략을 학습함. 청취나 행동 관찰에서, 그때까지는 어쨌든 무엇이든지 통째로 기억하려고 해서 실패를 되풀이하고 있었다. 기억 재활은 목적과 성과가 명확하기 때문에, 계속해서 꾸중을 들었던 본인의 의식이나 의욕과 맞서서 의욕적으로 하고 있었다. 자기개념의 낮음 등에 대해서 본인에 대한 상담도 병용. 약물복용의 효과도 컸다.

증례 ADHD
WISC-Ⅲ

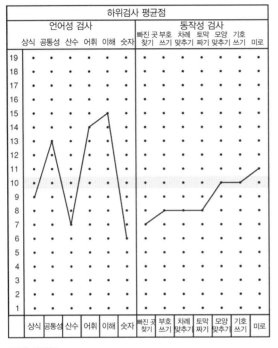

그림 6.4 WISC-Ⅲ(초기검사)

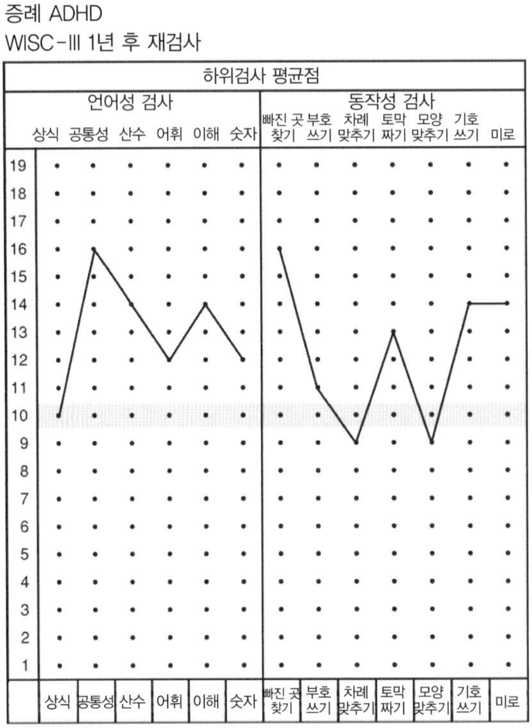

증례 ADHD
WISC-Ⅲ 1년 후 재검사

그림 6.5 WISC-Ⅲ(1년 후 재검사)[7]

지요!"라고 외치거나, 상대방 말의 전체 내용을 파악하지 않고 앞에서 나왔던 특정 단어에 반응해서 말하기 때문에 상대방의 말을 방해하고, 그 결과 타인이 싫어하게 된다. 소통성이 있는 주고받기 대화가 이루어지기 어려워진다. 집중이 계속되지 않고, 곧 다른 것에 관심이 옮겨 가기 때문에, 과제를 끝까지 할 수 없다. 생활 면에서는 잊어버린 물건이 많음, 잊어버리기 때문에 결과적으로 사람과의 약속을 어기는 것 이외에도, 자신이 경험한 에피소드를 잊음, 여러 가지를 한 번에 기억할 수 없음이 나타난다.

작업기억(working memory)은 일시적인 정보의 보유 기구이며 동시에 보유 내용을 통합하는 과정이기도 하다.[23] 즉, 일상생활 중 무엇인가를 할 때에 지극히 단시간이라도 기억을 해 둘 필요가 있어 그 기억의 일시 보관 장소를 작업기억이라고 부르고, 문장을 읽는 것이나 계산이나 사고하는 등 일련의 지적 작업에 필요하다. ADHD를 가진 아이들이 보이는 일어난 일을 마음에 새겨 두는 능력의 약함, 시간 감각의 약함, 복잡한 지적 작업 과정 조립의 곤란함, 자신이 일으킨 행동에 대한 고찰의 약함, 읽기 이해의 문제 등은 이 작업기억의 결함에 의한 것이 아닐까라고 이야기된다.[24]

또, 조사에 따라 숫자의 차이는 있지만, ADHD와 학습장애의 합병 예는 20~40%라고 말해지고[25], 학습장애 합병 예의 경우는 시각적 또는 음운처리상의 문제를 가지기 때문에, 문장을 읽는 등의 능력에 보다 곤란함을 가지게 된다고 생각된다.

3) 지도 예

(1) 빠트리고 읽기에 대한 지도

부주의로 일어나는 빠트리고 읽기 문제는 '정확히 읽으세요'라고 애매한 지시를 반복해도 효과는 없다. 작업기억의 취약함을 보충하는 시점이 필요하다.

----

7) WICS-Ⅲ 하위검사의 일본어 번역과 한글 번역의 차이 : 지식 → 상식, 유사 → 공통성, 산수=산수, 단어 → 어휘, 이해=이해, 수창 → 숫자, 완성 → 빠진 곳 찾기, 부모 → 기호 쓰기, 배열 → 차례 맞추기, 적목 → 토막 짜기, 조합 → 모양 맞추기, 기호 → 도형 찾기, 미로=미로

- 어린이 자신이, 빠트리고 읽기가 일어나는 부분(예를 들면 문장 끝부분)을 라인 마커로 표시하게 해서, 문장 끝부분·구두점의 위치를 인식시킨다. 그 페이지에 몇 개의 밑줄로 선을 그은 부분이 있을 것인지를 퀴즈 형식으로 하면 귀찮음으로 인한 저항이 줄어든다. 틀리는 것이 줄어들면, 그다음 페이지부터는 밑줄을 검은색으로 바꾸고, 정확하게 읽은 부분부터 연필로 그은 선을 지워 간다. 남아 있는 부분은 끝까지 틀린 곳이다.
- 문장 끝의 구두점까지 목소리를 내어 읽는다(예 : '토끼가 걸어갔습니다, 마침표. 토끼가 걸은 후에는, 예쁜 꽃이 폈습니다, 마침표'). 그래도 빠트리고 읽기가 있는 경우에는, 밑줄을 그은 부분에 덧쓰듯이 손가락을 대고 밑줄 그은 부분을 따라간다.
- 문장 끝의 소리(글자)에 관심을 가지게 하기 위해서 문장 끝부분 소리를 수집한다(예 : 'た'는 몇 개 있었다, 'る'는 몇 개 있었다 등과 같은 수 맞추기 게임을 해서 아이의 의욕을 이끌어 낸다).
- 이러한 아이디어는 영속적으로 계속해서 사용하는 것이 아니고, 변화가 보이면 행간을 좁힌 문장으로 하는 등, 일반화를 위해 단계를 높여 나간다.

(2) 부주의성 실수에 대한 지도

ADHD를 가진 학령기 아이의 경우, 학교에서 받은 시험지를 보면 이 부주의성 실수(careless mistake)에 의한 틀림이 여기저기에 보인다. 시험의 경우에 문제용지, 해답 용지는 아이디어를 짜내 일부 바꾸면 막을 수 있는 경우도 많다. 1장의 종이에 복수의 문제가 실려 있는 상태에서는 다른 문제로 시선이 옮겨 가 문제의 구분이 엉망진창이 되므로, 용지 1장에 1문제를 넣으면 여기저기로 마음이 산란해지는 것을 막을 수 있다. 다른 곳에서는 풀 수 없었던 문제를 언어치료실에서 위에서 말한 방법으로 다시 하게 하면 문제를 풀어, ○를 그려 준 적이 많았다. 처음에는 시험을 다르게 한다고 하면, 마지못해서 하는 아이들도 같은 시험에 ○가 그려지면 자신감이 생기는 것처럼 보인다. "잘 보세요."라고 말하는 것 같은 지도는 대부분 효과가 없다.

(3) 타인의 말을 끝까지 듣도록 하는 지도

마이크든 빈 깡통이든 무엇이든지 좋으므로, 정해진 순서에 따라 차례로 어떤 물건을 가진 사람이 말할 수 있고, 상대가 어떤 물건을 가지고 말하고 있을 때에는 멋대로 입을 열어서는 안 되고, 상대방의 순서 때에 말을 하고 싶을 때는 손을 들어서 상대방에게 허락을 요청하고, 허가를 받으면 말해도 좋다는 규칙을 정해 두고 지키게 한다. '타인이 말하고 있을 때에는 말하지 않는다'라는 언어지시만으로는 말하기를 억제할 수 없으므로, 눈에 보이는 신호를 사용하면 아이에게 이해하기 쉽게 게임 감각으로 지도할 수 있다. 이렇게 하면 규칙 위반이 두드러지게 나타나는데, 규칙을 지키는 것이 당연하므로 규칙 위반을 적당히 넘어가지 않도록 주의한다. 그러나 규칙을 깼다고 해서 심한 질책을 주면 스트레스가 되고, 의욕이 낮아지게 된다. 또 규칙을 지키면 칭찬해 주는 것을 잊어서는 안 된다.

(4) 집중 시간의 짧음에 대한 지도

예상을 할 수 없으면 집중이 곤란해지는 경향이 보이기 때문에, 과제 패턴을 만들고, 매회의 지도는 패턴대로 한다. 예를 들면, ① 음운과제 → ② 시각과제 → ③ 문장과제 → ④ 음독 과제 → ⑤ 질문 응답 과제 방식으로 매회 진행하면, 아이는 예견을 할 수 있어 과제마다 집중해서 하기 쉽다. 특히 지도 초기는, 과제는 하나씩 하게 해서 단시간에 끝내게 하고, 점차 과제 종류를 많게 해서(과제마다의 장면전환을 늘린다) 싫증 나지 않도록 한다. 또한 착석 지속 시간을 어린이에게 피드백하고, 칭찬해서 자신감을 가지도록 한다.

(5) 잘 잊는 것에 대한 지도

우리는 일상생활에서 무심결에 무심코 말하는 실패를 되풀이하고 있다. 그 무심코는 아래 5가지 유형으로 크게 나눌 수 있다.[26]

① 기억 저장의 실패(storage failure) : 이미 해 버린 것을 잊고, 같은 것을 다시 되풀이하는 실수. 아침에 약을 먹었는데도 나중에 다시 한 번 먹는다. 숙제를 했는데도 다시 한 번 한다 등.

② 판단 기준의 실패(test failure) : 무엇을 할지를 잊고 다른 목표를 향하는 실수.

잊어버린 물건을 찾고 있었는데 어느 사이에 그것을 잊고, 장롱 정리를 시작하고 있었다. 분실물을 가지러 2층에 갔는데 분실물을 찾는다는 목표는 잊고 만화를 탐독하는 등.

③ 의례적인 것의 실패(subroutine failure) : 순서의 틀림이나, 일련의 동작 흐름의 일부를 틀린다. 고기가 들어가는 요리를 만드는데 자른 고기를 넣는 것을 잊었다. 아침에 옷을 갈아입는데 파자마 위에 바지를 입는다 등.

④ 변별의 실패(discrimination failure) : 대상사물을 틀린다. 천장 전구를 교체하는데, 필요한 전구가 아닌 건전지를 가져간다. 수영장 가방에 수영복이 아니고 산수문제집을 넣어 가는 등.

⑤ 일련의 행위의 조합 실패(program assembly failure) : 어린이에게 자신의 코트를 건네주어 입히고, 자신은 어린이의 코트를 입는다 등.

무심결에 무심코 하는 실패는 누구나 일상생활에서 경험하는 것이지만, ADHD를 가진 아이의 경우 실패 횟수가 많고, 같은 실패를 반복하고, 그 때문에 계속해서 꾸중을 듣는 패턴에 빠지는 것이 간혹 보인다. 또, 한 번에 많은 정보를 통채로 기억하려고 해서 실패하는 경향이 강하다(정보의 취사선택의 곤란성과 방략의 부재).

이러한 경우는 초등학교 이상의 아이에게, 기억 재활의 방법을 사용해 연습을 한다. 연습 대상의 물품 명칭을 각각 기억하기 쉬운 카테고리로 나누는 연습부터 시작한다. ADHD를 가진 아이의 경우, 이 카테고리로 나누는 것, 분별하는 것, 바꿔 말하면 개념의 정리정돈을 신속하게 할 수 없는 경우가 많다. 예를 들면, 카드에 그려진 30가지 아이템을 기억하는 연습의 경우 각각의 아이템을, ① 음식물, ② 방에 있는 것, ③ 입는 것이라는 몇 가지 카테고리로 나눈다. 카테고리로 어떻게 나눌지는, 처음에는 도움이 필요해서 너무 자세히 나누는 방식(하나의 카테고리에 소수의 아이템을 넣는 것, 카테고리 수가 10가지나 되는 나누기 방식)이나, 너무나 대략적인 나누기 방식(나중에 정리할 수 없는 정도로 제멋대로 명명함 등)을 사용하지 않도록 지도를 한다. 그다음에 각각의 카테고리 명을 기억하고, 카테고리 내의 아이템을 각각 관련되게 만들어서 기억하도록 힌트를 준다. 기억 방략의 사용을 모를 정도로 연습이 안 된 ADHD를 가진 아이에게는, 유의미 관계어(의미적인 관련을 가지는 쌍이 되는 단어. '겨울'-'스토브' 등)와 무의미 관계어(의미적인 관련이 적은 쌍이 되는 단어. '눈'-'지갑' 등)를 쓰게 하고, 그 직후에 재생 비교 검사를 하는 경우 양자의 차이가 보이지 않는 경우가 많다. 즉 의미를 관련시켜 기억하는 방략을 학습할 필요가 있다. ADHD를 가진 아이에게 기억 재활을 할 경우, 기억을 강요하는 것만으로는 아이가 싫증을 낸다. 어떻게 하면 효율적으로 기억할 수 있을 것인가(덩어리를 나누어서 쓰게 한다 등), 재생하기 쉬운가, 일상생활에 응용할 수 있을 것인가, 아이 자신에게 자기점검(self-monitoring) 사용을 촉구하면서, 기억의 방략, 틀을 만들어 가는 것이 유용하다. 어쨌든 간에, 할 수 없는 것이나 틀린 것을 지적하는 것만이 아니라, 어떻게 해서 틀렸는지의 이유를 감정적('정확히 하지 않아서 할 수 없다' 등의 애매한 말로는 효과가 없다)으로 말하지 않고, 하나씩 구체적으로 생각하고(아이에게도 생각하게 한다. 자기점검), 어떻게 하면 틀리지 않겠는가와 같은 방략을 정확히 전달해서 구체적으로 연습하고, 아이의 자기의식을 비하시키지 않고, 이렇게 하면 할 수 있다고 하는 경험을 쌓고, 자기의식을 높이는 지도가 바람직하다.

2. 학습장애(LD)

학습장애(LD)는 교육적 용어로서의 learning disabilities와 의학적 진단 카테고리로서의 learning disorders가 있고, 정의에 차이가 있다(제3장 참조). 교육 용어로서의 학습장애(LD)는 '듣기 · 말하기 · 읽기 · 쓰기 · 계산하기 · 추론하기 능력 중에 특정 능력의 습득과 사용에 현저한 곤란을 나타내는[2]' 증상이라고 교육 현장에서 임상적으로 말할 수 있고, 의학적 진단으로 DSM-Ⅳ-TR(1994), ICD-10(1994)에서는 교육적 용어보다도 증상에 한정하고 있다. 여기에서는, 의학적인 카테고리를 따르면서 임상적 언어증상에 대해서 언급한다.

　학습장애란, 읽기, 쓰기의 장애가 중심이 되기 때문에 학습장애가 의심되어 외래에 오는 일은 취학 이후가 될 경우가 많다. 필자의 경험에서는, 유아기에 부모가 학습장애를 의심해서 내원하는 경우, 주의 깊게 아이를 관찰하고 있는 부모 중에는

'어쩐지 서툴러서, 다른 어린이와 조금 다르다는' 것을 계기로 학습장애 위험을 조기 발견하는 부모도 있지만, 그렇지 않고 전반적인 발달지체에 의한 쓰기나 그림 그리기의 곤란함, 자폐 스펙트럼으로 인한 언어발달의 지체인 경우가 많다. 반대로, 학습장애 이외의 주된 증상으로 내원한 유아 중에는, 학습장애 위험이 의심되는 경우도 자주 경험한다. 특히 발음의 문제(기능성 조음장애)나 말의 늦음, 일상생활에서 언어 수용 면은 양호한데도 언어 표현 면에 크게 지체가 보이는 타입의 유아 중에는 운동의 서투름, 시각인지의 나쁨, 음운인지의 나쁨 등이 보여, 그것이 취학 후에 학습 면의 곤란으로 표면화된다고 추측되는 예가 있어 주의 깊게 평가할 필요가 있다. 유아기의 경우, 처음부터 학습장애로 내원하는 일은 적고, 실제로는 언어치료 장면에서 '이건…'이라고 느끼는 경우가 많다. 조기 발견하고, 빠른 시기에 개입을 시작하는 것으로 이차 장애를 막고, 아이의 발달을 도와주는 것이 중요하다.

유아기의 학습장애 위험 아이는, 많은 경우 ① 말의 늦음, ② 음운조작의 문제, ③ 시지각의 문제가 나타난다.

음운조작의 문제는, 유아기 초기에는 표현 언어의 미숙으로 드러나는 적이 많다. 조음 발달은 개인차가 큰 것을 고려해도 연령에 비해 조음의 미숙함이 눈에 띄고, 청각장애는 없지만 소리의 변별이 곤란해서 말의 잘못 알아듣거나 되묻거나 하는 경우가 많다. 또한 음형(音形)의 잘못[パトカ-(pat car, patrol car의 줄임말, 경찰차)를 'カトパ-(car pat)'로 음의 순서를 틀린다]이 자주 발생하고, 게다가 수정하기 어렵다. 또한 연령에 비해 단어에서 음의 생략[パンダ(판다)를 /아나(aNa)/로 발음하는 것으로, 이 경우 판다의 /p/와 /d/음의 생략]이 많은 경향도 보인다(표 6.1).

유아기의 시지각 문제로는, 그림을 그리게 하면 연령에 비해 어린 그림을 그리거나, 공간 위치에 혼란이 있거나(집 그림에서는 지붕과 집이 크게 떨어지고 있고, 또한 형태를 만들지 못하는 등, 증례 2 참조), 선 위를 걷지 못하고, 운동회에서 달리기 트랙으로부터 크게 벗어나는 등이 보인다. 5세가 되면 대부분의 아이가 읽기가 가능해지고, 자유자재로 간단한 그림책을 읽을 수 있는 때가 되어도, 행을 건너뜀, 단어의 잘못 읽기, 어미(語尾)의 틀림 등이 빈발한다. 다만 취학 전 아이에서는, 언제부터 글자를 읽을 수 있게 되었는가 등, 읽기 시작 시기부터의 시간경과나 소리

| 증례 | 학습장애 위험 아이의 조기지도

ST 초진 3세 6개월

주된 증상 이해를 하고 있는데도 말이 안 나옴

초기 평가 3세 6개월. 주요 검사만 소개한다.

(1) 신판K식 발달검사 : 인지적응 영역은 높지는 않지만 정상범위, 언어사회 영역에서는 경도범위의 지체, 모든 영역에서 경계선(borderline)의 지체가 나타났다.

(2) S–S언어발달지체검사 : 수용<표현이 현저함. 표현은 부분 언어(words partial)와 몸짓, 수용은 세 단어 연쇄 수용이 가능.

(3) PVT : SS7(이론상의 표준치는 SS10)

(4) ITPA(그림 6.6) : 언어학습연령은 실제 연령보다 낮다. 연령보다 낮았던 과제는 '말의 이해', '수의 기억', '말의 표현', '문장의 구성', '동작 표현'이다.

(5) 조음검사 : パンダ(판다) : ウア(아우), みかん(미캉, 귤) : ア(아), たいこ(타이고, 북) : オ(오), とけい(토케이, 시계) : ケ(케), でんわ(뎅와, 전화) : ア(아). 음성을 사용한 응답은 곤란해서, 표현에는 부분 언어를 사용하고 주로 오리지널 제스처를 사용하고 있었다.

ST 주 1회 지도 시작. 지도 내용은 언어수용 과제, 인지 과제, 나이가 많아짐에 따라 음운지도, 문자지도를 주로 실시했다.

재평가 : 지도 2년 후 6세 취학 전

(1) WISC–III 지능검사, 신판K식에 있어서도 정상범위로 따라잡음. VIQ>PIQ. 정상영역.

(2) PVT : SS11

(3) ITPA(그림 6.6) : 초기 평가보다는 향상되었지만 연령보다 낮은 과제('수의 기억', '말의 표현', '문장의 구성')가 남아 있다.

(4) K–ABC : 평가점 평균 11. 저득점 과제는 수 외우기<단어의 배열, 그림의 통합. 고득점 과제는 위치 찾기<모양구성<산수<시각유추.

(5) BGT : 득점은 연령상당이지만 '회전', '통합의 실패'가 보였다.

(6) Benton(시각기명검사) : 즉시 재생 : 정확 0, 오류 수 27; 모사 : 정확 2, 오류 수 13.

(7) 조음검사 : ぱんだ(판다) : パンダ(판다), みかん(미캉, 귤) : ミカン(미캉), たいこ

(타이고, 북) : タイコ(타이고), とけい(토케이, 시계) : トケイ(토케이), でんわ(뎅와, 전화) : デンワ(뎅와). 여러 단어로 표현 가능, 조사사용 가능, 문자회상에는 지체가 있음. 읽기>쓰기.

정리 3세 반의 초진 시점에서는, 일부 부분 언어와 한정된 제스처로 표현을 하였다. 음운인지, 청각기명(記銘)의 곤란함이 현저했다. 또, 그림 그리기에서는 조잡함이 두드러져(그림 6.8), 5세부터 작업치료를 사용한 훈련이 도입되었다. 취학 시에는 여러 문장으로 표현 가능, 히라가나를 읽고, 읽은 간단한 문장을 이해하는 것이 가능해졌지만, 쓰기에서는 문자의 혼란과 문자회상에 시간을 필요로 하는 면이 있었다.

그림 6.6 ITPA

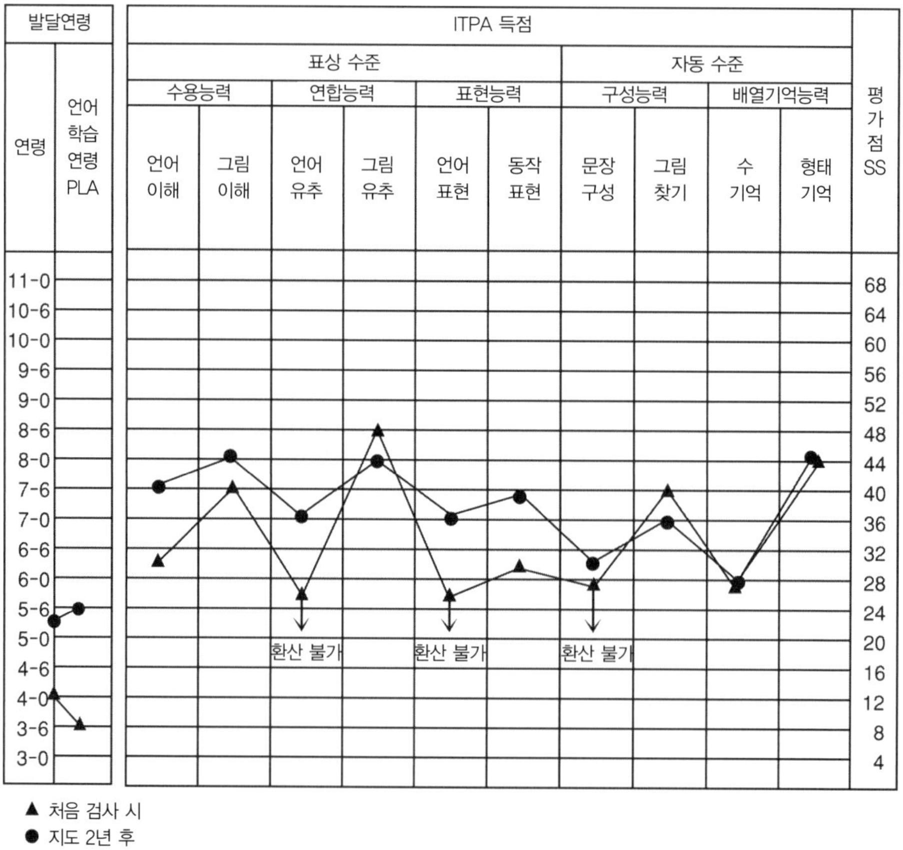

▲ 처음 검사 시
● 지도 2년 후

내어 읽기(音讀) 경험에 의해서도 달라지기 때문에 그때까지의 아이의 발달을 잘 청취하는 것이 필요하다.

읽을 때에는, 우선 문자요소인 선분을 지각하고, 문자를 판별하고, 단어를 인지하고, 어휘를 처리한다. 또 읽고 있을 때의 안구운동이나 음성언어의 어휘 처리 등이 관련되어서 실행된다.[28] 읽고 있는 동안 안구운동은 연속적으로 문장의 행간을 이동하고 있는 것이 아니고, 안구는 단속성 운동(saccades)과 주시를 반복하고 있다.[29] 읽을 때에는 말의 의미를 쫓으면서 읽은 내용을 짧은 시간, 보유할 필요가 있고, 이를 위해서는 앞에서 기술한 작업기억의 활동이 중요하다. 인지심리학에서는 어휘처리를 할 때 어휘로의 액세스 모델로서 상호활성화 모델이 있다. 단어가 시각적으로 제시되면, 대응하는 시각특징수집 장치[이 모델에서는 유닛(unit)이라고 부른다]가 활성화되어 문자 유닛, 단어 유닛으로 활성화되어 간다. 또, 이 모델에서는 저위(低位)가 고위(高位)에 영향을 미칠 뿐만 아니라 고위(高位)가 저위(低位)에

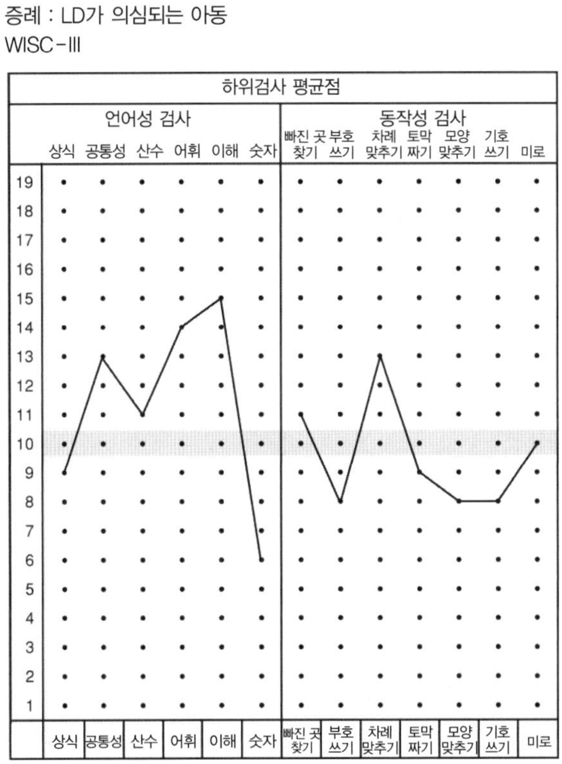

증례 : LD가 의심되는 아동
WISC-Ⅲ

그림 6.7 WISC-Ⅲ

그림 6.8 그림 그리기. 왼쪽 : 집 그림, 오른쪽 : 나무 그림(7세 전)

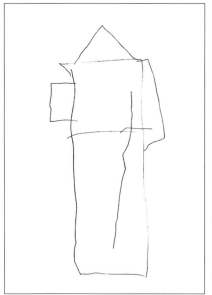
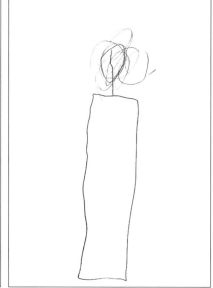

피드백을 해서 영향을 준다고 생각된다[29](그림 6.8).

1) 학습장애 위험성이 있는 아이의 지도 예(음운인지 문제)

특히 음운인지에 문제가 있다고 생각되는 학습장애 위험성이 있는 아이(취학 전)를 대하는 경우에는, 음운인지 훈련과 시각 모드에 의한 바이패스(by-pass) 훈련의 병행 훈련을 실시한다. 단, 본인이 고통으로 생각하는 단조로운 반복 패턴 학습을 피하기 위해서 이러한 과제를 실시할 때에는 아이가 질리지 않도록 아이의 흥미에 맞춘 아이디어를 생각해 내는 것이 중요하다. 특히 음운인지 훈련에서는 아이가 좋아하는 캐릭터를 사용하거나, 오리지널 연습 노트를 만드는 등 교재에 이러한 아이디어를 넣으면 아이가 기쁘게 지도에 임하는 경우가 많다.

(1) 음운인지 훈련의 예

- 음운 분해 : 우선 그림을 보고, 미리 단어명칭의 음절에 맞춰서 붙여져 있는 스티커를 손가락으로 누르면서 단어를 말한다. 처음에는 1음절어['め(메, 눈) : 目', 'き(키, 나무) : 木' 등]와 2음절어['かさ(카사, 우산)', 'くつ(쿠쯔, 신발)'

그림 6.9 상호활성화 모델

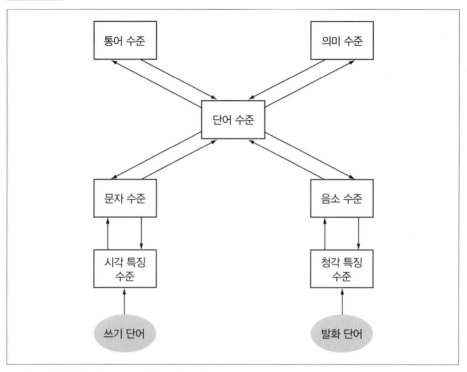

출처 : Taft M, 읽기의 인지심리학, 信山社出版, 1995

등]에서 시작해서 서서히 음절 수를 늘린다. 그것이 되면, 단어를 듣고 음절 수만큼 스티커를 붙이거나 나무토막을 나열한다. 몇 개의 음으로 단어가 되는 가를 게임 방식으로 배우므로 아이는 좋아한다[예 : のぞみ(/노조미/, 흔한 일본 이름)→자신의 이름은 3개의 음으로 되어 있음 등].

- 음의 변별 : 목표 음이 들리면 스티커를 붙인다. 'か(ka)'라는 소리가 들리면 까마귀 그림에 스티커를 붙인다. 'か(ka)' 이외의 음에서는 스티커를 붙이지 않는다 등.
- 음운 추출 : 목표 음이 단어 열의 어디에 있을지를 인식한다. 꼬치경단의 그림을 그리고, 경단의 몇 번째에 목표 음이 있는지 그 위치에 스티커를 붙인다. 또 병렬로 나열된 것의 위치를 가리키는 교구를 사용해서 같은 방법으로 판별을 한다. 음성만으로 곤란할 경우 호칭 시에 음들을 손가락으로 가리키며 실

시하고, 서서히 힌트나 도움을 줄여 간다.

- 삭제 : 단어에서 음을 삭제한다. 'かばん(가방)'에서 'ん(ㅇ)'을 빼면 'かば(가바)'.
- 반전(거꾸로 말) : 'いか(문어)' → 'かい(어문)'
- 같은 어두음의 단어 수집 : 'あ'가 붙는 단어를 모은다(예 : 우산, 우물, 우수 등).
- 끝말잇기(아버지 – 지방 – 방패 – 패거리 등)
- 압운(押韻) : 단어의 끝이 같은 단어를 모으거나 같은 것인지 다른 것인지 판단한다. 'コップ(컵)'와 'トランプ(트럼프).'

(2) 문자에 의한 시각 모드 확보

음운 인지에 문제가 있는 경우 초기부터 문자를 도입하지만, 도형 변별이 가능해도 문자와 음운의 일치에 문제를 가지는 경우가 있다. 갑작스럽게 문자를 도입하지 않고, 아이의 흥미를 끌어내면서 간단한 형태 비교부터 시작한다. 서서히 추상 도형의 비교, 선분의 비교, 히라가나 찾기, 히라가나 스탬프로 단어 작성(비교)하기 등으로 단계를 높여 나가고, 가정의 협력도 받아서 지도 과정에서 문자에 대해 흥미를 가지도록 유도하는 아이디어를 찾아내도록 한다. 문자를 싫어하도록 하지 않도록 하기 위해서 특히 유아기에는 천천히 아이의 상태를 보면서 진행시켜 간다.

3. 고기능 전반적 발달장애(HFPDD)

지적장애를 가지지 않는 전반적 발달장애(PDD)를 고기능 전반적 발달장애(high-functioning PDD, HFPDD)라고 한다. 전반적 발달장애는 자폐증의 상위개념이며, 자폐성 장애, 특정 불능의 전반적 발달장애(PDDNOS) 가운데 고기능군, 아스퍼거장애가 포함된다. 또, 윙(Wing)은 자폐스펙트럼이라는 개념을 제시하였다.[30]

---

8) 그림좌절검사(Picture-Frustration Study). 1948년 미국 심리학자인 로젠츠바이크(Saul Rosenzweig)가 개발한 검사로서, 일상의 스트레스에 대한 공격성 반응(aggressvie responding)의 유형을 평가하기 위해 사용하는 반투사적(semi-projective) 검사이다. 24개의 만화와 같은 그림카드를 보여 주면, 각 카드에 묘사된 좌절하는 사람에 대해 답을 하도록 한다. 여기에는 흔히 일어나는 가벼운 좌절 상황에 있는 2명이 묘사되어 있다. 연령은 4~13세 아동용으로 1978년 매뉴얼이 발간되었다. 출처 : http://vinst.umdnj.edu/VAID/TestReport.asp?Code=RFC

| 증례 | 고기능자폐증 |

ST 초진 10세 ST 초진(이사에 의함)

주된 증상 말이 늦음

평가

(1) WISC-Ⅲ지능검사(그림 6.10) : 언어성 과제에서는 '숫자'가 매우 높고, 그다음이 '공통성'이었다. 가장 낮았던 것은 '어휘'이고, 그다음이 '산수·공통성' 과제이다.

(2) 그림 그리기(그림 6.11~6.14) : P-F study 시험(그림 6.11)[8]에서 왼쪽에 쓰인 대사를 읽고 어떻게 대답할지 기입한다. P-F study 시험(그림 6.11)에서는 장면이나 입장의 이해 곤란이 보인다. BGT : 그림 6.12a는 9세 때의 BGT. 한 장으로 전부 그릴 수 없고, 뒷면을 사용한다. 제시 도형이 끝나자마자 남은 여백에 BGT 제시 도형에서 연상되는 그림을 그렸다. 그림 6.12b는 10세 때의 BGT. 연상 그림은 없어졌지만, 순서대로 끝까지 그리지 않고 종이 윗부분에 그려 넣었다. 전체 패턴은 9세 때와 공통점이 보인다. 자유화(그림 6.14)에서는 "좋아하는 그림을 그려 주십시오."라고 지시한 후 본인이 그린 것. 요즘 어느 그림에도 반드시 전철이 등장했다.

(3) 자아상(자신의 장점을 10가지 쓴다)(그림 6.15) : "○○(사람이름)의 장점(좋은 점)을 써 주십시오."라고 말한 후 본인이 쓴 것. '정확(正確)'은 '성격(性格)'을 잘못 쓴 것이다('正確'과 '性格'는 일본어로 읽으면 '세이카쿠'로 발음이 같아서 실수를 한 것임).

근거가 있는 진단을 위해서 DSM-Ⅳ나 ICD-10에 의한 (그 아이가 PDD-NOS인가 자폐성 장애인가라는) 구분(categorize)이 필요하지만, 아이의 연령과 함께 상태가 변화하고, 이러한 진단기준에서는 진단명이 변하거나 또는 어디에 들어갈지 판단이 곤란한 경우나, 전형적인 예가 아니지만 분명히 문제를 가지는 사례도 많아, 자폐스펙트럼이라는 용어가 실제 임상현장에서 널리 사용되고 있다.[9]

----

9) 2013년 발간된 DSM-5에서는 전반적 발달장애 대신 자폐스펙트럼장애로 대치하면서 레트장애를 제외한 모든 하위장애의 구분을 없앴다. DSM-5에서는 아스퍼거장애를 별도의 하위개념으로 구별하지 않는다.

증례 : 고기능자폐증
WISC-Ⅲ

하위검사 평균점													
언어성 검사						동작성 검사							
상식	공통성	산수	어휘	이해	숫자	빠진 곳 찾기	부호 쓰기	차례 맞추기	토막 짜기	모양 맞추기	기호 쓰기	미로	

그림 6.10 WISC - Ⅲ

그림 6.11 그림좌절검사(P - F study)

13
이번에야말로 따는 걸 잡았어.
아! 잡혔어!

14
그런 곳에 숨어 무엇 하고 있어?
모래밭이 나를 숨겨 주었군!

15
안 다쳤니?
아, 아퍼. 도와주세요!

16
너의 공을 가져간 이 아이는 나쁘지!
공을 줍거나 버리거나 하는 것은 당연한 건데요.

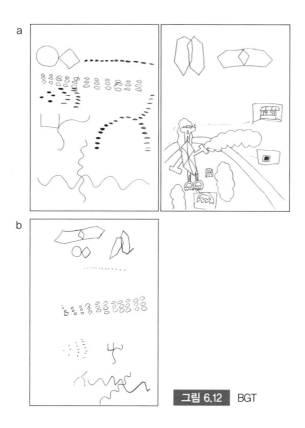

그림 6.12 BGT

그림 6.13 그림 그리기. a : 집, b : 나무, c : 사람

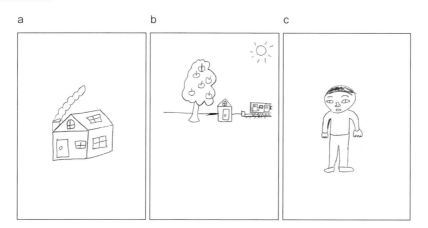

그림 6.14 자유화

그림 6.15 자아상

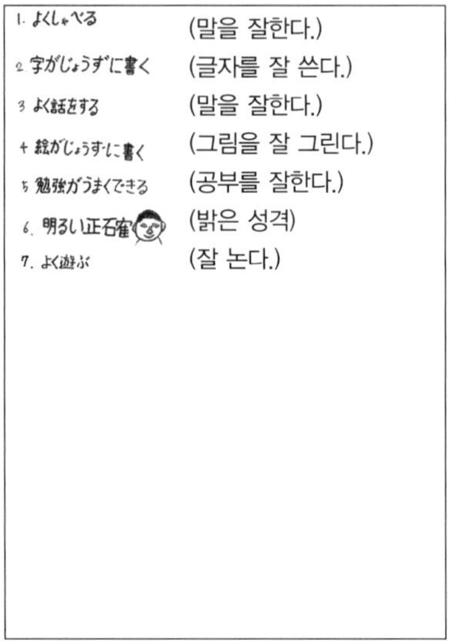

1. よくしゃべる	(말을 잘한다.)
2. 字がじょうずに書く	(글자를 잘 쓴다.)
3. よく話をする	(말을 잘한다.)
4. 絵がじょうずに書く	(그림을 잘 그린다.)
5. 勉強がうまくできる	(공부를 잘한다.)
6. 明るい正石権	(밝은 성격)
7. よく遊ぶ	(잘 논다.)

HFPDD를 가진 아이의 경우, 말의 발달에 개인차는 있지만 말이 없는 경우는 거의 없다. 아이에 따라서는, 특히 아스퍼거장애를 가진 아이들은 어휘가 풍부해서 유창하게 말하고, 말이 많아 서투른 익살 등을 연발하는 일도 있고, 언뜻 보면 말의 이해나 사용에 곤란이 있다고는 보이지 않는 경우가 많다. 그러나 잘 보면 말의 의미를 충분히 이해하지 않고 있거나, 상대와의 소통성이 있는 의사소통이 아니라는 점에서 여러 가지 문제가 보인다.

구체적인 예를 보자. 먼저, 전혀 낯가림을 하지 않고 처음 만났을 때부터, "저기, 선생님, 어디에 살고 있어요? 이것, 어디에서 샀어?"라고 지금까지 몇 번이나 만나서 서로 아는 사이인 것같이 매우 다정한 태도로 대한다. 연달아 질문을 하지만, 대답에 대하여 '후—'[10]라고 반응하는 정도로, 대답을 계기로 대화로 발전해 가는 일은 없다. 자신이 관심 있는 단어가 있으면 그 단어를 생각하고 그 단어와 관계된 화제로 일방적으로 옮겨 가고, 상대와의 대화가 매끄럽게 되지 않는다. 이 갑작스런 화제 전환으로 인해 상대는 위화감을 느끼게 된다. 대화 중에 전후의 맥락에 맞지 않게 갑자기 "비 내렸어요."라고 말하므로, 이 말은 무슨 뜻인가, 언제를 말하는가 등을 자세하게 구체적으로 아이에게 질문해서 겨우 무엇을 말하려는지 알게 되는 일도 있다. 글자 그대로 직접적으로 받아들이므로, 예를 들면 자신이 가지고 있는 만화책에 대해서 동급생이 "좋네."라고 말해도, 상대가 '빌려 주면 좋겠다'라고 생각하고 있다는 것을 알아차릴 수 없고, "그래, 좋지."라고 대답하고 끝난다.

비유를 몰라서 "상처 입은 강아지를 보면, 가슴이 아프다"라는 말을 듣고 '마음이 아프다'라고 해석하지 못하고, 물리적인 아픔밖에 생각해 내지 않는다. 다만, 비유 표현에 대해서는, HFPDD를 가진 아이는 의미를 이해하면 금방 기억하지만, 표현의 확대 사용(슬퍼도, 놀라도 동일하게 '마음이 아프다'라고 하는 등)을 보인다.

상상력의 결여로 인해, 자신이 알고 있는 것은 상대도 당연히 알고 있다는 생각을 하고, 상대에 적합한 언어표현 사용에 실수도 있어서 'ㅇㅇ 알고 있지. 그것도 몰라, 왜 몰라'라고 상대에게 말해 트러블의 원인이 된다.

또, 입장에 따라 시점을 바꾸는 것이 서툴러서, '가는—오는', '주는—받는'과 같은 '하기(능동)—해서 받기(피동)(예를 들어 '나에게 이야기를 해'는 '하기'이고 '너에게서 이야기를 들려 받고 싶다'는 '해서 받기'인데, 일본어 문장에는 '해서 받기'식의 문장이 많음)', 능동—피동 표현의 구별을 할 수 있을 때까지는 시행착오와 시간을 필요로 하는 경우가 많다(상대를 배웅하는데도 "다녀 오겠습니다."라고 말하거나, 자신이 집에 돌아왔을 때에 "어서 오세요."라고 말하는 등).

유아기에는 조사의 틀림도 많이 보인다('아이가 귤이 먹는다'나 '아이를 귤이 먹

---

10) 대충 대응하는 말. 우리나라 말로 하면 '응~' 정도에 해당함

는다'라고 말하는 등). 아이가 평소 사용하지 않는 딱딱한 표현을 사용하기도 한다 (버스나 전철로 가는 것을 '공공교통기관을 이용한다'로 표현하거나, 대화에서 잘 쓰지 않는 표현, 예를 들면 '즉 …라는 것입니다'나 '소위 …라는 것입니다'와 같은 표현을 자주 쓴다).

장면에 맞춰서 목소리의 상태나 크기의 조절이 곤란해서 조용한 방에서 두 사람 밖에 말하고 있지 않는데도, 또는 다른 사람을 배려하지 않으면 안 되는 장소에서도 불필요하게 큰 목소리로 말하거나, 큰 웃음소리를 내거나 한다. 고기능자폐증 (HFA)에서는, 억양이 결여된 늘 같은 억양으로 말하는 사람도 많다. 또, 발성 때의 인후두(咽喉頭) 주위나 상반신의 근긴장이 강해지는 일도 많고, 매끄러움이 결여되어 한 단어씩 잘라서 말하는 것으로 들리기도 한다. 말더듬이 보이기도 한다.

병원의 외래에는, 고기능 전반적 발달장애(HFPDD)를 주된 증상으로서 내원하는 경우보다, 서투름이나 음운인지의 나쁨으로부터 오는 '조음의 문제'나 '친구와의 의사소통이 잘 되지 않는다'를 주된 증상으로 가지는 아이가 많다.

1) 고기능 전반적 발달장애(HFPDD)를 가진 아이의 지도

앞에서 기술한 문제를 언어적으로 나누면, ① 구문의 문제(문장의 구조; 문법, 조사), ② 의미의 문제(내용의 의미), ③ 화용론의 문제(상대에 맞추어 가려 쓰거나, 장면에 맞은 말을 사용하는 등), ④ 발성 기관의 문제(발성 시의 근긴장)로 크게 나눌 수 있다.

고기능 전반적 발달장애아에 대한 지도는, 끈기 있게 하나씩 구체적으로 학습을 쌓아 갈 필요가 있다. 그 이유는 하나의 구체적인 학습 사항을 다른 쪽으로 일반화시키는 것은 전반적 발달장애를 가진 아이에게는 곤란하기 때문이다.

지도 방법은, 문제에 초점을 맞추어 구체적이고 직접적인 지도를 하는 것이 아이 입장에서는 이해하기 쉽다. 예를 들면, 조사의 틀림이 보일 경우 작은 단계(small step)로 조사의 학습을 구체적으로 연습한다. 조사의 획득은 주어에 붙는 조사는 비교적 빨리 획득할 수 있지만, 목적어에 붙는 조사에서는 혼란이 많다. 필자의 경우, 동작 그림 카드와 문자(문장 예)로 구문을 학습하고, 하기(능동)-해서 받기(피동) 문장의 학습에서는 시점 이동을 이해시키기 위해서 인형을 사용해 하기(능동)

－해서 받기(피동) 표현을 하게 하는 상자정원형태의 역할놀이(role play)를 하고, 그다음에 언어치료에서 아이와의 역할놀이 방식으로 지도를 하고 있다. 과제 중에 이것저것을 목표에 집어넣으면 실패할 수 있어 초점을 좁히고, 어떻게 아이에게 과제의도를 이해하기 쉽게 알릴지가 아주 중요하고, 특히 고기능 전반적 발달장애를 가진 아이들은 의미를 아는(할 수 있다가 아닌) 과제에는 기쁘게 응하지만 성공·실패가 애매해서, 복수의 초점을 가지는 과제에는 많이 당황을 하고, 의욕도 없어진다. 아이의 의욕이 생겨나지 않는 과제는, 언어치료사 측의 과제 선택과 설정에 문제가 있는 것이며, 아이의 탓이 아니다. 역시 일반화가 과제이며, 어떻게 실제 장면에서 사용할 수 있는가(없는가)를 매회 부모를 모니터링하면서, 실제 장면에서의 사용을 숙제로 해서 가정에서 하기(능동)－해서 받기(피동) 장면을 만들어 연습하게 한다. 언어치료 장면에서만 지도하면 그 지도 장면에서만 사용하게 되므로 집에서의 연습이 중요하다. 또, 딱딱한 표현을 사용할 때는 '그렇게 말하면 조금 이상해요'라고 말해도 모르므로, '친구와 말할 때는, "공공 교통 기관"이라고 하지 않아요. "전철 또는 버스"라고 말해요'라고 구체적으로 직접 말하는 것이 아이 본인에게 있어서는 이해하기 쉽다. 예정 변경 등에 적응할 수 없고 불안정해져 짜증을 일으키는 아이에게는, 예기하지 못한 일이 일어났을 경우에는 신속하게 설명하고, 다음 행동이나 장면을 예고해 줄 필요가 있다. 또한 예정의 변경이 있다고 미리 설명을 해 두는 것도 동일성 고집이 있는 아이의 경우에 효과가 있다. 고기능 전반적 발달장애를 가진 아이는 그림이나 사진 카드를 사용한 행동 예고는 비교적 빨리 이해한다. 그리고 문자나 음성언어를 사용한 예고·설명으로 납득할 수 있는 경우가 많지만, 연령에 따라서는 시각적인 신호가 필요할 경우도 있다. 시각 사인을 이용해서 구조화를 할 경우의 주의점은, 그 신호의 선택이 아이의 현재 상황과 맞는가 하는 점이다. 이미 문자언어가 들어가 있고, 읽어서 이해하고 응할 수 있을 경우에는 그림 카드나 사진 카드를 사용할 필요는 없다. 또한 사물의 기초개념을 알지 못하는 아이에게 갑작스럽게 그림 카드를 도입해도, 아이가 이해하지 못하기 때문에 효과가 없다. 각각의 아이의 이해도에 맞춘 신호를 도입해야 하고 신호 도입을 위해 그 전에 신호를 학습하는 것이 필요하다.

2) 어린 아동의 지도 예

(1) 장면 구조화와 과제의 예

- 장면 구조화의 예 : 시각적으로 알기 쉬운 제시 예. 종료 후 과제 상자는 책상 밑으로 내린다(그림 6.16).
- 과제의 예(그림 6.17) : ①~⑧은 전언어기의 기호화 지도(실제 지도에서는 더욱 작은 단계로 제시 위치를 고려하고, 비교 선택은 반대로도 한다). ⑨~⑰은 문자의 도입지도(실제 지도는 그림과 같음). 앞쪽에 아이가 위치함.

(2) 지도를 위한 평가와 치료의 흐름

검사에 대해서 간단하게 기술한다. 잘 알려진 일반적인 검사이기에 상세한 설명은 여기에서는 하지 않는다. 이용할 때의 주의점을 첨가했다. 또, 여기에서 언급한 검사 이외에 깊이 파고드는 다른 검사를 사용하기도 한다.

- 전체적인 지능 · 발달의 평가
  우선 아이의 전반적인 지적 발달을 파악하고, 지적 지체의 유무를 확인한다.
  아이에게 직접 시행하는 검사는 적용 연령이 어린 것에서부터 들면, 신판K식 발달검사 2001(0세~), WPSSI지능검사(3세 10개월~7세 1개월), WISC-Ⅲ지능검사(5세 0개월~16세 11개월), WAIS-Ⅲ지능검사(17세 이상)를 주로 사용한다. 다나카(田中) 비네지능검사V(2세~성인)를 사용하기도 한다. 이 중에서, 신판K식만 발달검사이며 0세부터 사용할 수 있고, 자세 · 운동 면의 평가도 포함된다. 각각의 검사는 근거하는 발달이론, 지능관이 다르다. 또한 각

그림 6.16 장면의 구조화

각의 검사는 검사를 실시할 수 있다는 점도 중요하지만, 검사의 성립 배경이
나 이론의 학습도 중요하다. WPPSI일본판은 당분간 개정되지 않아서, 내용
이 조금 오래되어 사용하기 어려운 면이 있다. 또 신판K식 발달검사는, 3세까

그림 6.17 어린 자폐증 아이에 대한 기호화 과정 지도의 예 ①~⑧

시각모드를 사용한 그림과 실물의 의미 이해가 이 과제의 목표임. 아래에 사진 바로 앞에 자폐아가 있음(자폐아
→ : 선택방향)

① 하나의 형태 피스 → 하나의 끼워 넣기 판과 대조함. ② 하나의 형태 피스 → 3개의 끼워 넣기 판 중에서 선
택·대조함(리버스 : 3개의 끼워 넣기 판 중에서 제시된 하나의 형태 피스와 같은 것을 선택함). ②-2(사진 없
음) 하나의 형태 피스 → 한 장의 그림 카드와 대조함. ②-3(사진 없음) 하나의 형태 피스 → 세 장의 그림카드
중에서 선택·대조함 ③ 한 장의 오려 낸 그림 → 한 장의 그림카드(오려 낸 그림과 동일한 크기의 그림)와 대조
함. ④ 한 장의 오려 낸 그림 → 세 장의 그림카드(오려 낸 그림과 동일한 크기의 그림)에서 선택·대조함. ⑤ 하
나의 실물 → 하나의 끼워 넣기 판과 대조함. ⑥ 하나의 실물 → 3개의 끼워 넣기 판 중에서 선택·대조함. ⑦-
1(사진 없음) 하나의 실물 → 한 장의 그림과 대조함. ⑦-2 하나의 실물 → 세 장의 그림카드 중에서 선택·대
조함. ⑧ ⑦-1의 리버스. 하나의 그림카드 → 하나의 실물과 대조함

그림 6.17 어린 자폐증 아이에 대한 기호화 과정 지도의 예 ⑨～⑰

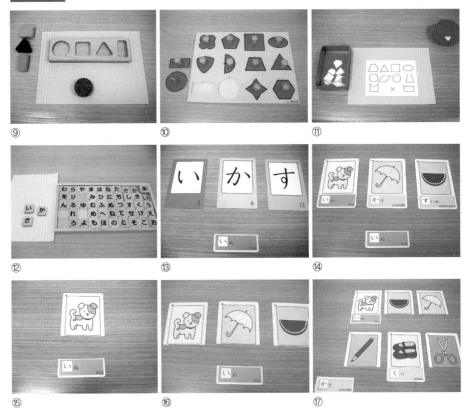

시각모드를 사용한 문자와 그림의 이해와의 대조가 이 과제의 목표임. 지도 시작 시에는 인지 면의 향상(이 경우 도형의 대조)을 의미함.
⑨ 스텝 1 : 도형에 의한 형태의 대조. ⑩ 스텝 2 : 보다 복잡한 도형에 의한 형태의 대조. ⑪ 스텝 3 : 선도형 형태의 대조. ⑫ 스텝 4 : 보다 복잡한 선도형으로 히라가나에 의한 선택. ⑬ 스텝 5 : 하나의 히라가나 → 3개의 히라가나 중에서 선택·대조함. ⑭ 스텝 6 : 하나의 히라가나 → 그림과 히라가나가 있는 카드 중에서 선택·대조함. ⑮ 스텝 7 : 히라가나 → 하나의 그림과 대조를 함. ⑯ 스텝 8 : 하나의 히라가나 → 세 장의 그림에서 선택·대조함. ⑰ 스텝 9 : 3개 이상(사진은 선택안이 6장) 중에서 선택·대조함.

지의 언어성 과제에서 표현언어를 요구하는 검사가 많고, 설문 수도 적기 때문에, 언어 면에 있어서는 다른 언어검사와 배터리를 함께 사용하는 편이 좋다. 모두가 대략적인 지능이나 프로필을 제공하는 것이어서 이러한 검사 결과에, 매뉴얼 책자에 쓰여 있는 것 같은 자폐증이나 학습장애 특유의 프로필이 나오지 않는다고 해서 그것만으로 판단하는 것은 좋지 않다.

WISC-Ⅲ지능검사의 하위과제 가운데, '상식', '이해', '어휘', '공통성'은 언어능력을 보는 데 적합하다. 이 중에서 '공통성'은 나이가 어린 자폐스펙트럼의 아이에서는 대개 낮고, 때로는 '공통성'검사의 의도를 파악하는 것이 곤란하지만, 취학 전 등의 HFPDD 아이들은 패턴 학습을 해서 거침없이 대답해 대단히 높은 점수를 얻는 경우가 많지만, 추상적인 내용의 질문에서는 아주 정답에서 벗어난 대답이 나오기도 한다. '어휘'는 어휘와 의미이해능력을 본다. '이해'에서는 어느 정도 사회생활능력의 적응을 볼 수 있지만, 반드시 일치하지 않는 경우도 있다. '차례 맞추기'는 동작성 검사이지만, 그림의 세부에 주의를 기울이고 스토리를 구축하기 위해서는 언어성 능력이 필요한 검사이다. 검사 시행 후에 아이가 만든 '이야기'를 아이에게 설명해 달라고 요구하면, 보다 많은 정보를 얻을 수 있다. '숫자'는 작업기억, 주의력 등과 관계되어 있다. 숫자를 자극으로 하고 있으므로, 산수가 서투른 아이는 처음부터 의욕이 저하되는 경우도 있다. 점수가 낮으면, 다른 기억검사(K-ABC의 하위검사, ITPA의 하위검사)나 단문·단어 쓰기 등을 조합시켜 볼 필요가 있다. '토막 짜기'검사는 시지각에 관한 정보를 얻을 수 있고, 또 아이가 어떤 방략을 사용하는지를 관찰하는 데도 적합하다. 다만 서투름 등의 요인이 있으면 과제 수행시간이 길어지기 때문에 득점이 낮아진다. 또, 이것만으로 시지각에 대해 판단하는 것이 불충분해서, 이 외에 배경 그리기를 포함하는 그림 그리기, 벤튼(Benton)시각기명검사, 복수의 선택안에서 일치하는 도형을 선택하는 래븐 색채매트릭스검사(Raven Colored Progressive Matrices), 벤더-게슈탈트검사(BGT), 프로스티그(Frostig)지각발달검사 등을 아이에 맞추어 실시한다.

이 외에 부모에게서 청취하는 타입에는, 영·유아발달질문지[쓰모리(津守)식](0~3세, 3세 이상은 참고), S-M사회생활검사(유아~중학교)가 있고, 특히 3세 유아의 경우 사회 면이나 일상생활(Activities of Daily Living, ADL)면의 발달 청취가 중요하므로, 직접 시행 타입의 검사와 청취 타입의 검사를 조합해서 시행하는 경우가 많다. 이 청취 타입의 검사에서는, 특히 검사자가 질문 내용의 의도를 파악해서 실시하는 것이 중요하고, 그렇게 하지 않으면 아이의 현재 상황과 검사 결과 사이에 큰 차이가 생기게 되어 결과의 신뢰성이 흔들린다. 모든 검사에서 결과의 수치나 표면적인 프로필을 볼 뿐만 아니라 결과의 해석을 자기 스스로 읽어 내는 것이 중요하다.

• 언어 평가

아동용으로 간편한 것에는, 쿠니리하(國リ八)S-S언어발달지체검사가 있다. 사물의 기초개념에서부터 기호화의 과정, 음성기호의 습득 후에는 구문의 이해를 본다. 또한 결과에 따라 각종 교재가 충실하고, 구체적인 지도에 연결시키기 쉬운 이점이 있다. 일리노이언어학습능력진단검사(Illinois Test of Psycholinguistic Abilities, ITPA, 3세 0개월~9세 11개월)에서는 청각-음성회로, 시각-운동회로의 표출 과정, 연합 과정, 수용 과정의 어느 것에 문제가 있을 것인가, 개인 내의 능력 간 차이로 평가하는[표준에서의 일탈(수준)의 평가도 가능] '형태 기억'검사는 아이의 추상 도형의 시각기명(記銘)을 본다. 또 '그림 찾기'에서는 부주의와 전정과 배경의 변별능력 등도 유추할 수 있다.

어휘력을 보는 그림어휘력검사(Picture Vocabulary Test, 3~10세)는, 실시 시간이 짧고 간편하지만, 대답 형식이 4개 중에 하나를 고르기 것이기 때문에 결과 해석에 주의해야 한다.

질문-응답관계검사(2~6세)는 의미와 화용론을 보기 위해서 각종 질문이 준비되어 있다. 이 검사도 검사 중 대답하는 모습이나 오류 내용의 분석으로 아이의 상태를 파악할 수 있다.

학령기부터는 발달성 난독증 선별을 목적으로 한 초등학생의 읽기/쓰기선별(screening)검사가 있다. 추상어이해력검사는 학습장애 외에 기타 HFPDD를 가진 아이의 추상어 문자·음성 각각의 이해력을 간편하게 측정한다. 조음에 대해서는 조음검사, 안면·구강운동동작에 대해서는 맨손근력검사법(Muscle Testing Techniques of Manual Examination, MMT), 국어능력의 검사로서 표준독서력검사나, 문장의 뜻 알아내기에는 심리검사인 문장완성검사(SCT)를 사용하기도 한다.

학령기부터의 학습장애를 가진 아이에서는 표준실어증검사(Standard Language Test of Aphasia, SLTA) 등의 실어증검사를 사용하기도 한다.

- 신경심리학적 평가

  K-ABC검사(2세 반~12세)는 문제를 해결하고 정보를 처리하는 개인의 인지양식에는 순차처리 과정과 동시처리 과정의 두 양식이 있다고 하는 이론에 근거한 검사이다. 하위검사의 몇 가지는 루리아(Luria)나 웩슬러식 등 다른 신경심리학적 검사에 근거해서 만들어졌다. 청각-음성과제로서 '단어의 배열', 언어개념을 알아보는 '수수께끼', 주의나 시각의 단기기억에 있어서 얼굴재인검사인 '얼굴 찾기', 게슈탈트(Gestalt) 구성력을 알아보는 '그림 통합', 시지각·공간 파악 등의 능력을 유추할 수 있는 '그림 통합' 등 다양한 능력을 측정한다. DAM, HTP, 모사하기 등의 그림 그리기, BGT, 벤튼시각기명검사, 기억면을 검사하기 위해서는 각종 검사 중 '수 외우기'나 '단문 기억' 등을 사용한다. MMS언어기억검사나 웩슬러기억검사 등도 있지만, 원래는 성인용이므로 사용할 수 있는 연령은 한정된다.

  이 외에 필자는, 욕구불만내성을 알아보는 심리검사인 그림좌절검사(P-F study)는 화용론의 관찰에 효과적이기도 하지만 평가 기준이 없으므로 어디까지나 관찰로서 이용할 뿐이다. 시지각 능력을 프로스티그 시지각발달검사나 감각통합검사(Southern California Sensory Integration Test)로 측정하고 '마음이론'시험을 임상에서 사용하는 경우도 많다.

(3) 지도 계획 입안과 계획의 재검토

실시한 검사 결과나 관찰된 행동, 보호자가 보고한 주된 증상을 근거로 해서 개별지도 프로그램과 단기 목표(short term goal, STG), 장기 목표(long term goal, LTG)를 세운다. 프로그램 내용이나 실시한 평가 결과는 보호자에게 설명한다. 실시한 프로그램은 3개월에 한 번 정기적으로 재검토할 필요가 있다.

(4) 목표란?

아이는 발달하는 존재이고, 실제 임상에서는 하나의 목표를 달성하면 곧 다음 문제가 다가온다. LTG에 근거해서 구체적인 STG의 설정이 필요하다. '전체적인 언어 능력을 향상시킨다'와 같은 애매한 목표설정을 해서는 안 된다. 목표설정을 위해서 는, 될 수 있는 한 아이의 현재 상태를 정확하게 평가하는 것이 필요하다. 단지, 현 재 사용되고 있는 표준화된 검사들도 완벽한 것은 아니고, 각각 일장일단이 있다. 검사에 즈음해서는 검사의 성립, 이론, 표준화의 과정(샘플 수나 검정 방법 등) 등 을, 검사자가 사전에 읽고 해석한 후에 아이에게 맞춰서 능숙하게 사용할 필요가 있다.

● 참고문헌

❶ 加我君孝：聴覚の発達の基礎, 新生児聴覚スクリーニング. 金原出版, p99, 2005

❷ 鳥山　稔(編)：聴覚障害, 言語聴覚士のための基礎知識. 医学書院, p51, 2002

❸ 聴覚誘発電位：誘発電位測定指針案. 日本臨床神経生理25

❹ 都筑都俊寛：精密聴力検査, 小児神経耳科学的検査, 新生児聴覚スクリーニン グ. 金原出版, pp16-19, 2005

❺ 青柳　優：聴性定常反応(ASSR)：新生児聴覚スクリーニング. 金原出版, pp37 -42, 2005

❻ De Casper AJ：Of human bonding, Newborns prefer their mothers voices. Science 208：1174-1176, 1980

❼ Snow CE：Mothers Speech Research：From Input to Interaction. Cambrige University Press, Cambrige, 1977

❽ 林安紀子：音韻知覚の発達, ことばの獲得. ミネルヴァ書房, pp50-52, 1999

❾ 林安紀子：声の知覚の発達, ことばの獲得. ミネルヴァ書房, p52, 1999

❿ Eimas PD, Siqueland ER, Jusczyl PV：Speech perception in infant. Science 171：303-330, 1971

⓫ John EB, et al：2001[船山美奈子・他(監訳)：初期の音韻発達, 構音と音韻の障 害. p81, 協同医書出版社, 1998]

⓬ Muir D, Field J：Newborn infants orient to sounds. Child Development 50：

431-436, 1979

⑬ Melzoff AN, Moore MK : Imitation of facial and manual gestures by human neonates. Science 198 : 75-78, 1977

⑭ 大石敬子 : 学習障害, 新編言語治療マニュアル. 医歯薬出版, pp79-80, 2002

⑮ 原　恵子 : 健常児における音韻意識の発達. 聴能言語学研究 18 : 10-17, 2001

⑯ 小嶋祥三 : 声からことばへ, ことばの獲得. ミネルヴァ書房, pp9-14, 1999

⑰ Tomasello M : The Cultural Origins of Human Cognitive, 1999[大堀寿夫他 (訳) : 心とことばの起源を探る. 剄草出版, pp80-92, 2006]

⑱ Butterworth G & Harris M : Principles of Developmental Psychology. Psychology Press Ltd, UK, 1994[村山潤一(監訳) : 発達心理学の基本を学ぶ. ミネルヴァ書房, 1997]

⑲ Bernstein DK, Tiegerman E : Language and Communication Disorders, Third Edition, 1993[池弘子他訳 : 子どもの言語とコミュニケーション. 東信堂, pp4 -6, 2000]

⑳ 佐久間淳一, 他 : 言語の特性, 言語学入門. 研究社, p1, 2004

㉑ 子安増生(編) : 言語障害 : コミュニケーションの支援. よくわかる認知発達とその支援. p174, ミネルヴァ書房, 2005

㉒ 苧阪満里子 : ワーキングメモリと言語理解の脳内機能. 脳とワーキングメモリ. p157, 京都大学学術出版会, 2000

㉓ Barkley RA : ADHD and the Nature of Self-control. Gulford Press, New York, 1997

㉔ ADHDの理解 : LD・ADHD・高機能自閉症の子どもの指導ガイド. 独立行政法人国立特殊教育総合研究所. p85, 東洋館出版社, 2005

㉕ Reason JT : Actions Not as Planned : The Price of Automatization, Aspects of Consciousness, vol. 1. Academic press, New York, 1979

㉖ 学習障害及びこれに類似する学習上の困難を有する児童生徒の指導方法に関する調査研究　者協力会議 : 学習障害児に対する指導について(報告), 1999

㉗ Posner IP : Foundations of Cognitive Science, 1989[土屋俊(他訳) : 文章の読み

における視覚處理, 言語への認知的接近. 産業図書株式会社, p174, 1991]

㉘ Macus T：Reading and the Mental Lexicon, 1991[広瀬雄彦(他訳)：リーディングの認知心理学. 信山社出版, p6, 1995]

㉙ Wing L[久保紘章他(訳)]：自閉症スペクトル‐親と専門家のためのガイドブック. 東京書籍, 1998

㉚ 正高信男(編)：赤ちゃんの認識世界. ミネルヴァ書房, 1999　31)子安宮子：言語発達遅滞の言語治療. 診断と治療社, 1998

■ 佐藤裕子

● 부록

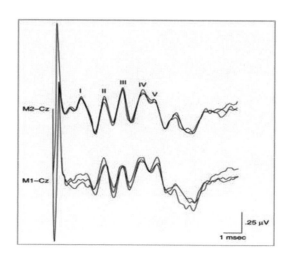

파형 1 : 청각신경의 가장 말단부위에서 발생하는 활동전위
파형 2 : 8차 뇌신경 및 청각신경의 상부, 청신경핵
파형 3 : 하부뇌교 및 상부 올리브핵
파형 4 : 상부뇌교 및 중뇌, 하부소구

제7장

가족기능장애 또는 사회문제로서의 발달장애

Ⓐ 발달장애에의 대응 : 행정의 입장에서

'장애'가 어느 정도 생활상의 곤란을 초래할지는, 개인요인과 환경요인 양자에 의해 결정된다.❶ 발달장애를 가지는 어린이의 환경인자란 가족, 그리고 가족을 둘러싼 학교나 지역사회이다. '장애'로 인한 곤란을 두드러지지 않게 하고 건전하게 키우기 위해서는, 가족이나 지역이 어린이를 이해하고 서로 다가서면서, 장애를 가진 어린 이에 대한 대응상의 아이디어를 내는 것이 요구된다.

최근 특별지원교육에 대한 관심의 고조와 2004년 발달장애인지원법이 성립되어, 발달장애는 전문가 이외의 일반 사람들에게도 조금씩 알려지게 되었다. 그러나 다 양한 문제를 안고 있어 여유가 없는 육아를 하고 있는 가정에서는, 이 어린이들의 발달의 치우침, 행동상의 특성을 '장애'라고 인식해야 하는 것을 모르고, '주의를 주 어도 말을 듣지 않는 나쁜 아이'라고 파악하는 경우가 여전히 많다. 또 인식할 수 있었다고 해도, 효과적인 대응에 있어 세세히 지원을 받고자 하는 의욕이 부족한 경우가 있다.

아동상담소는 아동복지에 영향을 미치는 제 일선의 행정기관이다. 여기에서는 단지 상담을 받을 뿐만 아니라, 필요에 따라 상담 의사가 없는 가정에 대해서도 직 접 제의하거나, 지역·유관기관과 제휴하면서 어린이의 복지 향상을 도모하는 특 징이 있다. 이 때문에 발달장애를 가지는 어린이와 접하는 다른 상담기관보다도 가 족기능에 심각한 문제를 가지는 사례에 장기간 대응하는 경우가 많다.

이 장에서는 아동상담소에서 어린이나 가족에의 일반적인 상담 지원의 구조를 개관하고, 발달장애에 관련되는 상담으로의 대응을 소개한다. 그다음에 사례를 바 탕으로 아동상담소에서의 대응의 실제에 대해서 기술한다.

1. 아동상담소에 대해서

아동상담소는 아동복지법에 근거하고, 도도부현(都道府縣)¹⁾ 및 정부령(政令) 지정

---

1) 도도부현은 한국의 특별시 및 광역시, 그리고 도(道)에 해당한다.

도시에 설치가 의무화되어 있다. 설치 수는 인구 50만 명에 최저 1군데 정도, 도도부현 등의 실정에 따라서 설치되는 것이 적절하다고 규정되어 있다[2006년 4월부터는, 중핵시(中核市) 정도의 인구 규모(30만 명 이상)를 가지는 시도에 아동상담소를 설치할 수 있다고 규정되었다]. 2006년 4월 현재, 전국에는 191군데의 아동상담소가 설치되어 있다. 그중에서 중앙아동상담소는 도도부현 내에 1개소 지정되어 관내의 아동상담소의 실정을 파악하고, 연락 조정 · 기술적 지원 · 정보 제공 등 필요한 지원을 하고 있다.

1) 상담의 종류와 동향

상담은 원칙적으로 18세 미만의 어린이[2]에게 관계되는 문제라면 모두 폭넓게 취급하고 있다. 표 7.1에 제시한 양호 상담(양육 곤란이나 학대), 장애 상담, 비행 상담, 육아 상담(성격행동, 등교거부, 육아 · 예절교육), 그 외의 상담으로 크게 나눌 수 있다.

2003년 1년간 전국의 아동상담소에 몰린 상담은 약 34만 5천 건, 필자가 근무하는 도쿄에서는 3만 건 정도에 달하고 있다.[2][3](그림 7.1).

상담 종류별로는 장애 상담이 46%를 차지하고, 그중에서도 지적장애 상담은 11만 1천 건으로 전체 수의 30% 정도이다. 이렇게 된 이유는 장애 인정을 받아야 여러 가지 지원을 받기 쉽기 때문이며, 장애 상담이 아동상담소의 중심적인 업무가되었다. 또, 양호 상담은 전체의 20% 정도이지만, 이 중 학대 상담은 그림 7.2에서 알 수 있듯이 급증하고 있다.[2]

도쿄광역시(東京都)에서도 같은 경향이 보인다. 학대 상담은 최근 10년간 10배

---

2) 국내의 경우, 소년법에서 규정하는 소년은 19세 미만, 아동복지법의 아동은 18세 미만, 청소년기본법의 청소년은 9세 이상부터 24세 이하 등으로 법률마다 다소 차이를 보이고 있다.

3) 국내의 경우, 소년법을 근거로 보면 소년은 19세 미만을 말하며, 범죄소년이란 '죄를 범한 소년', 촉법소년이란 '형벌 법령에 저촉되는 행위를 한 10세 이상 14세 미만인 소년', 우범소년이란 '다음 각 항목에 해당하는 사유가 있고 그의 성격이나 환경에 비추어 앞으로 형법 법령에 저촉되는 행위를 할 우려가 있는 10세 이상인 소년'을 말한다. 그리고 구체적으로 적시하고 있는 우범행위란 '1) 집단적으로 몰려다니며 주위 사람들에게 불안감을 조성하는 성벽(性癖)이 있는 것, 2) 정당한 이유 없이 가출하는 것, 3) 술을 마시고 소란을 피우거나 유해환경에 접하는 성벽이 있는 것'을 말한다.

표 7.1	아동상담소에서 받는 상담의 종류
양호 상담	보호자의 가출, 병, 이혼 등에 의한 양육 상담, 학대 상담
장애 상담	지체부자유, 시청각장애, 언어발달장애, 중증심신장애, 지적장애, 자폐증 등의 상담
비행 상담	우범행위* 등의 상담 : 금전을 들고 나감, 가출, 성적 일탈 등의 우범행위, 문제행동이 있는 아동, 경찰에서 우범소년으로 통보를 받은 아동 등에 관한 상담 촉법행위(觸法行爲) 등에 대한 상담 : 촉법행위**가 있어 경찰에서 통보를 받은 아동, 범죄소년***에 관해 가정법원에서 송치가 있었던 아동에 대한 상담
육아 상담	친구와 놀 수 없다, 침착하지 않다, 가정 내 폭력 등의 성격행위 상담, 학교 · 유치원 · 보육원 등에 가지 않는 등교거부 상담 학업부진, 진학이나 취업에 있어 진로선택 등 적성 상담 육아나 예절교육 등의 상담
그 외	보건 상담(어린이의 일반적 건강관리에 대한 상담) 위에서 기술하지 않은 것의 상담

* 보호자의 정당한 감독에 따르지 않는 버릇이 있는 등, 일정한 사유가 있어 그 성격 또는 환경에 비추어 장래에 범죄를 저지르거나 형법 법령에 저촉될 염려가 있는 소년 행위
** 14세 미만에 형법 법령에 저촉되는 행위
*** 죄를 저지른 소년으로, 14세 이상 20세 미만의 소년[3]
출처 : 아동상담소운영방침

그림 7.1	전국의 아동상담소에서의 상담 종류별 비율(2003년, 전체 수 34만 5천 건)

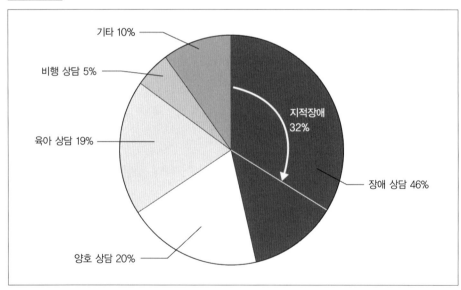

출처 : 후생노동성 복지행정 보고사례조사

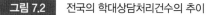 **그림 7.2** 전국의 학대상담처리건수의 추이

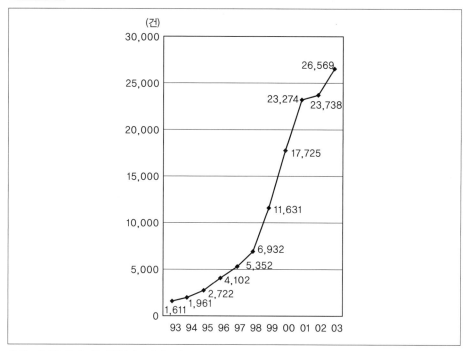

출처 : 후생노동성. 복지행정보고사례조사

이상, 또한 비행 상담은 2003년에는 전년도 대비 1.35배가 되었다.[3] 학대 상담과 비행 상담만 보면 건수에서는 장애 상담에 미치지 못하지만, 상담 지원 과정에서 곤란을 동반하고, 상담 기간도 길다. 최근 학대와 비행은 사회적으로 큰 관심사가 되어서 아동상담소가 가지는 기능을 최대한으로 발휘해서 대응하고 있다.

상담의 구체적 방법은 여러 가지여서, 상담자와 어린이가 내소할 경우나 전화나 문서로 온 것, 경찰이나 관계자 등이 어린이를 데리고 '통고·송치'해 오는 경우도 있다. 최근 학대 상담의 급증 등의 배경으로, 보다 긴급한 상담에 대응하기 위해서 야간이나 토·일요일, 국경일 등의 상담 접수체제를 갖추고 있는 것을 들 수 있다. 또한 아동상담소 직원이 순회 상담을 하거나 특정 전화 상담을 개설하는 등, 보다 상담하기 쉬운 체계를 생각해 내고 있고, 육아에 불안을 가지는 부모의 요망과 맞아떨어져, 출생률 감소에도 불구하고 상담 건수가 높은 수준에서 유지되고 있는 것을 들 수 있다.

한편 2004년 아동복지법 개정에서 아동상담소는 시군구(市町村)[4]에서 어린이나 가정에 관계되는 상담을 하는 유일한 상담창구로서의 위치를 부여 받았다. 아동상담소에는 보다 곤란한 사례에의 대응이나 시군구의 후방지원이 요구되어, 지금까지 보다 더욱더 시군구와의 제휴·협력 체제의 정비가 필요하게 되었다.

2) 상담지원활동

아동상담소는, 아동복지사(social worker), 아동심리사, 정신과나 소아과[5] 의사 등의 스태프가 상담에 응하는 것이 일반적이다. 또한 규모가 크면, 일시 보호소의 아동지도원, 보육교사, 영양사, 간호사, 심리치료담당 직원, 나아가 물리치료사, 임상검사기사 등이 배치되는 경우가 있다. 곤란 사례의 증가에 따라 아동상담소의 기능 강화를 목적으로, 학대 등의 문제에 특화한 전문 직원을 배치하거나 변호사 등의 전문가에게 협력을 구하는 체제를 갖추고 있는 아동상담소도 있다.

상담지원활동에 있어서는, 우선 아동복지사가 상담 목적을 밝히고 가족이나 사회적 배경을 조사한다(사회진단). 아동심리사는 어린이와의 면접이나 심리검사를 통해서 심리학적 소견을 얻고(심리진단), 필요한 경우 의사의 진찰이 행해진다(의학진단). 일시 보호된 경우에는 아동지도원 등에 의한 행동 관찰로부터 그 생활 능력, 태도, 대인관계 방식 등을 파악한다(행동진단). 그리고 각 진단에서 얻을 수 있었던 정보를 바탕으로 아동상담소로서의 판정(종합진단)이 행해져 지원 방침이 결정된다.

원래 아동상담소에서 받는 상담은 어린이 본인의 신체·성격·자질 등의 문제뿐만 아니라, 그 가족관계, 소속 학교나 지역, 나아가 사회나 그 시대의 영향이 복잡하게 관계되어 있는 경우가 많다. 이 때문에 문제를 다각적으로 바라보는 시야가 반드시 필요하며, 보다 포괄적인 상담지원 방법이 검토되고 있다. 유관기관과의 제휴는 중요해서, 어린이와 매일 직접 관련하는 보육원이나 학교, 보건소, 의료기관 이외에 시군구, 복지사무소, 경찰, 아동위원, 아동복지시설, 수양부모, 가정법원 등 여러 기관과 협력 체제를 만들고 있다(용어해설 참조).

---

4) 일본의 시군구(市町村)는 국내의 시군구(市郡區)에 해당한다.
5) 최근 한국에서는 정신과 → 정신건강의학과, 소아과 → 소아청소년과로 명칭이 변경되었다.

> • 아동위원 : 지역에서 상담 · 지원을 담당하는 자원봉사자이며, 민생위원과 겸임한다.
> 임기는 3년. 이 중에서 아동 복지를 전문으로 담당하는 주임아동위원이 선임된다.
> • 아동복지시설[6] : 탁아소 등 20종류가 있다. 아동상담소에서는 다음과 같은 시설의
> 이용에 대해서 상담을 많이 받는다.
> > – 영아원 : 가정 등에서 생활할 수 없는 영아나 대략 2세 미만의 아이를 양육하는
> > 시설. 아동복지법 개정에 의해 필요시 연령 요건이 완화된다.
> > – 아동양호시설 : 가정 등에서 생활할 수 없는 영아를 제외한 아이가 대상. 영아원
> > 과 같음. 법 개정에 의해 필요에 따라 연령 요건이 완화된다.
> > – 아동자립지원시설 : 불량 행위를 하거나 그 위험성이 있는 아동 및 가정환경이
> > 나 기타 환경상의 이유로 생활지도를 요하는 아동이 대상. 입소 또는 통소에 의
> > 한 지도를 하고, 자립을 지원한다.
> > – 정서장애아단기치료시설 : 가벼운 정서장애를 가지는 아동을 단기간 입소 또는
> > 통소로 치료한다.
> > – 지적장애아시설, 통원시설 : 전자는 지적장애가 있는 어린이를 입소시켜 보호 ·
> > 지도하고, 후자는 통원에 의해 지도한다.
> • 수양부모 : 가정 등에서 생활할 수 없는 어린이의 양육에 맞는 가정. 수양부모 가운
> 데 일정 기간 양자 결혼을 목적으로 하지 않고, 양육하는 수양부모를 양육수양부모
> 라고 한다. 양육수양부모는 신청이 있었던 가정 중에서 도도부현 지사가 정한다.
> 한편 양육수양부모에게는 아동학대 등의 행위에 의해 심신에 유해한 영향을 받은
> 어린이를 양육하는, 전문적인 지원 기술을 가진 전문양육수양부모제도가 있다.

6) 국내의 아동복지법 제52조에서 규정하는 아동복지시설은 다음과 같다. 1) 아동양육시설 : 보호대상아동을 입소
시켜 보호, 양육 및 취업훈련, 자립지원서비스 등을 제공하는 것을 목적으로 하는 시설, 2) 아동일시보호시설 :
보호대상아동을 일시보호하고 아동에 대한 향후 양육대책수립 및 보호조치를 행하는 것을 목적으로 하는 시설,
3) 아동보호치료시설 : 아동에게 보호 및 치료 서비스를 제공하는 시설로 2가지 형태가 있다. 하나는 보호관찰
소년을 대상으로 하는 시설이고 다른 하나는 정서적 · 행동적 장애로 인하여 어려움을 겪고 있는 아동 또는 학
대로 인하여 부모로부터 일시 격리되어 치료 받을 필요가 있는 아동을 보호 · 치료하는 시설이다. 4) 공동생활
가정 : 보호대상아동에게 가정과 같은 주거여건과 보호, 양육, 자립지원 서비스를 제공하는 것을 목적으로 하
는 시설, 5) 자립지원시설 : 아동복지시설에서 퇴소한 사람에게 취업준비기간 또는 취업 후 일정 기간 동안 보
호함으로써 자립을 지원하는 것을 목적으로 하는 시설, 6) 아동상담소 : 아동과 그 가족의 문제에 관한 상담, 치
료, 예방 및 연구 등을 목적으로 하는 시설, 7) 아동전용시설 : 어린이공원, 어린이놀이터, 아동회관, 체육 · 연
극 · 영화 · 과학실험전시 시설, 아동휴게숙박시설, 야영장 등 아동에게 건전한 놀이 · 오락, 그 밖의 각종 편의
를 제공하여 심신의 건강유지와 복지증진에 필요한 서비스를 제공하는 것을 목적으로 하는 시설, 8) 지역아동
센터 : 지역사회 아동의 보호 · 교육, 건전한 놀이와 오락의 제공, 보호자와 지역사회의 연계 등 아동의 건전육
성을 위하여 종합적인 아동복지서비스를 제공하는 시설이다.

2. 아동상담소에서의 발달장애에 대한 대응의 실제

1) 발달장애를 가지는 어린이의 상담

발달장애를 가지는 어린이는, 어떤 문제를 가지고 아동상담소와 상담하게 될까? 먼저, 앞에서 제시한 표 7.1의 상담 종류 중에는, 육아 상담에 포함되는 '성격행동의 상담'으로 오는 경우가 당연히 많다. 침착성이 없음, 난폭, 학교에서 집단행동을 할 수 없음, 친구관계를 만들 수 없음 등, 정서행동상의 문제가 상의되는 과정에서 발달장애의 존재가 밝혀진다.

그다음으로 학대나 양육 곤란의 상담, 혹은 등교거부, 비행의 상담이 적지 않다. 발달장애는 '장애'로서 주위의 이해를 구하기 어렵고, 어린이에게 질책이 되풀이되거나, 예절교육이 나쁜 탓이라고 보호자를 비난하기 쉽다. 이로 인해 부모와 자식 관계가 서먹해지고, 부적절한 양육을 초래하는 경우가 있다. 또한 어린이의 자기평가가 낮아지고, 사회적응이 더욱 곤란해지거나, 의욕에도 영향을 주고, 등교거부나 비행 등 소위 이차적인 문제가 발생하기도 한다.

이렇게 발달장애를 가진 어린이의 본질적인 문제에 대한 대응이 늦으면, 본인이나 가족뿐만 아니라 학교, 지역 등이 연루되는 보다 복잡한 문제로 발전해 간다. 그리고 다양한 요구를 적절하게 집어내고 해결의 방향성을 찾거나, 긴급사태에 대응하거나 하는, 장기간에 걸치는 다면적이고 끈기 있는 지원이 필요하다. 아동상담소에서 대응하는 발달장애에 관계된 상담에는 이러한 예가 많은 것이 특징이다.

발달장애인지원법에서는 조기발견·조기치료를 비롯해, 교육이나 취직 등 생애에 걸친 지원, 그리고 가족에의 지원이 필요하다고 규정하고 있다. 지금까지 기술해 온 것같이, 아동상담소에는 각양각색인 전문 스태프나 지원 기능이 있고, 복지, 교육, 보건, 의료 등 제 영역의 기관과 폭넓게 제휴하고 있다. 이 때문에 영·유아기부터 사춘기에 이르기까지의 발달장애를 가진 어린이의 지원에 있어 중요한 위치를 차지하는 기관의 하나라고 말할 수 있다.

또 이 새로운 법률에서는, 지원의 핵심적인 기관으로서 발달장애인지원센터를 언급하고 있는데, 체제 정비가 추진되고 있는 중이다. 센터와 아동상담소와의 긴밀한 제휴도 필수적이다.

2) 상담 종류별 대응

다음에는 아동상담소에서 실시하는 네 가지 종류의 상담에 있어 각 종류별로 발달장애아에 대한 대응 활동에 대해서 언급한다. 이 대응은 각각의 아동상담소가 위치하는 시군구의 시책, 유관기관의 기능, 교통 기관의 편리성이나 의료기관의 위치 등 지역 환경에 따라 다르다. 여기에서는 도쿄도(東京都)에 있어서의 아동상담소의 예를 다루고 있다.

(1) 장애 상담

장애 상담은 일반적으로 지적장애의 상담으로, 사랑의 수첩(용어해설 참조)의 취득을 목적으로 하는 경우가 많다. 사랑의 수첩의 대상이 될 것인가 아닌가의 판단은, 원칙적으로 앞에서 언급한 사회 진단, 심리 진단, 의학 신단을 통해서 행해진다. 발달장애를 가진 어린이가 지적 발달의 지체가 적으면 장애 인정을 받을 수 없거나, 받아도 가벼운 등급이 된다.

장애의 유무에 대해서 상담을 받는 경우도 있다. 발달장애가 의심되는 경우에는 가정뿐만 아니라 보호자의 의향에 근거해서 보육원, 학교를 방문하여 복수의 생활 장면에서의 상태를 확인하고, 의사의 진찰을 거쳐 신중하게 진단을 추진한다. 아동상담소가 가족의 입장에서 최초의 상담기관이 되는 경우에는, 가족의 일상에 근거해서 어린이에 대한 대응 방안을 조언하고, 장애 수용의 과정을 계속적인 상담 등을 통해 지원한다.

또한 필요에 따라 지역의 의료기관, 치료기관 등을 소개하는 것 이외에 특별지원교육 등 교육체제의 배려가 필요하다고 생각되는 경우에는, 학교 등과 정보를 교환하면서 대응한다. 치료를 받도록 하기 위해 지적장애아시설, 통원시설 등 아동복지시설의 이용을 권하기도 한다.

나아가 가족이 어린이의 양육에 불안이나 부담을 크게 느끼고 있는 경우에는, 지역의 보육원, 보건소, 학교, 교육상담실, 어린이가정지원센터(용어해설 참조) 아동위원 등과 제휴하고, 보다 가까운 곳에서의 상담지원체제를 갖추는 것 외에 단기보호나 일시보육 등, 지역이 제공하는 지원에 대해서 구체적으로 설명한다. 또한 이러한 유관기관의 필요에 따라서 발달장애 이해를 심화하기 위한 연수 등 계발 활동

- 사랑의 수첩[7] : 지적장애아(인)이 각종 제도를 이용할 수 있도록, 장애의 정도를 판정해서 교부하고 있는 수첩의 명칭. 국가제도의 '치료 수첩'에 해당한다. 18세 이상의 경우는 심신장애인복지센터(지적장애인갱생상담소)에서 판정한다.
- 어린이가정지원센터 : 지역에 있어 어린이와 가정의 종합상담창구로서, 1995년부터 확충을 권하고 있다. 단기보호나 일시보육 등 재택서비스를 제공하는 것 이외에, 지역의 육아에 관한 정보 제공, 학대방지지원 등도 실시하고 있다.

을 실시하는 경우도 있다.

(2) 육아 상담

육아 상담의 대부분은 어린이의 성격행동의 문제나, 육아나 예절교육에 관한 상담이다. 육아 상담 과정에서 어린이가 발달장애를 가졌다고 진단되었을 경우에는, 우선 앞에서 기술한 장애 상담과 동일하게 장애에 관련된 대응을 우선한다.

예절교육 상담 등에는, 강한 육아 불안 등 적절한 대응이 없으면 학대로 이행할 가능성이 있는 상담이 포함되어 있다. 이러한 상담에는 지역의 유관기관과 제휴를 하고, 불안이나 육아 부담 경감 등에 구체적이고 실효성이 있는 지원이 되도록 노력하고 있다. 또한 등교거부 상담이나 사춘기 연령 어린이들의 상담에 있어서는, 민간의 교육기관이나 정신보건복지센터 등을 소개하고, 제휴해서 지원에 임하기도 한다. 가족에 대해 지원을 할 때는 정보 제공이나 계속적인 카운슬링 등을 중요하게 여기고 가족에 대응하고 있다.

아동상담소는 이러한 사례관리(casework)뿐만 아니라, 실제로 다양한 프로그램을 준비하고 있다. 본인의 문제 경감을 목적으로 한 방문지도나 아동상담소로의 통원지도를 하는 경우도 있다. 통원지도에는 개별 대응이나 집단 활동 프로그램이 있

---

7) 국내에서는 '복지카드'로 동(면)사무소에서 지적장애 혹은 발달장애인뿐 아니라 모든 장애인에게 발부된다. 해당 장애를 진단할 수 있는 의료기관에서 발부한 장애진단서 및 관련 자료를 첨부하여 동(면)사무소에 제출하면 국민연금관리공단에서 위원회를 개최하여 판정한다.

으며, 발달장애에 따른 지도를 할 수 있도록 아이디어를 짜낸다. 긍정적 · 수용적인 분위기로 행하여지는 활동은 자존감의 저하 등 이차적인 문제의 경감에 도움이 된다. 또, 주로 사회적 부적응행동을 보이거나, 등교거부 등 집에 틀어박혀 지내는 경향이 있는 어린이를 대상으로 하는 멘탈 프렌드(mental friend)[8] 파견사업(만남의 친구방문 지원사업)을 이용해서 지원하기도 한다. 이것은 아동복지에 이해와 정열이 있는 주로 대학생이나 20대의 젊은이를 소정의 연수를 거쳐 아동상담소에 등록하고, 멘탈 프렌드로서 활동하게 하는 것이다. 구체적으로는 가정을 방문하거나 아동상담소에 동행해서 함께 노는 등 어린이와 개별 관계를 가진다. 연령이 가까운 '형', '언니(누나)'와 친하게 지내는 체험은 귀중해서, 어린이의 대인관계나 사회적응 개선에 좋은 효과를 얻고 있다.

가정이나 지역 등 문제가 일어나는 장소에서 일시적으로 벗어나게 함으로써 개선을 위한 계기를 만들거나, 어린이의 상태를 아동상담소가 직접 파악하고자 할 경우에는 일시보호를 한다. 또 도쿄도(東京都)의 경우에는 중앙아동상담소인 아동상담센터에 치료지도과가 있어 복지직 직원(福祉職) · 심리직 직원(심리사, 心理職) · 의사 등 전문 직원에 의한 숙박치료가 행해지고 있다. 여기에서는 생활치료에 더해 음악 · 스포츠 · 조형 · 레크리에이션의 각종 치료, 집단심리치료가 실시되어 어린이의 문제를 다각적으로 파악하면서 문제 개선을 도모한다.

장기간에 걸쳐 가정에서 떼어놓는 것이 필요하거나, 어린이 본인이나 가족으로부터의 희망이 있으면, 아동복지시설(아동양호시설, 아동자립지원시설 등)에의 입소를 검토한다. 입소한 후에, 생활하는 중에 발달장애의 문제를 알게 되는 일도 적지 않다. 그 경우, 아동상담소는 긴밀히 시설과 연락하거나 방문하는 것에 더해, 의사나 심리사가 실시하고 있는 시설 순회 상담을 활용하는 등, 시설 직원과 긴밀한 제휴를 유지하면서 어린이의 상태 파악에 노력한다.

(3) 비행 상담

비행 상담에는 보호자나 학교에서의 상담에 더해 경찰에서의 통고, 가정법원에서

----

8) 국내에서는 '멘토-멘티 연계사업'으로 일부 기관 등에서 제한적으로 시행하고 있다.

의 송치 등이 포함되지만, 실제로는 약 절반 정도가 경찰로부터의 통고이다.❹ 비행
상담에서는 어린이 본인뿐만 아니라 가정이나 학교관계자가 상담에 소극적인 경우
도 있어 대응이 다른 상담보다 어려운 면이 있다. 특히 아동상담소가 관련하는 비
행 상담은 초 · 중학생이 중심이어서 가정의 양육능력이 낮고❹, 외부의 지원을 필
요로 하는 사례가 많다. 이 때문에 가정방문 등 여러 가지 방안을 짜내 상담을 시작
하는 계기를 만들고, 어린이나 가족의 요구를 정성스럽게 끄집어내는 방법을 모색
하고 있다.

상담의 과정은 어린이에게 발달장애라는 진단이 있으면 장애에 영향을 미치는
지원이 중요하다. 발달장애가 빠른 시기에 발견되면 주위 사람이 어린이의 반사회
적인 문제행동의 배경을 다 같이 이해하고, 적절한 개입이나 대응을 하기 위한 아
이디어를 짜내기 쉬워진다. 그리고 어린이 본인이나 가족의 심리적 부담이 경감되
어 어린이의 발달이 촉진되거나 나아가 비행도 예방된다. 지원 방법으로서는, 어
린이 자신의 문제행동이나 주위에 대한 대응력 등을 키워 주면서, 육아 상담에서
언급한 계속적인 지원을 하거나 일시보호나 아동복지시설(아동양호시설, 아동자
립지원시설 등)에의 입소를 정하는 것 이외에, 가정법원의 판단을 바라는 경우도
있다.

(4) 양호 상담

양호 상담은, 양육 곤란 상담과 학대 상담으로 크게 구분된다. 양육 곤란은 어떠한
이유로 보호자가 양육을 계속할 수 없게 되어 지원을 요구하는 것으로, 일시보호로
어린이를 맡음과 동시에 그 상태에 대해서 각각의 진단을 하고, 지원 방침을 결정
한다. 이때 발달장애라는 진단이 붙으면, 가족기능의 정도나 앞으로의 생활의 예상
등을 포함시켜서 보다 포괄적인 시점에서 지원을 조직하지 않으면 안 된다. 필요가
있으면 아동복지시설(유아원, 아동양호시설 등)에의 입소나 양육가정(수양부모)에
의 위탁을 결정한다.

학대 상담에서는 비행 상담과 동일하게 가족이나 친족으로부터의 상담은 적다.
2003년에는 가족이나 친족으로부터의 상담은 16%에 지나지 않고, 다른 상담에 비
교해서 대단히 낮은 수치이며, 이는 학대 상담의 하나의 특징이라 할 수 있다.❸

학대는 부적절한 양육의 연장선상에 있다. 보호자 등 가족에게 학대에 대한 인식이 없고, 어린이의 예절교육을 위해서라고 생각하여 학대하는 경우가 많다. 또 실제로는 대단히 불충분한 양육으로 방임(neglect)이라고 판단됨에도 불구하고, 방임이라는 것을 알아차리지 못하는 경우도 있다. 2003년에는 학대를 받은 어린이 가운데 6세 이하는 51%, 3세 이하는 28%를 차지했다.❸ 외부에 도움을 구하지 않는 영·유아가 가정이라고 하는 밀실 속에서 학대를 받을 때, 개입이 늦어져서 사태가 심각해지는 위험성을 안고 있다. 사실 상담을 받고 있는 중에도 1년 이상 학대를 받고 있는 어린이가 43%를 넘는다는 보고도 있다.❺

의료기관의 진료나 보건소에서의 유아건강검진 등에서는 특히 학대를 놓치지 않도록 아이디어를 내는 것이 필요하고, 여러 가지 기회를 마련해서 지역이 위험성이 높은 부모-자녀를 찾아내고, 어려운 육아에 대해 조기에 지원해서 심각한 사태에 이르지 않도록 감시 체제를 갖추는 것이 바람직하다.

또한 아동학대방지법이 개정되면서, 아동학대를 받았다고 생각되는 아동도 통고의무의 대상이 되었으므로 과거보다도 그 범위가 확대되었다. 게다가 시군구도 통고처가 되는 것이 명기되었다. 아동상담소는 지역의 여러 기관과 제휴해서 학대 조사에 임하도록 되어 있지만, 이 외에 필요에 따라 경찰이나 시군구와 제휴해서 어린이의 주거에 출입하고, 조사·질문할 수 있다고 되어 있다. 다양한 기회와 방법을 통해서 학대의 조기발견을 도모하고 있다.

말을 듣지 않는 키우기 어려운 어린이를 '학대해 버릴 것 같다'고 양육자가 직접 불안을 호소하는 경우가 있다. 가족이 자신의 육아에 고민하고, 게다가 주위 사람의 이해나 지원이 불충분한 것이 겹치고, 결과적으로 어린이에 대한 부적절한 관계를 반복하는 일도 적지 않다. 이러한 경우의 학대 상담은 발달장애의 조기발견, 어린이 본인과 가족에 대한 지원의 계기로 연결되므로 적극적인 의미를 가진다고 말할 수 있다.

학대 상담에 대한 지원 과정에 있어 발달장애를 인정했을 경우에는, 학대라고 하는 사실에 더해서 장애에 대한 대응을 포함시켜 지원을 구성한다. 어린이에 있어서는 특히 학대에 의한 영향을 신중하게 자세히 확인하고, 심리적 돌봄 등 필요한 지원에 연결시키는 것이 중요하다. 일시보호나 아동복지시설 등의 이용에 연결하는 과정에서 보다 시간을 들여 행동관찰 등이 행해져서 정확한 진단에 도움이 되기도 한다. 또한 유아원, 아동양호시설 등에는 심리치료 담당 직원의 배치를 권할 수 있고, 아동지도원 등 다른 직종과 함께 어린이들의 생활을 지지하고, 발달을 지원하고 있다.

그리고 아동복지법은 가정에서 어린이를 분리하여 일시보호나 아동복지시설을 이용하는 것이 필요한데도 보호자의 동의를 얻을 수 없는 경우에는, 아동상담소장이 가정법원의 승인을 얻어서 어린이를 입소시킬 수 있는 것 등을 규정하고 있다.

도쿄도(東京都) 아동상담센터에서는, 주로 시설에 입소한 어린이와 그 보호자를 대상으로 한 집단심리치료 등으로 구성된 가족 재통합 프로그램을 실시하고 있다. 가정복귀의 과정은, 필요에 따라 시간을 들여서 신중하게 추진하는 것이 중요하다. 어린이에게 발달장애가 있는 경우에는, 이러한 지원의 하나하나의 과정이 어린이의 발달을 지원하는 과정과 겹친다고 생각된다.

● 맺음말

아동상담소의 기능을 중심으로 현재의 아동복지영역에서 발달장애를 가진 어린이를 어떻게 지원하고 있는가를 기술했다. 대상이 되는 어린이나 가족에게는 각각 다른 사정이 있으므로 지원은 각각의 상태에 적합한 개별화(order maid)가 되지 않으면 안 된다. 세세함과 각 관계 기관을 잘 연관시킨 사례관리가 곤란한 사례에 대처하는 데 중요하다고 생각된다.

● 참고문헌

❶ 障害者福祉研究会(編)：ICF国際生活機能分類—国際障害分類改定版. 中央法規出版, 2002

❷ 厚生労働省：福祉行政報告例調査

❸ 東京都児童相談所：事業概要. 2004(平成16年)版

❹ 非行児童問題事例検討会：東京都児童相談所. 非行相談対応の手引き. H17年3月

❺ 東京都福祉局子ども家庭部(編)：児童虐待の実態—東京の児童相談所の事例にみる. 2001

❻ 厚生労働省雇用均等・児童家庭局 : 児童相談所運営指針. H 17年2月

■ 伊藤くるみ, 伊東ゆたか

Ⓑ 아동상담소에서의 발달장애에 대한 대응의 문제점

아동상담소가 관계하는 발달장애를 가진 어린이는, 다른 상담기관보다도 다원적인 문제를 안고 있어 사례관리가 곤란하거나, 가족도 포함시킨 대응이나 포괄적인 치료가 필요한 경우가 많다. 여기에서는 이 아동상담소의 특수성을 보여 주고 있는 우리가 장기간 관계했던 곤란한 사례를 소개한다. 이 사례들을 통해 발달장애를 가지는 어린이를 가진 가정이나 사회의 문제, 아동상담소를 중심으로 한 아동복지행정의 과제에 대해 생각해 보고자 한다.

  사례는 익명성을 지키기 위해서 논지를 바꾸지 않는 범위에서 변경을 했다.

1. 공부를 강제로 시켜 모자(母子) 사이에 긴장이 높아진 사례

증례

여자. 부모와 10세 연상의 언니로 구성된 4인 가족으로, 미숙아로 출생했다. 영ㆍ유아기부터 발달은 지체되었고 서툴렀다. 의사소통에 있어 세세한 뉘앙스를 읽어 낼 수 없고 조금 벗어난 발언이나 행동을 하였다. 이 때문에 같은 연령의 도와주기를 좋아하는 어린이가 보호하는 형식으로 집단에 참가하고 있었다. 성격은 사람을 잘 따르고 온화하다. 가족에게 귀여움을 받고 있었지만, 억척스러운 어머니는 다른 어린이보다 여러 면에서 뒤떨어지는 것을 받아들이지 못하고, 어린 시기부터 수영이나 영어, 학원 등에서 배우도록 하였고, 심야까지 오랜 시간 엄격한 학습 지도를 계속했다. 어린이는 주어진 과제를 열심히 처리하고자 노력해 성적도 일정 수준을 유지했지만, 이해가 늦으면 어머니는 체벌을 하고, 그 존재를 부정하는 것 같은 심한 말로 매도했다. 점차로 어린이는 꾸중을 들으면 혼란스러워하고, 어머니를 무는 등 돌발적으로 반격하게 되었다. 아버지는 어머니의 방침에 비판적이었지만, 그만두게 할 수는 없었다.

초등학교 고학년 때, 어머니의 화가 나서 지르는 목소리와 어린이의 비명을 이웃 사람이 듣고 걱정해 아동상담소에 통고했다. 아동상담원이 연락을 취하자 부모는 개입을 환영하고, 이 어린이와 잠시 동안 거리를 두고 싶다고 하며 일시보호에 동의했다. 1개월간의 보호소 생활에서 행동관찰, 심리판정, 의학판정이 행하여졌다. 그 결과, 지능검사의 하위검사의 편차가 커서 학습장애로 진단되어, 그림 그리기 등 심리검사에서 상처 받음과 정신적 피로가 확인되었다. 정신과 의사와 아동심리사가 어린이의 상태를 설명하고 대응에 대한 조언이 주어지자, 어머니는 진단에 낙담하면서도 자기 스스로 정보를 모으고, 이해를 깊게 해 갔다. 곧 폭력과 폭언은 없어졌지만, 강제 공부는 '이러한 아이야말로 살아가기 위해서 절대로 필요'라고 하며 양보하지 않았다.

어린이는 성장하는 중에 더욱 자유를 요구해서 반발하게 되고, 모자의 긴장이 높아지면 쌍방이 냉정해지도록 단기간의 숙박(일시보호)을 이용했다. 또 아동상담소의 부모그룹에 부모가 참가하였고 이로 인해 사춘기 어린이의 마음의 이해가 촉진되어, 어린이의 특성에 맞는 소수인제의 사립중학교가 선택되었다. 나아가 '모자의 물리적 거리를 두는 것이 이 어린이의 장점을 펼칠 수 있다'라는 조언도 받아들여, 기숙사가 있는 고교에 진학시켰다. 어린이도 세세한 배려가 있는 기숙사에서의 생활이 마음에 들어 하고, 주말은 집에 가서 가족구성원으로서 온화하게 편히 쉴 수 있게 되었다.

1) 사례의 고찰

이 사례는 어머니의 성미의 과격함으로 인해 어린이에게 엄격한 학습을 부과했다고 하는 특징을 가진다. 지도 방법론에 문제는 있지만, 어린이의 발달의 치우침을 조기부터 어머니가 알아차리고 반복 학습의 필요성을 느끼고 학습을 지도한 열의와 노력은 평가할 수 있다. 실제로 그렇게 쌓여진 기초학력과 생활태도가 있기 때문에 희망하는 학교에 진학해 다음 단계로 넘어가고 있다.

그러나 문제는 그 경과 중에 부모-자녀 사이가 정신적으로 꽉 막힌 상태에 있다는 것이다. 대응상에서의 스트레스는 많은 부모와 자녀에게 공통되지만, 그 정도에 따라서 아동상담소의 관여가 필요하게 된다. 이 사례에서는 모자의 긴장이 높아졌을 때에 일시적 휴식으로서 아동상담소의 일시보호 기능을 이용해 일정한 효과를 얻었다.

(1) 부모의 장애 수용

'무언가 이 아이는 다르다'라고 느끼는 부모는 많아서, 발달장애라는 진단을 받아서 점차 안도하는 경우가 적지 않다. 눈에 보이는 행동상의 문제는 어린이의 악의나 자신의 성장 방식의 탓이 아니고, 태어나면서 갖춰진 특성(장애)인 것을 앎으로써 부모는 냉정하게 대책을 생각하게 된다. 이런 의미에서 조기에 정확한 상태파악과 진단을 받는 것은 중요하다.

그러나 부모에 따라서는 자신의 이전 체험으로 인해 양육 과정에서 생긴 일들을 피해적으로 받아들이기 쉽고, 어린이의 행동을 '악의'로밖에 느끼지 못하는 경우가 있다. 또한 '자신도 옛날에는 어린이와 같은 상태였지만, 지금은 보통으로 하고 있다'고, 자신의 과거와 연관시켜 상태를 가볍게 생각하려고 하고, 치료에 소극적으로 되는 경우도 있다. '장애'라는 말의 무게는 충분히 배려되지 않으면 안 된다. 그리고 진단명을 주는 것 이상으로, 각 가족의 배경에 맞는 대응법을 이해하기 쉽게 설명하고, 어린이의 앞으로의 모습을 보여 줄 필요가 있다.

(2) 가족지원의 문제

어린이의 문제를 학교에서는 알아차리기 쉽지만, 부모는 교사의 설명을 어린이와 가정에 대한 비난으로 받아들이거나, 그 대응에 불만을 품는 경우도 적지 않다. 이 사례에서는 담임교사가 어린이의 문제를 정확하게 파악할 수 없었던 것에 어머니는 불신감을 품고 있었다. 이후 학교에서 특별지원교육을 충실히 실시하기를 기대한다. 또한 학교와는 다른 전문기관이나 민간단체가 어린이의 특성에 맞는 학습 지도 프로그램을 제시할 수 있으면 선택사항은 넓어진다.

부모 자신에게 큰 문제가 없어도 발달장애를 가진 어린이의 육아에는 고생이 따르고, 형제를 포함한 가족의 피폐가 매우 심한 경우가 있다. 공통의 문제를 서로 상의하거나 새로운 정보를 얻을 수 있는 '부모 모임'은, 가족이 고립하지 않고 어려운 국면을 극복하는 데 도움이 되고 유용하다.

그리고 가족 내의 갈등이 높아져 일단 냉각시키는 것이 필요한 경우에는 지역에

서 실시되고 있는 육아지원의 단기보호 등을 이용할 수 있으면 좋다. 아동상담소의
일시보호 기능도 이것에 해당한다.

2. 가정 폭력 목격과 신체적 학대로 시설 양육된 사례

증례

남아. 아이는 어머니에 대한 아버지의 심한 폭력이 일상적인 어느 가정에서 자랐다.
어머니는 가정 내의 긴장 상태에 매우 지쳐 있었고, 아이가 영 · 유아였을 때를 잘
기억하지 못한다. 5세 때, 아버지에게서 신체적 학대를 받아 중상을 입어 입원 치료
를 받은 후 아동양호시설에 조치되었다. 어머니는 과잉행동을 가진 이 아이를 힘겨
워해서 강하게 질책하고, 질책의 효과가 없으면 무시 · 방임을 반복하고 있었다. 학
대가 발각된 후 부모는 이혼했지만, 여전히 어머니는 아버지의 정신적 지배를 받고
있어, 아버지에게서의 영향을 염려한 아동상담소는 어머니가 아이를 면회하는 것을
금지했다. 아버지가 각성제 소지로 체포돼 가까스로 어머니는 정신과에서 우울증
치료를 시작하고, 가정 폭력 피해자를 대상으로 한 집단치료에도 적극적으로 참가
하게 되었다. 서서히 정신적 안정을 회복하고, 아이와의 교류가 재개되었다.

아이는 보호된 5세 때, 매일 저녁 부모 싸움의 꿈을 꾸고서는 울고, 한낮에 무서
운 장면을 생각해 내 패닉이 되는 등 과잉각성 상태로 PTSD(용어해설 참조)로 진단
되어, 그 증상은 2년간 계속되었다. 어머니를 화제로 삼거나 그리워하거나 하는 일
은 없었다. 과잉행동이나 충동성이 현저해서 다른 아이에 대한 폭력, 교실에서의 자
리 이탈, 과제에 대한 대처의 나쁨 등이 일상적이었다.

ADHD(주의력결핍과잉행동장애)가 배후에 있다고 생각됨과 동시에 피학대 아
이로서의 돌봄이 계획되었다. 아동상담소가 중심이 되어 시설이나 학교와의 연락을
밀접하게 하는 중에, 관계자가 이 아이의 상황을 이해해 그 대응에 일관성을 가지도
록 노력했다. 약물치료(중추신경자극약물)와 병행해서 학대 체험에 대한 아동심리
사의 정기적인 심리치료가 행해졌다.

모자 모두 상태가 안정되어 왔기 때문에, 9세가 되어 아동상담소에서 행하여지고
있는 가족 재통합 프로그램❶에 반 년간 참가하게 되었다. 거기에서 어머니와 앞으
로의 동거를 신청한 큰어머니에 대하여, 발달장애나 PTSD에 관한 심리교육, 집단

부모 훈련이 행해졌다. 또한 어린이와 함께하는 즐거운 활동으로 알찬 교류가 누적되어, 아이도 어머니를 그리워하게 되었다.

살아왔던 고장의 전학 예정의 초등학교에 미리 어머니와 아동상담원이 방문해서 아이의 상태를 전달하고, 수용 준비를 의뢰했다. 집에 가서 자는 외박도 순조로워서 시설을 퇴소하고, 가정과 학교에서 안정된 생활을 할 수 있게 되었다.

1) 사례의 고찰

이 사례는 유아기에 학대로 인해 보호 받고, 사춘기 전에 가정으로 복귀했다. 심각한 학대 사례로서는 비교적 순조로운 경과라고 생각된다. 과거에는 아이에 대한 일상적인 양육은 생활장소인 아동양호시설에서 담당했다. 과잉행동 · 충동성 때문에 학교에서의 부적응이 현저하게 되면 정서장애아학급을 이용해서 개별교육을 받고, 외상체험으로 인한 과잉각성에 대해서는 아동상담소의 아동심리사나 정신과 의사가 돌보아 주었다. 아동상담원은 가족에게 개입해서 아이가 복귀하는 데 적절한 환경을 갖추는 것에 힘을 쏟았다. 나아가 가족 재통합 프로그램에서는 정신과 의사나 아동심리사 이외에 각종 치료 전문가가 관여하여, 다채로운 전문직에 의한 최고급 서비스를 받았다고 해도 과언이 아니다.

이에 더해서 친권을 가진 어머니가 학대자인 아버지와 이혼하고, 치료에 의해 정신적 건강을 회복한 것, 큰어머니도 양육을 적극적으로 지원하고 있는 것 등, 가정 상황도 양호했다. 그러나 이렇게 좋은 조건이 갖추어져도 안전한 가정복귀가 가능해질 때까지 실로 5년이 필요해서, 발달장애를 가지는 피학대아에 대한 대응의 곤란함을 이야기하고 있다.

(1) 학대와 발달장애 진단의 문제

학대를 받은 어린이의 배경에 발달장애가 있는지 여부를 아는 것은 어려운 경우가 많다. 그것은 PTSD의 과잉각성과 ADHD의 주의산만, 과잉행동 · 충동성의 증상이 닮아 있거나, 또한 영 · 유아기에 필요한 정서적 관계가 극단적으로 결여된 양육환경과, 주위 사람에 대한 관심을 닫아 버리고, 흥미가 치우친 자폐증과 감별이 어

용어해설

> • PTSD(post-traumatic stress disorder, 외상후스트레스장애) : DSM-IV에서 외
> 상후스트레스장애로 기술되고 있다. 자신이나 다른 사람이 위험하게 죽는 것 또
> 는 중증을 입는 것 같은 사건을 체험하고, 강한 공포·무력감·전율을 느꼈을 때
> 일어나는 반응을 말한다. 3가지 주 증상은 ① 마음속에서 그 외상적인 사건이 반
> 복해서 체험되고(재경험), ② 외상과 관련된 자극을 피하거나 떠올릴 수 없고(회
> 피/정신마비), ③ 과도하게 경계적이고, 쉽게 자극적이 되거나 수면이나 집중력
> 이 방해된다(과각성). 어린이의 경우 악몽을 자주 꾸거나, 놀이 중에 외상 장면을
> 몇 번씩이나 재현하기도 한다. 그때까지 획득되었던 사회기능이 상실되고, 보다
> 어린 시기로의 퇴행 행동을 보이는 경우도 적지 않다. 보통의 카운슬링이나 통찰
> 을 목적으로 한 정신치료에서는 환자의 고통이 강하기 때문에 약물치료, 인지행
> 동치료(외상체험을 원인으로서 고정화한 사고나 반응의 병적인 패턴에 직접 작용
> 함으로써 증상의 완화를 도모하는 치료기법)가 효과적이다. 어린이의 경우 불안
> 감소와 스스로 상황을 조절하는 감각을 획득하는 것을 목적으로 놀이치료를 하는
> 경우가 많다.

려운 상태를 보이는 경우가 있기 때문이다.

예를 들면, 학대를 받기 전부터 증상이 있으면 생물학적 배경을 가지는 발달장애
가 강하게 의심되지만, 많은 사례에서는 3세 때의 상태를 아는 사람이 없거나, 출
생 후 처음부터 안정된 생활환경을 전혀 경험하지 않는 경우가 있다. 또한 어린이
에게 잠재하는 슬픔이나 화, 무력감이 행동화되어 원래 어떤 증상에 박차를 가하는
경우도 적지 않다.

한 시기의 상태만으로는 판단이 어려워도, 어린이의 경과를 장기적으로 자세하
게 관찰해 가던 중 배경으로 있는 발달장애의 정도가 밝혀지기도 한다. 진단도 중
요하지만 시기를 놓치지 않고 약물치료, 심리치료 등을 하는 것은 예후를 좋게 하
는 데 중요하다.

(2) 피학대아에 대한 아동상담소의 지원

어린이가 학대를 받았을 경우, 보육원 · 유치원 · 학교 · 보건소 · 복지사무소 · 의료기관 · 경찰 등 여러 기관이 관련되지만, 출입 조사 등 강력하게 가정에 개입해 어린이를 아동양호시설 등에 조치할 수 있는 아동상담소는, 특히 심각한 사례에서 중심적 역할을 하고 있다.

학대방지법이 개정되어 비참한 학대 사례에 대한 사회의 관심이 고조되고 있어, 학대의 발견에서부터 보호까지의 조치를 진행할 수 있게 되었다. 그러나 가정에서 분리한 후 어린이의 양육이나 보호자(많은 경우 가해자)의 원상 복귀, 나아가 가정에 안전하게 돌려보내기 위한 지원은 현장 담당자의 판단에 맡겨져 있는 경우가 많다. 원래 이 사례와 같이 아동상담소는 가정복귀를 위한 절차를 꼼꼼하게 설정하고 그 진행 관리를 해야 하지만, 현실은 한정된 인력으로 긴급을 요하는 어린이 보호의 일이 우선되고, 가정복귀를 향한 작업은 뒤로 밀려나기 쉽다.

학대 가해자가 포함된 가족이 학대의 영향이나 발달장애아의 특성을 이해하고, 효과적인 육아 방법을 배우는 장(가족 재통합 프로그램 등)이 제공되어야 한다. 그러나 아직 선구적인 곳에서 개발되어 유효성을 확인하고 있는 단계에 있어, 널리 적용되고 있지는 않다.

또, 발달장애를 배경으로 가지고 있고 마음도 상처 받은 어린이를, 아동양호시설이라는 자극이 많은 집단 속에서 어떻게 성장시킬 것인가도 큰 과제다. 시설에서는 가정보다도 성인의 손이 충분하지 않고, 직원은 눈앞의 다툼에 대한 대응이 고작이고❷, 발달장애를 가진 어린이에 대한 효과적인 지도의 실천은 등한시하기 쉽다. 양육 가정을 이용하기에는 받아 주는 곳의 부담이 지나치게 크고, 어린이 정신과 병동 등 전문적 시설 수는 적고, 심한 어린이밖에 이용할 수 없는 상황에 있다.

어쨌든 어린이가 학대를 받았다고 하는 불행한 사건을 극복하고 마음 편하게 있을 정비된 가정에서 맞이할 수 있기 위해서는, 본인 자신의 인내와 가족이나 관계자의 많은 노고, 그리고 마음의 상처의 회복을 위한 오랜 시간이 필요하다.

3. 부모의 피해망상으로 적절한 개입이 늦어져 등교거부와 비행이 초래된 사례

증례

남자. 모자가정의 독자이다. 어머니는 인격이 유지되어 생활 능력은 있지만 피해망상이 현저한, 치료 받고 있지 않는 조현병이라고 생각된다. 가정은 주위 사람에게서 고립되어 개입할 수 있는 친척·친구는 없었다.

이 아이는 유소년기부터 과잉행동과 충동성이 있어 사고뭉치였다. 초등학교에 들어가도 집단행동을 할 수 없었고 친구관계를 만들어 갈 수 없었다. 어머니는 친구관계 없음을 '누군가의 의도로 아이가 자유자재로 조종되고 있다'라고 피해적으로 해석하고, 이 아이의 문제로 파악한 관계자의 지적을 막무가내로 부정했다. 아이를 딱하게 여겨 과잉보호하고, 아이가 멋대로 하는 것을 용인하는 대응을 하여, 문제행동이 있어도 학교와 보호자의 공통 인식을 가질 수 없었던 채로 시간이 경과되었다.

아이는 점차로 등교하지 않고 밤낮이 바뀐 제멋대로의 생활을 하게 되었다. 컴퓨터를 잘 알고, 혼자 힘으로 홈페이지를 제작할 수도 있고, 인터넷을 사용한 놀이나 장난에 시간을 쓰고 있었다. 가끔 외출하면 다른 아이에 대한 위협이나 폭력, 절도 등 비행화가 눈에 띄었다.

중학생이 되어도 등교하지 않고 절도 등의 일탈 행동이 계속되고, 대응에 고심한 학교가 아동상담소에 상담을 제의하였다. 그때까지 몇 군데 전문기관을 소개했지만 어머니는 이용을 거부했기 때문에, 우선 아동상담소의 정신과 의사가 어머니를 정기적으로 면접하고, 어린이가 계속 이용할 수 있도록 신중한 관계 만들기에 노력했다. 면접은 육아에 관한 이야기 주고받기를 목적으로 했지만, 대부분 시간 동안 어머니는 피해망상을 계속해서 이야기해 의사가 어린이의 진단을 설명할 기회를 주지 않았다.

어린이는 아동상담소의 소집단 활동❸에 참가하면 충동적이고 공격성이 높아 직원이 한시도 눈을 뗄 수 없는 상태였다. 또한 상대나 장소를 선택하지 않고 성적 (性的) 화제를 가져오는 등 사회적 규범이 결여되었다. 주의를 주면 신경질을 내고, 기물을 파괴하기도 했다. ADHD·품행장애(용어해설 참조)라고 진단되어, 오랜 시간 자기들 모자가 주위 사람으로부터 호기심 어린 눈으로 보여져 왔던 것의 굴욕감이나 소외감, 자기평가의 저하도 나타났다. 담당 직원이 꼼꼼하게 대응하면서 서서히 신뢰관계가 생기고 일탈 행동을 되돌아볼 수 있게 되어 갔지만, 조금이라도 곤란한 과제가 제시되면 통원은 원활하지 않았다.

1년 정도 경과했을 때, 어머니가 신체질환으로 급사해 이 아이를 양육할 수 있는 사람이 없어졌다. 행동상의 문제도 크기 때문에 아동자립지원시설에 입소했다. 일과나 규칙, 목표가 명확한 시설의 체계 속에서 지금까지 없었던 침착성과 정서적인 성장을 보이고 있다.

1) 사례의 고찰

발달장애 특징을 가지는 것을 주위 사람이 일찍부터 알았지만, 보호자가 전문적 지원을 강하게 계속해서 거부한 결과, 중학생이 될 때까지 적절한 지도를 받을 수 없었던 사례다. 집 안에서 어머니에게 의존하면서 제멋대로 지내고, 외출하면 일탈

용어해설

- 품행장애(conduct disorder) : DSM-IV에서는 '다른 사람의 기본적 권리 또는 연령에 상응하는 주요한 사회적 규범 또는 규칙을 침해한다'는 것이 이 장애의 대전제가 되고 있다. 사람이나 동물에 대한 공격성, 소유물의 파괴, 거짓말하기나 절도, 중대한 규칙위반으로 나누고, 그 진단기준 항목에 일정 수의 항목이 해당되고, 사회적·학업적·직업적 기능에 현저한 장애를 일으키면 품행장애로 진단된다. 원인을 하나로 특정할 수 있는 경우는 드물고, 생물학적·심리적·양육환경적·사회적 요인 등 여러 가지가 복합되어 있는 경우가 많다. 그 원인과 심각도에 따라 의료기관에서의 약물치료, 정신치료, 가족치료부터 교정시설에서의 교정교육까지 여러 가지 치료적 접근이 있다. 예를 들면, ADHD를 합병하고 있으면 중추신경자극제, 뇌파 이상이 나타나면 항경련제가 효과적이다. 그러나 약물치료나 정신치료 등 의료기관에서의 일반적인 치료로 효과를 얻을 수 없는 사례가 많아 그 경우 본인과 가족에 대한 개별지원 외에 가정·지역의 유관기관이 제휴해서 어린이의 일탈 행동을 미연에 막는 방안을 생각하지 않으면 안 된다. 지금까지의 생활력 중에 성인에 대한 불신이 강하게 심어져 있는 경우는, 특히 어린이와 협동하는 것은 용이하지 않고, 개선을 위한 지원은 곤란해진다.

행동이 현저했다. 아마 등교를 강제로 시켰다면, 집단생활의 스트레스로 인해 보다 심각한 행동을 보였을 것으로 생각된다. 처음에는 아동상담소를 통원하는 집단치료를 이용했지만, 통소는 싫어하는 것 같았고 이 어린이가 안은 문제의 크기로 보면 충분한 대응이 될 수 없었다. 이러한 사례의 경우, 보호자와 본인의 이용 의지가 없으면 아동상담소에서 활용할 수 있는 기능은 한정된다.

불충분한 양육이었지만 어린이는 귀염을 받고 자라서, 피학대아에서 볼 수 있는 성인에 대한 경계심이나 도발적 행동은 적었다. 이런 어린이의 장점을 살려 아동자립지원시설에서 밀도 높은 생활 지도를 하는 과정에서 대인관계를 만들어 가는 힘이 자란 것으로 기대된다. 이 시설에서 자신의 과제를 적극적으로 달성하는 것을 명확하게 보여 주었기 때문에, 사회규범을 익히고 충동을 자제하는 훈련을 실시하게 되었다.

2) 발달장애를 가진 어린이의 비행

발달장애, 특히 ADHD는 비행이나 품행장애를 병합할 비율이 높다. 주위 사람으로부터 낮은 평가를 계속해서 받으면, 어린이 자신이 무력감에 빠져 장기적인 목표를 가질 수 없고, 자포자기로 이어지거나, 그 활동성의 높음으로 인해 눈앞의 쾌락으로 향하기 때문이다. 또한 보통 집단괴롭힘의 가해자보다도 피해자가 되기 쉬운 아스퍼거장애나, 대인관계를 잘 할 수 없는 일부 학습장애 어린이가 불만을 표현하는 기술이 부족할 경우, 스트레스의 축적에 견딜 수 없어 뜻밖의 일탈 행동을 보이는 경우가 있다.

아동상담소가 받는 비행 상담은, 주로 초·중학생이 대상이다. 발달장애를 가진 초등학생으로 비행이 있고, 이후 품행장애나 촉법행위(觸法行爲)에 이르는 것이 강하게 예상되는 사례가 최근 여기저기에서 보인다. 재택에서의 개선을 예상할 수 없는 경우, 이 초등학생 연령에 맞는 체계로 만들어진 치료 프로그램을 이용하고 싶지만, 지금 상황에서는 적당한 전문시설은 거의 눈에 띄지 않는다. 일부 의료기관과 아동양호시설이나 아동자립지원시설 등의 아동복지시설 현장에서는 치밀하게 방안을 짜내면서 대응하고 있는 실정에 있다. 양육이 곤란한 발달장애를 가진 어린이를 빠른 단계에서 가족·학교나 관계자가 제휴해 일치한 방침을 가지고 대응하는 것은, 어린이의 건전한 성장을 촉진하고, 비행이나 범죄 등 이차적 문제의 발생을 예방하는 의미에서라도 대단히 중요하다. 어떠한 시책이 간절히 요구되고 있다. 또한 이미 사춘기에 이른 어린이의 (문제)행동을 개선시키는 것은, 가족의 문제의식에 관계없이 항상 많은 곤란이 따른다. 일탈 행동이 심하고 그것에 걸맞는 가족의 감호 능력이 없는 경우, 중학생을 중심으로 한 연령대라면 아동자립지원시설로의 조치가 결정된다.

아동자립지원시설은 그 대상이 비행성이 있는 어린이 외에, 가정환경의 이유 등으로 생활지도가 필요한 어린이이며, 자립 지원을 목적으로 설치되어 있다. '교호원(教護院)'이라는 명칭이었던 시대 이후, 오랜 세월 동안 발전되어 온 비행아동에 대한 지도 기법을 계승하고 있고, 개방된 시설을 갖추고 집단생활을 시키고 있다. 대부분은 가정적 분위기를 살리고, 시설 안에서 의무교육이 제공된다.

아동양호시설에 비해 목표와 생활 규칙이 명확한 점, 그리고 '개방적'이기는 하지만 외부에서의 자극이 적은 점이 발달장애를 가진 어린이에 적합한 환경이라고 말할 수 있다. 그러나 현실은 발달장애를 가지는 어린이가 많이 조치되고 있어도, 원래 협의의 치료를 목적으로 한 시설이 아니기 때문에 이것에 걸맞는 직원체제가 정비되어 있지 않고, 각각의 현장 직원에게 부담을 강요하고 있는 면이 있다. 최근, 보다 구속력이 강한 소년원에서 5세 어린이에 대하여 학습장애·주의력결핍과잉행동장애의 치료 프로그램이 개발·적용되어 큰 효과를 얻고 있다고 한다.❹ 이후 의료나 교육과의 긴밀한 제휴 속에서 아동자립지원시설 구조의 특징을 살린 유효한 지도 프로그램의 구축이 기대된다.

4. 사회와 육아 환경의 변화와 발달장애

마지막으로 지금 사회의 변화가 발달장애를 가진 어린이에게 끼치는 영향에 대해서 조금 언급하고 싶다.

생활기반이 안정되고 착실하게 사회가 성장하고 있었던 고도 경제성장의 시대가 사라지고, 1990년대 이후에는 경제·사회 시스템에 큰 변화가 나타났다. 일은 고도의 전문성을 필요로 하는 것과 저임금의 단순노동으로 갈라지고, 기업의 고용 상황이 변화해서 정리해고나 프리랜서가 증가했다. 생활수준의 격차도 심해져서 양극화되고, 그것은 개인의 노력이 보답되지 않는 구조로, 약자는 희망도 사라지고 있다고 한다.❺ 또한 여성의 고용 기회가 늘어나 가족이나 라이프 코스의 다양화가 급속히 일어나고 있지만, 사람들의 의식 속에는 어머니가 아이를 키워야 한다는 옛날부터 뿌리 깊은 가치관이 있어 여성에게 부담을 강요하고 있다. 외국에 비해 육아를 위한 구체적인 지원체제가 충분히 정비되지 않은 가운데, 여성은 어린이를 가지는 것의 의의를 찾아낼 수 없고 출산을 망설이거나, 낳은 후에도 육아의 중압과 사회에서 뒤떨어진다는 불안이 쌓이고, 학대에 이르기 쉬운 육아 불안을 가지는 어머니가 많이 보이고 있다.

　지역에서는 커뮤니티가 취약해져 어린이끼리의 자연스러운 놀이 집단이 없어졌다. 그것에 대신해서 집 안에서 비디오게임, 인터넷 등에 장시간 열중하는 일이 늘어나고, 동료를 통해서 획득할 수 있는 사회기능이나 의사소통, 신체감각을 늘리는 기회가 많이 사라지고 있다. 부모가 예절교육을 시킨다는 명분으로 폭력을 휘두르는 것에 관대하고, 어릴 때부터 교육을 놀이보다 우선시키고, 아이의 의사를 존중하거나 그 존재를 있는 그대로 받아들이는 힘이 약해지고 있다고 한다.❻ 또한 옛날 가정 속에 있었던 몇 겹이고 겹치는 정서적 교류는 줄어들고, 어린이끼리의 사귐도 휴대전화나 메일을 통한 표면적인 느슨한 관계가 되고 있다.

　인간의 발달은 주위 사람과의 관계 속에서 키워지고 변화되어 간다. 발달장애를 가진 어린이는 다른 사람과 강하게 결부하는 힘이 약하고, 있는 그대로의 상황에서는 사회생활을 하기 위해 필요한 사항을 충분히 체득할 수 없다. 키우는 측이 정확하게 적극적으로 수고하여 발달을 촉진시켜 갈 필요가 있다. 오늘날 이러한 육아 환경의 불안정과 인간관계의 엷어짐의 변화 속에서 그들의 행동·인지·감각을 수정하기 어렵고, 정서적 성장도 방해를 받는다. 이 사회는 발달장애를 가진 어린이들을 더욱더 잘 자라기 어렵게 하고 있다고 말할 수 있다.

　자신이 주위 사람으로부터 소중히 여겨지고 있다고 느끼는 것은, 누구에게도 필요하다. 특히 발달장애가 있고 자기평가가 낮은 어린이에서는 수용되고 있다고 실감할 수 있도록 주의 깊게 대응해야 한다. 지역의 여러 가지 기회 중에서 친화적인 관계의 체험, 학교의 배려된 도입체제, 지지해 준다고 느껴지는 급우나 동료, 문제

를 일으켜도 마지막까지 용서해 주는 가족의 존재가 특히 중요해서, 그것들을 통해
서 어린이는 자신이 있을 곳을 찾아내고, 자신에 대한 신뢰와 존경을 회복해 간다.
이것이 가능해지기 위해서는, 어린이의 개성이나 특징의 편차를 마음 속 깊이 받아
들이도록 사회도 가족도 바뀌어 갈 필요가 있다. 또 어린이는 사회에서 키운다는
공통 인식이 기저에 꼭 필요하다.

● 맺음말

앞에서 기술한 'A. 발달장애에의 대응 : 행정의 입장에서' 절에서 제시한 것처럼,
아동상담소가 발달장애를 가지는 어린이에 대하여 제공할 수 있는 지원은 결코 적
지 않다. 그것들을 효율적으로 살리기 위해서는 상담 · 진단 기술의 감도를 높여서
빠른 시점에 문제를 인식하고, 유효한 사회자원을 선택해 갈 필요가 있다. 그러나
이 항의 사례 중에서 고찰한 것처럼, 종래부터 어떤 사회자원은 발달장애라고 하는
비교적 새로운 개념으로 포괄되는 이 한 군(群)의 어린이들을 충분히 배려해서 정
비된 것이 아니다. 발달장애인지원법이 성립되어 위치 부여가 명확해진 오늘, 보다
적절하고 효과적인 대응을 위해 아동복지행정을 한층 더 충실히 할 것을 기대한다.

● 참고문헌

❶ 東京都児童相談センター : 家族再統合のための援助事業. 平成16年6月
❷ 伊東ゆたか, 犬塚峰子, 野津いなみ, 他 : 児童養護施設で生活する被虐待児に
  関する研究 (2) －ケア・対応の現状と課題について. 子どもの虐待とネグレク
  ト5 : 367−379, 2003
❸ 伊東ゆたか : 子ども虐待の治療指導事業. 児童虐待防止対策支援・治療研究会
  (編) : 子ども・家族への支援・治療をするために. 虐待を受けたこどもとその
  家族と向き合うあなたへ. 日本児童福祉協会, pp68−74, 2004
❹ 竹田契一 : 宇治少年院から学ぶLD・ADHD教育. 刑政114 : 32−49, 2004
❺ 山田昌弘 : 希望格差社会. ’負け組’の絶望感が日本を引き裂く. 筑摩書房, 2004
❻ 芹沢俊介 : 母という暴力. 春秋社, 2001

■ 伊東ゆたか

ⓒ 정서장애아 단기치료시설의 대처

1. 정서장애아 단기치료시설에서 만나는 경도발달장애

정서장애아 단기치료시설[이하, 정단(精短)으로 생략해서 부름]은, 소년비행대책의 하나로 만들어졌다는 사실에서 알 수 있듯이, 항상 사회의 핫 이슈 과제에 몰두하도록 요구되어 왔다. 아동상담소로 입소를 결정하는 조치권이 있기 때문에, 그때 주목을 받고 있는 사회문제에 따라 시설이 대상으로 하는 어린이 집단은 변화한다. 그러한 어린이들에 대한 구조화된 대응 방침이나 방법이 준비되어 있는 것은 아니다. 그러한 중에 심리, 생활, 교육의 담당자가 각각의 장면에서 얻은 정보를 각각 가지고 모여서 상의하고, 각 직종의 기법을 살려 대응할 수 있는 것을 생각하면서 그 어린이의 성장을 지원해 왔다. 그 치밀한 돌봄이 평가되어서 의료기관에서 대응하는 것 같은 대단히 중증의 케이스를 의뢰 받는 것도 드물지 않다.

실제로 어떤 어린이들을 대상으로 하고 있는가를 널리 알리기 위해, 또한 외부기관, 특히 의료기관과의 제휴를 쉽게 하기 위해서 정단에서는 수년 전부터 ICD-10을 이용해서 진단을 하고 있다. 2004년 가을 조사에서, 전반적 발달장애(PDD)는 시설에 입소해 있는 어린이의 약 10%였다. 이 비율은 해마다 증가 경향에 있다. 과잉행동성장애는 약 15%, 품행장애는 약 25%가 된다. 학습장애의 진단을 받은 사례는 약 5%였다.

학습장애(LD)의 진단이 붙은 사례 중에는 ICD-10의 진단기준 이외에, 이전에 관계했던 의료기관에서 붙여진 비언어성 학습장애 등이 포함되어 있을 경우가 있다. 진단명만으로는 사례의 실제 상황을 알기 어렵다. 학습장애(LD)로 기입된 것도 있지만, 학습장애(LD)는 learning disorders와 learning disabilities의 2가지 다른 용어의 줄임말이어서 혼란을 초래하기 쉽다. 타 기관에서 학습장애(LD)라고 말하는 많은 사례가, 실제로는 ICD-10으로 진단하면 전반적 발달장애(PDD)이다. 그러나 부모는 학습장애, 다시 말해 학습능력에 장애가 있다고 해서 보다 더 큰 문제인 관계성의 장애, 사회성의 장애에 눈을 돌리지 않는다는 폐해가 생기고 있다. 극단적일 경우는, 확실히 공부시키면 '보통 아이'가 된다고 생각하고 있다. 사회생활을 영위하는 데 보다 더 큰 장애가 되는 것은 학습능력의 문제보다 장면의 분위기를 파악할 수 없고, 주위 사람과 능숙하게 의사소통을 할 수 없는 것이다. 조금이라도 빠른 시기에 관계성, 사회성을 신장시키는 대처가 필요하다. 학습 면에만 주의하면, 학교생활은 어떻게든 보낼 수 있어도 취업에서 파탄이 난다. 이러한 점에서 학습장애라는 용어의 사용에는 신중해야 한다고 생각한다.

ICD-10을 이용하여 진단할 때 하나의 한계는, 진단이 원칙으로 그 시점에서의 증상에만 근거해서 진단이 행하여져 원인 등은 고려하지 않는 것이다. 현재 정단에 재적한 어린이의 70%는 피학대아이다. 학대를 받는다고 하는 생육 환경의 결과로서 과잉행동이나 품행장애를 보이는 경우도 드물지 않다. 원래 과잉행동 경향이 있어서 부모가 질책을 거듭하는 중에 학대해 버리는 경우도 있을 수 있어 모든 과잉행동을 피학대의 결과라고 물론 생각할 수 없다. 그러나 정단에 들어오는 ADHD를, 종합병원 등에서 만나는 ADHD와 같이 생각해도 좋은 것인가에 대해서는 의문이 남는다. 예를 들면 ADHD의 특효약이라고 말해지는 메틸페니데이트가 효과가 있었던 사례의 비율은, 정확한 데이터는 없지만 종합병원에서의 사례에 비교하면 상당히 낮다는 인상이 있다. 단순히 뇌를 자극하는 것만으로는 충분한 행동 조절을 할 수 없고, 향정신성약품 등으로 침착함을 도모하는 경우도 많다.

피학대아는 많은 경우, 모자수첩에 기입되어 있지 않고, 수첩이 없는 경우도 드물지 않다. 어머니로부터 충분한 정보를 얻는 것도 어려우므로, 유아기의 상황을 정확하게 파악하는 것이 어렵다. 그 때문에 진단뿐만 아니라 어린이의 전체 상황을 파악해서 향후를 예상하는 것도 곤란해진다.

2. 정서장애아 단기치료시설(정단)의 시스템

정단 치료의 기본은 '종합 환경치료'이다. 시설에 따라 세세한 부분은 다르지만, 심리치료 · 생활지도 · 학교교육이라고 하는 3개의 기둥이 연계하여 어린이의 심신의 성장을 촉진하도록 돌보고 있다.

필자가 근무하는 구스노기(녹나무) 학원의 경우를 구체적으로 설명한다. 입원하면 한 명의 어린이에 대하여 담당자가 4명 결정된다. 심리치료 담당, 생활지도 담당, 학교의 담임, 가족 담당이다.

심리치료 담당자는 주 1회 45~50분간 치료를 한다. 내용은 연령 등 어린이의 상태에 맞추어서 놀이치료나 카운슬링 등 여러 가지이다. 소위 심리치료와 함께, 정신적인 발달 단계나 그때그때의 어린이의 과제를 파악하고, 평가도 실시하고 있다.

생활지도 담당은 일상생활의 상세한 지도를 담당하지만, 놀이나 학습도 같이 실시하고 있어 가정의 역할에 가깝다. 신변자립 등 생활 면의 능력이나, 초등학생부터 중학생까지를 포함한 폭넓은 연령의 어린이 집단 속에서 행동을 파악할 수 있다.

학급 담임은 그 어린이의 학력을 파악하고, 그 수준에 맞춰서 학습지도를 실시한다. 또한 본교[구스노기(녹나무) 학원에 설치된 학급은 학원이 있는 지역의 학교의 학급이라는 위치가 부여된다. 즉, 이 지역의 학교의 학급으로 인정받는다는 것으로 정확하게 표현하면 학교의 시설 내 학급이라는 위치가 부여된다]의 운동회나 소풍 등의 행사에 참가했을 때 같은 연령의 큰 집단 속에서 그 어린이의 행동 패턴 등 사회성 발달 체크도 가능하다.

가족 담당은 부모 면접을 하거나 아동상담소, 기타 유관기관과 연락을 해서 정보를 모으거나, 가족이나 유관기관과의 조정을 실시한다. 담당자 간 조정자(coordinator)의 역할도 가족 담당이 행한다. 이 4명이 적절하게 정보교환을 하고, 심리 담당자의 평가를 참고로 하면서 어린이를 어떻게 돌볼 것인가, 혹은 학원이 어린이에게 무엇을 할 수 있을 것인가를 검토한다. 그리고 학원전체 직원에 대하여 돌봄의 방침이나 구체적인 내용을 제시해서 협력을 받는다. 즉 24시간 내내 일정한 방침하에 어린이에 대응하는 것이 가능하다. 이렇게 하면 경도발달장애를 가진 어린이에 있어서 대단히 이해하기 쉬운 생활환경을 제공하게 된다.

능력이 높은 어린이는, 상황에 따라 보이는 얼굴이 다르기도 하다. 자신에게 편리하게 성인을 조절하려고 한다고 생각할 수도 있다. 대응하는 사람에 따라, 혹은 어린이의 기분 등에 맞춰서 대응을 바꾸면 어린이는 혼란스러워한다. 대응이 바뀌면 사회성, 관계성의 성장에 있어 마이너스로 작동한다. 또 본인의 혼란이 심하면, 경우에 따라서는 패닉을 일으킨다. 24시간 어디에 있어도 일정한 방침으로 생활한다고 하면, 대단히 획일적이어서 위화감을 가질지도 모르지만, 결코 그렇지 않다. 보통의 가정을 생각해 보면, 거기에서는 부모가 상의해서 육아 방침이 결정된다. 어느 쪽인가가 다른 한쪽을 따르는 일이 있어도, 두 사람 부모 간의 방침의 차이는 그다지 크지 않다고 생각된다. 한 명의 인간의 생각이 날에 따라 그다지 극단적으로 자주 바뀌는 일도 없을 것이다. 그러나 시설은 복수의 직원에 의한 교대/순환 근무다. 시설의 생활을 가정의 생활에 가까이한다고 하는 의미에서라도, 어린이에 대해 주위 성인이 일정한 대응 방침을 가지는 것은 필요하다고 생각된다.

3. 대응의 실제

증례 1   ADHD 여자

내원 경위
여자(A). 초등학교에 입학했을 때부터 침착성이 없고, 교실에서 나가 버린다. 보도(步道)를 걸어다닐 때 그 반대 보도에 있는 가게의 쇼윈도에 신경이 쓰여, 좌우도 보지 않고 도로에 뛰어들어 차와 접촉하는 등 부주의에 의한 부상이 많다. 어머니가 일 관계로 귀가가 늦고 잘 보살펴 줄 수 없기 때문에, 학교가 아동상담소에서 상담하도록 권고하였다.

진단
주의력결핍과잉행동장애(ADHD)
아동상담소는 일반학급에서의 적응이 곤란하다고 생각되는 어린이의 상태나, 지금 단계에서 어머니가 이 아이를 양육하는 것은 곤란하지만, 어머니가 상담기관과 상담하면서 어린이의 대응에 강한 의욕을 보여 정단에의 입소를 결정했다.

학원의 대응
(1) 입소(intake) 회의 : 정단은 아동상담소의 결정을 받아들여 가족 담당과 어린이 심리치료 담당이 부모와 자녀 각각 면접을 하고, 아동상담소에서의 자료에 맞추어 입소 자료를 작성하였다. 입소 자료에는, 학원으로서 그 어린이의 성장을 위해서 무엇을 할 수 있을지를 반드시 쓰게 되어 있다. 한편 입원 전의 면접에서는 입원 의사의 확인이나 학원의 견학도 행하여진다. 회의 자리에서는 제시된 자료에 대해 질문을 하고, 각각의 직원이 그 어린이의 아웃라인을 파악한다. 그러고

나서 그 어린이에게 어떤 대응을 해야 할지 의견을 나눈다.

A의 경우는 '지적인 문제는 없다. 일대일 장면에서는 비교적 침착하지만, 집단이 되면 집중할 수 없게 되고, 누적된 학습이 없다. 자기표현을 망설이는 경향이 있어 주위로부터 적절한 지원을 받을 수 없다. 어머니는 생활을 유지하는 것이 고작인 상황. 대부분 방임상태였던 것으로 생각된다'라는 것으로 보아, '일대일로 다정하게 관계하고, 생활 습관이나 기초학력을 체득하게 한다. 그 성공 체험을 기초로 해서 자기표현을 촉진시켜 간다. 면회, 주말 외박은 특히 제한하지 않지만, 어머니가 무리하지 않고 할 수 있는 범위에서 한다'라는 것을 당면 방침으로 정했다.

(2) 제1회 담당자 회의 : 입원 후 1개월이 되면 열린다. 학원에서 생활하는 중에 새롭게 파악한 정보는 없는가, 당초의 방침으로 좋은지를 확인하기 위해서, 4명의 담당자에 정신과 의사인 원장이 더해져서 회의를 한다.

각 부문에서 A의 상황을 보고하였다. 학교에서는 '소수집단인 탓인지 교실에 있을 수는 있지만, 수업이나 제출된 과제에 금방 질려 버린다', '같은 학년의 어린이와는 관계를 맺을 수 없다'라는 것이었다. 생활 담당으로부터는 '신변은 몇 회 가르치는 것만으로 예상보다 짧은 기간에 할 수 있게 되었다', '일상의 사소한 주의를 침착하게 들을 수 없다' 등이 보고되었다. 어느 장면에서도 집중력이 없고, 무엇에 대해서도 서투르다는 의식이 강하고, 매사에 적극적으로 대응할 수 없는 상태였다. 심리치료 담당자도, 상대의 눈치를 보는 것처럼 보이는 말끝을 분명히 하지 않는 A의 말하기 방식을 알아내었다. 방침은 변함없지만, 수업 시간에 교실에서 나가지 않는 것이나 나이가 적은 어린이에게 때때로 보여 주는 다정함 등, A가 열심히 하고 있는 점이나 좋은 면을 지금까지 이상으로 적극적으로 평가해 가는 것을 확인하였다.

(3) 제2회 담당자 회의 : 2회째 이후의 담당자 회의는 특히 시기를 정하지 않고, 필요성을 느낀 부문에서의 제안에 의해 열렸다. 제안이 없을 경우라도 적어도 연 1회는 열기로 했다. 이번 회의는 학원 생활에 익숙해짐에 따라 A의 침착성의 없음이 사라진 것을 받아들여, 대응 방법의 수정을 검토하기 위해서 행해졌다.

각 부문의 정보를 합치면 침착성의 없음이 사라지고, 부주의가 눈에 띄게 되었다. 분실물이 많고, 가방을 거꾸로 들어 내용물이 바닥으로 흩어지며 떨어지는 등, 부주의에 의한 실패의 에피소드에는 부족함이 없었다. A 자신이 그것을 조금씩 자각하기 시작해서 실패하지 않도록 그녀 나름의 아이디어를 내게 되었다. 불충분하지만 다음 날의 예정을 연락장에 기입하거나, 필통이나 손수건 등 필요한 것을 잊지 않도록 배낭에 넣어서, 언제나 등에 짊어지도록 하고 있었다. 학교에서도 기숙사에서도 함께 연락장을 체크하는 등 그 아이디어를 지원하면서, 성공 체험을 쌓을 수 있도록 배려하기로 했다. 매월 1회 내원하게 되어 있었던 어머니에게 학원에서의 A의 변화를 구체적으로 알렸다.

그 후 A는 학원 안에서 여러 가지 일들을 경험하고, 자신이 붙은 것 같았다. 세밀한 것을 끈기 있게 계속하는 작업은 잘 하지 못했지만, 재봉이나 수예 등에도 적극적으로 활동했다. 의욕은 학습 면에서도 인정을 받았다. 대인관계에서는 의욕이 헛돌아서 '참견'이라고 주의를 받은 적도 있었다. 어머니도 생활에 여유가 생겨 주말 외박이 정기적으로 행해지게 되었다.

(4) 제10회 담당자 회의 : 퇴원을 생각하기 시작한 단계. 이때 남아 있었던 과제는 방 안 정리 미숙과 학력의 지체와 어머니의 양육에 대한 자신 없음이었다. 신변을 깨끗하게 하는 것은, 착실하고 꼼꼼한 어머니와 잘 지내기 위해서 중요한 것이었다. 방을 깨끗하게 하지 않으면 안 되는 것은 알고 있어도, 자신의 주변에 물건이 많이 있으면 침착해진다는 것이 이전부터의 그녀의 주장이었다. 외로움을 잘 타는 사람임을 솔직하게 고백하였다. 다른 어린이, 특히 저학년의 어린이에게는 자신의 방에 두는 물건 수를 자기 스스로 똑바로 정리할 수 있는 정도까지 줄이도록 지도한다. 그러나 물건을 줄이고 싶어 하지 않는 A에게는 어떻게 하면 정리할 수 있을지를 함께 생각하기로 했다. 학원 안에서 정리할 수 있어도 자택에 돌아갔을 때에 할 수 없다면 곤란하다는 지적도 있었다. 생활지도 담당자의 도움으로 선반이나 플라스틱 용기를 활용해서 학원의 자기 방을 정리했다. 그것과 병행하여 가족 담당이 어머니와 교섭해서 일부 짐을 자택에 갖고 가고, 자택 안에 자신의 공간을 확보하도록 했다. 신변을 정리하는 것은 학교장면에서도 책상 위 등을 의식하도록 했다. 한편 원에 있는 기간이 길어져 어린이 집단 중에 누군가 그녀를 의지하게 된 것도, 많은 물건에서 안정을 얻지 않게 된 것도 플러스로 작용했다고 생각된다. 부주의나 전도성의 높음으로 인한 정리하기 서투름은, 정리해야 할 범위가 한정되어 있었기 때문인지 그다지 두드러지지 않았다.

또 학력의 지체로 생활 근거지의 학교에 돌아와도 적응이 어렵다고 생각되었다. 부적응을 일으키고 있었던 집단으로 돌아가는 것에 A 자신의 불안이 강하고,

거부적이었다. 또 어머니도 가정에서 맡기에 불안을 느끼고 있었기 때문에 어머니와의 면담도 계속하게 되었다. 그래서 통원이라고 하는 형태로, 학교를 졸업할 때까지 가정에서 학원의 학교를 다니게 했다. 서서히 학원 생활에서 자택에서의 생활로 옮겨 갈 수 있었다.

증례 2 아스퍼거장애 남자

내원 경위

남자(B). 유치원 때부터 집단에의 적응이 좋지 않았다. 초등학교 입학 후에도 다른 어린이와 다툼이 많아 어머니의 질책이 커지고 있었다. 이번에 의료기관에 맡겨질 만큼 상대에게 부상을 입혀서, 어머니가 더 이상은 자신은 어찌할 도리가 없다고 판단해서 아동상담소에 상담을 위해 내원하였다.

진단

아스퍼거장애.

학교가 B의 대응에 어려움을 겪고, 장애아 학급이 있는 학교로의 전학을 권하고 있는 것도 있어서 아동상담소는 구스노기(녹나무) 학원의 이용을 결정했다.

학원의 대응

(1) 입소 회의 : 어릴 때부터 대인관계에 문제가 있었고, 어머니도 문제의식을 가져서 몇 번 상담기관을 방문했지만 적절한 지원을 받을 수 없었다. B는 침착성이 없고, 흥미를 금방 다른 대상으로 옮겨 갔다. 상대방의 입장에 서서 상대방이 어떻게 생각할지를 생각할 수 없고, 생각한 것을 그대로 말하여 다툼을 일으키기 쉬웠다. 다툼이 생겼을 때에는 폭력·폭언이 나온다. 게다가 '조절'을 할 수 없었다. 상황판단도 나빴다. 지적으로는 문제가 없었다. B 자신은 실패 체험으로 인해 자기평가가 낮으므로 우등생인 남동생과의 형제갈등은 심할 것으로 생각되었다.

　이상에서, 각각의 다툼 때에 구체적인 대응 방법을 보여 주고, 대인관계의 규칙을 가르치고, 성인이 개입하여 어린이 집단 속에서 지내는 체험을 늘리고, 어머니가 생활 근거지 학교에서 받고 있었던 부담감을 줄임으로써 가정 내에서의 B의 입장을 확보해 가는 것을 방침으로 정했다. 또 특이한 행동으로 인해 어린이 집단 속에서 집단괴롭힘의 대상이 되지 않도록 주의할 것을 확인했다.

(2) 제1회 담당자 회의 : 학교에서도 기숙사에 들어가서 바로 다툼이 빈발했다. 집단 생활의 불만을 얌전한 타입의 어린이에게 발산시키고, 좌충우돌한 것을 다른 어린이에게서 주의를 받으면 다툼이 생겼다. 언뜻 보기에 논리가 있는 '바른 소리'를 말하지만, 행동을 수반하지 않기 때문에 직원에게서도 여러 번 주의를 받았다. 자신에게 있어서 무서운 사람인가 아닌가로 태도를 바꾸기 때문에, 수용적으로 대하려고 생각했던 직원은 대응에 고심했다. 치료에서는 '놀고 즐긴다'는 것을 할 수 없고, 공격성의 강함만이 눈에 띄었다. 그러나 '버려진다'는 것에는 과민하다고 말할 수 있는 반응을 보였다.

집단생활에서는 자극이 지나치게 강해서 다툼을 일으키고 있다고 생각되었다. 일대일 장면에서는 비교적 침착하므로, 일대일 장면이나 잠시 동안 혼자 지낼 수 있는 기회를 학교에서도 생활 장면에서도 늘리기로 했다. 다툼이 일어난 것을 설명할 때는 옳은가 아닌가가 아니고, 담담하게 사실을 지적하도록 했다. B가 직원에 따라 태도를 바꾸어도 직원은 될 수 있는 한 같은 대응을 하도록 유념하기로 했다. 어머니가 달고 있었던 '착한 아이가 되었으면'이라는 외박의 조건을 포기하고, 가족에게 무리가 되지 않는 범위에서 정기적으로 외박을 실시하기로 했다.

(3) 제2회 담당자 회의 : 기본적으로는 문제가 없이 할 수 있지만, 때때로 손가락을 무는 등의 극단적인 퇴행을 한다. 잠들기, 일어나기가 나쁘고, 다툼은 그 시간대에 한정되었다. 치료 장면에서의 공격성은 줄어들고, 다른 어린이가 한 것을 하고 싶어 하게 되었다. 외박은 정기적으로 행해져, B는 긴장해서 외출했지만 외박에서 되돌아올 때의 얼굴 표정은 온화했다.

B는 때때로 에너지를 보급하지 않으면 안 될 만큼 열심히 학원 생활을 한다고 생각되었다. 가정도 중요한 휴식의 장소가 되고 있는 것 같았지만, 늦은 취침 시간 등이 걱정되기도 했다. 외박 중의 상황을 정확히 확인한 후에는 생활 장소를 학원으로 할 것인가, 자택으로 할 것인가를 검토하게 되었다. 밤에 다툼을 일으킬 때 직원이 부족해서 곧바로 충분한 관계를 가질 수 없는 경우가 많았기 때문에, 잠시 동안 자기 방에서 혼자가 되는 대응으로 변경했다.

(4) 제3회 담당자 회의 : 직원 교대가 있어 새로운 직원에게 대응 방침을 정확히 전달하지 않는 사이에, 마치 새로운 직원의 근무 때에 맞추는 것처럼 몇 번인가 패

닉을 일으켰다. 사람을 고르고 있다는 것은 자기 자신이 어느 정도 조절할 수 있는 것이 아닐까라는 의문이 아동지도원에게서 나왔다. 치료 장면에서는, 친구관계 등 지금까지 말로 잘 설명할 수 없었던 것을 이런저런 말로 표현하게 되었다. '집에서 다니고 싶다'라는 것도 분명히 말할 수 있었다. 그러나 외박 때, 가족은 B가 편안하게 지내는 것에 마음을 쓰고 있었다. 그 때문에 취침 시간 등에 사소한 주의는 주지 않았다.

새로운 직원의 근무 때를 선택하고 나서는 새로운 직원의 불안감에 B 자신이 자극을 받아서 불안해지고, 패닉을 일으키고 있는 가능성이 높다고 생각되었다. 그러나 말로 표현할 수 있게 되고, 자신의 상태를 의식하는 것도 가능하다고 기대되었다. 자택에서 다니는 전제로서, 스스로 기분을 안정시키는 방법을 생각하고 찾는 것을 과제로 했다.

담당자 회의 직후에 B의 대응 방법에 대해서 학원 전체가 재확인했다. 특히 잘 모르는 직원이 '바른 소리'에 현혹되어서 말다툼이 생기고, 감정적인 대응이 되지 않도록 주의했다. 대응 방법을 명확히 하고, 직원 측이 여유를 가지고 대응하면 B도 조금씩 여유를 느끼게 되어 갔다. 그때까지는 다른 어린이에게 명령조로 말하는 경우가 많았지만, 어린아이에게는 상냥하게 말하는 것도 조금씩 할 수 있게 되었다. 나이 어린 어린이가 따르면 아주 마음에 없는 것도 아닌 모습으로, 자신 스스로 하는 말에 한층 더 주의하게 되었다.

(5) 제10회 담당자 회의 : 학년이 올라감에 따라서 B는 어린이 집단에서 상당히 중심적 역할을 하게 되었다. 그렇게 되어 자기평가도 높아져 패닉을 일으키는 것은 거의 없어졌다. 가끔 기분이 안정되지 않을 때는, 자신 스스로 혼자가 되어 친숙한 장소에서 시간을 보냈다. 가정에서도 남동생은 연하여서 양보하는 장면이 보이고, 어머니는 B의 변화를 평가했다. 가족이 B의 폭력을 무서워하지 않게 되어서 가정에서의 B에 대한 자극이 감소하고, B의 보다 안정된 상태가 계속되었다. 가정에서의 머무를 곳이 없어지는 것을 걱정해서 '집에 돌아가고 싶다'고 말했던 B는, 머물 곳으로서 다시 한 번 '집'을 희망하게 되었다.

아직 때때로 '바른 소리'로 말하는 경우가 있고, 상황파악도 불충분하기 때문에 생활본거지인 학교에서 다시 다툼을 일으킬 우려가 있었다. 그래서 중학교까지는 학원을 이용하고, 고교부터 일반학급에 되돌아가기로 했다. 고교는 생활 근거지와의 관계가 중학교만큼은 강하지 않으므로, 학교에서 다툼이 있는 경우라

> 도 어머니의 부담이 적을 것으로 생각했기 때문이다. 또한 좀 더 시간을 들여서
> B가 한층 더 성장하기를 바란다고 생각했기 때문이기도 했다.

4. 정단에서 경도발달장애의 대응 포인트

(1) 진단을 정확히 하는 것

경도발달장애를 가진 어린이들의 상황을 파악하는 방법에는 독특한 것이 있다. 일반사람이 '당연', '상식'이라고 생각하고 있는 것이 경도발달장애에게는 그렇지 않다는 것이다. 예를 들면 '유추'하는 것이 서투르므로 일일이 하나하나 정성스럽게 말을 해서 전달할 필요가 있고, 시각정보를 활용하면 이해하기 쉽다. 이러한 특성에 맞춘 대응 방법이 필요하게 된다. 그러나 경도발달장애의 경우에는 겉보기로는 모르고, 보통 어린이와 같은 취급을 받기 쉽다. 그 결과, 어린이들은 실패를 거듭하고, 자기평가를 내려서 이차적인 장애를 가지는 일도 드물지 않다. 그러한 일을 막고, 직원의 노력을 헛수고로 끝내지 않기 위해서도 우선 진단을 하는 것이 매우 중요하다.

(2) 평가에 의한 방침을 명확히 하는 것

아동복지시설은 사례에 따라서는 아동상담소를 통해서, 학교의 상황 등 상당한 양의 정보를 모으는 것이 가능하다. 그 정보나 의사에 의한 진단을 참고로 면접을 하여 보다 정확한 평가를 할 수 있다. 이 평가에 기초하여 각 부문이 공통 이해를 가지고 어린이에게 대응할 수 있도록 명백한 방침을 정하는 것이 필요하다. 경도발달장애를 가진 어린이들에게 빈정거림이나 애매한 말을 하면, 그들은 문자 그대로 해석해서 정확하게 의미를 이해하지 못하고 실패를 반복한다. 정확히 이해를 했으면 구체적으로 지시할 수 있다. 일상생활에서 비슷한 장면이 많으므로 한 번 성공하면 그 체험을 반복할 수도 있다.

(3) 어린이에게 방침을 정확히 전하는 것

문제가 되는 행동을 여러 가지 일으킨 어린이에 대하여 성인은 조금 불친절해지기 쉽다. 시설에 들어가는 동의를 부모에게서뿐만 아니라 본인에게서도 받을 필요가

있다. 그때까지의 상황이 어떤 것이었다 하더라도 자신 혼자가 가족에게서 벗어나서 시설에 가는 것을 순순히 받아들이는 어린이는 거의 없다. 주변의 성인이 어떻게 생각하고, 어떻게 하려고 하는 것일지를 설명하지 않으면 안 된다. 경도발달장애를 가진 어린이는 '상황 분위기'를 읽는 것이 서투르다. 지금 어떠한 상황이 되어서 이후 어떻게 될지를 모르면 불안은 한층 더 높아지기 때문에, 다른 어린이 이상으로 자세히 설명해 줄 필요가 있다. 이 설명 중에 초등학교를 졸업할 때까지라든가, 수업 시간에 조용히 의자에 앉아 있는 것을 일주일 할 수 있으면 등 시기나 목표를 구체적으로 설정할 수 있으면 보다 바람직하다.

(4) 시설 전체가 정보를 공유하는 것

대인관계가 서투른 경도발달장애를 가진 어린이라도 '이 사람의 말은 들어 두지 않으면 좋지 않다'라는 생각에, 상대에 따라 태도를 바꾸는 일이 있다. 그런 때에는, 일대일 관계 속에서 얻을 수 있었던 정보로 어린이를 판단하고 있으면 주변 사람의 대응과 차이가 있어 시설 전체로서의 대응을 생각할 때에 어려움을 겪을 수 있다. 또한 경도발달장애를 가진 어린이들 중에는 언뜻 들어도 탄로가 날 억지를 말하여 직원이 다루기 어렵다고 생각하는 어린이도 많다. 이러한 경우에는 담당자 간에 빈번하게 정보교환을 하는 동시에, 각 부문 안에서도 정보를 공유하지 않으면 안 된다. 정보를 주고 나면, '그러고 보니…', '그러한 일은 없어요'라는 새로운 별도의 정보가 되돌아온다. 결과적으로 그 어린이의 전체상이 보다 선명해져 보다 정확한 지원을 할 수 있다.

정보교환이 정확히 행해지고 있으면, 예를 들면 아래와 같은 대응 아이디어가 가능해진다. 학교의 조리 실습의 설거지를 정성스럽게 했다는 이야기를 듣고, 생활 장면에서 식사의 뒤처리를 돕게 한다. 학교와 생활의 두 장면에서 평가하고, 특정 장면이나 특정 사람만이 평가하는 것보다 본인에게 자신감을 계속 주게 된다.

(5) 상황 변화에 유연하게 대응하는 것

평가에 근거해서 정확히 방침을 세우고, 방침을 포함한 여러 가지 정보를 공유해서 매일 돌보고 있을 때에 예정 밖의 일이 일어나면 직원집단이 혼란스러워하는 일이 있다. 방침에 따르고 있는 한 직원은 여유를 가지고 대응하고 있으므로 어린이도 침착할 수 있지만, 예상하고 있었던 것과 다른 사태가 일어나서 직원이 판단에 망설이고 있으면 어린이는 불안해진다.

이러한 경우, 어떤 평가에 근거해서 어떠한 것을 의도해서 세워진 방침인가를 이해하고 있으면, 예상 밖의 일이 일어나도 임기응변으로 대응할 수 있고, 결과적으로 방침에서 크게 벗어나는 일도 없다. 또한 표면적으로 방침을 고집하는 것은 상황을 더욱 나쁘게 할 수 있다. 종래의 방식을 일시적이라도 변경할 때에 어린이에게 설명이 필요한 것은 말할 필요도 없다.

(6) 목표를 작은 단계로

경도발달장애를 가진 어린이들은 어릴 때부터 싫을 정도로 실패 경험을 많이 하고 있다. 더욱이 실패한 이유를 본인 스스로도 잘 모르기 때문에 목표를 설정해도 달성할 자신이 없고, 열심히 하려는 의욕이 부족하다. 주변의 성인이 말하기 때문에 '우선 그것을 목표로 하자'라고 생각하는 일도 일어날 수 있다. 중요한 것은, 본인이 이것이라면 할 수도 있다고 생각할 만한 눈앞의 작은 목표를 달성해 나가서 달성한 목표가 쌓이는 것이다. 예를 들면 처음부터 1개월 열심히 한다고 하는 것이 아니고, 우선 일주일 해 보는 것이다. 그리고 그것이 아무리 사소한 목표여도, 달성했을 때는 함께 기뻐하고, 많이 칭찬해 주었으면 한다. 그것이 다음 단계에 도전하는 에너지를 만들어 낸다.

(7) 성과나 진보를 눈으로 보아서 아는 형태로 제시하는 것

경도발달장애를 가진 어린이들은 감각으로 사물을 파악하는 것이 서투르므로, 연령이나 남녀를 불문하고 '노력 스티커'는 인기가 있다. 스티커 1개로는 안타까운 경우는 'ㅇㅇ도 열심히 했기 때문에 2개 주세요'라고 교섭해 오는 어린이도 있다. 그러나 이 효과가 길게 계속되지 않는 어린이도 있으므로, 어린이의 마음을 끌 아이디어를 계속해서 만들어 내는 것이 필요하다.

5세 어린이에서는, 스티커가 어린애 같은 것이라고 말하는 경우도 있다. 이 경우에는, 과제의 프린트나 교환 일기 등 해 온 것을 활용해서 '되돌아보기'를 실시하는 방법도 있다. 듣는 것만으로 상황을 이미지화하는 것은 누구나 의외로 어렵다. 그 어린이에게 맞춘 지원을 생각해야 한다.

● 맺음말

경도발달장애가 주목 받게 되고 나서 진찰실에서 '성인이 된 경도발달장애'를 만나는 일이 늘어났다. 혼자 힘으로 열심히 해서 성인이 된 사람에게 공통적인 점은, 상당히 높은 능력의 소유 아니면 지지해 주는 사람의 존재다. 시설에 오는 어린이는, 내원한 시점에서는 대개 그 어느 것도 가지고 있지 않다. 시설이 해야 할 역할은 크다.

■ 平田美音

제 8 장

지역과 의료현장의 제휴
-영·유아 및 초등학교 시기를 중심으로

Ⓐ 지역과의 제휴의 필요성

1. 의료기관에서의 지원의 물리적인 한계

필자는 장기간에 걸쳐 어린이 전문병원에서 임상심리사의 입장에서 어린이들의 발달지원을 행해 왔다. 경도발달장애아에의 인지발달지원을 중심으로 한 업무를 행하는 중에 지역과의 제휴에 있어 중요한 것을 생각해 보고 싶다.

의료기관에 있어서 경도발달장애아에 대한 발달지원의 틀에는 여러 가지가 있다. 영·유아기의 경도발달장애아에 대하여 반나절부터 하루의 집단치료를 중심으로 한 대응을 실시한 경우, 담당자가 최대한 그 업무에 종사하고, 어린이가 주 1회 빈도로 통원한다고 해도, 한 명의 치료사가 담당할 수 있는 어린이의 인원수는 주에 십수 명이 한도이다.

개별지도를 중심으로 한 지원이 행해지는 경우도 있어 1회 1시간 전후의 세션을 주 1회의 빈도로 하는 경우가 많다. 이 경우에는 한 명의 치료사가 담당할 수 있는 어린이의 인원수는 최대 30명이 한도이다.

이러한 비교적 잘해 준다고 생각되는 지원의 틀로 경도발달장애아에게 지원이 행해질 경우에도, 의료기관에 다니는 시간 이외의 날은 어린이들이 지역의 보육원이나 학교 등에서 생활한다. 지역에서의 어린이에 대한 대응능력의 강화는 어린이의 발달에 큰 영향을 미친다.

그런데 오오미나미(大南) 등[1]의 조사에 의하면, 초등학교 시기에 특별한 교육적 지원이 필요한 어린이 수는 6.3%라고 하며, 이 인원수 전부가 의료적인 지원을 필요로 하는 것은 아니라고 하더라도 지역에서 의료를 포함하는 전문적인 지원을 필요로 하고 있는 수는 매우 많다.

따라서 수급 균형이 크게 무너진 경도발달장애아 지원 영역에서, 위에서 진술한 것 같은 극진한 지원을 하는 것은 실제로는 어렵다. 필자가 근무한 의료기관에 있어서는, 지원 희망자가 몇 개월 동안 대기상태로 있고, 2주일에 한 번 또는 한 달에 한 번 정도의 빈도로 개별지원을 몇 개월간 계속해서 실시하는 것이 고작인 상태가 계속되고 있다. 그만큼 지역기관의 역할은 한층 더 커지고, 지역과 의료기관과의 긴밀한 제휴의 중요도도 느끼는 것이다.

2. 사례를 통한 지역의 기관지원

보육원이나 학교 등 지역 관계자와의 사이에서 사례를 통한 정보교환을 하게 되면, 지역관계자와 의료종사자 사이에서 인간관계가 형성된다. 지역에서는 의료기관에서 진료 받지 않고 있는 경도발달장애아를 다수 안고 있다. 전문적인 지식이나 기술에 불안해하는 지역관계자는 전문가의 지원을 강하게 요구하고 있다. 의료종사자가 지원한다는 시점을 가지고 지역관계자와 상대하게 되면, 지역 안에서 여러 가지 변화가 생긴다.

우선 대상이 된 어린이에 대한 대응이 바뀐다. 어린이의 발달 상대나 행동 특성에 관한 자세한 정보는, 지역에서의 대상아에 대한 지원 프로그램의 변화로 연결된다. 반대로 의료관계자도, 지역에서의 어린이의 생활 상황을 알게 됨으로써 어린이에 대한 이해가 깊어지는 동시에, 의료기관에서의 지원 내용을 재고할 수 있게 된다. 또 해당 사례의 이해나 대응에 관한 정보의 핵심적인 내용은 지역이 안고 있는 다른 사례에도 응용 가능해서, 다른 사례에 대한 지역에서의 대응에 변화가 생긴다.

나아가 신뢰관계가 생긴 지역관계자로부터의 의뢰로 인해 의료관계자가 지역으로 나가고 자문(consultation)이나 사례검토를 하게 되면, 시설 전체의 경도발달장애아에 대한 대처 자세가 변한다.

이러한 활동을 착실하게 계속함으로써 교육위원회나 시청 등에서 보육 담당과의 관계가 서서히 형성된다. 그렇게 되면 직원 연수 등에 강사로서 참가하고, 시군구 전체의 기술 향상 촉진이 가능해진다. 또한 전문위원회 등에 위원이나 조언자로서 참가함으로써 시군구의 육아 시스템 전체에 의견을 반영시키는 것도 가능해진다.

시미즈(清水) 등[2]은 교육기관과의 제휴의 중요성에 대해서 논하고, 요코하마시(横浜市)에 있어서의 합동 컨퍼런스의 성과를 보고하고 있다.

이렇게 지역지원의 시점을 도입함으로써 사례를 통한 담당자와의 관계가 해당하는 사례에 대한 대응을 변화시킬 뿐만 아니라 시설을 바꾸고, 지역을 바꾸는 큰 힘이 될 수 있다.

B 지역지원의 기본적인 시점

지역지원을 고려하면 지역관계자에게 장애에 관한 기초지식을 단지 이해하기 쉽게 설명하는 것에 유의하는 것만으로는 불충분하다. 지역관계자의 입장에 선 정보제 공이나 기술지원이 필요하며, 그 기본적인 사고방식이나 방법을 구체적으로 다루 고자 한다.

1. 경도발달장애아 지원에 있어 의료기관과 지역의 역할 차이

'경도발달장애아'라는 말을 '경도발달장애'라는 핸디캡을 가진 '어린이'와 분리하고 싶다.

의료기관의 역할은 '경도발달장애'의 치료다. 의료에서는 경도발달장애를 특징별 로 자세하게 분류하고, 약물치료를 비롯해 다양한 치료 기법으로 장애를 경감하고, 바라건대 소멸시키는 것을 목표로 한다.

한편 지역의 유관기관의 역할은 '어린이'가 사는 장소에서의 보장이며, 생활을 통 한 발달지원이다. 어린이 자신이 매일 안심하고 알찬 생활을 보내는 것이 어린이의 인지기능이나 사회성의 발달을 촉진시키고, 결과적으로 사회적응능력의 향상이 되 어 드러나는 것이다.

따라서 '지역관계자가 육아 · 교육기능을 향상시키기 위해서 필요한 지식이나 기 술'이라는 시점에서의 어린이 이해나 대응방법에 관한 정보가 지역이 정말로 필요 로 하는 정보이다.

2. 특성론적인 장애의 이해

경도발달장애에는, 고기능 전반적 발달장애(HFPDD), 주의력결핍과잉행동장애 (ADHD), 학습장애(LD)가 있지만, 협응운동장애, 경계선 지능 등도 실제적으로는 포함된다고 생각된다. 그중 HFPDD는 영·유아기의 언어발달의 양호·불량으로부터 아스퍼거장애와 고기능자폐증으로 분류되며, 자폐성의 특징이 적을 경우에는 특정불능의 전반적 발달장애라고 명명된다. 이러한 분류는 장애에 대해서 숙지한 전문가들에 있어서는 대단히 유용하다. 그러나 통상 이러한 유형으로 어린이를 이해하지 않는 지역관계자는, 이러한 설명을 일방적으로 들으면 '지금까지의 자기들의 방법으로는 엄두가 나지 않는 특이한 존재', '전문가에게 맡기는 편이 좋겠다'라는 소극적인 생각을 한다.

그래서 경도발달장애아를 '발달의 편차가 큰 어린이'라고 크게 이해하고, 발달 상태나 행동 특징을 일반 어린이에게 맞추어서 생각할 수 있는 시점으로 이해하는 방법이 실천적이다.

구체적으로는, 발달의 축을 운동기능, 신변처리능력, 학력, 지적 능력, 언어능력, 대인대응능력, 집단참가능력, 행동 특징(융통성이 없음이나 동일성 고집, 감각의 이상, 자극에 대한 반응성) 등으로 크게 정하고, 각각의 어린이에 대해서 구체적으로 기술해 간다.

예를 들면 '아스퍼거장애를 가진 A아동은 미끄럼틀에서 뛰어내리기 등은 능숙하지만, 줄넘기 등의 협응운동은 서투르다. 신변처리는 대체로 되어 있지만, 끈을 묶는 동작을 할 수 없다. 손끝을 사용하는 작업은 능숙해서 손발이 나온 인물화를 그릴 수 있다. 말은 잘하지만, 농담이나 우화를 실제 이야기와 구별할 수 없다. 다른 사람이 하고 있는 것에 흥미를 보이지만, 상대의 기분을 이해하고 상대에게 맞춰서 움직이는 것은 서투르다. 그 때문에 자신의 생각을 끝까지 관철시키려고 하는 경향이 강해서 다른 어린이와 트러블이 생기기 쉽다. 높은 음정의 소리에 적응이 안 되어 귀를 막는다…'라고 설명하는 것이다.

이러한 시점에서 나온 정보는, '어린이의 발달을 자세하게 아는 것은 중요하다'라는 지역관계자의 상식의 틀 안에서 정리된다. 그 결과, 장애아뿐만 아니라 일반아의 이해의 연장선상에서 어린이의 이해와 대응 방법을 주체적으로 생각할 수 있다.

3. 당사자 · 보호자의 이해를 얻은 정보교환

의료기관이 가지는 정보는 개인의 프라이버시에 영향을 미치는 중요한 정보다. 아무리 어린이에게 도움이 되는 것이어도 대상아동이나 보호자를 제외하고 정보교환을 하는 것은 원칙적으로는 하면 안 된다.

예를 들면 보호자가 의료기관에서 진료를 받는 것을 지역의 유관기관에는 비밀로 하는 경우가 있다. 또한 의료기관에서 알릴 수 있었던 진단명이나 발달검사의 결과 등에 대해서, 보호자 나름의 판단을 더해서 지역관계자에게 전달하는 경우가 있다. 보호자의 비협력이나 몰이해를 개선한다고 해서 지역관계자가 당사자에게는 비밀로 하고 정보를 주고받는 경우도 있다. 이러한 경우에, 관계자끼리 당사자를 제외하고 정보교환을 해 버리면, 후일 큰 문제가 되는 경우가 많다. 극단적일 경우에는, 의료종사자가 아무렇지도 않게 말한 한 마디를 지역관계자가 이용해 '의료기관의 선생님도 이렇게 말씀하셨다'라고 보호자를 책망하는 도구가 되고, 보호자와 의료기관과의 신뢰관계가 손상된다.

따라서 지역관계자와의 정보교환에 즈음해서는, 당사자나 보호자가 동석한 상태에서 하거나, 정보를 기재한 용지를 보호자에게 읽게 하거나, 제공하는 정보를 사전에 보호자에게 알려 주거나 하는 배려가 필요하다.

4. '조언'의 효과적인 활용

지역관계자와의 제휴를 강화하고 지역을 지원하는 데 있어 '조언'은 중요한 기술이다. 그러나 같은 조언이어도 어떤 경우에는 받아들여지고, 어떤 경우에는 반발을 초래하고 관계 자체가 무너진다. 조언은 누구라도 빈번하게 사용하는 기법임에도 불구하고, 그 효과적인 사용에 관한 논의는 그다지 행해지지 않고 있다. 그래서 적절한 조언을 하기 위해서 필요한 사항을 '조언이 효과를 거두기 위한 조건'이라고 하자. 표 8.1에 조언이 효과를 거두기 위해서 필요하다고 생각되는 조건을 제시했다.

표 8.1	조언이 효과를 거두기 위한 조건

① 지역관계자 상황
　　조건 1　지역관계자가 곤란해하고 있을 것
　　조건 2　지역관계자가 조언을 구하고 있을 것
② 조언의 내용
　　조건 3　조언 내용이 알기 쉬울 것
　　조건 4　조언 내용이 실행 가능하다고 생각할 수 있을 것
　　조건 5　조언 내용이 지역관계자의 신념에 맞을 것
③ 지역관계자와 의료종사자의 관계
　　조건 6　의료종사자의 전문성을 믿을 것
　　조건 7　의료종사자를 자신의 편이라고 느끼게 할 것

(1) 지역관계자의 상태

조건 1과 조건 2는 지역관계자의 상태다. 지역관계자가 스스로 의료기관을 방문해 조언을 구하고 있는 경우에는 조건 1, 조건 2를 만족시키고 있다. 그러나 의료기관이 지역에서 활동하는 경우에는 이 점에서의 재고가 필요하게 된다.

예를 들면 치료하려고 통원하는 어린이의 보호자가, 학교나 보육원에서의 선생님의 대응에 관한 의문을 제시하는 경우가 있다. 지역과의 제휴가 필요한 시점에서 의료종사자가 갑작스럽게 지역관계자에게 정보교환의 기회를 제안해도, 상의는 잘 되지 않을 경우가 많다. 이것은 보호자가 지역관계자의 대응의 서투름에 곤란해하고 있어도, 지역관계자는 '이 어린이에 대한 대응은 자신의 방법으로 보면 틀리지 않다'라는 신념을 가지고 조금도 의문을 느끼지 않고 있을 가능성이 높다. 이것은 지역관계자에 있어 조건 1이 충족되지 않고 있는 것이다.

또한 부모로부터 '선생님도 어려움을 겪고 있는 모양입니다' 등의 정보가 주어져도, 조건 2에 대조해서 재고할 필요가 있다. 당사자 나름의 해결 방법을 모색하고 있을 경우가 있다. 당사자가 가까운 곳에 조언자를 가지고 있을 경우도 있다. 다른 기관에 대하여, 자신의 시설에서의 문제를 공개하는 것을 망설이는 경우도 있다.

이러한 경우에 의료기관 측에서 접촉의 기회를 제안해도 지역관계자는 '자신의 대응에 대하여 부당한 비난을 했다', '주문을 붙였다' 등 피해적·방위적인 태도가 되고, 의미가 있는 상담이 안 되는 경우가 있다.

따라서 의료관계자가 만남의 기회를 제안할 경우에는 '의료기관 입장에서, 지역

관계자로부터의 정보를 원한다'라는 입장에 서는 것이 필요하다. 우선은 '생활 장면에서의 어린이의 상태에 대해 배운다'에 중점을 두고, 지역관계자의 질문이 있을 경우에 질문 사항에 관한 소견 제시에 그치는 것이 중요하다.

실제로는 '지역관계자에게서 배운다'의 자세로 정보교환을 하는 과정에서 지역관계자 마음에서 지원을 추구하는 자세가 생기고, 조언이 효과를 거두기 위한 조건이 갖추어지는 경우가 많다.

(2) 조언 내용

다음으로 조언 내용에 대해서 검토해 보자. 조건 3은 조언 내용의 명해성(요령 있고 분명하게 해석함)과 구체성이다. 예를 들면 '장면의 구조화'라는 것은, 전반적 발달장애(PDD)를 전문으로 하는 의료종사자에게 있어서는 상식적인 개념이며, 유용성이 높은 지식이다. 그러나 지역에 있어서는 '구조화'라는 말 자체가 철학적이어서 난해한 개념으로서 받아들여지고, '생활계획표를 작성한다' 등의 구체적인 예를 제시해도 '어려운 일을 하는 것이네요'라며 의식적으로 멀리하는 경우마저 생긴다.

사람이 '알았다'라고 실감하기 위해서는 3가지가 필요하다.

첫째로, 대상아동에게 맞는 구체적인 예를 몇 가지 보여 주는 것이 필요하다.

둘째로, 그 예가 평판이 좋은 개념·이론·원리 등으로 설명되는 것이 필요하다.

셋째로, 설명을 참고로 해서, 자기 나름대로 어린이에 대한 다른 대응 예를 이끌어 낼 수 있는 것이 필요하다.

따라서 곤란한 문제에 대해서 어떻게 이해하고, 어떻게 대응을 하면 좋은가, 이해하기 쉬운 설명과 구체적 예를 제시한다. 이것을 참고로 해서 지역관계자 측이 구체적인 별도의 대응 예를 제시하게 한다. 여기까지 해야 비로소 조언이 이해되어 효과를 거둘 것으로 생각할 수 있다.

조건 4는 조언 내용의 실현 가능성이다. 몇 명이나 되는, 신경을 많이 써야 하는 어린이를 맡고 있어서 매일의 보육이 매우 힘들다고 생각하는 보육교사가 있다. 그녀에게 '보육교사와의 관계를 강화하는 것이 필요하고, 일대일의 관계를 가질 필요가 있다'라는 조언을 했다고 하자. 이러한 제안은 이론적으로는 반론할 수 없기 위해서 '알았습니다. 노력하겠습니다'라는 응답을 끌어내는 것은 가능하다. 그러나 그 조언은, '확실히 그것이 옳은 것은 알지만, 나는 그 아이에게만 대응하는 것은 아니다'라는 생각으로 인해 실행으로 옮겨질 가능성은 낮다. '그 정도라면 나도 할 수 있을 것 같다'라는 실감을 가지는 것이 조언의 실행에 필요하다. 조건 5는 조언 내용과 실시자의 신념과의 일치이다. 많은 지역관계자는 어린이에의 대응에 관해서 어떠한 신념을 가지고 있다. 예를 들면 '어린이는 될 수 있는 한 자유롭게 지내는 것이 좋은 것이며, 제한을 가하는 것은 바람직하지 못하다'라고 생각하고 있는 관계자가 있다. 반대로 '어린이에게는 엄격한 예절교육이 필요해서 방임적인 태도로 대하면 나쁜 습관을 체득한다'라고 생각하는 관계자도 있다.

여기서 '어린이의 이해력에 따른 과제를 제시한다'라는 것을 설명하는 경우를 예로, 조언 방법을 구체화해 보고자 한다.

전자의 경우, 선택안이 지나치게 많으면 선택할 수 없으며 그래서 지원자의 구체적인 제안이 어린이의 자주적인 선택을 촉진시킨다는 것이다. 우리 자신이 부티크(고급 기성복 전문점)에서 양복을 구입하는 장면 등을 예로 들어 '추천 메뉴를 제안하는 것'의 필요성을 납득하게 하여, 어린이의 자유로운 선택을 보장하기 위한 지원을 구체화해 가는 것이다.

반대로 후자의 경우에는, '영양가가 높은 음식물도 소화할 수 없으면 영양이 안 된다'를 예로 들면서, '어린이가 이해하고, 소화할 수 있는 과제를 의연한 태도로 제시하자'라고 제안한다. 그리고 나서 '어린이가 이해할 수 있고, 소화할 수 있는 과제는 무엇일까'라고 어린이의 발달 과제의 발견에 눈을 돌리는 조언을 한다. 이렇게 지역관계자의 기본적인 인간관이나 원조에 대한 관점을 느끼고 이해하면서, 그 기본적인 생각 방식에 첨가한 형태로 조언을 하는 것이 효과를 올리기 위해서 필요하다.

(3) 의료종사자와 지역관계자의 관계성

마지막으로, 의료종사자와 지역관계자의 관계성에 눈을 돌리고 싶다. 조건 6은 의료종사자의 전문성에 대한 신뢰감이다. 보통 지역관계자는 전문기관에 신뢰감을 가지고 있어 이 조건에 대해서는 그다지 의식할 필요는 없다. 그러나 다음의 경우에는 배려가 필요하다.

예를 들면, 의료종사자가 20대 젊은 여성이며, 지역관계자가 50대 중반의 남자교사인 경우가 있다. 제시된 내용이 어느 정도 타당성이 있는 것이어도, 자신의 딸 같은 연령의 직원이 하는 이야기에 순수하게 귀를 기울이는 것이 곤란한 경우가 현실적으로는 있을 수 있다. 유관기관과의 제휴에 있어서는, 상대가 되는 기관의 직원의 연령, 경험, 직책 등을 배려한 대응이 필요하게 된다.

조건 7은 의료종사자와 지역관계자와의 친함이다.

사람은 자신을 지원해 주는 존재에 대해서는 흉금을 터놓고, 자신에게 공격하는 사람에 대해서는 방어적인 행동을 한다. 이것은 당연한 것이지만, 유관기관에게 조언을 할 경우에는 반드시 체크를 하지 않으면 안 되는 포인트다. 왜냐하면 의료종사자가 '조금 더 조언을 하지 않으면 안 된다'라고 생각하는 많은 상황은 '유관기관의 어린이에 대한 대응에 좀 더 좋은 방안을 내었으면 한다'고 의료종사자가 생각하는 경우가 많고, 이 생각을 유관기관의 입장으로 보면 '자기들의 대응에 대하여 비난을 한다'고 받아들이는 경우가 적지 않기 때문이다. 따라서 적절한 조언을 하기 위해서는, '자기들의 대응에 대한 좋은 이해자'로서의 실감을 지역관계자가 갖는 것이 중요하다. 이를 위해서는, 지역관계자의 그때까지의 대응을 지역관계자의 시점에서 알아듣고, 노고를 받아들이는 과정을 확실히 밟는 것이 좋다.

이러한 몇 가지 조건을 충족하는 조언은 지역관계자에 있어서도 유효한 것이며, 그 후에 이루어질 지역에 있어서의 대응에 반영된다.

C 지역지원의 실제

이 절에서는, 필자가 오랜 세월에 걸쳐 실시해 온 지역지원의 실제를 그 형태별로 분류하고, 그 기능이나 배려할 점에 대해서 검토를 덧붙인다.

1. 사례에 관한 자문 활동

필자는 계속적으로 지원을 해야 하는 사례에 대해서는 지역관계자와의 제휴를 적극적으로 가져왔다. 특히 학교나 보육원의 담임선생님과는 전화로 인사를 하도록 유의했다. 같은 어린이를 다른 각도에서 담당하는 사람으로서 이름 교환을 해 두는 것이 그 후의 협력관계를 구축하는 데 큰 역할을 한다고 생각하기 때문이다.

1) 계속적인 지원 사례에 대한 자문

의료기관에서 계속적으로 지원을 하고 있는 사례에 대해서 지역관계자가 시간을 마련해서 상담 의뢰를 하고, 그 상담 의뢰에 대응을 하는 경우가 있다. 의료기관에서 입수한 정보는 환자 자신을 위한 것이고, 어린이나 보호자의 동의가 없는 상태에서의 자문(consultation) 활동은 원칙적으로는 하지 않고 있다. 자문하는 장소에 보호자 등이 동석하게 하고 지역관계자와의 상담을 하는 것이 바람직하다. 제삼자와의 상담이 잘 진척되면, 서로의 역할이나 앞으로의 목표가 명확해져 그 후의 대응이 쉬워진다. 보호자 등을 포함시켜 상의하는 것이 곤란할 경우에는 적어도 보호자 등의 이해를 얻은 후에, 상담 장소를 정하는 것이 필요하다.

그런데 지역관계자가 자문을 요구하는 상황의 하나로, 지역관계자의 시점에서는 어린이나 보호자가 지역에서의 지원에 대해 협력적이지 않은 경우가 있다. 이 경우에는 보호자의 이해를 얻는 것이 어렵고, 보호자에게는 비밀로 하고 상담을 하고 싶다는 신청을 한다.

이러한 경우, 필자는 지역관계자에 대하여 '비밀인 상담에는 응하지 않는다. 보호자의 동의를 필자 측에서 얻어도 좋다'고 전달한다. 지역관계자의 양해를 얻을 수 있으면, 보호자에게 '학교의 ○○선생님에게서 비밀로 상담하고 싶다는 신청을 받았다. 당신에게 물어보면 좋지 않다고 말하고 싶은 것일까'라고 약간의 유머를 섞어 질의하고 있다. 그리고 나서 보호자의 지역관계자에 대한 복잡한 감정을 정리하고, 지역관계자에 대한 적극적인 의미에서의 희망을 끌어내고 구체화한다.

이러한 준비를 갖춘 후에 지역관계자와 면담을 한다. 자문을 할 즈음해서는, 지역관계자와 보호자의 상호이해나 관계 개선을 필자가 의도하면서 지역관계자에 대한 지원을 하고 있다.

2) 계속 지원 장면에의 배석

의료기관에서의 지원의 실제를 지역관계자가 보는 경우다. 필자의 경우에는, 지역관계자가 배석한 상태에서 어린이 지원을 하는 경우가 비교적 많다. 필자의 지원이 학습교재를 이용하는 경우가 많아서 교사나 보육교사가 가까이에서 이해하기 쉽다.❸

프라이버시 보호의 시점에서 약간의 수정을 가해서 아래에 필자의 경험을 제시했다.

함묵 경향이 있는 아스퍼거장애를 가진 초등학교 3학년 남자가, 필자와의 사이에 간단한 말로 말 주고받기가 가능해진 시기였다. 필자와 어린이와의 공동 작문 장면에 배석한 중년 여자 교사는 돌연 '아'라고 소리를 질렀다. 회기 종료 시에 그녀는 '선생님이 어린이의 발화를 기다리거나, 어린이의 행동을 가지고 기분을 언어화하는 상황을 보고, 나는 어린이에 대한 대응이 1초 지나치게 빨랐다는 것을 알아냈다'고 절실하게 말했다. 다음 회기 때에는 어머니로부터 '학교에서 아들이 선생님에게 처음으로 대답을 했다'라는 기쁜 보고를 받았다.

보통 지역관계자와의 상의에서는 '어느 수준의 교재를 준비할 것인가' 등 물리적인 환경이나 도구의 조정이 중심이고, '어떤 마음으로 그러한 행동을 하고 있는가' 등 어린이 내면의 해설에 머무르는 경우가 많다. 그러나 실제의 주고받기를 보는 것으로 말 걸기의 타이밍이나 강도의 미묘한 차이를 느끼고 알 수 있다.

3) 현직자도 포함한 자문

지역관계자와의 자문을 할 즈음에 담당자뿐만 아니라 감독적인 입장에 있는 현직자가 동행하는 일이 있다.

필자는, 계속적으로 지원하고 있는 어린이에 관해서 '보육원에서의 대응에 대해서 상의하고 싶다'라는 의뢰를 원을 통해서 받는 일이 많다. 이러한 경우 필자는 보호자의 이해를 얻는 것을 조건으로, 원장이나 주임 등을 섞은 담당자와의 합동 면담을 적극적으로 도입하고 있다. 이 경우의 장점과 문제점을 검토해 보고자 한다.

장점은, 조직 전체에 대한 자문이 되는 것이다. 시설에서의 정보는 다면적으로 되어 객관성을 가진다. 또 자문으로 밝혀진 내용이 조직 전체에서의 대응에 반영되기 쉽고, 넓은 시야에서 대상아동의 처우를 검토하는 것이 가능해진다. 따라서 '그러한 대응을 할 수 있으면 좋은 것은 알지만, 동료나 상사의 이해를 얻는 것이 곤란하다' 등으로 담당자와의 상의만으로도 자주 생기는 문제점을 쉽게 극복할 수 있다.

나아가 상의로 밝혀진 사항이 해당 사례에만 머무르는 것이 아니고, 그 이외의 어린이의 이해나 대응에도 일반화시키기 쉬워진다.

한편 배려가 필요한 점도 몇 가지 있다. 우선 감독자와 담당 직원이 동석할 경우에는 양자의 관계를 항상 배려하는 것이 필요하다. 감독자가 담당 직원의 노력을 인정하고, 담당 직원이 감독자를 존경하고 있는 경우에는 이것은 그다지 중요하지 않다. 그러나 양자 간에 생각의 미묘한 차이가 있을 경우에는 자문을 할 때에 미묘한 감정의 표현을 헤아리면서, 어떻게 다루어야 할지에 상당히 신경을 쓴다.

비교적 빈번하게 만나는 문제에는 다음과 같은 것이 있다.

감독자는 담당자의 어린이에 대한 대응 방법 등에 의문이나 불만이 있어 그 점에서의 지도를 의료종사자에게 넌지시 요구하고 있다. 반대로 담당자는 감독자의 경도발달장애아 보육의 곤란함에 대한 이해가 부족하다고 느끼고 있어 의료종사자에 대하여 자신의 대변자로서의 움직임을 기대하는 것이다.

지역관계자의 한쪽이 의료종사자와 친할 경우에는 기대가 언어화된다. 이 경우에는 '유감스럽지만 당신의 기대에 부응할 수 없다. 그것은 원장으로서의 당신의 역할이다'라고 확실하게 전달하는 것이 필요하다. 그러나 지역관계자가 의료종사자에 대하여 언어화할 수 없는 상황에서는, 지역에 있어서의 조직 내의 인간관계의 소용돌이에 말려들지 않기 위한 아이디어가 필요하다.

이러한 경우 대응 방법의 하나는 검토사항을 구체화하는 것이다. 검토 과제를 될 수 있는 한 구체적인 문제로서 다루고, 각각의 입장에서 자기 자신이 실행 가능한 사항을 구체화해 가는 것이다.

예를 들면, 어린이의 문제를 '어린이의 집단참가의 곤란함에 대한 대응'이라는 많은 장면에 해당할 수 있는 넓은 문제로 하는 것이 아니고, '귀가 모임 시간에서의 그림책 읽어 주기의 도입 방법' 등 상세한 문제의 수준에서 검토한다. 담당 보육교사에게서는 해당 장면에서의 상황을 어린이의 움직임을 중심으로, 될 수 있는 한 상세하게 제시하게 한다. 제시하는 중에 담당자로서의 고생이나 아이디어도 거듭 말하게 한다. 그다음에 어린이를 이해하는 데 있어 틀이나 대응 방법의 기본에 대해서 필자의 시점을 소개하면서, 담당 보육교사가 이후에 자기 나름대로의 연구나 배려를 구체화하도록 도와준다. 이러한 준비를 한 후에는 감독자에게 원 전체 차원에서 보육교사의 어린이에 대한 대처를 지원하기 위한 방법을 구체화하게 한다.

이 방법에서는, 필자와 담당 보육교사가 서로 검토한 내용을 감독자가 묻게 된다. 담당 보육교사로서는, 자신의 노력이나 마음을 전문가에게 이해시킴으로써 감독자에게도 납득하게 하는 기능을 가진다. 감독자는 전문적인 입장에서 보육교사를 지도하고 있다는 실감을 얻는다. 마지막으로, 감독자가 원 전체 차원에서의 백업(back up) 대응을 구체적으로 말함으로써 감독자의 입장을 인정하는 동시에, 이해와 노력도 끌어낸다.

2. 지역에 나가서의 지원 활동

1) 보육 장면의 관찰과 상의

의료종사자가 지역에 나가서 지역관계자와 상의하는 기회는 보통은 만들기 어렵다. 그러나 그러한 기능을 부여 받는다면 적극적인 역할을 할 수 있게 되어 '지역에서 기른다'라는 시점에서 의료기관이 기능하는 것이 가능하다.

예를 들면 의료기관이 계속해서 지원을 하고 있는 보육원아가 보육원에서 다른 어린이를 물거나, 계단에서 다른 어린이를 밀어 떨어뜨리는 일이 빈발한다고 하자. 보육원에서의 대응에 어려움이 있는 것을 부모로부터 상담을 받았을 경우의 대응에 대해서 생각해 본다.

보통은 부모에 대한 조언이나 보육교사에 대한 자문으로 대응한다. 보육원과 의료종사자와의 관계가 어느 정도 생기고 있어 보육원, 보호자 서로 간의 강한 의뢰가 있을 경우에는, 보육원으로 가서 보육 장면을 실제로 관찰하고 상의를 하는 것이 큰 효과를 올리는 경우가 있다. 이 경우 보육을 관찰하게 되지만, 오전 중의 주요 활동을 관찰하는 것만으로는 불충분하다. 주요 활동의 종료 후 식사로 옮겨 가는 장면, 간식을 먹고 원을 나오는 장면으로 옮겨 가는 상황 등 성질이 조금 다른 두 장면의 전환을 관찰하면 어린이의 상태나 보육교사의 대응의 특징을 잘 알게 된다. 어린이의 문제행동은 보육교사가 보지 못하는 장면에서 생기는 경우가 많고, 보육교사가 식사 준비나 간식의 뒤처리에 쫓겨 어린이가 시간이 남아도는 상황에서 생길 경우가 많기 때문이다. 또, 전반적 발달장애 어린이는 장면의 변경에 대한 이해가 어렵고, 어떻게 행동하면 좋을지 판단할 수 없는 장면에서 문제행동을 일으키기 쉽기 때문이다.

찾아간 시설에서 대수롭지 않은 기법을 보여 주는 것이 도움이 되는 경우가 있다.

필자는 어떤 보육원에서 원장과 함께 화장실 장면을 관찰하고, 'A는 "○○를 하고 싶다"고 몸으로 호소하고 있습니다만 아무도 알아 주지 않네요. 머지않아 화가 나서 물건을 던지겠지요'라고, 어린이의 움직임을 사전에 예고하면서 다툼의 발생 메커니즘을 설명한 적이 있다.

또, 어떤 장면부터 다른 장면으로 이행하는 사이 시간은, 관찰에 들어간 의료종사자가 어린이와 직접 접촉하는 것이 가능한 시간이기도 하다. 보육원에서는 그때의 관찰 대상아뿐만 아니라 그 외에도 문제가 되는 어린이를 맡고 있다. 문제아로 여겨지는 아이는, 원 안에서는 자기 나름대로 집중할 활동을 할 수 없고 '얼굴을 모르는 난입자'로서 등장하는 의료종사자의 주위에 다가오는 경우가 많다.

어떤 보육원에서 고기능 전반적 발달장애(HFPDD)라고 생각되는 3세의 남아를 만난 적이 있다. 십여 초의 교환으로 친밀감(rapport)이 생긴 후, 그는 옷 갈아입기를 도와 달라고 다가왔다. 나중에 보육교사에게서, 그는 언제나 옷을 잘못 갈아입고 뒤집어 입어서 화만 내고 있고, 자신 스스로 다른 사람에게 다가가는 일은 거의 없다는 말을 들었다.

이러한 보육교사가 조금 불가사의라고도 생각하는 어린이와의 교환의 재료를 관찰 장면에서 몇 가지 만들어 두면 의료종사자에 대한 신뢰감이 높아지고, 그 후의 상담이 효과적으로 된다.

필자는, 보통의 보육이 종료한 4시 반 좀 지나서부터의 시간을 보육교사와의 상의 시간으로 설정하는 경우가 많다. 그때에 초점이 된 어린이에 대해서 담당자와 필자가 상의하는 것을 다른 보육교사가 듣게 하면 함께 생각할 시간을 만들 수 있다. 그 후, 관련되는 다른 화제로 넓혀 간다. 참가한 보육교사는 필자와 어린이와의 무심한 교환을 직접 관찰했기 때문에 의욕적인 질문이나 의견이 나오고, 보육원 안에서 항상 화제가 되는 중요사항을 포함한 뜨거운 컨퍼런스의 장면으로 만들 수 있다.

이렇게 보육원에 나감으로써 곤란을 겪는 행동을 하는 어린이에 대한 대응뿐만 아니라 시설 전체의 지원 기술의 향상을 도모하는 것이 가능해진다.

2) 연수회를 통한 시군구 전체의 지원 기술의 향상

시군구가 주최하는 연수회에 강사로서 참가한 적이 있다. 연수회의 형식으로는, 경도발달장애에 관한 지식이나 정보의 제공을 중심으로 한 강연회 방식과, 보다 실천적인 기술의 향상을 목적으로 한 그룹 워크 형식이 있다. 필자는 공개보육의 형식을 이용한 연수회를 몇 군데의 시군구에서 하고 있는데 그중 하나를 소개한다.

주최는 시의 보육담당과이다. 참가자는 20명 전후의 보육교사다. 하나의 보육원을 회장으로 하고, 공개보육의 형식을 취한다. 30분 정도 보육장면을 관찰한다. 그중 5분간을 특정 어린이에게 초점을 맞춘 상세한 관찰 시간으로 하고, 1분마다 어린이의 행동을 자세하게 기록해 간다. 관찰 기록이 끝나고 5분간 어린이들의 움직임을 소그룹으로 갈라져서 재현하고, 같은 장면을 촬영한 비디오로 확인한다. 그러고 나서 어린이의 보육 목표나 지원 방법을 참가자 한 사람 한 사람이 담당자의 입장이 되어 구체화한다.

이 방법의 특징은 다음과 같이 정리할 수 있다.

첫째로, 종래의 공개보육에서는 참가자는 제삼자의 입장에서 참가하기 때문에 강사의 이야기를 일방적으로 듣는 것으로 끝나거나, 공개보육 실시자에 대한 표면적인 칭찬이나 흠집 내기로 끝나는 경우가 있다. 그러나 이 방법에서는 참가자 자신이 어린이에 대한 이해나 대응법을 구체화해야 하기 때문에 필연적으로 적극적인 참가 자세가 만들어진다.

둘째로, 공개보육 실시자는 자신의 보육에 대해 직접적으로 언급되는 것이 아니다. 다른 시점에서 본 어린이 이해나 어린이에 대한 지원 방법을 구체적으로 제공받게 된다. 필자는 실시자에 대하여 '많은 제안을 듣고, 당신은 어떤 것을 배웠습니까?'라는 질문을 던지기도 한다. 이것에 의해 참가자의 수만큼 구체적인 제안을 재료로 해서 자기 자신의 어린이 이해의 시야를 넓히고, 새로운 대응 방법을 아는 기회가 되었으면 한다.

셋째로, 이 방법에서는 관찰 사실에 근거해서 논의가 행해진다. 이것은 어린이 이해의 기본인 관찰력을 강화하는 동시에 사실에 근거해 논리적으로 어린이 이해나 대응 방법을 검토하는, 이른바 과학적인 보육자세를 강화할 수 있다.

3) 지역에 있어서의 지원 시스템 구성의 지원

사례를 통해서 지역과의 관계가 강화되어 지역 사정에 정통하게 되면, 지역 전체에 대한 지원이 가능해진다. 특히 교육위원회, 보육담당주관과 등과의 사이에 신뢰 관계가 형성됨으로써 지역에 있어서의 치료 시스템 자체를 검토하는 위원회 등에서 발언이 가능해진다. 각각의 어린이의 처우 방침, 지도 기록의 양식, 지역에 있어서의 지원 시스템 구성 등 다양한 분야에서의 지원이 가능해진다.

● **맺음말**

경도발달장애아의 지원에 관해서 의료기관이 단독으로 행하는 역할은 그다지 크지 않다. 앞에서 말한 것처럼, 인지발달을 지원하는 직종으로서 한 사람의 의료종사자가 할 수 있는 서비스는 기껏 30명의 어린이에 대하여 주에 1회, 1시간의 개별면접을 하는 정도로 한정되어 있다. 같은 연령의 어린이 100명 중 5명이 넘는 높은 빈도로 있다는 경도발달장애아에게 대한 서비스로서는 매우 미력하다.

그러나 지금까지 기술해 온 것같이, 지역과의 사이에서 긴밀한 제휴를 형성하는 것이 가능해지면 한 사람의 어린이에 대한 대응으로 지역 전체를 크게 변화시키는 것에도 연결된다. 지역은 전문가의 지식이나 기술을 요구하고 있다. 지역과의 제휴나 지역에서의 성장을 시야에 넣어 각각의 사례에 대한 지원을 생각하는 것은 우리의 예상을 넘는 큰 힘이 될 수 있는 것이다.

● **참고문헌**

❶ 大南英明, 草野弘明, 上野一彦, 他：'通常の学級に在籍する特別な教育的支援を必要とする児童生徒に関する全国実態調査'調査結果. 小・中学校におけるLD(学習障害), ADHD(注意欠陥／多動性障害), 高機能自閉症の生徒への支援

教育体制の整備のための ガイドライン(試案)，平成16年1月．文部科学省

❷ 清水康夫，本田秀夫，日戸由刈：AD／HDの心理社会的教育−教育との連携，教師への 支援．精神科治療学 17：189−197，2002

❸ 大河内修：学習教材を利用した心理教育的援助の試み．杉山登志郎(編著)：アスペル ガ−症候群と高機能自閉症─青年期の社会性のために．学研，2005

■ 大河内　修

제9장

의료와 교육의 접점
-바람직한 방향성이란

Ⓐ 교육현장(일상)의 현상

경도발달장애의 임상적인 주된 증상인 인지의 치우침, 언어 획득의 곤란, 사회성의 지체나 곤란에 대해 어떻게 대응해 갈지는 당연히 '교육'현장과의 밀접한 관계없이는 이야기할 수 없다. 교육은 경도발달장애의 특이성을 고려하면서, 적절하고 종합적인 활동이 행해지는 '현장'이다.

보통 교육현장에서는 여러 가지 인지의 치우침이 학교생활에서는 어떤 곤란을 일으키는가, 인지의 치우침(편차)을 가지는 것이 교과 학습이나 습득에 어떤 형태로 나타나는가 등이 일상적인 문제이며, 의료현장에서는 의학적인 기반을 바탕으로 치료가 행해지고 있지만, 교육현장에 전해지는 정보는 의학적인 증상론이나 의학적 개념이 많고, 교육현장에서 활용할 수 있는 시사는 부족하다. 결과적으로 일반학급의 교사가 지도법을 모색하고 검증해 가는 것밖에 없고, 교육현장에 고뇌가 있다고 말할 수 있다. 증상의 이해는 할 수 있어도 교육적 개입에 관한 정보가 전무하다고 해도 좋다.

이것은 경도발달장애가 있는 아동·학생에 대한 교육의 오늘날의 과제이기도 하다.

아직 일반학급의 교사에게는 경도발달장애라는 말 자체가 어떤 것을 가리키고 있는 것인가, 정신지체와 학습장애는 어디가 어떻게 다른가, 지적인 지체가 있기 때문에 생긴 과잉행동과 주의력결핍과잉행동장애(ADHD)의 과잉행동이 어떻게 다른 것인가 등, 구분할 수가 없거나 판단을 할 수 없는 것이 있는 것도 사실이다.

학교생활 중에서 아동·학생의 '학습을 할 수 없음', '학습수행의 곤란함', '습득방법의 치우침이나 약함', '대인관계의 엷음', '사회성의 약함' 등을 쉽게 찾아낼 수 있다. 그러나 그것 자체가 관찰로부터 얻은 정보와 대조하여 어떤 의미를 가지는가, 어떤 의학적 기반에서 일어나는 것인가, 어떻게 종합적으로 생각하면 좋은 것인가 등에 대해서는 경도발달장애에 관한 지식 없이 추측하는 것이 곤란하다. 사회생활상의 장애라는 관점에서 의학적 진단에서는 IQ 70 이하가 정신지체에 해당되지만, 경계 수준라고 말해지는 IQ 75~80이어도 인지능력에 치우침이 있으면 일반학급의 일제지도에서의 학업 습득에는 큰 곤란이 생긴다.

더욱이 진단을 받은 아동·학생에 대하여 '장애를 가지기 때문에 곤란에 대한 대응이나 이해'는 일반학급의 교사에 있어서는 '특수교육(심신장애교육)의 범주'의 것이고, 많은 교사는 자기들 교육의 범주가 아니라고 생각하는 것도 부정할 수 없다.

Ⓑ 교실 안 아동·학생의 모습

1. 초등학교 시기의 경도발달장애아를 의심하는 상태

- 생각대로 안 되면 물건을 던지거나, 제지가 되지 않고 교실에서 뛰어나온다.
- 곧 다른 것으로 마음이 옮겨지고 공부에 집중할 수 없다. 반대로, 자신의 흥미나 관심이 있는 것에는 과잉하게 반응하거나 집중한다.
- 친구와의 관계를 능숙하게 맺지 못하고, 함께 있어도 자신의 것만 가지고 놀고 있어서 다른 사람에게 관심을 보이는 일이 적다.
- 전신운동이나 손끝이 서툴러서 움직임에도 시간이 걸린다.
- 게임의 규칙을 기억하거나 차례를 기다리는 것이 서투르다.
- 자신의 소지품을 기억할 수 없어서 분실하거나 잊는다. 소지품을 여기저기 흘어 놓고 있어서 정리정돈을 잘 할 수 없다 등.

2. 중학교 시기의 발달장애아를 의심하는 상태

- 주의·집중의 곤란으로 인해 학습에 곤란이 생기고 있다. 특히 주어진 과제를 완수할 수 없거나, 추상적인 학습의 지체가 현저하다. 그 때문에 자존심의 저하가 일어나고, 자신을 '안 되는 인간'이라고 과소평가하는 경향에 빠진다.
- 추상적인 현상을 인지하고 추리하는 것의 곤란은 집단행동에 지장을 초래한다. 상황 판단의 나쁨은 집단괴롭힘의 대상이 되게 하거나, 사람과의 관계 방식이 서투르기 때문에 교실 내에서 고립되는 경향이 있다.
- 의사소통에 곤란이 있다고 하는 것은 원활한 대인관계를 맺을 수 없게 할 뿐만 아니라 대화를 통해서 얻는 언어의 획득에 크게 영향을 준다.

- 사춘기 이후, 사람과의 신뢰관계의 유지와 발전에도 곤란이 생긴다.
- 에너지의 발산이나 체력의 자기관리를 조절하기 어렵다.
- 2차성징과 자아정체성(identity)의 확립에 대한 고뇌를 처리하기 어렵다 등.

Ⓒ 심각한 이차 장애

특히 등교거부에 빠졌을 경우, 아동 · 학생 자신의 성장을 기다리는 것만으로는 사회적으로 자립하기가 어렵다. 집에서 은둔형 외톨이의 상태가 되므로 이웃 사이에 고립되지 않도록 계속적인 지원이 필요하고, 신경성의 증상이나 우울증, 조현병 등의 병존(倂存) 가능성을 고려하는 것이 중요하다. 동시에 가족을 지원하는 것도 중요하다.

Ⓓ 교육 측에서 보는 의료에 대한 인식과 그 치우침

교사에 따라서는 일상적으로 의료와의 제휴를 도모하고 있는 사람도 있지만, 대다수의 일반학급 교사 중에는 그러한 경험을 가진 사람은 적다. 그 때문에 교사도 보호자도 의사의 말을 절대적인 지시로 알고 의료에서의 진단이나 판단은 절대적이라고 받아들여서, 그 결과 어떻게 하면 좋을지를 모르고 어찌할 바 몰라 하는 등, 의료와의 제휴를 바탕으로 교육적 관여를 진행한다는 인식을 가지는 것이 곤란한 것이 지금의 상황이다.

교사의 인식에서는, 의사는 발달장애가 있는 아동학생에 대한 객관적 지침이나 지도 방침을 알고 있고 좋은 이해자이며, 슈퍼바이저적 역할이라고 파악하고 있다. 그러한 인식으로부터 교육현장이 모색해 가며 실시하는 대응이나 지원에 대해서 귀중한 시사를 줄 것이라는 대단한 기대를 가지기 쉽다. 교사 측은 그 아동학생의 상태로부터 생각할 수 있는 병리적 기반이나, 이후 어린이가 어떻게 변화되거나 성장해 갈 것인가에 대한 전망을 가지기 어렵다. 교육현장은 의료와 다르게, 1년간을 기준으로 졸업(3~6년간)까지 시야에 넣어서 지도 내용을 계획하기 때문에 앞으로의 전망을 할 수 없는 지도에 대해서는 불안이 생기고, 때문에 '대답'을 빠르게 요구하는 경향을 가지기 쉽다.

약에 대해서도, 지식은 없지만 약물의 효과를 걱정하고 모른다는 이유로 거부나 잘못된 인식을 가지게 되는데, 이는 어린이들이 원활하게 학교생활을 할 수 있도록 하기 위한 약의 복용법 설명이 부적절하여 생기기도 한다. 의사 측의 '병리를 이해해서 약을 처방한다'는 내용이 전해짐으로써 교육현장에서의 대응은 바뀔 가능성이 높다.

Ⓔ 일반학급의 교육현장에서 본 의료와의 연계방식

1. 다른 세계 — 의료기관 일람표

전문성이 높은 의료의 세계는 교육현장에서 보면 다른 세계다. '의료와 제휴를 한다'는 것의 중요성은 이해가 되어도 정신과, 아동정신과, 마음의 진료부(발달심리과 등), 일반적으로 친밀하지 않은 과는 어느 병원에 있는지도 알려져 있지 않다. 대형 병원뿐만 아니라 근처에 있어 이용할 수 있는 의료기관의 팸플릿이나 '이러한 증상이 있을 때는 ○○에서 진료 받는다' 등의 리플릿이 있으면 이해가 확대되기 쉽다. 의료 측과 교육 · 복지가 서로 협력하고, 보다 지역성이 있는 소개 팸플릿이나 교육계와의 제휴가 취하는 의료기관의 일람표를 작성하고 있는 의료기관은 매우 적다.

2. 무엇을 물으면 좋을지 모른다 — 질문지 매뉴얼

'진단'을 받은 아동학생의 담임으로부터 '주치의와 제휴를 취하는 것이 좋다고 관리직이 말했지만, 무엇을 어떻게 의사에게 물으면 좋을지 모르겠다'라는 이야기를 많이 듣는다. 일반학급 교사로서는 다른 세계의 전문가에게 자신이 곤란을 겪고 있는 것을 어떻게 표현해서 알리면 좋은지를 몰라 당황한다. 또한 전문가에게 질문하는 방식에는 무언가 특별한 표현 방법이 있지 않을까라는 오해도 하고 있다.

또한 의사의 입장에서 보면 쓸데없는 불안일지도 모르지만, 의사가 무엇을 나에게 질문할 것인가, 담임으로서 의사가 한 질문에 대답할 수 있을지 어떨지라는 불안도 품는다.

교육현장이 발달장애아동·학생을 보다 잘 이해하기 위해서 의사에게서의 의견을 지도에 활용하는 '교사의 질문지 매뉴얼'이 있으면 편리하다. 의사에게 무엇을 어떻게 질문하면 좋은 것인가, 학교에서 어떤 정보가 필요한 것인가, 전문적인 질문 사항은 포함하지 않고 주치의에게 하는 질문을 정리하기 위한 간단한 형식이 있으면 좋다.

3. 어떤 절차로 의사에게 연락을 취할지 모른다 — 학교와 제휴하는 방식과 순서 팸플릿

담임으로서 아동·학생의 주치의와 직접 연락을 취할 이유가 명확한 것이 대전제가 되는 것은 당연하지만, '주치의와의 제휴나 연락을 취하는 편이 낫다'라는 말을 듣거나 제휴를 생각하는 경우, 어떤 순서로 주치의와 학교 측이 서로 연락을 취할 것인가 그 절차는 병원이나 의사에 따라 실은 많이 다르다.

일반적으로는, 우선 보호자에게 이해를 얻고, 보호자가 주치의에게 그 취지를 전하고, 의사가 제휴 방법에 대해서 알려 주는 것이 일반적인 방법일 것이다. 만약 병원이나 의사에 따라 독자적인 순서나 방법이 있다면 의사 측이 '학교와의 제휴 방식과 그 순서'를 간단히 팸플릿으로 작성하고, 보호자에게 건네주면 쌍방이 편리할 것이다.

4. '정신과' 진료를 받는 방법 — 안심하고 진료 받기

아직도 보호자나 본인은 '정신과'에서의 수진에 대단히 저항감이 있다. 동일하게 교사도 '정신과'를 권하는 것에 저항감이 있다. 그래서 '정신과'에 안심하고 진료 받을 수 있기 위해서 아동·초등학생 외래 등의 전문외래가 개설되어 있으면 그만큼 저항감은 적어질 것이다. 요즘은 이러한 점에서 마음의 진료부, 마음의 진찰실 등 '마음'이라는 말을 '정신'과 같은 의미로 사용하고 있어 수진하기 쉬워지고 있다.

5. 의사에게서 들은 것의 의미를 모르겠다 — 전문용어를 사용하지 않고 교사에게 설명하기

'주치의에게 연락을 취해서 직접 이야기를 들어 보면 전문용어가 빈번하게 사용되고 어려워서 의미를 모른다'라든가 '모르는 단어가 빈번하게 나오고 설명이 추상적이었다'라는 말을 교사에게 듣는다. 또, '무엇을 말하고 있는지 잘 몰랐지만, 실례인가라고 생각해서 물어보지 않았다', '전문용어에 대해서 질문하면 바쁘다는 답변이 돌아왔다', '증상을 설명해 주었지만 대응은 언급해 주지 않았다' 등도 들린다.

교사가 눈앞의 아동·학생이 마음 편하게 학교생활을 보내고, 안정된 상태에서 수업에 참가할 수 있기 위해서는 어떻게 지도하고, 어떻게 이끌어 가면 좋은가, 어떤 단계를 밟으면 좋은가를 매일 고심하고 있다. 내일부터 사용할 구체적인 수단을 가르쳐 주었으면 한다. 전문용어를 사용하지 않고 어린이들의 상태나 구체적인 대응, 지원에 대해서 이해하기 쉽게 설명해 주었으면 한다. 의료와 교육과의 제휴에 대해서 구체적인 내용을 메모하고, 종이로 대화할 수 있으면 고맙겠다.

6. 진단명이 의미하고 있는 것을 모른다

진단을 받는 것으로 학교 측(교사)으로서는 무엇을 알 수 있는지 정성스런 설명을 받을 필요가 있다. 학교 측은 진단을 받는 것만으로 아동·학생이나 보호자의 태도나 생각 방식에 변화가 보이지 않을까라는 잘못된 기대를 품기도 한다.

이러한 오해는 학교로서 문제를 안고 있는 아동·학생에 대하여 이해나 대응을 할 수 없거나, 지도의 전망을 가질 수 없게 되면 '전문 병원에 가 주세요', '진단을 받아주십시오'라고 가족에게 강요하는 것에 연결된다. 반대로, 진단이 되면 진단명만이 돌아다니는 위험성도 있다. 그 진단명이 의미하는 것부터, 예를 들면 주의력결핍과잉행동장애(ADHD)라면 자제와 자기컨트롤에 약함이 있다, 자폐증이라면 상대가 생각하고 있는 것을 이해하는 데 시간이 걸린다, 행간의 의미를 추리할 수 없다 등의 교사라도 이해할 수 있는 것 같은 병리를 보여 주면 아동·학생의 이해가 촉진된다.

7. '상황을 지켜봅시다'라는 의사의 말에 어떻게 대처해야 할지 모른다

보호자에게 진단 결과를 들으면 '상황을 지켜봅시다'라는 말을 자주 듣는다. 의사에게 있어서 '상황을 지켜봅시다'라는 것은 진단을 보류하는 것이나, 혹은 대응은 경과를 보고 나서라는 의미라고 생각되지만, 학교나 담임으로서는 매일의 지도에서 무엇을 어떻게 주의하면 좋은지가 중요하며, 구체적으로 어떤 점을 관찰해주었으면 좋은지의 지시가 없으면 오히려 잘못된 해석을 하게 된다. '상황을 지켜본다는 것은, 지금은 아무 대응도 하지 않고 이대로 좋은 것일까?', '상황을 지켜봅시다. 그렇다면 장애는 없는 것일까?', '상황을 보고, 이후 어떻게 하나?' 등 교사의 불안은 계속되게 된다. 이것은 교육현장에서의 일반적인 대응을 계속한다는 의미다라고 이해하면 좋은 것일까?

또한 주치의가 보호자에게 정성스럽게 설명을 했다고 한들, 보호자가 담임에게 전할 때 주치의의 의도를 정리하지 않은 채 들은 말을 그대로 말할 뿐이거나, 적절한 설명이 나오지 않는 경우가 있다. 더구나 담임 측으로서 알고 싶은 '수업 중의 대응'이나 '일탈행동에의 대응' 등 평소 '어찌해야 좋을지 모르는 행동'에 대한 대응이나 '어린이 이해'에 대한 답이 되지 않는 경우가 많다. 주치의가 '상황을 지켜봅시다'라는 전언뿐만 아니라 직접 학교 측에 대해 어떠한 설명을 하는 것이 바람직하다. 가능하다면 의사로부터의 중요한 설명은 담임이 직접 보호자와 함께 듣는 것이 하나의 해결 방식이 될 것이다.

또, 위에서 언급한 내용에 관련해서 현행의 1세 아동 검진이나 3세 아동 검진 후 '상황을 지켜봅시다'라고 말해진 후, 실질적인 대응이 없었던 채로 취학 시 검진을 맞이하는 사례가 있는 것도 사실이고, 초등학교 입학을 눈앞에 두고 발달장애에 대한 대응이 늦어지는 경우도 적지 않다. 5세아 검진이 실시되어 초등학교 입학 전에 치료 시작이 실시되지 않기를 교육관계자들은 강하게 바라기 마련이다.

⑤ 사례에서 배우는 의사의 중요한 조언이나 조정

1. 자폐증의 A씨─진단명이 붙지 않고, 초등학교 고학년이 될 때까지 대응이 늦은 사례

> **증례**
>
> 학습장애(LD)라고 진단 받았지만, 행동은 개선되지 않고 초등학교 고학년이 되고 나서 다시 진료 받은 결과 HFPDD라고 진단되었다. 그러나 보호자는 '자신의 아이는 자폐증이 아니고, 학습장애'고 말하며 양보하지 않는다. 자폐증으로서의 대응이 늦었고, A씨는 매일 혼란스러운 일이 늘어나고 학습의욕이 저하되어 버렸다.

A씨 예의 중요한 점은, 자폐성장애로 지적인 수준이 높을 경우 대인 면이나 행동 면에서의 문제를 지적 수준에서 보충해서 개선해 가면 비언어적인 면의 지체로 판단하여 학습장애라고 말해지는 경우도 있다는 점이다. 동일하게 자폐성장애로 시각인지는 좋지만 언어에서의 이해가 나쁠 경우 발달성수용성언어장애와의 구별도 어려워진다. 교육현장에서는 진단에 의해 우왕좌왕하는 일은 없다고 해도 각 대응은 완전히 달라지므로, 어린이의 성장을 저해하지 않도록 진단명과 진단기준, 병의 증상에 관한 설명을 받을 필요가 있다.

2. 가정 내 폭력을 반복하는 고기능자폐증 B군─학교에서의 상황까지 변화된 사례

> **증례**
>
> 초등학교에서는 행동은 늦지만 점잖고, 성실하게 공부하는 자세가 몸에 배어 있어 집단 속에서 학습할 수 있었던 B아동. 그러나 주위 사람이 본인을 이해하지 못한 채 중학교에 들어가서 가정의 '강제적인 가정학습'이 부담이 되고, 부모와의 힘의 관계가 역전되자마자 가정 내 폭력을 일으키기 시작했다. 점차로 학교에서 '가만히 앉아 있다'는 것도 고통이 되어 왔다. 보호자로부터의 호소로 인해 주치의로부터의 약의 양이 많아지고, 학교에서는 B아동다움이 상실되어 입을 멍하게 벌리고, 멍하게 하

루를 보내는 경우가 많아져, 당연히 학업은 진행하지 않게 되었다. 약물치료에 의해 폭력은 막을 수 있었지만, 정서적 반응이 약해지고 어린이다움을 잃은 채의 생활을 강요당해 버렸다. 담임이 매우 변화한 모습을 보호자에게 전하고, 의사와 상의해주 었으면 한다고 몇 번 호소해도 '집에서 얌전하게 있으므로…'를 되풀이할 뿐이었다. 의료에 대한 정보가 보호자에게서 나온 것뿐이어서 교육과 제휴한 지원에 결부되지 않았다.

3. ADHD와 학습장애가 있는 C아동 — 각 기관이 연계를 맺지 못하고 등교거부 가 된 사례

증례

중학생의 C아동은 초등학교 때에 심한 과잉행동이 있어 ADHD로 진단되었다. 중 학생이 되어서 '통급지도학급'에 배정되고, 틀리게 읽기나 빠뜨리며 읽기가 있어, 제 멋대로 읽기나 쓰기에 문제가 있는 것으로 인해 읽고 쓰기에 어려움이 생기는 것을 알았다. 학습 시의 C아동의 안절부절못함은 '읽기 쓰기의 곤란'으로부터도 일어나 고 있었다. C아동은 자신이 왜 안절부절못하는지를 모른 채 자신에게 상처를 입히 고는 울며 슬퍼하고, 점차로 정서적인 왜곡이 생기고 이차적인 문제가 생겼다.

C아동은 의료에서는 ADHD에 대한 약물 대응이 행해지고, 아동 때부터 다니고 있는 민간지원에서는 사회성 기능의 집단지도를 받고, 교육연구소에서는 심리 상 담을 받으며 다양한 기관에서 각각 대응을 하고 있었지만, 어디에서나 종합적인 대 응을 하지 않았다. '통급지도학급'의 담임은 어느 기관인가가 (누군가가) 조정하면 서 제휴를 도모할 필요가 있다고 생각해 보호자에게 상의했지만, 진행되지 않고 시 간이 경과하는 동안에 C아동은 혼란이 늘고 학교부적응을 일으켜 등교거부에 빠져 버렸다.

⑥ 의료와 교육의 접점에 관한 제언

1. 의사, 보호자, 담임과의 합동 컨퍼런스

도쿄도(東京都)의 특별지원학급이나 통급지도학급에는 지역의 상담의사로서 정신과나 소아과의 의사가 배치되어 정기적으로 사례 회의(case conference)가 행해진다. 일반학급의 경우 현재는 학교의가 배치되고 있지만, 앞으로 의료가 지역의 순회 상담의사로서 공적인 입장의 일을 할 수 있게 되면 교육계에는 큰 힘이 될 것이다. 각 지방자치단체의 교육위원회가 예산배정을 하여 공적기관에의 의사 배치를 실현하고 의사, 보호자, 교육으로 구성된 합동 컨퍼런스가 실현 가능해질 것이다.

2. 연락용 노트의 활용

사례 회의 실시의 실현에는 아직 시간이 걸릴지도 모르지만, 아동·학생의 상태에 입각한 시의적절한 연락을 취하도록 담임이 학교에서의 상황을 쓴 연락용 노트를 보호자가 지참하게 하는 것도 좋다. 전 도카이대학(東海大学)병원 정신과 야마자키시아키라(山崎資晃) 선생님은 지금도 '연락용 노트'를 사용하여 보호자와 담임, 통급 담임의 네 사람 간에 연락용 노트를 사용해서 정보교환을 하고 있다.

3. 교육을 이해하는 것으로 의료와 교육의 접점도 보인다

의료에서 보면 교육은 또 다른 세계지만, 매일 아동·학생이 생활하고 있는 '교육현장'을 조금이라도 아는 것이 의료에서의 대응이나 치료 지도에 참고가 될 것이다. 현재 교사는 여러 가지 형태로 자주 연수회를 개최하면서 아동 이해를 위해 노력하고 있다. 의료 측이 교사의 사례 연구회에 적극적으로 출석하고, 교사의 육성을 듣는 것으로 앞으로 의료와 교육과의 접점을 모색하는 데 도움이 되었으면 한다.

4. 의료에서 교육으로의 보고서

경도발달장애가 있는 아동·학생의 상태는 성장과 함께 변한다. 주치의가 담임에게 '지금 무엇을 하는 것이 중요한가'를, 꼭 보고서의 형태로 교육 측에 알려 주었으면 한다. 보호자로부터의 간접적인 보고로는 이해한 내용에 바이러스가 걸리는 일이 있다. 의사에 따라서는 '담임이 모르므로 쓸 수 없다'고 말하는 경우가 있는 것 같지만, 보호자에게 전한 '상태로부터 생각되는 적절한 대응 방법'만큼 담임에게 써 주어도 좋다.

표 9.1-1과 표 9.1-2에 2004년 문부과학성 초등·중학교에 있어서의 학습장애, ADHD, 고기능자폐증의 아동학생에 대한 교육지원체제의 정비를 위한 가이드라인(시안)이 규정한 보고서 작성 예를 참고자료로 실었다.

표 9.1-1 보고서 작성 예 1

○○초등학교 2학년 △반 성별 남자 이름 ◇◇◇ 담임 ○○○

1. 판단 결과
학습장애임. 주로 읽기와 쓰기에 특이한 곤란이 있음

2. 판단의 근거
A. 지적 능력의 평가
- 전반적 지적 발달 1 : 지능검사를 실시하였고, 전반적인 지적 발달은 정상범위에 있는 것이 확인되었다.
- 인지능력의 불균형 2 : 언어이해력은 연령 평균수준이고, 언어의 청각적 정보를 처리하는 과정은 의미이해·기억·연합·표현에 있어 연령에 상응할 정도로 발달한 것으로 나타났다. 한편 시지각 통합력은 연령수준에서 보면 현저하게 불충분하고, 시각인지·시각기억·체제화·표현에 있어서는 떨어져 있다. 이 아이의 경우, 자극을 동시에 처리하는 것이 매우 서투르고, 그것에 비해 순서를 정해 차례대로 처리하는 것은 잘한다. 따라서 시각적 정보를 동시에 처리하는 것이 요구될 때 가장 곤란해한다. 그러나 차례대로 시행하는 정보처리를 이용하여 학습을 보완할 수도 있겠다. 또한 시각-운동협응성이 서투른 것이 현저하다.

B. 국어·수학의 기초적 능력 평가
관점별 성취도학력검사를 실시하여 국어는 거의 1학년 수준의 성취도, 수학 계산은 거의 2학년 수준의 성취도라고 판단되었다. 또한 아래 항목에서 학습이 곤란한 상황이 있고, 주로 국어에서 특이한 곤란이 나타났다.
- 듣기 : 아마도 주의가 산만하기 때문에 지시이해가 부정확해지기 쉽고 복수의 지시는 빠뜨리고 듣는다.
- 말하기 : 순서를 정해 말하는 것이 서투르다. 단어의 회상이 곤란한 면이 있다.
- 읽기 : 히라가나, 한자 읽기에서는 글자 하나하나를 또박또박 읽거나 잘못 읽는 것이 보인다. 문장의 음독(音讀)을 시키면 더욱더 곤란이 눈에 띄고, 읽기 속도가 느리고, 잘못 읽는 적도 많다. 해독문제는 읽지 않고 답을 한다.
- 쓰기 : 문자의 형태나 크기 등이 바르지 않고, 쓰기에 현저한 곤란을 보인다. 히라가나보다 한자에서 보다 곤란이 눈에 띈다. 히라가나는 틀리지 않고 쓰나, 가타카나는 완전히 습득하지 못했다. 한자는 1학년 수준의 것도 습득되어 있지 않다. 문자의 베껴 쓰기를 어려워하고 있다.
- 수학 : 수의 개념은 획득된 상태이다. 수학은 빠르고 정확하다. 다만 종이에 써서 계산할 때는 칸을 벗어나 틀린다.
- 도형 : 형태의 변별은 가능하지만, 도형의 옮겨 그리기는 매우 서투르다. 자 등의 사용이 곤란하다.

표 9.1-1 (계속)

C. 의학적 평가
- 읽기쓰기장애를 의심. 발달성협응운동장애. 시각운동협응에 현저한 곤란

D. 다른 장애나 환경적 요인이 직접적 원인이 아니라고 판단
- 다른 장애나 환경적 요인 : 보호자와의 면담에서 어린이가 발달기에 걸음마나 말하기가 늦은 것이 확인되었다. 그 후에도 운동 면의 발달은 같은 연령에 비해 늦었다. 보호자는 어린이를 애정 깊게 양육했다고 생각된다. 어린이 나름의 발달을 지켜보는 자세와, 동시에 그것을 촉진하는 지원이나 교육을 생각해 보고 싶다는 의향을 가지고 있다. 환경적으로는 학습을 저해한다고 생각되는 요인은 발견되지 않는다.
- 다른 장애 진단 : 의학적으로는 발달성 협응운동장애를 가졌다고 진단되었다. 관찰에서도 서투른 것이 현저했다. 이것은 학습상의 문제를 생기게 하는 하나의 요인일 것이다. 그러나 이 어린이의 학습상의 곤란은 인지기능의 불균형이 최대의 원인으로 생각된다.

3. 지도를 하기에 적절한 교육 형태와 배려사항
A. 교육형태

일반학급에서의 지도를 기본으로 한다. 교사, 통급지도교실에서의 지도, 개별지도 등을 행한다.

B. 지도상의 기본적 배려사항

어린이의 인지기능의 특징 및 기초 학력의 상태에서 몇 가지 유의점을 든다.

언어이해력은 연령수준인 점에서 지시이해에서 보이는 곤란은 어린이의 주의력 문제로 인한 것이 클 것이다. 중요한 정보는 주의를 환기하고, 주의집중을 확인하면서 주는 것이 필요하다.

시각통합력이 떨어지는 점에서, 문자나 도형의 인지가 약하다. 첨가하면, 운동협응성의 서투름으로 인해 쓰기나 작도에 큰 곤란을 초래한다. 따라서 일련의 과제에는 시각적 정보의 내용과 제시 방식에 아이디어를 짜낼 필요가 있음과 동시에, 귀로 들어온 언어정보를 부가하는 것이 효과적이다.

이 어린이가 외부의 정보를 받아들이거나 대응하는 특징에서 보면 과제를 부분에서 전체로, 순서성의 중시, 청각적 · 언어적 단서 등을 이용한 학습방법이 효과적이라고 생각된다.

C. 교과에 관한 지도방법

〈국어〉
- 듣기 : 말 걸기, 신호 등의 주의환기에 유의할 것
- 말하기 : 말할 내용을 정리하게 함(내용의 중심 · 그 순서 구성 등 말하기 방식의 기술을 습득하게 함) 엄지손가락과 검지 사이에 단어나 문장 등을 끼워넣고, 어구(語句)를 한 덩어리로 읽는 방식을 활용한다.
- 읽기 : 시각적 기억력이 양호하므로 문장이나 시 외우고 말하기같이 읽기 교재를 활용해서 읽기에 대한 의욕을 높인다.
- 쓰기 : 문자 크기와 네모 칸을 배려한 노트를 활용한다. 한자 학습에서는 문자의 구성부분을 획순에 따라 리듬감 있게 큰 소리로 말하면서 외우는 방법이 학습에 효과적이다. 노트의 네모 칸에 맞춘 네모칸이 그어진 칠판을 활용해서 보고 베껴 쓰기를 칠판에서 하는 것을 돕는다.

〈수학〉
- 공책의 네모 칸에 맞춘 네모칸이 그어진 칠판을 활용해서 보고 베껴 쓰기를 칠판에서 하는 것을 돕는다.

D. 그 외 배려사항
- 개별지도시간의 설정 : 쓰기 · 읽기에 대해서는 특히 담임 등에 의한 개별지도가 효과적이라고 생각되므로, 전체 학습 환경을 생각하면서 검토가 필요하다.
- 통급에 의한 지도 : 이용 가능하다면 개별적인 지도 내용을 설정한다.
- 보호자에 대한 지원 : 학습의 요점이나 지도상의 아이디어에 대한 정보의 제공 등을 통해 가정학습과의 협조를 추진한다. 보호자에 대한 지원을 고려하는 것이 바람직하다.
- 환경정비
  ① 일체의 지도 장면에서의 좌석 배치
  ② 시각적인 언어 환경을 정비한다(본인이 읽기 쉽도록 문자정보의 제시 방식에 대해 아이디어를 짜 낸다).
- 그 외 : 이 어린이 속에 형성되고 있는 학습에 대한 자세를 손상시키지 않고 학습을 추진하는 것이 필요하다. 이를 위해 힘들어하는 영역의 보충수업을 강조하는 것이 아니고, 보다 잘하는 것을 넣어 학습 및 학교생활에 대한 의욕을 키워 가는 것이 중요하다. 워드의 활용 등 대체 시스템도 이용해 보자.

4. 재평가
(지도방법 및 배려사항에 따라 교육적 대응의 효과 유무, 그리고 계속 특별한 지원이나 배려를 필요로 하는지 여부를 필요한 지도시기를 거친 후에 평가할 예정이다)

표 9.1-2 보고서 작성 예 2

△△초등학교 5학년 □반 성별 여자 이름 ○○○ 담임 ◇◇◇

1. 판단 결과

학습장애로 판정됨. 수학과 쓰기에 특이한 곤란이 있음

2. 판단의 근거

A. 지적 능력의 평가
- 전반적 지적 발달 : 지능검사를 실시한 결과, 전반적인 지적 발달은 정상범위에 있는 것이 확인되었다.
- 인지능력의 불균형 : 인지능력은 WISC-R검사 및 K-ABC검사로 평가했다. 언어이해력은 연령상응의 발달수준을 보이고, 언어적 정보를 처리하는 과정(이해, 표현면 함께)은 양호하다. 한편 시각적인 정보를 인지하는 것 자체에는 분명한 문제는 보이지 않으나, 공간조작능력에 있어서는 문제가 보인다. 또한 청각 및 시각적 단기기억의 문제도 의심스럽다. 공간조작이나 가억 면의 어려움에 대해서는 언어적 단서를 이용함으로써 학습이 보장되는 것으로 예측된다. 사고능력은 뛰어나나 전체적인 처리를 하는 데 시간이 걸리는 것 같다.

B. 국어·수학의 기초적 능력 평가
관점별 성취도학력검사를 실시하여 국어는 거의 4학년에서 5학년 수준의 성취도에 있으나, 한자 쓰기는 2학년의 지체가 보인다. 또한 수학에 있어서는 전체적으로 1~2학년 정도의 지체가 보이고, 거의 3학년 수준의 성취도라고 판단되었다.
- 듣기 : 특별한 곤란이 보이지 않는다.
- 말하기 : 말수는 적으나, 상대가 물은 것에 대해서 정확하게 대답한다.
- 읽기 : 단어 및 문장 모두 읽기 속도, 정확성에 눈에 띄는 문제는 보이지 않는다. 독해도 양호하다.
- 쓰기 : 특히 한자 쓰기가 곤란하다. 3학년 수준의 한자라도 정확도가 50% 미만이다. 쓸 때에 꼼꼼하게 쓴다.
- 수와 계산 : 덧셈, 뺄셈, 곱셈은 정확하게 할 수 있으나 사이에 0이 들어가는 계산, 나머지가 있는 나눗셈은 절차를 습득하지 못했다. 다만 연산방법의 선택, 식 세우기는 정확하게 할 수 있다.
- 양과 측정 : 단위의 개념이 안정되어 있지 않다. 또한 각도 문제를 어려워한다.
- 도형 : 이등변삼각형, 마름모, 평행사변형 등 도형의 기본적 성질을 이해하지 못했다.
- 수량관계 : 그래프나 표 읽기가 어렵다.

C. 의학적 평가
증상으로 보면 학습장애(발달성수학장애)가 의심되나, 읽기쓰기의 문제 유무를 조사할 필요가 있다. ADHD 또는 전반적 발달장애 등은 의심되지 않는다. 현재까지 뇌기능검사를 받은 적이 없어서 우선 뇌파검사를 받기를 권했다. 조금 서툴기는 하지만 발달성 협응운동장애라고는 진단할 수 없다.

D. 다른 장애나 환경적 요인이 직접적 요인이 아니라는 판단
- 다른 장애나 환경적 요인 : 보호자와의 면담에서 영·유아기 시기의 운동, 언어의 발달은 느리기는 하지만 지체로는 보이지 않는다. 다만 말의 이해가 충분하다고 생각되는 반면, 말이 없고 말 수가 적었다. 또한 어머니 따라다니기와 낯가림이 강하고, 모자분리의 면에서는 아직 충분하지 못한 점이 있다. 취학 후 읽기쓰기 문제가 있어 가정에서 보호자(모친)가 학습을 시켰다. 가정환경 면에서는 생활상의 변화에 동반해서, 본 어린이도 심리적 부하가 걸리고 있는 것으로 예상된다. 그러나 학습상의 곤란은 그 발현시기와 내용으로 판단하면 이러한 환경요인이 직접적인 원인이 되었다고는 생각하기 어렵다.
- 다른 장애 진단 : 학습상의 곤란이 생긴다고 예상되는 질환, 그 외 장애는 보이지 않는다.

3. 지도를 하기에 적절한 교육 형태와 배려사항

A. 교육 형태
일반학급에서의 지도를 기본으로 한다. 필요에 따라 추가 배려, 개별지도 등을 실시한다.

B. 지도상의 기본적 배려사항
이 어린이의 인지능력 특성 및 기초적 학력 상태에서 몇 가지 유의점을 들 수 있다.
문자나 도형의 조작, 기억의 약함이 있다. 이러한 능력을 요구하는 일련의 과제에는 지시 방법이나 내용 설명을 할 때에 아이디어를 짜내는 것을 생각해야 한다.
이 어린이의 인지능력 특성에서 언어적 단서의 이용이 효과적이라고 생각된다. 또한 가까이 있는 생활체험과 관련시켜 제시하는 것도 효과적일 것이다. 무언가를 기억할 때는 단순하게 반복시키는 것이 아니라 의미부여 등을 하는 것이 중요하다.

표 9.1 – 2　　(계속)

반응은 천천히 하지만 내용을 이해하고 추론을 진행하는 능력이 있기 때문에 본 어린이가 정보를 처리하는 데 시간적 여유도 배려하는 것이 필요하다.

C. 교과에 관계하는 지도방법

〈국어〉

국어에 관해서는, 이 어린이가 잘하는 영역이므로 현재의 성취도 유지를 도모함과 동시에, 유능감을 맛보는 기회를 많이 설정한다.

다만 한자 학습에 대해서는 배려가 필요하다. 구체적으로는, 단순하게 반복해서 써서 외우게 하는 방식이 아니고 의미부여 등으로 기억할 내용에 대한 부담을 생각할 필요가 있다.

〈수학〉

- 수와 수학 : 현시점에서는 크게 막히는 것은 없으나, 사이에 0이 들어가는 계산, 나머지가 있는 나눗셈에서는 계산 절차가 안정되어 있지 않으므로 이러한 것에 대한 절차를 다시 한 번 확인할 필요가 있다.
- 양과 측정, 도형, 수량관계 : 이 영역의 막힘에 대해서는, 우선 기본적인 개념이 정확하게 습득되지 않은 점이 많이 보인다. 이 영역들에서는 눈으로 보고 기억하거나, 머릿속에서만 이미지화하거나, 작업이나 활동을 통해 개념을 이끌어 내거나 하기보다는 '언어적 설명을 듣고 가까운 곳에서의 체험 등과 관련시켜'설명을 하는 방식이 보다 이 어린이의 이해를 촉진할 것으로 예상된다. 앞으로 새롭게 배우려고 하는 과제(개념)에 대해서는, 과제마다 말로 명확하게 정의를 하고 하나씩 정리하는 것이 필요하다.

D. 그 외의 배려사항

- 개별지도(방과 후 등) : 특히 수학과 한자 학습에 대해 개별 또는 배려를 한 지도가 바람직하다.
- 보호자에 대한 학습정보의 제공 : 가정에서의 보충학습에 대한 조언 또는 필요에 따라 교재(숙제)의 제공을 행하는 것을 생각한다.
- 그 외 : 이 어린이는 매우 얌전하고, 자기 스스로 적극적으로 활동하는 일이 적다. 그러나 친한 친구와 같이 있으면 활동범위가 넓어지기 때문에 집단편성 등을 배려한 활동을 하여 본 어린이의 심리적 안정을 확보하는 것을 생각해야 한다.

4. 재평가

(지도방법 및 배려사항에 따라 교육적 대응의 효과 유무, 그리고 계속 특별한 지원이나 배려가 필요한지 여부를 필요한 지도시기를 거친 후에 평가할 예정이다)

5. 의료는 교육에서 무엇을 요구하는가?

교육으로부터 의료로 '도와주었으면 한다'라는 외침을 닮은 목소리가 높아지고 있다. 그러면 의료는 교육에 대해 어떤 것을 요구하고 있는 것일까? '학교제도의 개선이나 재검토', '학습이나 공부에만 치우치지 않는 교육', '사회성을 체득하는 학습지도', '개별지도 체제 만들기' 등의 행정 측에 대한 요구가 아니고, 경도발달장애를 가지는 아동 · 학생을 둘러싸는 교육현장에 무엇을 요구하고 있을지의 시사를 주었으면 한다. 그것은 아마 각각의 질환에 따른 대응을 학교장면에서라도 실행해 주었으면 한다는 것이고, 바꿔 말하면 개개인에 맞게 대응한다는 의료적 요구와 다르지 않다. 이러한 의미에서 교육에서의 특별지원교육은 의료 측에서도 요구되고 있는 터이다.

6. 특별지원교육 코디네이터 활용

2007년부터 전국의 초·중학교에 특별지원교육 코디네이터를 학교 내 교사가 담당하게 된다. 이후 의료 등의 전문기관과의 제휴의 창구로서의 역할을 담당하게 되므로 의료 측으로서도 그 활용이 기대된다.

문부과학성 초·중학교에 있어서의 학습장애, ADHD(주의력결핍과잉행동장애), 고기능자폐증을 가진 아동학생에의 교육지원체제의 정비를 위한 가이드라인(시안) 안에 있는, 특별지원교육 코디네이터에 대해서 기재된 부분(발췌)을 참고로 소개한다(표 9.2).

또, 가이드라인 안에는 타 직종에 의한 네트워크 만들기로서 광역특별지원제휴협의회 등도 앞으로 활동하게 된다.

아동·학생의 평가를 실시하는 타 직종(의사·심리·언어·작업치료사·교사)의 사람들이 그 아동·학생의 특성에 맞춘 개별지도 프로그램을 세울 필요가 있다. 어떤 직종이 어떤 지도를 담당하는 것인가, 어떤 지도가 효과를 올릴 것인가, 앞으로의 지도의 전망 등 타 직종에서의 네트워크 만들기가 기대된다.

문부과학성의 가이드라인 안에 있는 광역특별지원제휴협의회에 관한 발췌를 소개한다(표 9.3).

● 맺음말

이후 전국의 일반학급 중에서 '경도발달장애를 가지는 아동·학생에의 이해와 대응'으로서의 특별지원교육이 전개된다. 그것은 교육만 부담하는 과제가 아닌 것은 자명한 이치이다. 특별지원교육이란, 새롭게 전개되는 교육이 아니고 이미 매일의

표 9.2　특별지원교육 코디네이터(가이드라인에서 발췌)

교내나 복지의료 등의 관계기관과의 사이에 연락조정 역할로서 또는 보호자에 대한 학교의 창구로서 코디네이터적인 역할을 담당하는 사람을 학교 내 담당자로 위치부여함으로써 교내의 관계자나 관계기관과의 제휴관계 강화를 도모하는 것이 중요하게 되었다. 교내의 적절한 교육적 지원에 연결되도록 교육위원회에 설치된 전문가 팀과의 제휴를 도모한다.

전문가 팀과의 제휴로서는, 전문가 팀에 판단 의뢰, 전문가 팀에 보고할 자료를 작성, 교내에서 정보를 수집하고 실태파악, 전문가 팀으로부터의 지도·조언의 활용을 행함 등이 있다.

출처 : 문부과학성, 초·중학교에 있어 학습장애, ADHD, 고기능자폐증을 가지는 아동·학생에 대한 교육지원체계의 정비를 위한 가이드라인(시안)에서 인용

표 9.3	광역특별지원제휴협의회 등(가이드라인에서 발췌)

학교가 지역의 관계기관과의 연계를 취하면서 적절한 교육적 지원을 하기 위해서는 교육 · 복지 · 의료 등의 관계기관이 제휴 · 협력하는 지원을 위한 네트워크 만들기가 중요하다. 이 때문에 도도부현 행정 수준에서 부국(部局)횡단형의 조직을 만들고, 각 지역의 제휴협력체계를 지원하는 것이 중요하다.

　이러한 기본적인 구조에 근거해서 초등학교 · 중학교에서 학교로서의 전체적 · 총합적인 대응의 필요성이 지적되었다. 구체적으로는 학습장애, ADHD, 고기능자폐증을 포함한 이러한 장애가 있는 아동 · 학생에 대해 개별 교육지원계획을 책정하는 것과 모든 학교에서 특별지원교육 코디네이터를 두는 것이 필요하다고 지적되었다.

출처 : 문부과학성, 초 · 중학교에 있어 학습장애, ADHD, 고기능자폐증을 가지는 아동 · 학생에 대한 교육지원체계의 정비를 위한 가이드라인(시안)에서 인용

교육 중에서 실시되고 있는 것을 보다 깊이 더 넓혀 가는 것이다. 지금까지의 교육계의 인식을 타개하고, 빠른 시기에 의료와 교육을 연결하는 시스템의 구축이 기대된다. 시스템 구축이 행해짐에 따라 교육과 의료의 새로운 중계가 적극적으로 모색되어, 일본 사회 전체로 '경도발달장애가 있는 아동 · 학생'에 대해 따뜻한 지원이 행해질 것이라고 생각한다. '장애는 개성이 아니다. 개성이라면 지원할 필요는 없다. 장애명은 사회가 지원하기 위해서 장애라고 하는 진단을 붙이는 것이다'라는 생각을 양자가 공유하는 것이 중요하다.

● 참고문헌

❶ 문부과학성: 초 · 중학교에 있어서의 LD(학습 장애), ADHD(주의력결핍─과잉행동장애), 고기능자폐증 아동 · 학생에 대한 교육지원 체제의 정비를 위한 가이드라인(시안)

■ 月森久江

제 10 장

발달장애에 대한 대응과
앞으로의 방향성

🅐 발달장애와 육아

발달장애를 가진 성인에 있어 육아의 어려움을 생각해 볼 필요가 있다(151쪽 참조).

발달장애를 가진 어머니의 육아를 생각해 보면, 어머니와 어린이가 모두 발달장애인 경우, 어머니가 발달장애이고 어린이는 발달장애가 없는 경우, 아버지도 발달장애인 경우 등 여러 가지 유형이 있다.

어머니가 발달장애인 경우 가장 문제인 것은 어머니 자신이 가지는 생각, 기분, 사고를, 어린이도 같이 가진다고 멋대로 생각해 버리는 것이다(표 10.1). 모유를 주려고 안으면 아이가 울어 버린다. 그러면 이 아이는 안기는 것을 싫어한다고 생각하고, 모유를 싫어한다고 생각한다. 실로 문자 그대로 해석하는 것으로 그렇게 생각한 결과, 예를 들면 갓난아기 위에서 승마 자세를 취해서 안지 않고 우유를 주지 않게 된다. 또, 안을 때에 아이가 때때로 아이가 뒤로 앉아 버리면 어머니는 '이 아이에 있어서 나는 의자와 같은 존재다'라고 생각해서 의자의 역할을 열심히 하고, 안는 것도 하지 않게 된다. 또한 어떤 것에도 이유를 요구하고, 논리적으로 설명할 수 없는, 특히 감정적인 것 등에 대해서는 이해를 하지 못하고 패닉을 일으킨다. 또한 대수롭지 않은 아이의 반응을 확대해석해 버려 지식이나 경험 부족도 거들어 패닉을 일으킨다. 이러한 것에서부터 학대로 발전하는 일도 있을 수 있다. 또한 어머니가 취약성을 가지는 발달장애로 인해 이차적 정신질환이 발병했을 경우, 아이는 부모의 대응이 질환 증상의 영향으로 그때그때 변하기 때문에 어떤 때에 어떻게 행동하면 좋을지 모르고 아이 쪽이 패닉을 일으키는 일도 있다.

아버지가 발달장애인 경우, 예를 들면 ADHD에 알코올 의존, 가정폭력, 전반적 발달장애(PDD)인 경우 등이 있어 갑자기 화를 내는 것, 혹은 대인관계의 문제로 인해 아이가 여러 가지 정신질환이 발병하는 일도 있을 수 있다. 이렇게 부모의 발달장애가 원인이 되어 어린이의 발달장애가 예상 이상으로 악화되는 경우가 많이 있고, 지적 수준으로부터 기대되는 것보다 행동 수준이 나쁠 경우에는 가족기능의 관점에서 한 번 더 생각해 볼 필요가 있다(표 10.1).

표 10.1 세대 간 전달현상 : 육아를 할 수 없다

어머니 생각	상황	문제
의존욕구를 충족해 주는 대상으로서의 어린이	어린 시절의 애정결핍으로 인해 자신이 부모와의 관계에서 요구했던 것 같은 유아적인 의존욕구를 어린이에게 요구	의존욕구의 만족을 어린이에게 기대한다. 어린이가 어머니에게 절대적인 의존상태 때에는 문제가 생기지 않으나, 어린이가 어느 정도 성장한 후 자기 자신의 욕구에 따라 자율적인 행동을 보이게 되면 부모와 어린이의 욕구 사이에 갈등이 생긴다.
어린이로부터의 거부와 자신의 상처 받음	어린 시절의 거부체험과 그것에 동반되는 자기평가의 낮음	어린이의 요구에 응할 수 없었던 때에 어린이가 나를 미워한다고 인지한다. 어머니가 어린 시절에 학대환경에 있었기 때문에 성장과정에서 부모로부터 여러 가지 거부를 체험하고, 자신이 무가치한 존재라고 하는 취약한 자기이미지에 더욱더 상처를 준다.
공격자와의 동일화에 의한 어린이에 대한 영향	자신의 어린이를 공격하는 것으로 부모로부터의 학대로 받은 상처를 치료하려고 함	자신의 나쁜 이미지를 어린이에게 투영하고, 자신을 학대한 부모와 동일화=공격자의 동일화. 부모로부터 어린이에 대한 공격이 존재한다. 그리고 자신의 어린이를 공격함으로써 부모로부터의 학대로 인해 받은 마음의 상처를 치료하려고 한다.

ⓑ 이완 방법 확립하기

사회에는 많은 스트레스가 차고 넘치고 있다. 스스로 기분이나 행동을 억제하는 방법을 찾아가지 않으면 안 된다. 이것은 특히 발달장애를 가지는 사람에게는 중요한 생각이다.

발달장애가 있을 경우, 스트레스는 발달장애를 가지지 않은 사람보다 반응이 강하게 나온다. 대단한 것은 아니지만 무시할 수 없음, 신경이 쓰여 잘 수 없음, 손톱 물기나 머리카락 빠짐이 나타난다. 틱의 정도도 심해져 음성 틱, 욕을 동반하는 뚜렛 증후군 등이 많이 보인다. 때로는 강박장애를 합병하기도 한다. 우선 주위가 이것을 이해할 필요가 있다. 강하게 스트레스를 느끼고 있음에도 불구하고 열심히 하고 있는 어린이를 인정해 주거나, 스트레스에 대한 반응으로서 일어난 행동을 다른 두드러지지 않는 행동으로 대체한다. 동시에 스트레스로부터의 도피 방법도 생각하지 않으면 안 된다.

(1) 자신을 안정시키는 방법과 장소 : 방의 한 구석, 자신이 좋아하는 물건(봉제 인형, 탈것, 때로는 무기 등)에 둘러싸인 공간, 정해진 의자(확실히 품어 주는, 자신을 편하게 조이는 것 같은 의자에 앉는다) 등.

(2) 안정시키는 장소로의 도피 방법 : 안정하기 위해서 화장실이라는 개인 공간으로 감, 손을 들어 조용히 나감 등.

(3) 스트레스에 직면한다 : 스트레스가 있는 것을 논리적으로 이해한다.

(4) 스트레스에 단계를 붙이고, 각 단계마다 대응 방법을 정하고 다른 사람에게 카드로 제시한다. 전반적 발달장애를 가진 사람은 자신의 기분이나 스트레스가 3단계(좋음, 보통, 나쁨)밖에 없다. 이것을 5단계로 나누어서 그림으로 제시(색, 대소가 있는 도형 등, 뒷면에는 대응 방법을 써 두고 자신의 기분이나 스트레스를 평가하도록 한다). 카드를 책상 위에 두어서 다른 사람이 알도록 해도 좋다.

Ⓒ 라이프스타일(어떻게 살아갈 것인가)

성인이 되어 다음 세대로의 인계도 끝나면 지금부터 어떻게 살아가야 하는가, 무엇을 목표로 할 것인가를 생각하지 않으면 안 된다. 열심히 살아온 자신에서 인생을 즐기는 자신으로 바꾸어 간다. '라이프스타일'이란 그런 생각의 근간이 된다. 어떤 장애가 있어도, 사회생활을 잘 할 수 없어도, 자신이 죽어 갈 때에 살아와서 좋았다고 생각할 수 있는 삶의 방식, 이러한 삶의 방식에 대해서 생각하는 근간을 라이프스타일이라고 한다.

'라이프스타일이란, 개인이 가지는 것의 관점이나 생각 방식, 삶의 방식이며, 사람은 자기의 독특한 의미를 사상(事象)마다 부여하고, 그것에 근거해서 생각한다고 말해진다. 다시 말해 그 사람 독자(獨自)의 인생에 있어서 목표지향성이나, 자기결정을 나타내는데, 고정적인 것이 아니고 그때그때의 행동 속에서 계속해서 나타나는 태도의 집합체'이다(A. Adler).

자신의 그때그때의 라이프스타일과 인생이 최종적인 이상으로 하는 라이프스타

일도 생각해 둘 필요가 있다.

발달장애를 가진 사람에게 있어 라이프스타일이란, 어쩌면 '2개의 라이프스타일을 가지고 살아간다'는 것일지도 모른다. 진짜 자신과 자신을 둘러싸는 세계에 맞춰서 살아가는 이미 혼자인 자신. 사회적으로 살기 어려울지도 모르지만 진짜 자신을 나타내므로 신체적·정신적으로 편안한 자신과 사회적으로 살아가기 편할지도 모르지만 주위에 자신을 맞춘다고 하는 가장 힘든 것을 하기 때문에 신체적·정신적으로 괴로운 자신. 그러나 사회에서 산다고 하는 것은 가장 괴로운 자신을 계속해서 연기하지 않으면 안 되는 것일지도 모른다. 이것을 자신도 주위 사람도 정확히 이해해서 살아가지 않으면 자신의 라이프스타일을 구축할 수 없다. 이러한 괴로운 작업을 하는 것이 그 사람에 있어서 행복인가 아닌가는 모른다. 자신을 어떻게 바꾸어 갈지를 생각하면서 자신을 알아 가는 것. 그것을 돕기 위해서 심리치료, 약물치료 등이 있다. 이러한 괴로운 작업을 자신에게 부과해 가는 것. 그 때문에라도 그 사람 나름의 이완(relaxation)을 찾는 것이 중요하다.

■ 宮尾益知

후기

(진단명의 변천이 있었지만) 발달장애에 오랜 기간 관계한 사람으로서, 또한 일생 동안 발달장애인 생애 단계를 지켜보며 보다 좋은 방향성을 찾는 것을 생각하며 의료를 행해 왔던 사람으로서, 조금씩 의료의 한계를 느끼게 되었다. 실제는, 발달장애인이 살아가는 것이 어려울 때 단지 같이 서 있기만 했는지 모르겠다. 발달장애인지원법이 시행되어도 구체적으로 누가, 어떤 방법으로, 사회 전체의 지지(support)를 어떤 네트워크로 만들어 갈지에 대해서는 아직 구체적이지 않다.

이 책은 의료 · 보건 · 복지 계열의 여러 전문가들이 각각의 입장에서 이러한 생각을 담아 종단적으로 썼다. 중복되는 내용도 많을 것이며, 이해하기 어려운 부분도 많을 것으로 생각되지만 편저자가 책임을 지고, 시대에 맞는 책으로서 앞으로 계속 남아 있을 수 있도록 정리했다. (발달장애인 생애의) 여러 시기에 관계하는 각 관계자의 역할과 중요성에 대해 알려 주고, 종 · 횡의 네트워크로서 발달장애와 관련된 사람들에게 지침이 되는 제언을 줄 수 있다면 편저자로서 행복을 느낄 것이다.

■ 宮尾益知

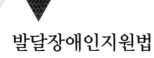

발달장애인지원법

제1장 총칙

(목적)

제1조

이 법률은 발달장애인의 심리기능의 적정한 발달 및 원활한 사회생활의 촉진을 위하여, 발달장애 증상 발현 후 될 수 있는 한 조기에 발달지원을 하는 것이 특히 중요한 것을 감안하여, 발달장애를 조기에 발견하고, 발달지원을 행하는 것에 관한 국가 및 지방공공단체의 책무를 분명히 함과 동시에, 학교 교육에 있어 발달장애인에 대한 지원, 발달장애인의 취업 지원, 발달장애인지원센터의 지정 등에 관해 규정함으로써 발달장애인의 자립 및 사회참여에 이바지하도록 그 생활전반에 걸쳐 지원을 도모하여 복지 증진에 기여하는 것을 목적으로 한다.

(정의)

제2조

1 이 법률에 있어 '발달장애'란 자폐증, 아스퍼거 증후군 그 외 전반적 발달장애, 학습장애, 주의력결핍과잉행동장애 그 밖에 이것과 유사한 뇌기능의 장애로 그 증상이 통상 저연령에서 발현하는 것으로 정부령에서 규정하는 것을 말한다.

2 이 법률에 있어 '발달장애인'이란 발달장애를 가지기 때문에 일상생활 또는 사회

생활에 제한을 갖는 사람을 말하며, '발달장애아'란 발달장애인 중 18세 미만의 사람을 말한다.

3 이 법률에 있어 '발달지원'이란 발달장애인에 대해, 그 심리기능의 적정한 발달을 지원하고, 원활한 사회생활의 촉진을 위하여 행하는 발달장애의 특성에 대응한 의료적, 복지적 및 교육적 원조를 말한다.

(국가 및 지방공공단체의 책무)

제3조

국가 및 지방공공단체는, 발달장애인의 심리기능이 적정한 발달 및 원활한 사회생활 촉진을 위하여 발달장애 증상 발현 후 될 수 있는 한 조기에 발달지원을 행하는 것이 특히 중요한 것을 감안하여, 발달장애의 조기발견을 위한 필요한 조치를 강구하는 것으로 한다.

2 국가 및 지방공공단체는 발달장애인에 대해 발달장애 증상 발현 후 될 수 있는 한 조기에, 그 사람의 상황에 맞추어 적절하게 취학 전의 발달지원, 학교에 있어 발달지원과 그 외 발달지원을 행함과 함께, 발달장애인에 대한 취업 지원, 지역에 있어 생활 등에 관한 지원 및 발달장애인의 가족에 대한 지원이 행해지도록 필요한 조치를 강구하는 것으로 한다.

3 발달장애인 지원 등의 시책을 강구함에 있어 발달장애인 및 발달장애아의 보호자(친권을 행사하는 사람, 미성년후견인 그 외의 사람으로서, 아동을 현재 감호하는 사람을 말한다. 이하 같음)의 의견을 될 수 있는 한 존중하도록 하는 것으로 한다.

4 국가 및 지방공공단체는 발달장애인 지지 등의 시책을 강구함에 있어 의료, 보건, 복지, 교육 및 노동에 관한 업무를 담당하는 부국(部局)의 상호 밀접한 제휴를 확보함과 동시에 범죄 등에 의해 발달장애인이 피해를 입는 것 등을 방지하기 위해 이러한 부국과 소비생활에 관한 업무를 담당하는 부국 외 관계기관과의 필요한 협력체계 정비를 행하는 것으로 한다.

(국민의 책무)

제4조

국민은 발달장애인의 복지에 대한 이해를 깊게 함과 함께, 사회연대의 이념에 근거해서 발달장애인이 사회경제활동에 참가하려는 노력에 대해 협력하도록 노력해야 한다.

제2장 아동의 발달장애 조기발견 및 발달장애인 지원을 위한 시책

(아동의 발달장애 조기발견 등)

제5조

기초자치단체(市町村)에서는 「모자보건법」(1965년 법률 제141호) 제12조 및 제13조에 규정하는 건강검사를 실시함에 있어 발달장애의 조기발견에 충분히 유의하지 않으면 안 된다.

2 기초자치단체의 교육위원회는, 학교보건법(1958년 법률 제56호) 제4조에 규정하는 건강진단을 실시함에 있어 발달장애의 조기발견에 충분히 유의하지 않으면 안 된다.

3 기초자치단체는 아동에게 발달장애의 의심이 있는 경우에 적절한 지원을 하기 위해 해당 아동에 대해서 계속적인 상담을 실시하도록 노력함과 동시에, 필요에 따라 해당 아동이 조기에 의학적 또는 심리학적 판정을 받을 수 있도록 해당 아동의 보호자에 대해 제14조 제1항의 발달장애인지원센터, 제19조의 규정에 의거 광역자치단체(都道府縣)가 확보한 의료기관 그 외의 기관(다음 조 제1항에 있어 '센터 등'을 말한다)을 소개하거나 조언하는 것으로 한다.

4 기초자치단체는 전 3항의 조치를 강구함에 있어 해당 조치의 대상이 되는 아동 및 보호자의 의사를 존중함과 함께 필요한 배려를 해야 한다.

5 광역자치단체는 기초자치단체의 요구에 응해서, 아동의 발달장애 조기발견에 관한 기술적 사항에 관한 지도, 조언 그 외의 기초자치단체에 대해 필요한 기술적 지원을 행하는 것으로 한다.

(조기 발달지원)

제6조

기초자치단체는 발달장애아가 조기에 발달지원을 받을 수 있도록 발달장애아의 보호자에 대해 그 상담에 응하고, 센터 등을 소개하고, 또는 조언을 하고, 그 외 적절한 조치를 강구하는 것으로 한다.

2 전조 제4항의 규정은 전항의 조치를 강구하는 경우에 대해 준용한다.

3 광역자치단체는 발달장애아의 조기 발견지원을 위하여 필요한 체제의 정비를 행함과 동시에, 발달장애아에 대해 행해지는 발달지원의 전문성을 확보하기 위해 필요한 조치를 강구하는 것으로 한다.

(보육)

제7조

기초자치단체는 보육 실시에 있어, 발달장애아의 건전한 발달이 다른 아동과 같이 생활하는 것을 통해 도모되도록 적절한 배려를 하는 것으로 한다.

(교육)

제8조

국가 및 지방공공단체는 발달장애아(18세 이상의 발달장애인이고 고등학교, 중등교육학교 및 특별지원학교에 재학하는 사람을 포함)가 그 장애 상태에 따라 충분한 교육을 받을 수 있도록 하기 위해 적절한 교육적 지원, 지원체제의 정비 그 외 필요한 조치를 강구하는 것으로 한다.

2 대학 및 고등전문학교는 발달장애인의 장애 상태에 따라 적절한 교육상의 배려를 하는 것으로 한다.

(방과 후 아동건전육성사업의 이용)

제9조

기초자치단체는 방과 후 아동건전육성사업에 대해 발달장애아의 이용 기회 확보를 도모하기 위해 적절한 배려를 하는 것으로 한다.

(취업 지원)

제10조

광역자치단체는 발달장애인의 취업을 지원하기 위해 필요한 체제 정비에 노력함과 동시에, 공공직업안정소, 지역장애인직업센터[장애인의 고용촉진 등에 관한 법률 지원센터(동법 제33조의 지정을 받은 사람을 말한다)], 사회복지협의회, 교육위원회 그 외 관련기관 및 민간단체 상호 제휴를 계속 확보하고, 발달장애인 특성에 따른 적절한 취업 기회 보장을 위해 노력해야 한다.

2 광역자치단체 및 기초자치단체는 필요에 따라 발달장애인이 취업을 위한 준비를 적절히 행할 수 있도록 하기 위한 지원이 학교에서 행해지도록 필요한 조치를 강구

하도록 하는 것으로 한다.

(지역에서의 생활지원)

제11조

기초자치단체는 발달장애인이 그 희망에 따라 지역에서 자립한 생활을 영위할 수 있도록 하기 위해 발달장애인에 대해 사회생활에 대한 적응을 위해 필요한 훈련을 받을 기회의 확보, 공동생활을 영위해야 할 주거 외 지역에 있어 생활을 영위해야 할 주거의 확보 그 외 필요한 지원을 위해 노력해야 한다.

(권리 옹호)

제12조

국가 및 지방공공단체는 발달장애인이 발달장애 때문에 차별 받는 것 등 권리이익을 해하는 일이 없도록 하기 위해, 권리옹호를 위하여 필요한 지원을 행하는 것으로 한다.

(발달장애인의 가족에 대한 지원)

제13조

광역자치단체(都道府縣) 및 기초자치단체(市町村)는 발달장애아의 보호자가 적절한 감호를 할 수 있도록 하는 것 등을 통해 발달장애인의 복지 증진에 기여하기 위해 아동상담소 등 관계기관과 제휴를 계속해서 도모하고, 발달장애인의 가족에 대해 상담 및 조언, 그 밖의 지원을 적절히 행하도록 노력해야 한다.

제3장 발달장애인지원센터 등

(발달장애인센터 등)

제14조

광역자치단체의 장은 다음에 제시하는 업무를 사회복지법인 그 외 정부령에서 규정한 법인으로 해당 업무를 적정하게 그리고 확실히 행할 수 있다고 인정해서 지정한 자(이하 '발달장애인지원센터'라고 한다)에게 행하게 하거나 또는 스스로 행할 수 있다.

1. 발달장애의 조기발견, 조기 발달지원 등에 이바지하도록 발달장애인 및 그 가족에 대해 전문적으로 그 상담에 응하거나 조언할 것.

2. 발달장애인에 대해 전문적인 발달지원 및 취업 지원을 행할 것.

3. 의료, 보건, 복지, 교육 등에 관한 업무(차호에서 '의료 등의 업무'를 말한다)를 행하는 국가기관 및 민간단체 또는 이것에 종사하는 사람에 대해 발달장애에 대한 정보제공 및 연수를 행할 것.

4. 발달장애에 관해서 의료 등의 업무를 행하는 관계기관 및 민간단체와의 연락조정을 행할 것.

5. 전 각호에 제시한 업무에 부대(附帯)하는 업무.

2 전항의 규정에 의한 지정은 해당 지정을 받으려고 하는 자의 신청에 의해 행한다.

(비밀유지의무)

제15조

발달장애인지원센터의 임원 또는 직원 또는 이러한 직에 있는 사람은 직무상 알게 된 개인의 비밀을 누설해서는 안 된다.

(보고의 징수 등)

제16조

광역자치단체의 장은 발달장애인지원센터의 제14조 제1항에 규정하는 업무의 적정한 운영을 확보하기 위해 필요하다고 인정하는 때에는, 해당 발달장애인지원센터에 대해 그 업무 상황에 관해 필요한 보고를 요구하고, 또는 그 직원에게 해당 발달장애인지원센터의 사업소 또는 사무소에 들어가 그 업무 상황에 관해 필요한 조사 또는 질문할 수 있다.

2 전항의 규정에 의해 출입조사 또는 질문을 하는 직원은 신분을 보여 주는 증명서를 휴대하고, 관계자의 청구가 있을 때에는 그것을 제시해야 한다.

3 제1항의 규정에 의한 출입조사 및 질문의 권한은 범죄조사를 위하여 인정되는 것으로 해석해서는 안 된다.

(개선명령)

제17조

광역자치단체의 장은 발달장애인지원센터의 제14조 제1항에 규정하는 업무의 적정한 운영을 확보하기 위해 필요가 있다고 인정될 때는, 해당 발달장애인지원센터에 대해 그 개선을 위해 필요한 조치를 취해야만 한다는 것을 명할 수 있다.

(지정의 취소)

제18조

광역자치단체의 장은 발달장애인지원센터가 제16조 제1항의 규정에 의한 보고를 하지 않거나, 또는 허위 보고를 하거나, 또는 동항의 규정에 의거한 출입조사를 거부, 방해, 기피하거나, 또는 질문에 대해 답하지 않거나, 또는 허위 답변을 하는 경우에 그 업무 상황의 파악에 현저한 지장이 생길 때 또는 발달장애인지원센터가 전조의 규정에 의거한 명령에 위반했을 때는 그 지정을 취소할 수 있다.

(전문적인 의료기관의 확보 등)

제19조

광역자치단체의 장은, 전문적으로 발달장애의 진단 및 발달지원을 행할 수 있다고 인정되는 병원 또는 진찰소를 확보하지 않으면 안 된다.

제4장 부칙

(민간단체에 대한 지원)

제20조

국가 및 지방공공단체는 발달장애인을 지원하기 위해 행하는 민간단체의 활동의 활성화를 도모하도록 배려하는 것으로 한다.

제21조

국가 및 지방공공단체는 발달장애에 관한 국민의 이해를 깊게 하기 위해 필요한 홍보 그 외 계발활동을 행하는 것으로 한다.(의료 또는 보건 업무에 종사하는 사람에 대한 지식의 보급 및 계발)

제22조

국가 및 지방공공단체는 의료 또는 보건 업무에 종사하는 사람에 대해 발달장애 발견을 위해 필요한 지식의 보급 및 계발에 노력하지 않으면 안 된다.

제23조

국가 및 지방공공단체는 발달장애인에 대한 지원을 적절히 행할 수 있도록 의료, 보건, 복지, 교육 등에 관한 업무에 종사하는 직원에 대해, 발달장애에 관한 전문적 지식이 있는 인재를 확보하도록 노력함과 동시에, 발달장애에 대한 이해를 깊게 하고, 전문성을 높이기 위한 연수 등 필요한 조치를 강구하는 것으로 한다.

(조사 연구)

제24조

국가는, 발달장애인의 실태 파악에 노력함과 동시에, 발달장애의 원인 규명, 발달장애의 진단 및 치료, 발달지원의 방법 등에 관한 필요한 조사연구를 행하는 것으로 한다.

(대도시 등의 특례)

제25조

이 법률 중 광역자치단체가 처리하는 것으로 되어 있는 사무에서 정부령에서 규정한 것은, 지방자치법(1947년 법률 제67호) 제252조의 19 제1항의 지정도시(이하 '지정도시'라고 한다)에 있어서 정부령에서 규정한 것에 의해 지정도시가 처리하는 것으로 한다. 이 경우에, 이 법률 중 광역자치단체에 관한 규정은 지정도시에 관한 규정으로서 지정도시에 적용이 있는 것으로 한다.

부칙

(시행 기일)

1 이 법률은 2005년 4월 1일부터 시행한다.

(개정)

2 정부는, 이 법률 실시 후 3년이 경과한 경우에 이 법률 시행의 상황에 대해 검토를 해서 그 결과에 근거해서 필요한 개정을 하는 것으로 한다.

찾아보기

저자 소개

안동현

한양대학교 정신건강의학과 교수

서울대학교 의과대학을 졸업하고, 같은 대학에서 석·박사학위를 취득하였으며, 동 대학부속병원에서 정신의학 및 소아정신의학 수련 및 연구를 수행하여 정신과전문의 및 소아정신의학전문의가 되었다. 국내에서 최초로 ADHD 치료에서 약물효과의 비교에 관한 논문으로 1992년 박사학위를 취득한 이후 현재까지 한양대학교 및 부속병원에서 관련 교육, 연구, 진료를 계속해 오고 있다. 대한소아청소년정신의학회, 한국자폐학회, 한국아동권리학회 회장 등을 역임하였으며, 자폐아동의 천 일간의 치료기를 엮은 내일을 기다리는 아이(2013), ADHD가 뭔지 알려줄게!(2013), 주의력결핍장애아동의 사회기술훈련(2004), 산만하고 집중 못하는 아이(2002), 말 안 듣는 아이 : 임상가를 위한 평가 및 부모훈련 교재(1997) 등의 책을 출간하였다. ADHD, 자폐증을 포함한 아동 정서행동장애의 진료, 연구, 학술활동뿐만 아니라 그들의 삶의 질을 높이기 위해 다방면에서 활발한 활동을 하고 있다. 소아과의사인 아내와 아들 둘, 그리고 손녀를 슬하에 두고 있으며, 아버지뿐 아니라 할아버지 역할에도 노력하고 있다.

이재욱

강남대학교 특수교육과 부교수

대구대학교 특수교육과를 졸업하고, 일본 츠쿠바대학교 심신장애학연구과에서 석·박사 통합과정을 이수하였다. 이후 서울특별시교육청 중등특수교사로 근무하였으며, 베타니아 어린이 집(장애아 전담 어린이집) 부원장을 지내다 강남대학교 특수교육과 전임강사로 임용, 현재 부교수로서 재직 중이다. 언어치료전문가협회 이사, 한국자폐학회 이사, 자폐사랑협회 이사, 한국정신지체아교육학회 이사, 한국 특수 아동학회 이사, 용인시장애인부모회 고문을 역임하였다. 주요 연구 분야는 정서행동장애 교육이며, 저서 및 역서로 **자폐아 언어치료**(1999), 임상동작법의 이론과 실제(2002)가 있다.